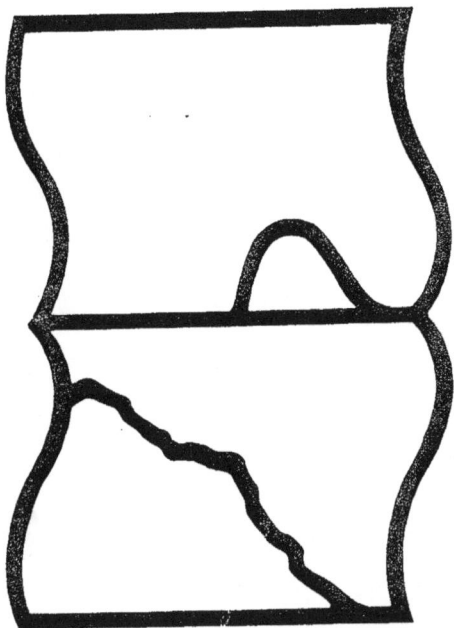

Pas de titre

ŒUVRES CHOISIES DE PAUL DE KOCK

MONSIEUR DUPONT

Le dîner sur l'herbe à Romainville.

I

LA FAMILLE MOUTONNET — PORTRAITS BOURGEOIS

C'était un dimanche : on dansait au bois de Romainville, sur la place qui est devant la maison du garde. Probablement on dansait aussi ailleurs, parce qu'il faisait beau, que les promenades avaient été très-fréquentées à la ville et à la campagne, et que les jours de repos il est d'usage de se fatiguer beaucoup. Mais ne nous occupons que du bal champêtre de Romainville.

Un violon, une clarinette et un gros tambour faisaient sauter les habitants de l'endroit, et même ceux de Belleville, de Ménilmontant, de Noisy-le-Sec et des environs, accourus au bal de Romainville, qui a la préférence sur les autres, grâce à l'harmonie de son orchestre, à l'amabilité du garde, qui est aussi traiteur, et au voisinage du bois, qui ne gâte jamais rien.

Les cotillons sautaient, les jambes se trémoussaient, les fichus s'élevaient et les figures soufflaient. Les beaux danseurs suaient et se démenaient, en donnant par-ci par-là des coups de pied à leurs voisins; mais le plaisir de la danse empêchait de les sentir. Pour bien danser au village, il faut sauter beaucoup et longtemps; et un zéphire de salon ferait une triste figure à un bal villageois, où l'on ne se contente pas de marcher, de se donner des grâces et de faire des mines.

Les jeunes paysannes avaient mis le joli déshabillé, le bonnet à dentelles; quelques-unes avaient même le tablier de soie, ce qui est autant pour elles qu'un cachemire français pour un bourgeoise ou un cachemire des Indes pour une femme entretenue. Le plaisir brillait sur tous les visages. Celles qui dansaient en prenaient de toutes leurs forces; celles qui regardaient s'en promettaient pour la contredanse suivante et jouissaient déjà en espérance. On est si heureux dans la jeunesse, avec une clarinette, un violon et un tambourin... quand on aime la danse cependant!

Quelques habitants de Paris se mêlaient aussi aux paysans. Les petites ouvrières, venues en promenade avec leurs bons amis, ne dédaignaient point le bal villageois. Quelques grosses mamans, assises toute la semaine dans leur comptoir, pinçaient et agaçaient leurs époux, pour tâcher de les décider à faire au moins une figure. Ces messieurs, après s'être bien fait prier, finissaient par se rendre, et une fois en train on ne pouvait plus les arrêter. Les commis marchands tournaient autour du bal en cherchant les plus jolis minois, et les vieux libertins de Paris se promenaient à pas de loup dans le bois, en y cherchant autre chose.

A une assez grande distance du bal, vers le milieu du bois, dans un fond formant l'amphithéâtre, une société nombreuse est assise sur le gazon, ou plutôt sur le sable; des serviettes sont étalées sur le terrain et couvertes de pâtés, de viandes froides et de fruits. Les bouteilles sont placées au frais, les verres s'emplissent et se vident rapidement; les mets sont fêtés; l'appétit, le grand air font trouver tout excellent. On se forme des assiettes avec du papier; on se jette à la volée des morceaux de pâté, de saucisson; on mange, on boit, on chante, on rit, on se fait des niches; c'est à qui fera le plus de plaisanteries. Il est convenu qu'à la campagne tout est permis; et la société bourgeoise qui est rassemblée au bois de Romainville paraît bien pénétrée de cet usage.

Un gros papa, d'une cinquantaine d'années, tâche de découper un dindon et n'en peut venir à bout. Une petite femme bien rouge, bien grasse, bien ronde, s'empresse de saisir une cuisse de volaille; elle tire d'un côté, le gros papa tire de l'autre, la cuisse se détache enfin, et la dame est renversée sur l'herbe, tandis que le monsieur roule d'un autre côté avec le restant de la bête. Les éclats de rire redoublent, et M. Moutonnet, c'est le nom du gros papa, se remet à sa place en déclarant qu'il ne se chargera plus de rien découper.

— Je savais bien que vous ne pourriez pas vous en tirer, dit aussitôt une grande femme sèche, dont le ton est d'accord avec la mine pincée et revêche, et qui, assise en face du vieux monsieur, n'avait pas vu, sans en être piquée, la petite dame venir à l'aide de M. Moutonnet.

« Depuis vingt ans que nous sommes mariés, avez-vous jamais rien découpé chez vous?...

— Non, ma femme, c'est vrai, répond le gros papa d'un ton soumis, et cherchant par un sourire à calmer sa chère moitié.

— Vous ne savez pas servir des épinards, et vous voulez découper une grosse pièce!...

— Ma femme, à la campagne...

— Monsieur, à la campagne comme à la ville, il ne faut pas se mêler de choses auxquelles on n'entend rien.

— Vous savez bien, madame Moutonnet, que je ne me mêle ordinairement de rien; mais aujourd'hui...

— Aujourd'hui, vous auriez dû faire comme tous les jours.

— Ah! ma chère amie, vous oubliez que c'est la Saint-Eustache!...

— Oui, oui, c'est la Saint-Eustache, répète toute la société; et les verres s'emplissent et se choquent de nouveau.

« A la santé d'Eustache! vive Eustache!...

— A la vôtre, messieurs et mesdames, répond gracieusement M. Moutonnet; à la tienne, ma toute bonne!

C'est à sa femme que M. Moutonnet s'adresse en ce moment; celle-ci tâche de prendre un air aimable et daigne approcher son verre de celui de M. Eustache Moutonnet, dont vous voyez qu'on célèbre la fête au bois de Romainville.

M. Eustache Moutonnet est un riche passementier de la rue Saint-Martin. C'est un homme très-estimé dans le commerce, car il n'a jamais laissé protester un de ses effets, ni manqué à ses engagements. Depuis trente ans qu'il est établi, il s'occupe régulièrement de ses affaires depuis huit heures du matin jusqu'à huit heures du soir. C'est lui qui tient son grand livre et son journal; madame Moutonnet se charge de la correspondance et traite elle-même les négociations. Le détail de la boutique et de la caisse est confié à un vieux commis et à mademoiselle Eugénie Moutonnet, avec qui nous ferons tout à l'heure connaissance.

M. Moutonnet n'a pas, comme vous avez déjà pu le voir, l'habitude de commander chez lui; c'est sa femme qui agit, ordonne, dispose et règle tout. Quand elle est de bonne humeur (ce qui est rare), elle permet à son mari d'aller prendre sa demi-tasse, à condition que ce sera au café qui fait le coin de la rue Mauconseil, parce qu'on y donne de très-gros morceaux de sucre et que M. Moutonnet en rapporte toujours trois à sa femme.

Le dimanche, on dîne un peu plus tôt, afin d'avoir le temps de se promener le soir aux Tuileries ou au Jardin turc. Les parties de campagne sont fort rares, et n'ont lieu que dans les cas extraordinaires, comme la fête de M. ou de madame Moutonnet.

Cette vie régulière n'empêche pas le gros passementier de se trouver le plus heureux des hommes, tant il est vrai que ce qui causerait l'ennui de l'un fait le bonheur de l'autre! M. Moutonnet était né avec des goûts simples, paisibles; il avait besoin d'être mené, conduit comme un enfant... Que cela ne vous fasse point hausser les épaules, vous, messieurs, si fiers de vos droits, si pleins de votre mérite, qui croyez être toujours maîtres de vos actions; vous cédez journellement à vos passions; elles vous maîtrisent, vous entraînent et vous conduisent quelquefois fort mal. M. Moutonnet ne craint pas cela; il n'a point de passions; il ne connaît que son commerce et l'obéissance aux ordres de son épouse; il trouve que l'on peut vivre très-heureux sans savoir découper une volaille et en se laissant mener par sa femme.

Madame Moutonnet a passé la quarantaine, mais il est convenu qu'elle n'aura jamais que trente-six ans. Elle n'a pas été jolie, mais elle est grande, et son mari est persuadé qu'il a une superbe femme. Elle n'est point coquette, mais elle pense l'emporter sur toutes les autres en esprit et en beauté. Elle n'a jamais été amoureuse de son mari, mais s'il lui faisait une infidélité, elle lui arracherait les yeux. Madame Moutonnet est, comme vous le voyez, excessivement jalouse de ses droits.

Une fille est l'unique fruit de l'hymen de M. Eustache Moutonnet avec mademoiselle Barbe Désormeaux. Cette jeune personne a maintenant dix-huit ans, mais ne tient ni de son père ni de sa mère. De qui tient-elle donc? Je serais bien embarrassé pour vous le dire... Et ne voyons-nous pas tous les jours des choses qui passent notre faible conception? Pourquoi le fils d'un imbécile a-t-il de l'esprit? Pourquoi des époux si jolis font-ils des enfants si laids? Pourquoi, ayant tous des yeux, une bouche, un front, et le nez au milieu du visage, ne trouve-t-on pas deux figures exactement ressemblantes? Pourquoi ce qui est beauté à Paris est-il laideur à Pékin? Pourquoi crie-t-on en venant au monde, puisqu'on crie aussi en en sortant? Pourquoi la vertu est-elle plus rare que le vice? Pourquoi le mal est-il plus commun que le bien? Pourquoi pleure-t-on de joie et de colère? Pourquoi voit-on la sottise en carrosse et le mérite à pied? Pourquoi?... Pourquoi?... Cela nous mènerait trop loin; et nous n'en serions pas plus avancés. Revenons à mademoiselle Eugénie Moutonnet.

Elle a dix-huit ans, comme je vous l'ai déjà dit; à dix-huit ans, les demoiselles de Paris sont ordinairement très-avancées en tout. Mais Eugénie a été élevée sévèrement, et, quoique douée d'une certaine force d'âme, elle est timide, docile, soumise, et ne se permet jamais une observation devant ses parents. Elle a de l'esprit, de la grâce, de la sensibilité, mais elle ignore tous les dons qu'elle a reçus de la nature; ses sentiments sont encore concentrés au fond de son cœur. Elle n'est point coquette, ou du moins elle ose à peine céder à ce penchant, si naturel chez les femmes, qui les porte à chercher à plaire et à paraître jolies. Mais Eugénie n'a pas besoin d'employer ces petits manéges, si nécessaires à beaucoup d'autres, ni d'avoir à chaque instant recours à son miroir. Elle est bien faite et elle est jolie; ses yeux sont doux et expressifs, sa voix tendre et agréable, son front est ombragé par des cheveux bien noirs, sa bouche garnie de dents bien blanches; enfin elle a ce je ne sais quoi qui plaît, qui charme au premier coup d'œil, et que ne possèdent pas toujours des beautés plus parfaites, des traits plus réguliers.

Nous connaissons maintenant toute la famille Moutonnet; pendant que nous sommes en train, faisons aussi connaissance avec le reste de la société réunie au bois de Romainville pour fêter la Saint-Eustache.

La petite dame qui est venue avec tant d'empressement au secours de M. Moutonnet est la femme d'un grand monsieur que l'on appelle Bernard, et qui est tabletier dans la rue Saint-Denis. M. Bernard fait l'aimable, le folâtre; il rit, badine, fait des plaisanteries, des calembours même; c'est le bel-esprit de la société.

Sa femme a été bien, elle veut l'être toujours. Elle se serre la taille de manière à s'étouffer, et met une heure à se chausser, parce qu'elle veut absolument avoir un petit pied. Sa figure est un peu trop rouge, mais ses yeux sont très-vifs, et elle tâche de les rendre continuellement malins. Madame Bernard a une grande fille de quinze ans qu'elle habille encore comme si elle n'en avait que huit, afin de lui conserver l'air d'un enfant.

On lui donne même encore des poupées, et la jeune fille n'appelle sa mère que ma petite maman.

Auprès de madame Bernard est assis un jeune homme de dix-huit ans, qui a l'air aussi timide qu'Eugénie, et qui rougit toutes les fois qu'on lui adresse la parole, quoiqu'il soit depuis six mois dans le commerce; c'est le fils d'un associé de M. Bernard, et madame la tabletière s'est chargée de le former et de le pousser dans le monde.

Un personnage de quarante ans, ayant de ces figures bêtes que l'on juge au premier coup d'œil, est assis près d'Eugénie. M. Dupont (c'est son nom) est un riche épicier de la rue aux Ours. Il porte de la poudre et une queue, parce qu'il trouve que cela lui va bien, et que son perruquier lui a dit que cela devenait très-distingué. Son habit bleu de ciel et son gilet jonquille lui donnent quelque chose de niais qui s'accorde parfaitement avec l'expression étonnée de ses yeux à fleur de tête; il caresse avec complaisance deux chaînes de montre qui se balancent sur sa culotte de nankin, et s'écoute parler toutes les fois qu'il dit un mot; il se croit séduisant et plein d'esprit; il a la suffisance de la sottise appuyée par la richesse; enfin il est garçon, ce qui lui donne beaucoup de considération dans toutes les maisons où il y a des filles à marier.

M. et madame Gérard, parfumeurs de la rue Saint-Martin, sont venus se joindre à la réunion. Le parfumeur fait le beau-fils et a dans son quartier la réputation d'un terrible séducteur, quoiqu'il soit laid, mal bâti et louche; mais il croit corriger tout cela en se couvrant d'odeurs et de parfums : aussi le sent-on un quart d'heure avant de le voir.

Sa femme est jeune et gentille; elle s'est mariée à quinze ans et a un garçon de neuf ans dont elle paraît la sœur. Le petit Gérard crie, saute, casse les verres et les bouteilles, et fait presque autant de bruit à lui seul que toute la société.

— C'est un petit lion, dit M. Gérard; je me reconnais; à son âge, on ne s'entendait pas quelque part quand j'y étais! Aussi on me trouvait charmant. Mon fils sera tout mon portrait.

La sœur de M. Gérard, vieille demoiselle de quarante-cinq ans, qui jure à chaque instant qu'elle n'a jamais voulu se marier, et soupire toutes les fois que M. Dupont la regarde, est placée auprès de M. Moutonnet.

Le vieux commis du passementier, M. Bidois, qui attend pour parler que madame Moutonnet le lui ait permis et se verse à boire toutes les fois qu'on ne le regarde pas, est placé à côté de mademoiselle Cécile Gérard, qui, quoiqu'elle jure à tout moment qu'elle ne veut pas se marier parce qu'elle déteste les hommes, est de fort mauvaise humeur de voir le vieux Bidois assis près d'elle, et fait observer que madame Bernard accapare tous les jeunes gens.

Enfin un jeune homme de vingt ans à peu près, grand, bien fait, d'une jolie figure, et dont la physionomie spirituelle annonce qu'il n'est pas né pour mesurer éternellement du calicot, est assis à la droite d'Eugénie.

Ce jeune homme, que l'on appelle Adolphe, est commis dans un magasin de nouveautés où se fournit habituellement madame Moutonnet; et comme il lui fait toujours bonne mesure, cela lui a valu l'honneur d'être invité à la Saint-Eustache. Nous connaissons maintenant toute la société réunie pour célébrer la fête de M. Moutonnet.

CHAPITRE II

DÉTAILS DOMESTIQUES, INTÉRIEUR DE MÉNAGE

La Saint-Eustache était une époque bien impatiemment attendue dans la maison du passementier. Ce jour-là, tout était en mouvement chez M. Moutonnet; sa femme même permettait que l'on prît un air joyeux. Eugénie apprenait une chanson nouvelle, qu'elle chantait à son cher père en lui offrant ou une bourse qu'elle avait brodée, ou un rond de serviette, ou une tabatière, et le bon Moutonnet ne recevait jamais le petit cadeau de de sa fille sans que de douces larmes vinssent humecter ses paupières.

Madame Moutonnet faisait aussi un présent à son époux; mais comme l'ordre et l'économie dirigeaient toutes ses actions, son offrande consistait ordinairement en paires de bas, mouchoirs ou gilets. Quel que fût le cadeau, M. Moutonnet était ravi, enchanté; sa femme ne lui aurait offert qu'une prise de tabac qu'il aurait témoigné le même ravissement. Le bon homme avait ses raisons pour paraître toujours content.

M. Bidois ne donnait rien, il réservait ses petites économies pour la Sainte-Barbe, patronne de madame Moutonnet. Le vieux commis était courtisan, car, tout en complimentant Eustache, il avait encore l'adresse de parler des qualités et des grâces de madame Moutonnet.

Pour le récompenser, on l'emmenait à la campagne, et c'était lui qui était chargé de porter deux énormes paniers remplis de provisions, parce que madame Moutonnet, ne voulant pas laisser sa maison déserte depuis qu'on avait volé dans le quartier, ne permettait plus à sa bonne de les accompagner. Cela désolait le pauvre Bidois

— Ouf!... c'est tuant.

qui gémissait et suait à grosses gouttes tout le long du chemin, ployant sous le poids des énormes paniers, n'osant se permettre aucune plainte et tâchant même de paraître alerte et fringant toutes les fois que madame Moutonnet regardait de son côté.

La veille du grand jour, madame Moutonnet, qui se chargeait d'inviter les personnes qui lui convenaient et daignait ensuite faire part à son mari de ce qu'elle avait fait, arrête son époux à la fin du dîner, au moment où, ployant avec soin sa serviette, le cher homme va retourner à son grand livre.

— Monsieur Moutonnet, c'est demain la Saint-Eustache, dit madame Moutonnet en se donnant un air presque aimable.

— Bah! en vérité? répond le passementier en tâchant de paraître étonné, quoique depuis huit jours il regardât tous les matins à son baromètre pour s'assurer s'il ferait beau temps le jour de sa fête. Est-ce que nous tenons le 20?

2e LIV.

— Oui, monsieur, puisque c'est aujourd'hui le 19 septembre.

— C'est juste, ma femme.

— Je n'oublie jamais ces époques-là, moi, monsieur...

— Vous êtes bien bonne, madame Moutonnet, vous savez que je n'oublie point non plus la Sainte-Barbe... Mon cœur...

— Il n'est pas question de la Sainte-Barbe, monsieur, mais de la Saint-Eustache que nous célébrons demain.

— C'est juste, ma femme.

— J'ai arrangé une partie de campagne... au bois de Romainville; cela vous convient-il, monsieur?

— Comment donc! ma chère amie, si cela me convient? cela me ravit! au bois de Romainville! je l'ai toujours beaucoup aimé, vous le savez,

Ce bois charmant
Pour les amants...

2

— Il n'est pas question d'amants, monsieur Moutonnet ; vous êtes toujours d'une folie!

— Ma femme, c'est la Saint-Eustache qui fait son effet.

— Taisez-vous donc, monsieur !...

Et un regard sévère fait comprendre à M. Moutonnet que sa fille est assise près de là, et qu'elle peut l'entendre ; le cher homme se tait et sa femme continue :

— J'ai invité beaucoup de monde pour demain ; j'ai tâché de bien choisir dans nos connaissances. Je crois que vous serez satisfait de mon choix...

— Ma femme, vous savez que je le suis toujours.

— Laissez-moi donc parler, monsieur Moutonnet ! si vous m'interrompez à chaque instant, nous n'en finirons pas...

— C'est juste, ma femme.

— Voici comment sera composée notre société : nous trois d'abord, et M. Bidois ; je n'emmène point Jeanneton, je ne veux pas laisser la maison seule, je ne serais pas tranquille. M. Bidois portera les paniers ; vous savez d'ailleurs que cela l'amuse.

— Oui, madame, dit le vieux commis en s'efforçant de sourire pour dissimuler la grimace qu'il a faite au mot de paniers.

— Je vous préviens, monsieur Bidois, qu'ils seront peut-être un peu lourds demain, car nous serons beaucoup de monde, et, excepté le pain et le vin que nous prendrons chez le garde, je fais tout porter... mais vous êtes fort, vous êtes alerte.

— Et puis je pourrai le relayer quelquefois, dit M. Moutonnet.

— Non pas, non pas, monsieur ; je n'entends pas cela ; je ne veux point que pour votre fête vous vous fatiguiez dès le matin, vous ne seriez plus bon à rien le soir.

— C'est juste, ma femme.

— Revenons à notre monde : nous aurons M. et madame Bernard, leur fille Mimi et leur petit commis Estève. M. Bernard est fort aimable, il est plein d'esprit, de gaieté ; quand il est quelque part, il met tout en train, et c'est ce qu'il nous faut ; car s'il n'y avait que vous, monsieur Moutonnet, pour amuser une société...

— Mais, ma femme, il me semble...

— Chut ! je poursuis : madame Bernard est loin d'avoir l'esprit de son mari, quoiqu'elle ait beaucoup de prétentions et veuille sans cesse placer son mot... Enfin chacun a ses défauts dans ce monde, et s'il fallait ne voir que des gens parfaits on resterait seul chez soi. J'avoue que cela me fait de la peine de voir combien madame Bernard se serre pour paraître mince... aussi elle peut à peine respirer... En vérité, j'étouffe pour

elle... Quelle folie !... à trente huit ans... au moins !... D'ailleurs elle n'a jamais été bien faite ; et sa fille, qui a quinze ans, et que l'on fait encore jouer à la poupée ! cette grande Mimi devrait être au comptoir depuis trois ans. Mais enfin la mère le veut ainsi !...

— Il est vrai que cela est bien ridicule, murmure le vieux Bidois tout en taillant sa plume et sans lever les yeux de dessus son canif.

Madame Moutonnet lui jette un regard approbateur et poursuit son discours :

— Bidois a bien raison, cela n'a pas le sens commun, et la manière dont madame Bernard élève sa fille... Mais silence ! tout ce dont je vous prie, monsieur Moutonnet, c'est de ne point vous écarter de la société avec madame Bernard sous prétexte de chercher des fraises... cela me déplaît, vous entendez...

— Ma femme, je ne savais pas que...

— Vous le savez maintenant, monsieur.

— D'ailleurs il n'y a point de fraises au bois de Romainville.

— Quand même il y en aurait, monsieur, je vous défends d'en aller chercher avec elle ; d'ailleurs elle aura son commis, ce petit Estève que j'ai été obligée d'inviter, puisqu'ils le mènent partout avec eux. Vraiment, si on était méchant, cela ferait penser des choses... Vous riez, Bidois ?...

En effet, Bidois affectait de rire avec malice pendant que madame Moutonnet parlait du petit commis de la tablettière, et cela lui valut un second coup d'œil d'approbation.

— Voilà donc déjà quatre personnes d'une seule maison. J'ai invité aussi nos bons voisins de la rue Saint-Martin, M. et madame Gérard, leur fils et leur sœur mademoiselle Cécile Gérard ; au moins ces gens-là ont le bon ton, les bonnes manières. M. Gérard est d'une galanterie... d'une attention auprès des dames...

— C'est dommage qu'il sente toujours si fort, dit à demi-voix M. Moutonnet.

— Comment ! monsieur, il sent fort ? mais dites donc qu'il embaume, qu'il parfume tous les endroits où il s'arrête... C'est un sultan ambulant. Il faut avoir l'odorat bien commun pour ne pas être enivré de ces odeurs-là...

— Cela porte à la tête, madame Moutonnet...

— Eh ! mon Dieu ! monsieur, où voulez-vous donc que cela porte ?... N'allez-vous pas faire le nerveux ?... Vous me faites pitié.

— Ma femme, je ne dis pas...

— Eh bien ! alors, taisez-vous, monsieur, et tenez-vous-en à votre eau de lavande... vous n'êtes pas digne de respirer la pommade superfine de M. Gérard...

Ici Bidois prit une prise de tabac qu'il savoura pendant cinq minutes, en ayant l'air de se croire dans la boutique du parfumeur.

— Nous aurons donc la famille Gérard, continue madame Moutonnet après avoir regardé Bidois qui respirait en idée la pommade superfine. Madame Gérard est un peu folle, un peu étourdie, mais au moins elle est jeune, on peut lui passer cela. Mademoiselle Cécile, leur sœur, est une fille fort sensée, fort raisonnable; je suis vraiment fâchée qu'elle ne trouve point à se marier; car, malgré sa prétendue aversion pour les hommes, je sais bien que la pauvre demoiselle meurt de dépit de ne pas trouver un parti... Mais aussi il faut convenir qu'avec son humeur un peu revêche et sa figure!... C'est son nez surtout qui est effrayant!... Quel nez, grand Dieu!... passe dans un homme, mais une femme!... C'est vraiment un nez par trop prononcé.

— Trois pouces de long, murmure Bidois.

— Oh! trois pouces, c'est trop fort, dit madame Moutonnet, mais je gage qu'il en a plus de deux. Ah çà! vous pensez bien, monsieur Moutonnet, que je n'ai pas oublié d'inviter notre ami Dupont : un homme comme lui est toujours le bienvenu. Il fait de fort bonnes affaires, son commerce va parfaitement... Dupont est un homme rempli d'ordre, d'économie... Ah! celui-là trouvera des femmes tant qu'il voudra... Quel sort heureux pour celle qu'il mettra à la tête de sa maison!... Un comptoir aussi achalandé, sûr de vendre depuis cinq heures du matin jusqu'à minuit tous les jours de la semaine et même le dimanche! Ah! quel avenir brillant!... quelle vie agréable...

Madame Moutonnet semblait appuyer sur ces détails, et, tout en parlant de l'ami Dupont, elle regardait sa fille qui travaillait au comptoir; mais Eugénie ne paraissait faire aucune attention aux éloges donnés à l'épicier; elle continuait de travailler sans lever les yeux; le nom de M. Dupont ne l'avait nullement émue.

— Il viendra, ce cher Dupont, reprend madame Moutonnet; il a accepté avec beaucoup d'empressement; il paraît enchanté toutes les fois que je l'engage à quelque fête... je gage qu'il se plaît beaucoup avec nous et dans notre maison... n'est-il pas vrai, monsieur Moutonnet? Ne l'avez-vous pas remarqué comme moi?...

— Oui, ma femme, oui; je l'ai remarqué comme vous... Il nous vend d'ailleurs d'excellent café, où, j'en suis bien certain, il n'entre pas de chicorée...

— C'est un des plus gros épiciers de Paris, dit Bidois en grattant un pâté qu'il vient de faire.

— Oui, certes, dit madame Moutonnet, et vous pourriez même dire des plus riches. C'est avec cela un charmant cavalier, bien fait, bonne tournure... Je gage qu'il ne manquera pas d'apporter demain une bouteille de liqueur pour le dessert...

— Vous croyez, ma chère amie?

— Vous savez bien que c'est son habitude toutes les fois qu'il vient avec nous.

— Pourvu qu'on ne la mette pas dans le panier, dit en lui-même le vieux commis; ils sont capables de me faire tout porter.

— Voilà toute notre société... Ah! non pas, j'oubliais M. Adolphe Dalmont, ce jeune commis de notre voisin le marchand de nouveautés.

Ici Eugénie leva subitement les yeux et les reporta en rougissant sur son ouvrage; mais sa main tremblait, sa respiration était gênée, et c'était le nom d'Adolphe qui avait produit cet effet. Heureusement alors madame Moutonnet ne regardait point sa fille; elle ne put s'apercevoir de son trouble.

— Je ne pensais point d'abord à inviter ce jeune homme, dit madame Moutonnet; mais j'ai fait réflexion que nous étions treize, et vous sentez bien que je n'ai pas voulu de ce nombre fatal; ce n'est pas pour moi, je ne suis point superstitieuse; mais ces dames le sont toutes, et je gage que mademoiselle Cécile n'aurait pas consenti à être de la partie si nous avions été treize. Cela m'a décidée à inviter M. Adolphe. Je ne connais point sa famille, mais M. Duval, chez qui il est, dit son père fort bien né et fait beaucoup d'éloges de M. Adolphe; ce jeune homme a pour moi infiniment de complaisances et d'égards : lorsque je vais à son magasin, il me mesure un ami, et me prévient quand il y a des occasions à bon marché. Voilà, monsieur Moutonnet, toute notre société... Êtes-vous content de mon choix?

— Extrêmement content, ma chère mignonne; nous nous amuserons comme des rois.

— Jeanneton fait rôtir un dindon superbe et un morceau de veau; nous aurons avec cela un beau pâté, une langue, un saucisson, des fruits, du fromage...

— C'est très-bien, ma chère femme... et aurons-nous aussi... vous savez?...

— Quoi donc, monsieur?

— La fine bouteille de muscat?

— Nous verrons cela demain, monsieur...

— Allons, ma toute bonne, je vois que vous voulez me faire une surprise...

— C'est bon... c'est bon, monsieur Moutonnet!

— Ils ont résolu de m'éreinter, dit en lui-même le vieux commis.

— Le temps est superbe, il fera très-beau demain.

— Magnifique, ma femme!

— Et chaud, dit tout bas Bidois.

— Le rendez-vous est ici. A dix heures, tout le monde doit être arrivé, et nous partirons. Surtout, que chacun soit prêt; qu'on n'aille pas se faire attendre : vous entendez, monsieur Moutonnet.

— Soyez tranquille, madame Moutonnet!

— Et vous, Eugénie?

— Oh! je serai prête, maman.

— Quant à M. Bidois, je sais qu'il est toujours exact et prêt avant les autres.

M. Bidois s'incline fort respectueusement. Le papa Moutonnet, après avoir écouté attentive-

Le pauvre Bidois gémissait et suait à grosses gouttes.

ment tous les détails que son épouse a bien voulu lui donner sur la fête du lendemain, se dispose à retourner s'asseoir devant son bureau, lorsque sa femme le retient encore.

— Monsieur Moutonnet?...

— Ma femme!...

— C'est demain votre fête... Allez prendre votre demi-tasse au café Mauconseil; vous avez assez travaillé aujourd'hui.

La figure de M. Moutonnet devient radieuse; il presse avec attendrissement la main de sa femme.

— Ma chère amie, tu es vraiment d'une bonté, d'une complaisance!... Jeanneton, mon chapeau, ma canne!... Ah! je ne sais pas si j'ai encore de l'argent...

— Comment! monsieur Moutonnet, je vous ai donné un petit écu il n'y a pas quinze jours.

— C'est juste, ma belle; mais tu sais bien que nous avons joué au loto dimanche chez M. Gérard.

— Vous n'avez pas, je pense, perdu un écu au loto?... Vous avez des intrigues, monsieur Moutonnet.

— Ah! ma femme!

— Vous en avez; il n'est pas possible que ce petit écu soit dépensé en si peu de temps.

— Attends... attends donc que je me fouille... J'ai encore dix-sept sous...

— C'est beaucoup plus qu'il ne vous en faut... Allez, monsieur, et soyez sage!...

— Ma belle, je te rapporterai trois morceaux de sucre.

— C'est bon, c'est bon... ne regardez pas tant les petites filles sur votre chemin, cela vaudra beaucoup mieux.

M. Moutonnet embrasse sa femme, enfonce son chapeau sur sa tête, baise sa fille sur le front et sort de sa boutique, se donnant un petit air décidé dès qu'il n'est plus sous les yeux de sa femme.

Le vieux Bidois est tout entier à ses calculs; madame Moutonnet va se replacer au comptoir. Eugénie tient toujours son ouvrage : elle voudrait bien le quitter... elle sent le besoin de marcher, de parler, d'agir enfin; mais elle n'ose bouger; sa mère est là, et la jeune fille tremble devant elle, parce qu'elle connaît sa sévérité.

Mais madame Moutonnet lui ordonne elle-même de laisser un moment son ouvrage et d'aller voir si rien ne manque à sa toilette du lendemain. Eugénie ne se fait pas répéter cet ordre : en une minute, elle a serré son ouvrage ; elle est sur le petit escalier du fond, qui conduit à sa chambre, laquelle est au premier en face de celle de ses parents.

Eugénie rencontre Jeanneton qui sort de la cuisine, au moment où la jeune fille va entrer dans sa chambre. Celle-ci a l'habitude de causer quelquefois avec la domestique : Jeanneton est une bonne grosse fille qui a pour Eugénie le plus sincère attachement; d'ailleurs, à qui Eugénie pourrait-elle confier ses peines, ses plaisirs, ses petits secrets (et une jeune fille en a toujours), si ce n'est à cette bonne Jeanneton? Ce n'est qu'en tremblant et les yeux baissés qu'Eugénie parle à sa mère; son père ne veut pas qu'elle lui dise rien en particulier, de crainte d'être grondé par sa femme, et ce n'est pas au vieux Bidois qu'Eugénie ira conter ce qu'elle éprouve. Jeanneton seule peut donc quelquefois recevoir les confidences de la pauvre enfant : Jeanneton est femme, elle est jeune et sensible, c'est plus qu'il n'en faut pour inspirer de la confiance à un jeune cœur.

— Mon Dieu! mamzelle, comme vous avez l'air content!... Quoi qu'il y a donc de nouveau à la maison?...

— Ah! Jeanneton, ne sais-tu pas que c'est demain la fête de mon père?...

— Oui, j'crois ben que je le sais!... ce dindon et ce veau qu'il faut faire rôtir... Encore si on m'emmenait à la campagne comme autrefois!... Mais non, faut que je garde la maison! La seule chose qui me console, c'est que c'est Bidois qui porte les paquets... et que ça fait endêver ce vieux sournois-là...

— Ah! Jeanneton, que tu es méchante!... Dis-moi : ma jolie collerette est-elle plissée?

— Oui, mamzelle, oui.

— Je mettrai ma robe lilas, mon chapeau de paille avec ce ruban neuf; il me va bien, n'est-ce pas?

— Eh! mais, comme vot' toilette vous occupe

M. Dupont tire de ses poches deux bouteilles, l'une de muscat et l'autre d'anisette.

aujourd'hui, vous qui ordinairement vous en inquiétez si peu!...

— Mais, Jeanneton, nous serons beaucoup de monde... et il faut bien songer à...

— Oh! soyez tranquille; n'importe quelle toilette auront les autres, j'vous réponds, moi, que vous serez toujours la plus jolie.

— Tu crois, Jeanneton?

La figure d'Eugénie exprimait bien alors tout le plaisir que lui faisait l'assurance de Jeanneton : ses yeux semblaient interroger ceux de sa bonne et y lire avec joie que la grosse fille ne savait point faire de compliments et qu'elle parlait avec franchise.

— A coup sûr, reprend Jeanneton, ce n'est pas mamzelle Mimi Bernard qui peut vous être comparée...C'te grande nigaude, qui fait des boules de savon quand elle vient ici!... Et sa mère qui a les bras plus gros que mes cuisses, sauf vot' respect, et madame Gérard qui m'empeste avec sa vanille à la moelle de bœuf, et sa vieille sœur qui croit qu'on ne voit pas qu'elle a une perruque!...

— Ah! Jeanneton, il ne faut pas se moquer... Mais c'est vrai qu'elles sont bien drôles!...

— Quant aux hommes, ils sont encore plus farces... Ah! mon Dieu! c'est à qui sera le plus laid... excepté le petit Estève qui n'est pas mal... mais il a l'air si dadais!... Enfin, c'est égal, c'est encore le mieux...

— Oh! non, Jeanneton... il y en aura un autre qui est bien mieux que ceux-là...

— Un autre monsieur?

— Oui, un autre jeune homme... je ne sais pas si tu l'as vu... il n'est encore venu que quelquefois le matin à la boutique parler un instant à maman. C'est le premier commis du magasin de nouveautés...

— M. Adolphe! Oh! je le connais.

— Ah! n'est-il pas vrai qu'il est... très-bien?

— Oui, c'est un joli jeune homme... Pardi! toutes les fois que je passe devant le magasin et qu'il m'aperçoit, il accourt pour me demander de vos nouvelles...

— Comment! Jeanneton, et tu ne me l'as jamais dit?...

— Écoutez donc, mamzelle! ça m'est sorti de la tête; et puis d'ailleurs tous les voisins, les jeunes gens surtout, en font autant... S'il fallait que je redise tout cela...

— Ah! M. Adolphe... c'est différent... comme il a l'air doux, honnête, sensible!... n'est-ce pas, Jeanneton?...

— Mais, dam! oui, il a l'air gentil... pour ce qui est de sensible... je ne peux pas trop vous dire... Ah çà! il vous a donc parlé?

— Oh! non, Jeanneton... jamais!...Tu sais bien que je ne parle pas devant maman. Il m'a saluée, voilà tout... puis il m'a regardée quelquefois... d'un air bien honnête...

— Tiens! j'crois ben qu'i n'vous faisait pas la grimace... Et il va demain à la fête de M. Moutonnet?

— Oui, Jeanneton; c'est maman qui l'a invité.

— Oh! pardine, je sais ben que ce n'est pas vot' père... Est-ce qu'il se permettrait d'inviter quelqu'un de son chef?

— Oh! comme nous allons nous amuser demain au bois de Romainville!... Ah! ma pauvre Jeanneton, que je suis fâchée que tu ne viennes pas avec nous!

— Que voulez-vous? mais c'est égal... vous me conterez ce qu'on aura fait...

— Oh! oui, je te le dirai... tu sais que j'aime à raconter tout ce que je pense, ma chère Jeanneton... Hélas!... je n'aime pas parler comme cela à ma mère.

— Ah! dam'! c'est que vot' mère, ce n'est pas M. Moutonnet... il s'en faut...

— C'est elle-même cependant qui m'a engagée à songer à ma toilette de demain... Il me semble, Jeanneton, que depuis quelque temps maman est moins sévère avec moi; elle s'occupe davantage de ma parure... elle aime que je sois bien coiffée, bien habillée... j'en suis quelquefois toute surprise.

— Bah! ça ne me surprend pas, moi; écoutez donc, mamzelle Eugénie! vous avez dix-huit ans, c'est l'âge où l'on songe à marier les demoiselles; et j'ai ben dans l'idée que vos parents... c'est-à-dire que vot' mère s'en occupe; car pour vot' père, il sera là pour dire qu'il est très-content.

— Comment! Jeanneton... tu crois que l'on pense...me marier?... Ah! mon Dieu! je n'y pensais pas, moi... et cependant... Jeanneton, je vais faire mes préparatifs pour demain.

Eugénie entre dans sa chambre, mais sa toilette ne l'occupe plus autant; elle est distraite, rêveuse; ce mot de mariage la fait soupirer... Ce mot-là met toujours le trouble dans l'esprit d'une jeune fille.

— Oui, oui, murmura Jeanneton en retournant à sa cuisine, on s'en occupe... Oh! j'ai des yeux, des oreilles; et, quoiqu'on ne me dise rien, je comprends de reste!.... Pauvre petite! je me doute ben avec qui on veut la marier... mais je n'ai pas voulu le lui dire; car ce n'est pas avec le beau jeune homme du magasin de nouveautés.

CHAPITRE III

LA SAINT-EUSTACHE.

Le soleil s'est levé et brille d'un éclat que ne tempère aucun nuage et qui vous annonce qu'il fera beau et chaud pour la Saint-Eustache, qui ce jour-là se trouve tomber un dimanche; cela arrange tout le monde, excepté M. Bidois, pour qui cette circonstance est un jour de repos de moins; mais il faut bien prendre son parti. Dès le matin, le vieux commis a été à la cuisine peser le dindon, le pâté et le morceau de veau; il a soupiré, puis il s'est consolé en pensant qu'il en mangerait sa part.

M. Moutonnet s'est levé à sept heures, à huit il a fait sa barbe, à neuf il a pris son café au lait, à dix il a même déjà à la main sa canne et son chapeau pour que l'on n'attende pas après lui.

Eugénie a aussi terminé sa toilette : elle descend près du son père qui lui donne l'étrenne de sa barbe. La jeune fille est moins gaie que la veille; mille pensées l'agitent; et chaque fois que l'on ouvre la porte de la boutique, elle rougit et sent son cœur battre avec plus de force. Cependant, malgré cette préoccupation, elle donne de temps à autre, à la dérobée, un coup d'œil sur l'une des glaces qui sont dans la boutique; ce coup d'œil la rend intérieurement satisfaite, et elle se rappelle ce que Jeanneton lui a dit la veille. Oui, sa robe lilas lui va fort bien; son fichu, mis en sautoir, est d'une couleur qui lui sied; son chapeau de paille entoure, sans trop la cacher, cette jolie figure qu'ombragent de si beaux cheveux, et ce ruban, noué sous le menton, est d'une fraîcheur parfaite; ces yeux modestes, d'où s'échappent parfois des regards enchanteurs, suffiraient seuls pour tourner une tête. Eugénie n'ose point se dire cela, mais elle sourit à la glace qui lui répète ses grâces, puis rebaisse bien vite les yeux, de crainte d'avoir été aperçue.

Bidois arrive, portant deux énormes paniers qu'il place sur le comptoir d'un air piteux, en attendant qu'on se mette en route. Madame Moutonnet n'est point encore descendue, et ces messieurs se permettent la conversation pendant qu'Eugénie regarde à la porte de la boutique.

— Eh bien! Bidois, nous aurons beau temps?

— Oui, une chaleur étouffante, un soleil qui est brûlant...

— C'est gentil au bois de Romainville... Il y a de l'ombre, de la fraîcheur.

— Oui, mais ce n'est pas gentil pour y arriver: cette montagne de Belleville est d'un rude!...

— Bah! c'est l'affaire d'un quart d'heure à monter.

— Sans doute, ça c'est rien quand on n'a pas deux énormes paniers à porter... ceux-ci sont de poids, je vous assure.

— Ah! le dîner est soigné...

— Si madame Moutonnet avait voulu, j'aurais emprunté le chien du boulanger, ce gros caniche qui, avec un bâton dans sa gueule, porte tout ce qu'on veut au bout...

— Eh bien! pourquoi n'as-tu pas demandé ce chien?

— Pourquoi? vous savez bien que madame votre épouse n'aime pas les bêtes.

— Ah! c'est vrai, Bidois; je n'y pensais plus... Diable! ne va pas proposer le chien... il vaut mieux que ce soit toi... Donne-moi une prise, Bidois...

— Savez-vous au moins si on prendra un fiacre jusqu'à la barrière?

— Ma foi! je ne sais pas, mon garçon... Tu sais que nous sommes beaucoup de monde; nous ne pourrions pas tenir quatorze dans un fiacre.

— Que diable! on en prend deux... n'est-ce pas une affaire entre six hommes?...

— C'est juste; tu n'auras qu'à le proposer à ma femme.

— Moi!... il me semble que c'est plutôt à vous, monsieur, à en parler.

— Eh bien! nous allons voir tout à l'heure... j'en dirai deux mots.

— Je gage que vous n'en parlerez seulement pas.

— Je te dis, Bidois, que j'en parlerai...

— Justement, voici madame.

Madame Moutonnet arrive en effet; aussitôt Bidois court se replacer près de ses paniers, en mettant la main sur les anses, et M. Moutonnet agite sa canne et son chapeau.

— Je vois que tout le monde est prêt, dit madame Moutonnet d'un air satisfait.

— Oui, ma belle, nous voilà disposés à partir, comme tu vois.

— C'est bien. J'espère que la société ne se fera pas attendre.

— Parlez donc des fiacres, dit tout bas Bidois à M. Moutonnet.

— Tout à l'heure, répond le passementier; nous avons tout le temps. Tu vois bien qu'il n'y a encore personne d'arrivé.

M. Dupont vient le premier: Eugénie, qui était rentrée dans la boutique à l'arrivée de sa mère, lève les yeux sur la personne qui se présente; mais elle les baisse aussitôt en apercevant l'épicier, qui pourtant lui fait un salut des plus gracieux.

— Me voici: j'espère qu'on ne m'attend pas, dit M. Dupont en entrant.

— Non, mon ami, vous êtes un homme charmant!

— Dix heures ne sont pas encore sonnées à Saint-Nicolas... Messieurs, mesdames, comment va la santé?... Mademoiselle, je vous offre mes très-humbles hommages...

— Ma fille... entendez-vous? M. Dupont vous offre ses hommages... Répondez donc!

— Monsieur est bien honnête, dit à demi-voix Eugénie en faisant la révérence à l'épicier, qui avec son habit bleu ciel, son gilet jonquille et sa queue poudrée, ne doutait pas que mademoiselle Moutonnet le trouvât ravissant.

— Ma fille est timide, dit madame Moutonnet à M. Dupont, mais c'est ce qu'il faut; la jeunesse doit être élevée comme cela... De la tenue, de l'obéissance, de la réserve surtout; c'est ainsi que l'on a fait mon éducation, et vous savez quelle femme je suis.

— Peste! dit M. Dupont; à coup sûr, vous êtes une femme qui... Monsieur Moutonnet en sait quelque chose.

— Oh ! ma femme ! il n'y a pas son pareil dans toute la rue Saint-Martin.

— Non, j'en réponds ! dit tout bas Bidois.

— J'ai ce qu'il faut pour être à la tête d'une maison, et je me flatte que ma fille saura aussi figurer dans un comptoir...

— Ah çà ! il s'agit de fêter ce bon M. Moutonnet... J'ai mon petit bouquet à offrir... Vous permettez?...

En disant cela, M. Dupont tire de ses poches deux bouteilles, une de muscat et l'autre d'anisette, et les présente à la maîtresse de la maison.

— Deux bouteilles ! en vérité, monsieur Dupont, vous êtes très-aimable, vous faites des folies !...

— Toute ma boutique est à vous, belle dame... trop heureux si je puis... Ah ! voilà aussi un petit sac de quatre mendiants.

— Encore?... Eh ! vous poussez les choses trop loin.

— Du muscat ! dit M. Moutonnet, c'est mon vin favori, et l'anisette est très-bonne pour les vents.

— Allons ! monsieur Moutonnet, laissez là vos vents, et placez ces bouteilles et ce sac dans les paniers. Bidois, vous prendrez bien garde de les secouer, entendez-vous?

Bidois fait ce qu'il peut pour cacher son humeur, et il marronne en plaçant les bouteilles :

— En vérité, on me prend pour un mulet... Et il ne faut pas les secouer, encore !... non, je vais me gêner... Si j'étais sûr au moins d'aller en fiacre jusqu'à la barrière !...

Et il fait en arrière des signes à M. Moutonnet; mais celui-ci fait semblant de ne pas les apercevoir.

Une odeur de vanille, de tubéreuse et de fleur d'oranger annonce l'arrivée de la famille Gérard. En effet, le parfumeur se présente en sautillant, donnant la main à son petit garçon, qui pour son entrée grimpe sur le comptoir et de là va se cramponner sur les épaules de M. Moutonnet. Les dames paraissent : on s'embrasse, on se fait mille politesses, on se dit les choses les plus aimables, on a l'air de s'adorer et les yeux cherchent déjà s'il y a quelque chose à reprendre dans la toilette, quelque ridicule à trouver dans la personne.

Eugénie seule ne songe pas à remarquer la mise de ces dames; elle est troublée, embarrassée, et pourtant elle est bien contente...

M. Adolphe vient d'arriver presque en même temps que la famille du parfumeur.

Le jeune homme s'est empressé d'aller saluer madame Moutonnet et son mari; il s'approche ensuite d'Eugénie et lui dit quelques mots qu'elle

n'entend pas bien, car il lui semble que sa mère a les yeux sur elle et qu'elle s'aperçoit de son agitation : à peine si elle ose regarder un instant Adolphe, et cependant elle en meurt d'envie... Pauvre Eugénie !... l'éducation la plus sévère ne pourra jamais garantir le cœur des impressions de l'amour !

— Allons, nous n'attendons plus que la famille Bernard pour partir.

— Ils sont en retard... il est dix heures dix...

— Dix heures cinq seulement, dit M. Dupont; je me suis réglé hier au soleil du Palais-Royal.

— Je suis sûre, dit madame Moutonnet, que c'est madame Bernard qui n'est pas prête; elle n'en finit jamais !

— C'est vrai, dit M. Gérard; vous souvenez-vous qu'à la fête de ma femme elle nous a fait attendre deux heures sur la terrasse des Feuillants?

— Oui, oui, et cela parce que son cordonnier n'arrivait pas et qu'il lui fallait absolument des souliers roses.

— Chut ! chut ! les voici... Allons, il n'y a rien à dire, il n'est que le quart.

— Mais aussi, voyez comme madame Bernard est déjà rouge !

— Nous voilà ! dit M. Bernard en se précipitant dans la boutique comme un sauteur des *Acrobates ;* j'espère que l'on a une tenue... et que le badinage ira son train... Vive la joie ! je ne connais que ça... Les enfants me suivent... en attendant, j'embrasse ces dames.

Les enfants étaient madame Bernard, sa fille et le petit commis, qui arrivèrent au moment où M. Bernard embrassait madame Moutonnet.

— Eh bien ! le voilà déjà en train, dit madame Bernard ; ah ! prenez-y garde, mesdames, il est aujourd'hui encore plus badin qu'à l'ordinaire.

— Il paraît que vous vous en êtes aperçue, dit M. Gérard d'un air malin.

— Oui, monsieur, oui, et je m'en aperçois trois fois la semaine.

— On le croit sans peine auprès de vous.

Et le parfumeur s'approche de madame Bernard en lui jetant un tendre regard de l'œil gauche, tandis que le droit va fixer la perruque de M. Moutonnet.

— Allons, partons ! dit madame Moutonnet.

— Partons ! répète-t-on de toutes parts.

— Comment ! partons ! dit tout bas Bidois; et on ne parle pas de voitures ! Mais est-ce qu'ils sont fous?

— Nous allons à pied, ma belle? dit d'un air soumis le bon passementier en s'approchant de sa femme.

— Comment ! monsieur, si nous allons à pied ! belle question, vraiment ! Par le temps qu'il fait,

Le petit Gérard se fourre partout et se cramponne au dos de M. Dupont.

ne serait-ce pas un meurtre de s'enterrer dans des voitures?... »

— Certainement, mon cœur, certainement, ce serait un meurtre!

— D'ailleurs le bois de Romainville est si près!... Il ne faut que deux petites heures en se promenant... Nous aurons ensuite le temps de nous reposer.

— Oui, oui, dit toute la société, il faut aller à pied; au moins nous ne serons pas séparés.

— Et puis en route, dit Bernard, on fait des folies... et je suis là.

— Partons! partons!

— Il faut se résigner, dit Bidois.

Et il passe en soupirant un bras sous chaque panier.

Tout le monde se dispose à se mettre en route. On s'approche de la personne avec laquelle on est bien aise de faire le chemin. Déjà madame Bernard s'est emparée du bras du petit Estève; Gérard offre le sien à Mimi; M. Moutonnet prend celui de mademoiselle Cécile; M. Bernard se saisit de madame Moutonnet; Adolphe s'est approché d'Eugénie, celle-ci sourit à l'idée qu'il sera son cavalier... mais la voix de sa mère fait entendre ces terribles paroles :

— Ma fille, acceptez le bras de M. Dupont.

En effet, depuis cinq minutes, l'épicier avait le bras en l'air devant Eugénie, en lui exprimant tout le plaisir qu'il aurait à faire la route avec elle; mais Eugénie ne l'entendait ni le voyait; elle attendait toujours Adolphe; il lui semblait que ce n'était qu'à elle qu'Adolphe pouvait donner le bras.

La voix de madame Moutonnet a détruit le charme. Eugénie a entendu l'ordre; elle sait qu'il faut obéir sans faire d'observations; elle obéit donc... mais en passant son bras sous celui de l'épicier elle jette à Adolphe un regard... puis fait, pendant tout le reste de la route, une petite mine si triste!... Ah! si Dupont avait eu la moindre connaissance des femmes, s'il n'avait pas été aussi sot, il se serait bien facilement aperçu de ce qui se passait dans le cœur de la jeune fille; mais si l'épicier ne voit rien, Adolphe, en revanche, a bien compris tout ce que lui disait le regard d'Eugénie.

Il s'éloigne sans oser paraître mécontent ; il va offrir son bras à madame Gérard, mais il s'arrange de manière à marcher toujours auprès d'Eugénie.

Tout le monde s'éloigne, et Bidois ferme la marche en faisant une moue qui augmente à mesure qu'il se sent plus fatigué.

La compagnie conserve une marche réglée tant que l'on est à Paris ; mais une fois dans le haut du faubourg du Temple on commence à rire et à se rapprocher : enfin on passe la barrière, et M. Bernard déclare qu'il ne répond plus de lui.

Madame Moutonnet, malgré tous ses efforts, ne peut empêcher son cavalier de l'entraîner, de la faire courir, et quelquefois sauter par-dessus les pièces de bois que l'on trouve sur la route.

— Votre mari est pis qu'un démon, crie madame Moutonnet à madame Bernard ; je ne puis pas en venir à bout !..

— Oh ! cela ne m'étonne pas, dit la tabletière; dès qu'il est dans les champs, c'est comme un cheval échappé.

— Mais nous ne sommes encore qu'à Belleville ; que sera-ce donc tout à l'heure?...

— Vous verrez la feuille à l'envers, mesdames...

— Ah ! par exemple, monsieur Bernard, ceci est trop fort, dit madame Moutonnet; si vous me dites encore des choses pareilles, je serai forcée de vous quitter le bras...

Madame Bernard pousse et tire le petit Estève pour l'engager à faire aussi des folies; mais le petit commis est encore bien gauche, bien peu dégourdi, quoique madame Bernard lui répète à chaque instant :

— Tâchez donc de vous animer un peu, Estève; vraiment, mon ami, vous êtes trop timide pour un garçon ; il n'y a rien de bête comme un homme timide.

M. Gérard marche à l'écart avec mademoiselle Mimi; le parfumeur aime beaucoup les petites filles, et quoique mademoiselle Mimi joue encore à la poupée, elle n'est plus une enfant aux yeux de tout le monde. Sa taille est élancée, son fichu dessine déjà deux petits contours bien arrondis, et sa bouche, qui rit toujours, est aussi fraîche que ses joues. Le parfumeur a remarqué tout cela, il s'est emparé bien vite du bras de Mimi. Ils marchent assez loin pour qu'on n'entende pas ce qu'ils se disent, mais M. Gérard paraît fort animé et louche un peu plus qu'à l'ordinaire, en tâ-

chant de regarder tendrement la grande Mimi ; et celle-ci rit tout le long de la route, parce qu'elle ne comprend pas ce que lui dit M. Gérard et qu'elle veut avoir l'air de le comprendre.

M. Moutonnet et mademoiselle Cécile sont les plus tranquilles ; ils marchent d'un pas réglé, qui n'est interrompu que par quelques prises de tabac offertes et acceptées tous les quarts d'heure. Le bon passementier vante les plaisirs des promenades champêtres, des parties de campagne, et passe en revue toutes celles qu'il a faites depuis qu'il est marié. Mademoiselle Cécile, que cette conversation ne paraît pas amuser beaucoup, laisse parler son cavalier et regarde ce que font les autres, cherchant sur leurs figures à deviner ce qu'ils se disent.

Adolphe, qui donne le bras à madame Gérard, tâche de se tenir sans cesse auprès d'Eugénie et de rendre la conversation générale. La petite parfumeuse remarque l'attention de son cavalier à rester près des mêmes personnes, et, par malice, le force quelquefois à s'arrêter ou à marcher plus vite ; mais Adolphe trouve toujours moyen de revenir près de celle qu'il aime, et quoique je ne vous aie pas encore dit qu'il aimât mademoiselle Moutonnet, je me flatte que vous vous en êtes aperçu. Il y a de ces choses qui se devinent au premier coup d'œil ; il n'y a que les papas, les mamans et les maris qui ne voient pas aussi vite ce qui les intéresse, et c'est fort heureux pour tout le monde.

Eugénie, contente quand Adolphe était auprès d'elle, reprenait alors sa gaieté; s'éloignait-il, elle soupirait, n'osant retourner la tête pour voir s'il allait se rapprocher, mais trouvant toujours quelques prétextes pour s'arrêter ou ralentir sa marche, lorsqu'il restait trop longtemps en arrière.

M. Dupont épuisait toute son éloquence pour amuser sa jolie compagne, et répétait à chaque instant :

— Quel temps superbe !... Il fait bien chaud !... Comme nous allons nous amuser !... J'avais peur qu'il ne plût ce matin... J'avais presque envie de mettre mon habit marron...

Toutes ces jolies choses étaient perdues pour Eugénie, qui ne répondait que par quelques monosyllabes, et l'épicier se disait lui-même :

— Cette jeune personne est parfaitement élevée... extrêmement bien élevée...

Bidois se traînait avec ses paniers, allant de l'un à l'autre, faisant une mine piteuse lorsque madame Moutonnet ne le pouvait voir, et répétant avec Dupont :

— Oh ! oui, il fait bien chaud !... et quand on porte des paniers comme cela !... Ouf! c'est

tuant... Ah çà! est-ce qu'on ne s'arrêtera pas?...
Je n'en puis plus!...

Mais tous ces messieurs étaient trop occupés pour faire attention aux plaintes de Bidois, que celui-ci ne prononçait d'ailleurs qu'entre ses dents, de crainte d'être entendu de madame Moutonnet. Quelquefois le vieux commis s'asseyait sur un banc de pierre ou contre une borne, mais comme on ne l'attendait pas, il reprenait alors ses lardeaux en répétant entre ses dents :

— Hum! quel joli plaisir! la peste soit des dîners sur l'herbe!... Pourvu qu'on mange tout encore, et que l'on ne fasse pas rapporter quelque chose!...

Enfin on est dans les champs, on respire un air plus frais, et quoiqu'il n'y ait plus de lilas à cueillir, on aime encore à se promener sous leur feuillage.

Les sentiers que l'on suit sont quelquefois trop étroits pour que l'on puisse y marcher deux de front; les dames quittent le bras de leur cavalier et ne le reprennent point, parce que chacun veut courir, sauter et faire ce qui lui plaît.

— Plus d'étiquette, plus de cérémonie! crie Bernard en lâchant le bras de madame Moutonnet qu'il n'est pas fâché de quitter. Il faut ici aller à la débandade... et les folies en avant !

Cette nouvelle manière arrange assez tout le monde. M. Gérard, en courant après mademoiselle Mimi, la pousse derrière de gros buissons, et en l'attrapant saisit toujours quelque chose que la grande niaise lui laisse pincer, parce qu'elle croit que c'est dans le jeu. Mademoiselle Cécile, que la conversation de M. Moutonnet n'amuse pas extrêmement, est bien aise de pouvoir épier à son aise ce que font et disent les autres, et madame Bernard tâche de faire courir le petit Estève en l'invitant à l'attraper.

Mais ceux qui sont les plus contents, sans oser le faire paraître, se sont hâtés d'imiter l'exemple du reste de la société. Adolphe a quitté le bras de madame Gérard; M. Dupont a eu quelque peine à lâcher celui d'Eugénie, mais celle-ci l'a retiré tout doucement, pendant que l'épicier commençait une phrase sur le plaisir qu'il éprouvait à être son cavalier.

— Comme cette jeune personne est modeste ! se dit Dupont pendant qu'Eugénie court devant; il n'y a pas moyen de lui faire entendre un compliment! non, elle ne veut pas les écouter... c'est cela de la pudeur! de la retenue !...

Et Dupont s'approche de madame Moutonnet à laquelle il dit tout bas :

— Votre fille est singulièrement bien élevée !...

— Oh! pour cela, je m'en flatte, répond madame Moutonnet d'un air orgueilleux; j'en suis vraiment enchantée !... Plus vous la connaîtrez, plus vous en serez émerveillé !... Ah ! je l'ai mise sur un bon pied : d'un coup d'œil, d'un mot, d'un geste, je la fais obéir comme un soldat prussien !... C'est ainsi que tout le monde marche chez moi.

— Je vous en fais mon compliment... une femme comme elle ferait bien mon affaire, dans un beau comptoir, entourée de pains de sucre... de confitures... d'olives... hein? Une jolie figure placée là-dedans... ça ne nuit jamais, madame Moutonnet.

— C'est bon, c'est bon, mon ami Dupont; nous parlerons de cela.

Et madame Moutonnet serre la main à l'épicier en lui lançant un regard de satisfaction... Dupont est ravi, enchanté, car Dupont est très-amoureux d'Eugénie, si toutefois on peut appeler amour ces désirs qu'un sot éprouve en regardant une jolie femme, comme un gourmand regarde un pâté, comme un ivrogne regarde une bouteille, comme un Normand regarde une pomme.

— Ah çà ! dit l'épicier, votre mari connaît-il mes intentions?... Sait-il que...

Madame Moutonnet ne lui laisse pas le temps de continuer; elle se retourne en lui jetant un regard courroucé :

— Qui est-ce qui vous parle de mon mari?... Qu'ai-je besoin de le consulter? Est-ce qu'il se mêle de quelque chose? Est-ce que j'ai besoin de ses avis? Est-ce que je ne suis pas la maîtresse chez moi?

— C'est juste... c'est très-juste... dit Dupont qui, effrayé par la volubilité avec laquelle madame Moutonnet vient de lui répondre, s'aperçoit qu'il a dit une bêtise. Oui, certes, vous êtes la maîtresse... et tout le monde vous dira comme moi que... enfin, c'est vous seule que cela regarde.

Pendant que Dupont cause avec madame la passementière, Eugénie et Adolphe se sont rapprochés. Pauvres jeunes gens! S'ils connaissaient le sujet de la conversation de l'épicier avec madame Moutonnet, ils ne seraient pas aussi gais, aussi heureux; mais il ne se doutent point de ce qu'on projette : laissons-les donc encore se livrer au plaisir... il est toujours assez tôt pour s'affliger.

Les amants ont une manière de s'entendre et de se dire beaucoup de choses en peu de mots; les cœurs les plus neufs, les plus novices, comprennent bien vite ce langage, car, pour tout ce qui tient à l'âme et à la nature, on n'a pas besoin de leçon. Eugénie n'est point coquette, mais elle est sensible, aimante; elle ne cherche point à plaire, mais elle a besoin d'aimer; ce sentiment si doux est fait pour celle qui désire un cœur qui réponde au sien. Eugénie n'éprouve point de ces goûts passagers qu'un autre fait disparaître; elle aimera avec passion, car elle aimera véritablement. Vous voyez qu'Eugénie n'est pas une femme ordinaire ; ce qui m'étonne, moi, c'est qu'elle soit fille de M. et madame Moutonnet... Enfin : *Sic fata volunt.*

Adolphe, que nous ne connaissons encore que fort peu, mérite-t-il d'être aimé d'Eugénie? Oui,

s'il suffit pour cela de posséder un cœur sensible, généreux, une âme ardente, une tête exaltée... mais tout cela ne suffit pas près de madame Moutonnet ; il faudrait des écus, et Adolphe n'a rien et n'espère rien ; il n'a plus au monde que son père, et son père, après avoir éprouvé de grandes infortunes, est encore loin d'être heureux.

Le bal de Romainville.

Mais l'amour ne fait pas toutes ces réflexions : il va son train, et les obstacles, loin de l'arrêter, redoublent encore sa force ; pour le vaincre, il faut le flatter au lieu de le combattre ; encore est-il bien difficile d'en triompher. Adolphe a aimé Eugénie dès qu'il l'a vue ; c'est depuis ce temps qu'il s'est appliqué à se faire bien venir de madame Moutonnet, et ce n'est pas sans peine qu'il y est parvenu. Il ne se demande pas à quoi lui servira son amour ; les amants ne se font jamais de telles questions ; il aime, il adore Eugénie ; en être aimé serait le comble de ses vœux : la posséder... il n'ose encore penser à cela. Cependant Adolphe a déjà eu plusieurs intrigues avec des demoiselles qui, avec toutes les apparences de la sagesse, n'étaient rien moins que des vertus : pour-

quoi le jeune homme n'espérerait-il pas aussi triompher d'Eugénie, dont il ne peut encore connaître les aimables qualités? L'habitude des triomphes faciles fait bien du tort à la vertu ; on ne croit plus à la sagesse, lorsqu'on est si longtemps sans la rencontrer. Je ne veux pas dire, cependant, qu'Adolphe soit un libertin et qu'il ait formé le projet de séduire Eugénie. Non, Adolphe est comme tous les jeunes gens lorsqu'ils sont amoureux, espérant toujours, ne raisonnant jamais.

On court, on saute, on se livre à la gaieté ; M. Bernard fait des niches, M. Gérard entraîne les dames dans les fourrés, le petit Estève tâche de se dégourdir, M. Moutonnet prend du tabac, et Bidois soupire en disant de temps à autre :

— Est-ce qu'on ne va pas s'asseoir ?

— Tout à l'heure, répond madame Moutonnet, quand nous serons dans le bois.

Dupont, qui veut aussi faire l'aimable, va folâtrer près d'Eugénie, que le bruit des deux chaînes à breloques qui se balancent sur la culotte de l'épicier avertit toujours assez tôt pour qu'elle ne l'attende pas. Le petit Gérard se fourre partout et se cramponne après le dos de Dupont, qui crie parce que cela fait tomber sa poudre ; il prie le parfumeur de faire finir son fils ; mais le parfumeur est trop occupé auprès de la grande Mimi pour répondre à M. Dupont ; et mademoiselle Cécile, qui voit tout, a déjà remarqué que M. Gérard l'a embrassée deux fois et que madame Bernard fait courir son petit commis dans les endroits écartés.

Adolphe voudrait bien aussi être à l'écart avec Eugénie ; peut-être la jeune personne voudrait-elle de son côté causer avec Adolphe loin des regards curieux, mais ni l'un ni l'autre n'ose s'éloigner. Eugénie s'arrête dès qu'elle s'aperçoit que la société est en arrière ; elle tremble que sa mère ne remarque que c'est avec le beau jeune homme qu'elle court de préférence. Madame Moutonnet est bien éloignée de songer à cela ; elle a une trop haute idée de la réserve de sa fille ; elle la croit trop soumise pour penser qu'elle soit capable d'éprouver un seul sentiment sans sa permission : mais les mères les plus sévères ne voient pas tout.

Cependant cette journée si belle pour les amants s'écoulera bien vite, et de telles occasions ne reviendront pas de fort longtemps peut-être.

— Ah ! se dit Adolphe, il faut absolument que je lui parle, il faut qu'elle sache que je l'aime, que je l'adore... Si je ne le lui dis pas aujourd'hui, quand donc le lui dirai-je ?...

Et Eugénie se dit de son côtés :

— Je voudrais bien savoir ce qu'il pense de moi !... Il me regarde, il soupire ; qu'est-ce qui le fait donc soupirer ? Ah ! s'il ne me l'apprend pas aujourd'hui, je ne le saurai pas de bien longtemps !...

Pauvres amants ! vous brûlez de vous faire de doux aveux... la crainte vous retient encore ; mais, si votre bouche se tait, vos yeux s'entendent déjà, et leur langage n'est-il pas celui du cœur ?

Patience ! vous voilà au bois de Romainville, et j'ai dans l'idée que c'est là que vous achèverez de vous entendre. Au milieu du bruit des petits jeux, du désordre de la fête, il est impossible que vous ne trouviez pas l'occasion de vous rapprocher. Le site vous sera favorable. Oui, c'est un bien joli endroit que le bois de Romainville ; c'est dommage pourtant qu'il ne soit pas plus épais, mais il faut se contenter de ce qu'on a : d'ailleurs je suis b'en persuadé que les petites fillettes, les

grisettes, les villageoises et les belles dames de Paris n'y vont jamais dans l'intention de chercher les bosquets touffus et les sentiers écartés.

CHAPITRE IV

LE BOIS DE ROMAINVILLE. — DINER SUR L'HERBE.

Enfin on est dans le bois.

Madame Bernard aime beaucoup les terrains qui vont en pente.

— Grâce au ciel ! dit Bidois, il était temps ; j'allais me trouver mal !

— Je ne serais pas fâché de me reposer, dit le papa Moutonnet ; cette chaleur fatigue.

— Un instant, monsieur Moutonnet ! il faut choisir une bonne place.

En disant ces mots, madame Moutonnet se met à la tête de la compagnie et marche à la découverte. Elle s'arrête bientôt à une place assez unie.

— Il me semble que cet endroit est joli ? dit-elle.

— Fort joli, répond M. Moutonnet.

Et le bon homme étale son mouchoir pour s'asseoir dessus.

— Oui, c'est fort gentil ici, dit Bidois posant les paniers et s'asseyant sur le gazon.

— Non, non, dit madame Bernard, le site n'est pas bien choisi ; cela ne va pas assez en amphithéâtre.

— C'est vrai, dit Gérard, on est bien mieux assis quand le terrain va en pente.

— Voyons plus loin, dit madame Moutonnet.

— Va pour l'amphithéâtre! dit le papa Moutonnet en se relevant; j'étais pourtant assez bien ici... Et toi, Bidois?

Bidois ne répond pas; il se relève en grognant, prend les paniers avec un geste de désespoir et suit la société. On s'arrête un peu plus loin.

— Voici un joli amphithéâtre, dit M. Bernard; il me semble que c'est notre affaire.

— Oui, vraiment, dit madame Gérard, cela vaut bien mieux que l'autre.

— Allons, dit M. Moutonnet, puisque c'est notre affaire, je m'installe.

Et il retire son mouchoir qu'il étale de nouveau à terre, puis se jette dessus. Pendant ce temps, Bidois s'est assis entre les deux paniers et commence à se mettre à son aise.

— Un instant, un instant! dit madame Moutonnet arrêtant les dames prêtes à s'asseoir; comment pouvez-vous dire que cette place est belle?... Regardez!... on a fait des ordures tout autour... et je crois vraiment que Bidois s'est assis sur... Ah! mon Dieu, c'est une peste!... Prenez donc garde à ce que vous faites, Bidois! vous êtes si pressé de vous asseoir...

— Mais, madame, c'est que...

— Allons, levez-vous vite et cherchons un autre endroit.

— Allons, cherchons un autre endroit, dit M. Moutonnet reprenant son mouchoir en soupirant et suivant la compagnie, tandis que le vieux commis, après avoir tâté sa culotte où il jure qu'il n'y a rien, met un quart d'heure à se relever et à reprendre ses paniers qu'il secoue avec fureur, pour se venger sur eux de la fatigue qu'ils lui causent.

On s'arrête à une autre place.

— Il me semble, dit M. Gérard, que celle-ci réunit tout : ombrage, fraicheur, le pittoresque et l'agréable.

— Oui, dit Dupont, c'est d'un pittoresque qui... On y sera très-bien pour dîner. Qu'en pensent ces dames?

— Oui, oui, restons ici.

— Ma foi! se dit Bidois en se laissant aller à terre et se débarrassant des paniers, qu'on ait fait ici tout ce qu'on voudra, je ne me lève plus... c'est fini, je suis cloué.

M. Moutonnet regarde sa femme avant de se rasseoir, et voyant qu'elle paraît satisfaite de la place, il se décide alors à étaler pour la troisième fois son mouchoir sur l'herbe. Chacun se place suivant son goût : madame Bernard, qui aime les terrains qui vont en pente, se met sur une hauteur, relevant ses genoux sur lesquels elle s'appuie avec grâce; M. Gérard se place beaucoup plus bas, mais en face de madame la tabletière sur laquelle il a toujours un œil braqué.

Adolphe espère trouver une place auprès d'Eugénie; déjà il s'approche doucement de la jeune fille qui, en s'asseyant, a jeté un regard de son côté... mais ce lourdaud d'épicier l'a prévenu; il se jette sur le gazon et tombe presque sur Eugénie; elle n'ose plus bouger, elle est forcée de rester à côté de M. Dupont qui, en voulant faire l'aimable, le folâtre, se penche constamment sur elle et lui fait supporter une partie de son individu.

— Ah! quel supplice! dit en elle-même Eugénie; moi qui croyais tant m'amuser!... Ce vilain M. Dupont a donc juré de se tenir sans cesse près de moi?... Ah! je ne l'aimais pas, mais maintenant je sens que je le déteste!...

Et la pauvre petite fait une mine bien triste, pendant que l'épicier fait l'aimable près d'elle; mais celui-ci ne s'aperçoit pas de l'humeur de sa voisine, et il va son train, toujours charmé de la décence et de la sévérité d'Eugénie qui n'écoute pas ses compliments.

— Il n'est que midi, dit M. Moutonnet; nous pouvons faire quelque chose avant dîner...

— Oui, dit Bernard, jouons à des petits jeux, par exemple... Qu'en pensez-vous, Gérard?...

Gérard, qui contemple toujours son vis-à-vis, répond sans se détourner :

— Je ferai tout ce qu'on voudra.

— Avant tout, dit madame Moutonnet, il faut s'assurer de l'essentiel, qui est le pain et le vin; monsieur Moutonnet, vous allez vous rendre chez le garde avec Bidois et vous vous ferez donner tout ce qu'il nous faut... Nous serons bien aises, d'ailleurs, de nous rafraîchir à présent.

— Oui, certes, dit Dupont, cela ne fera pas de mal...

— Rafraîchissons-nous, dit Bernard.

— Oh! oui, dit madame Bernard, car j'éprouve une chaleur étouffante, et pourtant je me donne de l'air tant que je peux.

— Pas encore assez apparemment, dit Gérard.

Pendant ce temps, le papa Moutonnet, qui aurait préféré rester assis et se reposer, se lève à regret, prend son mouchoir et se dispose à se rendre chez le garde. Il s'approche de Bidois qui est un peu plus loin, assis entre les deux paniers, et fait semblant de ne pas entendre madame Moutonnet.

— Viens-tu, Bidois? dit le passementier.

— Comment!... où donc cela?

— Chercher du pain, du vin et des verres...

— Est-ce que nous n'avons pas le temps?...

— On demande à se rafraîchir...

— A peine si je suis assis... vous voulez me faire retrotter!... Laissez-moi donc respirer un moment!

— Mais ce n'est pas moi, c'est ma femme qui veut que...

Bidois ne peut se décider à se remettre en marche; mais la voix de madame Moutonnet se fait entendre :

— Comment! messieurs, dit-elle, vous n'êtes pas encore partis? Vous devriez être revenus... Mais allez donc!... vous avons soif....

— Nous partons, ma femme... c'est Bidois qui n'en finit pas...

— Allons donc! monsieur Bidois. Dieu! que vous êtes lourd aujourd'hui... vous ne pouvez plus vous relever!...

Bidois se lève cependant, et suit M. Moutonnet en marronnant tout le long du bois.

— Jouons, courons, amusons-nous, dit madame Gérard.

Eugénie, qui ne demande qu'à quitter sa place, est bien vite levée. Madame Moutonnet et mademoiselle Cécile, qui ne courent plus, restent assises près des paniers, mais il est convenu qu'on ne s'éloignera pas d'elles.

Cependant on n'est plus sous les yeux de ses parents. Eugénie respire et Adolphe espère; en courant les uns après les autres, ils se rencontrent souvent. Adolphe, pour attraper Eugénie, saisit sa main ; son bras entoure quelquefois sa taille charmante. Eugénie ne retire pas sur-le-champ sa main, lorsqu'elle rencontre celle d'Adolphe qui la presse tendrement : ces moments sont pour eux les plus doux de la journée!... Profitez-en, jeunes amants; les riens sont beaucoup en amour, et c'est souvent avec des riens que se compose le bonheur.

L'ami Dupont veut aussi courir après les dames, et surtout après mademoiselle Moutonnet; mais l'épicier n'est point leste, il court mal, il est bientôt essoufflé...

— Vous allez trop vite, mademoiselle, crie-t-il à Eugénie; vous vous ferez du mal ; vous vous donnerez une fluxion de poitrine.

Eugénie ne l'écoute pas et n'en court que plus fort; elle sait bien qu'il y a quelqu'un qui l'atteindra.

M. Gérard propose de jouer à cache-cache; on ne demande pas mieux.

— C'est moi qui le serai, dit Dupont, et vous verrez que je vous aurai bientôt trouvés.

On accepte. L'épicier va s'asseoir près de mademoiselle Moutonnet, en attendant qu'on lui crie : C'est fait.

M. Bernard entraîne madame Gérard; le petit garçon grimpe sur un arbre; madame Bernard s'est déjà éclipsée avec Estève, et M. Gérard reprend le bras de mademoiselle Mimi avec laquelle il va se cacher.

Eugénie et Adolphe restent seuls ensemble; ils se regardent quelques instants et ne bougent point.

— Mais cependant, dit Adolphe, il va revenir... il faut nous cacher...

— Oui, monsieur, dit Eugénie en baissant les yeux.

— Venez, mademoiselle; je vois là-bas un endroit charmant !

Le jeune homme prend la main d'Eugénie qui la lui abandonne. Il l'entraîne : ils courent, ils s'enfoncent dans le plus épais du bois.

— Mais nous allons bien loin, dit Eugénie.

— Est-ce que vous voulez que M. Dupont nous trouve tout de suite?

— Oh ! non ; j'en serais bien fâchée !

Et Eugénie rougit de ce qu'elle vient de dire. Elle se tait, mais suit toujours Adolphe. Des buissons, des branches d'arbres leur barrent le passage; ils s'arrêtent enfin. Eugénie regarde alors derrière elle, mais ne voit plus personne; le feuillage des chênes qui l'entourent lui dérobe même une partie du bois.

— Je crains que nous ne soyons bien éloignés, dit elle en reportant les yeux sur Adolphe et en les rebaissant bien vite, parce qu'elle rencontre ceux du jeune homme, qui ont beaucoup d'expression.

Adolphe ne répond pas, mais il tient toujours la main d'Eugénie et la presse encore plus tendrement, puis la porte à ses lèvres et la couvre de baisers; et Eugénie le laisse faire, elle ne dit plus rien... mais son cœur bat d'une force... On est si heureux en recevant les premières caresses de la personne que l'on aime, surtout quand la pudeur, la crainte, les convenances ont longtemps retardé ce moment-là!

Mais ce silence ne pouvait durer. Eugénie brûlait du désir d'entendre Adolphe et n'osait parler la première. Adolphe cède enfin à tout ce qu'il éprouve.

— Ah! mademoiselle, dit-il en fixant sur Eugénie les plus doux regards, depuis bien longtemps je désirais me trouver un moment seul avec vous et vous avouer mon amour... Vous allez vous fâcher peut-être !... mais excusez-moi, plaignez-moi plutôt ; il est si difficile de vous parler!... Je n'aurai que ce moment... et, depuis que je vous ai vue, je vous aime, je vous adore... je pense à vous à chaque instant; je voudrais vous voir sans cesse... O ciel! qu'avez-vous?

Eugénie, émue par cette brusque déclaration,

à laquelle cependant elle devait s'attendre, Eugénie peut à peine supporter le plaisir qu'elle ressent; une coquette l'aurait caché, mais un cœur tout neuf, un cœur aussi aimant, ne pouvait déjà savoir se contraindre; elle se sent défaillir : la joie fait quelquefois plus de mal que la peine, mais ce mal-là est rarement dangereux.

Adolphe soutient Eugénie, il l'entoure de ses bras.

— Qu'avez-vous? lui dit-il.

— Ah ! ce n'est rien... Je ne sais... mais je n'ai jamais éprouvé cela...

— Vous ne m'avez pas écouté, je gage?

— Oh... si !...

— Et vous ne me répondez rien?...

— Que puis-je répondre?...

En effet, elle lui souriait si tendrement!... Qu'aurait-elle pu dire qui valût ce regard charmant?... Adolphe, au comble du bonheur, jure encore de l'aimer, de l'adorer toute sa vie; il la presse contre son cœur, et elle n'a pas la force de se dégager de ses bras... Ah ! madame Moutonnel, si vous n'aviez pas élevé votre fille si sévèrement, elle saurait bien mieux se défendre; c'est en connaissant le péril qu'on le brave, c'est lorsqu'on est surpris que l'on succombe, et une fille qui ne sait rien est bien plus facile à séduire que celle qui se doute de quelque chose !

Adolphe, heureux de presser Eugénie dans ses bras, n'ose point encore lui dérober un baiser que cependant il meurt d'envie de cueillir sur cette bouche fraîche, qui va répondre à ses serments... lorsqu'une voix se fait entendre :

— Ah ! pour le coup, en voilà que je tiens!... vous êtes pris...

Eugénie reconnaît la voix de Dupont; elle tremble qu'il ne les ait aperçus; elle s'éloigne d'Adolphe et sort du taillis. Mais ce ne sont point nos amants que l'épicier vient de découvrir. Le pauvre Dupont cherchait, depuis très-longtemps, sans rien trouver, parce que chaque couple s'était fort bien caché, lorsqu'en passant devant un épais buisson une odeur de parfum vint frapper son odorat.

Dupont ne doute point que Gérard ne soit caché par là. Il s'avance, l'odeur le guide, et, en effet, il ne tarde pas à trouver monsieur le parfumeur assis tout contre mademoiselle Mimi qui est couchée sur le gazon.

Comme M. Gérard et la grande demoiselle ne sont pas fort éloignés de nos deux amants, ceux-ci entendent les cris de joie de Dupont et sont bientôt auprès de lui. Il faut rejoindre la société, retourner près de madame Moutonnel. Quel dommage... lorsqu'on aurait encore tant de choses à se dire !... lorsqu'on était si heureux,

seuls sous ces épais feuillages!... Mais il faut se soumettre ; d'ailleurs ils s'entendent maintenant, le plus important est dit; peut-être trouveront-ils l'ocasion de se parler encore... et à coup sûr ils ne la laisseront pas échapper.

— Vous vous étiez joliment cachés, dit Dupont; sans l'odeur de vanille... de jonquille... je crois que je chercherais encore... mais cela m'a mis sur vos traces, monsieur Gérard.

— Ah çà! où est donc madame Bernard? dit le tabletier; est-ce que vous ne l'avez pas trouvée?

— Non... j'ai pourtant fureté partout.

— Je gage qu'elle aura fait courir Estève jusqu'à l'extrémité du bois... elle s'amuse à le faire enrager!... Ma femme est comme moi ; elle aime à faire des espiègleries.

En disant cela, M. Bernard va se percher sur une branche d'arbre après laquelle il veut se balancer comme le petit Gérard; mais comme il pèse trois fois autant que le petit garçon, la branche casse et M. Bernard roule sur le gazon. On s'empresse autour de lui, on craint qu'il ne soit blessé; mais Bernard se relève en assurant qu'il l'a fait exprès, et s'efforce de rire quoiqu'il ait le nez écorché et une grosse bosse au front.

— Mais il me semble que vous êtes blessé au visage, dit madame Moutonnel en voyant revenir M. Bernard.

— Du tout, mesdames du tout!... c'est une plaisanterie... une farce... A la campagne, il faut s'amuser, et je suis là !

Madame Bernard reparaît enfin avec son commis. La tabletière est encore plus rouge qu'à l'ordinaire, et le petit Estève a les yeux qui lui sortent de la tête.

— Où diable étiez-vous? dit Dupont; j'ai cherché de tous côtés.

— Nous n'étions cependant pas loin.

— Est-ce qu'Estève a attrapé un coup de soleil? dit M. Bernard ; le pauvre garçon est tout bouffi.

— Non, non, c'est qu'il s'est trop penché pour me chercher des fraises.

— Des fraises ! des fraises!... je t'ai déjà dit, ma chère amie, que dans ce bois-ci on ne trouve que des glands.

— C'est vrai, tu as raison, je n'ai trouvé que des glands superbes.

— Madame Bernard, votre mari s'est fait une bosse au front.

— Oh ! cela ne m'inquiète pas; son front est fait à cela.

— Mais les rafraichissements n'arrivent pas, dit Dupont qui s'est mis en nage pour jouer à cache-cache.

Eugénie fait tout son possible pour ne pas rire.

— Ah! mon mari et Bidois sont d'une len-
teur!... ils me font mourir!...

— Victoire, victoire! les voici.

En effet, M. Moutonnet paraît, chargé de pain
et de verres, tandis que Bidois porte un panier
garni de bouteilles pleines de vin et d'eau.

— Allons donc, messieurs, allons donc! dit
madame Moutonnet; à quoi pensez-vous d'être
deux heures pour nous apporter cela?

— Mais, ma femme, c'est que... aujourd'hui
dimanche...

— Eh bien! monsieur, est-ce qu'on ne boit
pas le dimanche comme les autres jours?

— Au contraire, ma belle, on boit davantage;
c'est ce qui fait...

— A la santé d'Eustache! dit M. Bernard en
s'emparant de la bouteille.

Tout le monde répond à l'appel du tabletier, et
le bon Moutonnet remet de nouveau son mouchoir
sur l'herbe et s'assied dessus avec délices, enchanté de pouvoir enfin se reposer, ce qui ne lui
arrive que rarement le jour de sa fête.

On ne joue plus à cache-cache, parce qu'il fait
trop chaud et que ces messieurs ne veulent point
se fatiguer. Eugénie et Adolphe regrettent ce joli
jeu, qui leur a fourni l'occasion d'être un moment
seuls, et qui leur en promettait de si doux. Peut-
être y a-t-il encore dans la compagnie des personnes qui seraient bien aises de retourner se cacher, mais on n'ose pas en témoigner l'envie.

— Nous y rejouerons après dîner, dit M. Bernard; il ne fera plus si chaud, et nous aurons plus
d'ombre.

Le temps se passe bien vite. Quatre heures arrivent, il faut dîner; c'est pour beaucoup de personnes, et surtout pour le héros de la fête, l'instant
le plus intéressant de la journée. Les paniers
sont vidés, les provisions sont étalées; on s'assied
à peu près en rond. Cette fois, Adolphe trouve
le moyen de se mettre près d'Eugénie; le gros
épicier est à la gauche de la jeune fille; mais le
joli garçon est à sa droite, et il y aura du moins
compensation.

On trouve tout bon, tout excellent; l'appétit

4

assaisonne les mets; on fête le petit vin du garde.
Jusqu'à présent tout se passe fort bien; chacun
est gai, joyeux; le plaisir préside à la fête; mais
Bidois, qui a assisté à toutes celles de la famille
Moutonnet, se dit en lui-même :

— Pourvu que cela finisse bien aujourd'hui, et
qu'il n'arrive pas quelque catastrophe, quelque
querelle, comme c'est l'ordinaire aux Saint-Eustache et aux Sainte-Barbe: on commence en riant,
en chantant... on revient en criant et en se dispu-
tant!...

En attendant, le vieux commis mange et boit
comme quatre, enchanté de voir disparaître les
vivres, parce qu'il espère rapporter les paniers
vides.

Nous avons vu comment M. Moutonnet s'y est
pris pour découper la superbe volaille dont il ne
put venir à bout, malgré le secours de madame
Bernard; nous avons vu ensuite l'humeur de madame Moutonnet, qui n'aimait pas que d'autres
qu'elle fissent quelque chose avec son mari.

Nous savons aussi que l'on dansait déjà devant
la maison du garde, pendant que l'on dînait dans
le bois. Quoiqu'il ne fût alors que cinq heures, le
bal était déjà en train, parce qu'à la campagne
on commence de bonne heure, et que l'on ne
craint pas de danser au soleil. Puisque nous re-
trouvons les choses telles que nous les avons laissées, voyons maintenant comment se terminera
la fête de M. Moutonnet, et si les pressentiments
de Bidois étaient fondés.

CHAPITRE V

SUITE ET FIN DE LA FÊTE DE M. MOUTONNET.

— Ah çà! est-ce qu'on ne parviendra pas à
découper cette volaille? dit Bernard.

— Ce serait bien malheureux, dit tout bas Bidois, car on me la ferait remporter à Paris, et
nous ne mangerions que cela toute la semaine!

— J'aurais cependant voulu goûter du crou-
pion, dit madame Bernard qui a passé la cuisse
de la dinde au petit Estève, qu'elle bourre comme
un canon.

— Oh! dit le tabletier, ma femme est terrible
pour les croupions... Elle se ferait fesser pour en
tenir un.

— Je me charge de lui en offrir, dit le parfumeur; passez-moi cette terrible volaille, vous
allez voir comme je découpe cela.

— Oh! d'abord, mon mari fait tout avec grâce,
dit madame Gérard.

— Oui, dit tout bas Bidois, le dindon sentira
la pommade.

M. Gérard prend la volaille, et ce n'est pas sans

beaucoup de peine qu'il parvient à la découper,
quoique madame Moutonnet répète à chaque
instant :

— Je suis bien certaine qu'elle est tendre, je
l'ai achetée moi-même.

— Malgré ça, dit le parfumeur, je vous assure
qu'elle est bien formée.

Personne n'ose dire que le dindon n'est pas
mangeable, mais on n'y revient pas. On se jette
sur le pâté et les autres provisions, et Bidois voit
avec chagrin qu'il restera plus de la moitié de la
grosse pièce.

Le vin muscat de l'ami Dupont ramène la
bonne humeur que le dindon avait un peu 'affaiblie. La bouteille est bientôt vidée; l'anisette a
son tour. La liqueur achève de donner une petite
pointe à ces messieurs et plus d'abandon à ces
dames; le son du tambourin et de la clarinette,
qui parvient aux oreilles de la société, ajoute
aux charmes du repas.

— Nous avons de la musique, dit Dupont; c'est
pis qu'à Paris.

— J'espère bien que nous danserons ce soir,
dit madame Bernard; il faut que je danse, moi;
cela me fait faire la digestion.

— Vous danserez, mesdames, vous danserez;
nous vous ferons sauter.

— Ah! oui, vous faites de fiers hommes! s'il
fallait compter sur vous...

— Qu'est-ce à dire, madame Bernard. Est-ce
que je ne suis pas là pour la pirouette? Est-ce
que je ne passe pas un six quand je m'y mets?

— Vous passez un six, vous!... Ah! par exemple, monsieur Bernard, je ne m'en suis jamais
aperçue!

— Vous vous en apercevrez ce soir, madame.

— Je serais curieuse de voir cela!

— En vérité, dit madame Moutonnet en se penchant sur mademoiselle Cécile, cette madame
Bernard a toujours des conversations bien singulières!...

— Ne m'en parlez pas, répond mademoiselle
Cécile en se pinçant les lèvres, c'est du plus mauvais ton!... cela me fait mal aux nerfs!...

— Allons, dit tout bas Bidois, voilà les femmes
qui chuchotent déjà... ça se gâtera bientôt.

— Est-ce qu'on ne chante pas? dit M. Dupont.

— Si fait, parbleu! on chante!...

— C'est à vous à commencer, ma fille, dit madame Moutonnet à Eugénie qui, auprès d'Adolphe, avait tout à fait oublié ses couplets. M'entendez-vous, ma fille?

— Oui, maman.

On fait silence, et Eugénie chante des couplets
pour la fête de son père; elle tremble d'abord,
mais ensuite elle se rassure et met de l'expres-

sion à ce qu'elle chante, parce que son cœur est d'accord avec ses paroles. Le bon Moutonnet embrasse sa fille : c'est le moment de l'attendrissement.

— Vraiment, dit Dupont, mademoiselle a une voix... de ces voix qui étourdissent !...

Adolphe ne dit rien; mais il regarde Eugénie, et pour l'aimable fille cela vaut bien le compliment de Dupont.

— Maintenant, dit Bernard qui n'est pas porté pour le sentiment, il faut chanter du gai, du jovial...

— Ah ! oui, dit sa femme, de petites drôleries; j'aime bien cela, moi.

— Madame, songez que nous avons des demoiselles ici ! dit madame Moutonnet en prenant un ton sévère.

— Il me semble que je le sais aussi bien que vous, madame, répond madame Bernard d'une voix un peu enrouée. Est-ce que je n'ai pas un enfant?

— Oui, sans doute, un enfant de quinze ans passés... C'est pour cela, madame, qu'il faut prendre garde à ce que l'on chante...

— Madame, ma fille n'y entend pas malice; tant pis pour celles qui en mettent dans tout !...

— Si on voulait en mettre, les occasions ne manqueraient pas avec certaines personnes.

— Allons! allons! mesdames, est-ce qu'il faut se fâcher pour une chanson? dit l'épicier en présentant son sac de quatre mendiants ; prenez une figue, madame Bernard... Tenez, madame Moutonnet, voici du raisin sans pepins. M...

— L'ami Dupont a raison, dit M. Bernard; d'ailleurs je sais choisir une ariette pour les circonstances...

— Chantez-nous quelque chanson à boire, dit le papa Moutonnet; il faut finir la bouteille d'anisette.

— Va pour un air à boire ! dit Bernard.

Et le tabletier entonne un refrain bachique. Ces messieurs font chorus, et l'anisette tire à sa fin; mais aussi les convives chantent à tue-tête : la liqueur les met en train.

— Ah ! mon Dieu, quel train ! dit madame Bernard en se bouchant les oreilles; vos chansons à boire ne m'amusent pas du tout... J'aime bien mieux : *Un jour Guillot trouva Lisette*, ou *la Béquille du père Barnaba*...

— Fi donc! madame, s'écrie madame Moutonnet, *la Béquille du père Barnaba*!... Eh! pourquoi pas le pot pourri de *la Vestale*, pendant que vous y êtes ?...

— Madame, on le chante partout au dessert...

— Oui, entre hommes, c'est possible; mais des mères de famille !...

' — En vérité, cela devient d'un ridicule... Est-ce qu'on n'est pas à la campagne pour rire?...

— Parce que madame veut rire, il faudra peut-être que ma fille écoute des choses que moi je rougis d'entendre !...

— Vraiment, ce serait rougir pour bien peu de chose... et les gens qui sont si rigides en paroles ne sont pas toujours les plus sévères en actions...

— Qu'est-ce à dire, madame Bernard?

Madame Moutonnet s'est relevée à demi en prononçant ces mots; ses regards semblent défier la tabletière; et celle-ci, charmée de l'avoir piquée au vif, se contente de sourire malignement en regardant M. Gérard, tandis que Bidois, qui voit que cela s'échauffe, rit en dessous et profite de la circonstance pour jeter à la volée, dans le bois, un pilon de la dinde qui serait retourné dans le panier.

M. Bernard a l'esprit conciliateur; c'est toujours lui qui apaise les querelles; d'ailleurs les autres hommes ne sont point en état d'y prendre part. Adolphe ne l'a pas écoutée, Dupont ne sait pas ce qu'il doit dire, Gérard ne se soucie point de s'en mêler, et M. Moutonnet, déjà étourdi par l'anisette, perd tout à fait la tête en voyant sa femme en colère.

C'est donc Bernard qui interrompt la dispute en engageant les jeunes filles et les jeunes gens à aller danser pendant que les papas chanteront. Cet avis est approuvé généralement : madame Moutonnet elle-même engage sa fille à aller danser.

— Cela vaudra beaucoup mieux, dit-elle, que d'écouter les chansons de ces messieurs.

— Allez, enfants ! dit madame Bernard; nous irons bientôt vous rejoindre; je compte bien danser aussi.

Eugénie est enchantée de la permission ; elle se lève ainsi que la grande Mimi; Adolphe, Estève et le petit Gérard suivent ces demoiselles; et mademoiselle Cécile, qui est probablement au nombre des enfants, va rejoindre la jeunesse qui se rend à la danse.

Dupont hésite : il ne sait s'il doit suivre Eugénie ou rester près de madame Moutonnet; pendant qu'il se consulte, les jeunes gens se sont éloignés. Comme il n'est pas très-grand danseur, il se laisse aller, se réservant pour les dernières contredanses.

Adolphe, un peu plus hardi, a pris le bras d'Eugénie; Estève offre le sien à mademoiselle Mimi; le petit Gérard court devant, et mademoiselle Cécile est forcée de marcher seule, ce qu'elle fait en médisant des jeunes gens qui sont maintenant si mal élevés! Comme si une douce sympathie ne devait pas entraîner la jeunesse vers la jeunesse et un cœur aimant vers la beauté! Les préférences sont donc toutes naturelles. Mais on ne se rend jamais justice; on veut à quarante ans en paraître vingt, on veut plaire avec une figure maussade, on veut attirer avec les manières revêches, se faire écouter lorsqu'on ennuie, et, au lieu de faire un juste retour sur soi-même et de

Madame Bernard fait courir son commis dans des endroits écartés.

ne rien exiger, on trouve plus commode de médire du siècle, des hommes, des mœurs, et on se venge ainsi des ravages du temps.

Mais laissons grommeler mademoiselle Cécile, suivons Adolphe et Eugénie; tout en se rendant à la danse, ils trouvent de temps à autre le moyen de passer derrière un épais buisson qui les dérobe aux regards curieux de la vieille fille; alors Adolphe saisit Eugénie dans ses bras, il la presse fortement contre son cœur en prenant un baiser, puis un second, puis un autre encore, sur son cou, sur ses joues, sur sa bouche même, et Eugénie le laisse faire ou se défend si mal!... Que voulez-vous? l'anisette a fait aussi son effet sur les jeunes têtes : Adolphe est plus entreprenant, Eugénie plus tendre... et si on ne les suivait pas de près!... Je crois vraiment qu'il est très-heureux que ce soit dimanche et qu'il y ait beaucoup de monde dans le bois.

Mais en marchant, en se serrant, en s'embrassant, on échange quelques phrases brûlantes, des demi-mots qui achèvent de porter l'ivresse dans le cœur d'Adolphe et un trouble, un charme inexprimable dans celui d'Eugénie.

— Je vous aimerai toujours, dit Adolphe; je ne vivrai désormais que pour vous adorer!...

— Et moi... Ah! je vous promets aussi...

Elle n'ose achever; mais ses yeux terminent ce qu'elle a commencé, et un doux serrement de main confirme ce naïf aveu.

— Que je suis donc heureux aujourd'hui! dit Adolphe.

— Ah! je n'ai jamais eu tant de plaisir, répond Eugénie; pourquoi faut-il que la journée finisse? Qu'elle m'a paru courte!...

— Et à moi... surtout depuis que je sais... depuis que je vous ai dit tout ce que je sens... Quand vous verrai-je maintenant?

— Hélas! je ne sais... peut-être dans huit jours... dans quinze jours...

— Oh! je veux vous voir tous les jours, chère Eugénie; est-ce que je pourrais exister sans cela?...

— Ah! je le voudrais bien aussi... mais comment faire?... Vous savez que je suis toujours au comptoir...

— Oui, mais je passerai souvent devant votre boutique... et quand votre maman n'y sera pas, vous pourrez bien vous tenir un instant sur le pas de votre porte...

— Ah! je tâcherai...

— Et alors je pourrai vous dire un mot...

— Ah! cela sera bien rare... bien difficile!

Et nos deux amants soupirent... Mais le son du crin-crin leur rappelle où ils sont, et on oublie bien vite les chagrins à venir pour jouir du bien présent. La danse est animée, le bal de Romainville est dans tout son éclat. Adolphe et Eugénie se mêlent aux villageois; ils dansent sans prétention et sans remarquer la danse de leurs voisins. Au milieu du bal, ils sont encore seuls; ils ne voient point le monde qui les entoure; un seul sentiment les anime, une seule pensée les occupe : ils s'aiment et ils sont ensemble.

Le jeune Estève fait danser la grande Mimi, qui ne veut se mettre que dans un quadrille bourgeois, ne voulant pas figurer avec les paysans, parce qu'aux yeux de la jeune fille un garçon tailleur est bien au-dessus d'un laboureur. Il est certain qu'un laboureur ne sent ni le savon parfumé ni l'eau de miel.

Mademoiselle Cécile est allée s'asseoir sur un des bancs qui entourent la place où l'on danse; elle fait galerie; elle ne fera probablement que cela. Si encore le petit Gérard voulait danser avec elle; mais le petit drôle aime beaucoup mieux courir et sauter dans le bois. Dans les moments de repos, Adolphe voudrait bien emmener Eugénie dans le bois; mais si madame Moutonnet revenait et ne trouvait point sa fille à la danse!... Oh! il n'y a pas moyen de s'éloigner. Adolphe le sent et soupire, mais il ne veut pas exposer Eugénie aux reproches de sa mère; il faut d'ailleurs éviter de laisser naître le moindre soupçon dans l'esprit de la maman, qui alors séparerait bien vite les jeunes gens.

Il faut donc se contenter de danser ensemble, en se disant mille jolies choses, en se faisant de tendres serments, en se prouvant l'amour que l'on ressent par ses regards, par ses soupirs... C'est déjà beaucoup... Adolphe trouve que ce n'est pas assez, mais les amants ne sont jamais contents. L'amour est ambitieux : plus il obtient, plus il veut avoir; mais l'ambition n'est jamais satisfaite, et l'amour l'est trop tôt.

On est à la quatrième contredanse, et pour nos amants c'est encore la première, tandis que mademoiselle Mimi, déjà fatiguée, et trouvant peut-être que le petit Estève n'est pas aussi aimable que M. Gérard, est allée se reposer auprès de mademoiselle Cécile.

Tout à coup un bourdonnement sourd, un mélange confus de cris, de ris et de chants annoncent l'arrivée de toute la société. M. Bernard marche en avant avec madame Gérard, faisant plus de train à lui seul que tout l'orchestre villageois. Il pénètre dans l'enceinte et se promène avec sa dame, malgré les remontrances des danseurs qu'il dérange, passant à travers les *chaînes anglaises* et les *poules*, sans écouter madame Gérard qui lui crie de s'arrêter. Mais Bernard a la tête montée, il a mis son chapeau de travers, rien ne l'arrête; il semble vouloir défier tout le bal.

M. Gérard donne le bras à madame Bernard, qui ne marche plus qu'en sautillant depuis qu'elle approche du bal, cherchant à se rappeler le pas de la trénis qu'elle a oublié, et sur lequel le parfumeur n'a que des notions très-imparfaites, parce que, depuis vingt ans qu'il danse, il ne fait que le pas de Zéphire dans toutes les figures.

Dupont conduit madame Moutonnet, écoutant patiemment ses plaintes au sujet de la tabletière, qu'elle se promet de ne plus inviter à aucune de ses fêtes, trouvant sa conduite si peu propos plus libres qu'à l'ordinaire. Les chansons que ces messieurs ont chantées après le départ des jeunes demoiselles ont encore augmenté la mauvaise humeur de madame Moutonnet, et ce n'est pas sans peine que l'on a évité une nouvelle dispute entre les deux amies. A tout ce que dit la passementière, l'épicier répond :

— C'est très-juste; vous avez parfaitement raison : je suis de votre avis.

M. Moutonnet suit de loin la compagnie; le pauvre homme, qui se sent étourdi et n'est pas solide sur ses jambes, ne marche que derrière sa femme, chantonnant un petit refrain guilleret et roulant des yeux effarés en regardant les petites paysannes qui passent près de lui.

Jeanneton, la bonne d'Eugénie.

C'est Bidois qui ferme encore la marche. Il tient les deux paniers renfermant les débris du dîner, et, grâce à toutes ses petites ruses, une grande partie de la volaille est restée dans le bois de Romainville; les paniers sont donc assez légers, mais Bidois les trouve encore trop lourds. Il est surtout fort en colère d'être obligé de rapporter à Paris les deux bouteilles vides dans lesquelles étaient le muscat et l'anisette, présent de l'ami Dupont.

Le premier soin de madame Moutonnet est de chercher sa fille.

— J'espère, dit-elle à Dupont, que vous allez maintenant la faire danser; les jeunes filles aiment la danse; c'est un plaisir innocent qu'il faut bien leur permettre, surtout quand cela n'arrive que trois ou quatre fois par an.

— Vous avez raison, je suis de votre avis... d'ailleurs je danse aussi avec assez de goût... j'ai eu un maître de danse deux ans, à vingt quatre sous le cachet.

— Diable! vous devez être bien léger.

Adolphe reconduit Eugénie près de sa mère ; les pauvres amants ont soupiré en la voyant paraître : il n'y a plus moyen de se parler bas ! Dupont s'empresse d'inviter Eugénie pour la première contredanse ; la pauvre petite regarde sa mère et voit qu'il faut accepter ; mais elle jette aussi à la dérobée un regard sur Adolphe pour lui témoigner son chagrin de danser avec un autre que lui. Adolphe la comprend et lui répond, mais il faut se soumettre. Le jeune homme invite madame Moutonnet, celle-ci le refuse en le remerciant de sa politesse… depuis longtemps elle ne danse plus ; elle croit que cela compromettrait sa dignité. Adolphe n'insiste pas , comme on le pense bien ; il court s'emparer d'une grosse paysanne et se place en face d'Eugénie. De cette manière, c'est encore avec elle qu'il dansera.

— J'espère que nous allons *la pincer*, dit M. Bernard qui, depuis qu'il a bu de l'anisette, veut sauter plus haut que tout le monde.

— Tenez-vous bien, madame Gérard ; j'en danse six sans quitter la place.

La tabletière n'est pas moins en train que son mari, et c'est Gérard qui est son cavalier.

— Ah ! dit tout bas M. Moutonnet, si ma femme n'était pas là, je danserais bien aussi une contredanse, mais il faut que j'aille lui tenir compagnie.

— Allez toujours, dit Bidois en le poussant ; elle est près de mademoiselle Cécile, elle ne vous verra pas…

— Tu crois, Bidois?… Voilà une petite brunette que je ferais bien sauter ; elle est gentille, hein ?

— Bah ! elle a la peau noire comme un pruneau !

— C'est égal, à la brune ça ne paraît pas.

— Allez donc l'inviter.

— Oh ! non… Si ma femme me voyait danser avec une jeune fille… C'est dommage ! je me sens en train ce soir.

— Ils sont tous gris, murmure tout bas Bidois en allant s'asseoir avec ses paniers près de mademoiselle Cécile ; ils ont bu comme des trous… aussi les yeux leur sortent de la tête… Ce vieux Moutonnet qui veut encore danser !… Je suis bien fâché qu'il n'ait pas invité cette paysanne, nous aurions eu une drôle de scène !… Sa femme lui aurait arraché les yeux !… Hum ! les maudites bouteilles ! elles seront bien heureuses si elles reviennent à Paris sans être fêlées !

Le vieux commis, en disant ces paroles, secoue les paniers de manière à faire en effet danser les bouteilles ; puis, s'apercevant que madame Moutonnet n'est qu'à quelques pas de lui et qu'elle

peut le voir, il prend un air satisfait et, s'avançant la tête basse vers la passementière, il lui demande avec humilité si elle n'a pas besoin de son bras pour se promener autour de la danse.

— Où est M. Moutonnet?… Qu'en avez-vous fait, Bidois?

— Madame, il se promène par là-bas ; il regarde danser sa fille, sans doute.

— Allons le rejoindre. Mettez ces paniers près de mademoiselle Cécile et donnez-moi votre bras.

— Avec infiniment de plaisir, madame.

Bidois se débarrasse de ses paniers en priant le ciel que quelqu'un veuille bien s'en emparer ; puis, d'un air fier, il vient présenter son bras à sa maîtresse, qui lui fait l'honneur de l'accepter ; et, pour se rendre digne de cette faveur insigne, Bidois mesure ses pas sur ceux de sa maîtresse avec autant d'attention qu'un conscrit qui marche à côté de son caporal.

L'orchestre a donné le signal ; les danseurs sont en mouvement. Bernard s'est élancé avant tous les autres, et, en passant son premier entrechat, donne un croc-en-jambe à un beau-fils de l'endroit, auquel les pas et les gambades du tabletier ne paraissent pas plaire, et qui le regarde de travers en s'apercevant qu'il a sali son pantalon de nankin ; mais Bernard va toujours son train, sans faire attention aux propos du paysan ; il veut électriser sa danseuse, tandis que, de son côté, madame Bernard se trémousse tant qu'elle peut avec M. Gérard.

Un peu plus loin, Dupont danse avec Eugénie ; l'épicier, voulant plaire à la jeune personne, fait tout ce qu'il peut pour se rappeler les leçons de son maître à vingt-quatre sous le cachet. Il s'élance, saute, se remue comme un possédé ; ses deux chaînes de montre qui se balancent sur sa culotte et les pièces de cent sous qui remplissent ses goussets font, quand il danse, un accompagnement qui ressemble au tambour de basque.

Eugénie fait tout son possible pour ne pas rire ; cependant elle ne peut toujours retenir un sourire, surtout lorsque ses yeux rencontrent ceux d'Adolphe, qui admire aussi la danse de l'épicier. Dupont est charmé de la gaieté de la demoiselle ; il est persuadé qu'il a fait sa conquête, et il en danse avec plus d'ardeur, malgré les gouttes de sueur qui découlent de son front, et qui, se mêlant avec la poudre qui tombe de sa coiffure, forment de petits ruisseaux blanchâtres et tranchent agréablement avec sa figure devenue pourpre.

Madame Moutonnet et Bidois aperçoivent facilement l'habit bleu de ciel se dessinant dans les airs. Ils approchent du quadrille.

— Comme il danse bien! dit madame Moutonnet en contemplant Dupont; quelle grâce!
quelle facilité!

— C'est vrai, dit Bidois, il n'a pas l'air d'y penser; et s'il ne suait pas tant...

— Il sue, il sue... est-ce que tout le monde ne
sue pas en dansant? Est-ce que M. Moutonnet ne
sue pas en dansant le menuet?... Et vous qui
parlez, Bidois, vous aviez ce matin l'air d'un caniche sortant de l'eau.

— C'est juste, madame, tout le monde sue... Je
voulais dire, au contraire, que ce n'est pas la
danse qui le fait suer, mais que c'est dommage
que la chaleur d'aujourd'hui...

— Expliquez-vous donc, alors; vous tournez
deux heures votre langue avant de pouvoir arranger vos phrases... Ah! quelles pirouettes!
avez-vous vu?

— Oui, madame... c'est comme à l'Opéra!

— Est-ce que vous avez été à l'Opéra, Bidois?

— Oui, madame, j'y suis allé une fois, il y a
trente ans environ; mais j'en ai gardé de précieuses traditions : j'y ai vu *Psyché* et l'*Avocat Pate-
lin !*... ce sont de fameux opéras...

— C'est dommage que ses breloques fassent
tant de bruit...

— Ah! madame, ce bruit-là n'a rien de désagréable; cela annonce toujours un homme à son
aise.

— Oui, au fait, vous avez raison, cela annonce
des montres.

— Mademoiselle votre fille a une bien jolie
danse.

— Une danse décente, Bidois; en un mot, la
danse que je lui ai enseignée.

— Elle tiendra de sa mère; ce sera une bien
jolie femme!... elle vous ressemble comme deux
et deux font quatre.

Madame Moutonnet ne répond pas à ce compliment; elle se contente de sourire en regardant
sa fille; et dans ce moment elle est fière de sa
beauté. Jamais, en effet, Eugénie n'avait été plus
jolie; ses traits animés par la danse, la présence
d'Adolphe, ce qu'il lui avait dit, le nouveau sentiment qu'elle éprouvait, tout répandait sur sa
physionomie une expression charmante, que Dupont interprétait en sa faveur, tandis que la
maman n'attribuait cette agitation qu'au plaisir
de la danse. Une seule personne savait le secret
de la jeune fille et devinait pourquoi un trouble
charmant se peignait sur son visage.

La contredanse allait finir, et madame Moutonnet, tout occupée de sa fille, avait pour un moment oublié son mari, lorsqu'un grand bruit se
fait entendre. On crie, on se dispute, on se menace,
tout le monde se porte vers le lieu de la querelle.

Bidois penche pour ne pas se mettre dans la
foule; mais madame Moutonnet n'a peur de rien
et tient à savoir ce que c'est, parce qu'elle a
reconnu la voix de M. Bernard : elle force donc
le vieux commis à avancer, ce qu'il ne fait qu'à
regret. Bientôt les villageois, qui se pressent derrière eux, les portent vers l'endroit d'où partent
les cris. Un grand homme en veste tient M. Bernard par les cheveux, et celui-ci, de son côté, a
saisi son adversaire à la gorge. Le villageois, las
de recevoir à chaque instant dans les jambes ou
sur les pieds le résultat des gambades du tabletier,
avait fini par le pousser si rudement que Bernard
était allé tomber au milieu de son quadrille;
mais en se relevant il avait appelé le villageois ma-
naut : à ce mot, celui-ci avait sauté sur M. Bernard; et les adversaires en étaient aux mains
lorsque les cris de madame Bernard et de madame Gérard avaient interrompu la contredanse.

— Ah! mon Dieu! s'écrie madame Moutonnet,
c'est M. Bernard qui a une dispute; j'étais bien
sûre que cela finirait mal.

— C'est qu'il a trop bu d'anisette, murmure
Bidois.

— Ce sont ces paysans... ces rustres, ces malotrus, crie madame Bernard, qui veulent empêcher mon mari de danser, comme si la place n'était
pas libre !

Ces mots, loin de calmer la querelle, irritent les villageois, qui prennent tous le parti de
leur camarade.

— Ce grand imbécile qui donne des coups de
pied à tout le monde !...

— A-t-il l'air bête ! disent les paysannes; et
c'te femme qui nous appelle malotrus !... regarde
donc, a-t-elle pas l'air de grand'chose?...

— Tiens, Fanchon, je gage que ce sont des la-
quais de Paris qui viennent ici se donner des airs
pour singer leurs maîtres...

— Et c't' autre louchon qui sent si bon qu'on
ne peut pas y tenir !...

— Il a voulu faire le Grand-Turc...

— Et ça voudrait nous faire la loi ici !...

— Faut les faire danser sans musique.

Pendant ce dialogue, qui jette l'épouvante dans
l'âme de Bidois, M. Bernard continue à se débat-
tre avec son adversaire, qui, plus fort que lui, va
le terrasser, lorsque heureusement le garde parvient à les séparer. M. Gérard tire depuis longtemps le bras de sa femme; il veut s'éloigner de la
foule et quitter bien vite le bal. Le garde conseille
à M. Bernard d'en faire autant; mais notre tabletier est un héros quand il a bien dîné : il revient
vers le villageois, qu'il traite de canaille. Le
paysan se retourne pour lui donner un coup
de poing; mais dans ce moment le pauvre Bidois,

qui se trouve malgré lui au milieu du tumulte, s'avance, d'après l'ordre de madame Moutonnet, pour tirer M. Bernard par son habit, et c'est sur son nez que tombe le coup destiné au tabletier.

— Je suis mort! s'écrie Bidois.

Et dans sa douleur il lâche le bras de madame Moutonnet.

Les villageois rient de plus belle, et madame Bernard veut absolument que son mari rosse les drôles qui osent se moquer d'elle. Mais, à force de faire le méchant, Bernard se fait bousculer par tous les paysans, qui le poussent hors de l'enceinte de la danse, de manière à lui ôter l'envie de s'y représenter.

Madame Moutonnet court après son mari; elle le trouve enfin, assis à l'écart, loin de la dispute, à côté d'une petite brune à laquelle il allait offrir des macarons.

— Que faites-vous là, monsieur? lui dit sa femme en lui saisissant le bras. Quoi! pendant que l'on se bat, que l'on se dispute, vous...

— Ma femme, je viens de tirer; à tout coup l'on gagne... J'allais vous porter ces macarons, ma mignonne!...

— Il s'agit bien de macarons!... Entendez-vous ce tapage?... Allons chercher ma fille, et hâtons-nous de quitter ce bois. Madame Bernard, avec ses sottises, a ameuté tous ces paysans contre nous.

— Ah! mon Dieu!...

— Venez, venez, monsieur... vous m'expliquerez plus tard votre conduite.

M. Moutonnet ne se fait pas répéter cet ordre; il suit sa femme, qui retourne vers la danse dans l'espoir d'y trouver sa fille : mais elle n'y trouve que Dupont, qui ne sait pas ce qu'est devenue sa danseuse.

— Où est ma fille, monsieur Dupont?... Qu'en avez-vous fait?...

— Mais je la cherche, comme vous voyez... Cette cohue nous a séparés...

— Ah! mon Dieu! serait-elle égarée?...

— Non, non, je crois que M. Adolphe est avec elle... Ils ne peuvent être loin.

Les amants ont profité de la querelle, car les amants profitent de tout, pour se rejoindre, se parler, et être encore quelques minutes ensemble. Il faut qu'ils se répètent, avant de se quitter, qu'ils s'aiment, qu'ils s'adoreront toujours, qu'une seule personne va désormais occuper toutes leurs pensées, qu'ils n'auront qu'un but, qu'un espoir, celui de vivre à jamais l'un pour l'autre. Ils se sont déjà dit cela cent fois; mais en amour on aime à s'entendre répéter ce que l'on sait déjà, on veut l'entendre encore, on ne l'entend jamais assez! C'est une bien jolie chose d'aimer et d'être aimé!

Cependant, comme il faut que tout ait une fin,

que c'est l'ordre de la nature, et qu'il n'appartient pas à nous autres, pauvres mortels, de goûter éternellement les plaisirs réservés aux bienheureux; enfin, comme nous ne sommes pas bienheureux sur la terre, afin sans doute de l'être davantage dans le ciel, nos plaisirs y sont très-courts, et voilà pourquoi le doux entretien d'Eugénie et d'Adolphe ne dura pas plus de dix minutes, malgré tout le charme qu'y trouvaient nos deux amoureux.

La voix de madame Moutonnet, qui appelait sa fille, vint détruire leur bonheur; on se sauva bien vite par un autre côté, puis on arriva dans l'enceinte du bal, où le désordre régnait encore et où l'on eut l'air de chercher ses parents. Eugénie peint tout l'effroi qu'elle a éprouvé, et madame Moutonnet remercie Adolphe d'avoir veillé sur sa fille. Bidois paraît, tenant son mouchoir sur son nez meurtri. On cherche les paniers... on n'en trouve qu'un, et c'est celui dans lequel ne sont point les bouteilles.

— Les paysans auront volé l'autre, dit Bidois, croyant trouver des bouteilles pleines.

— C'est bien probable, dit M. Moutonnet.

— C'est bien malheureux, dit sa femme; deux bouteilles de Sèvres! je les regrette.

— C'est vrai, dit le vieux commis, elles étaient superbes!...

Et il se retourne pour cacher un sourire malin qui pourrait le trahir.

— Allons! allons!... partons... quittons ce maudit bois; en voilà pour quelque temps de Romainville.

— Où sont donc les autres, ma femme?

— Ma foi! cela ne m'inquiète guère. Ces Bernard!... Ah! quand il m'arrivera de faire une partie avec eux ou de les inviter à une fête!... Monsieur Dupont, donnez le bras à ma fille. Allons! monsieur Moutonnet, pressez un peu le pas; ne voyez-vous pas que tous ces paysans nous regardent de travers?

— Oui, vraiment, dit Bidois; ils ont de mauvais desseins.

Enfin la famille Moutonnet gagne la grande route, sur laquelle elle ne tarde pas à rencontrer toute la société. M. Gérard avait beaucoup de peine à calmer madame Bernard, qui, furieuse de quitter le bal après une contredanse, se répandait en invectives contre les habitants de Romainville; son mari faisait chorus, et la famille du parfumeur, craignant une nouvelle scène avec les villageois, était sur le point de quitter le tabletier et sa femme, lorsque le héros de la fête les rejoignit avec sa femme et le reste de la compagnie.

— Eh bien! monsieur Moutonnet, dit Bernard

Querelle de Bidois avec le cocher.

dès qu'il l'aperçoit, j'espère que voilà une fameuse scène !

— Oui, dit la tabletière, il est gentil, votre bal de Romainville... je m'en souviendrai longtemps.

— Il faut convenir aussi, madame, répond la passementière, que votre mari n'était pas raisonnable, et que vous-même, au lieu d'apaiser ces villageois, vous n'avez fait que les irriter encore davantage en leur disant des injures...

— Des injures, madame !... des injures !...

— Oui, madame, j'en appelle à toute la société...

— Ah ! ceci est un peu trop fort, madame Moutonnet ; je vous conseille de prendre le parti de gens qui nous ont maltraités, hués, chassés de la danse ; qui ont jeté par terre M. Bernard et rossé votre commis !... Regardez son nez !... dans quel état il est !

— Ce n'est pas à lui que le coup de poing était destiné... Pourquoi va-t-il s'avancer dans ce moment-là ?

20ᵉ LIV.

— Je sais bien, madame, que vous auriez préféré que mon époux l'eût reçu !...

— Au moins, dit tout bas Bidois, il aurait été à son adresse.

— Oui, dit Bernard, ce sont des drôles... et si j'avais eu là un piquet de gendarmerie à mes ordres, je leur aurais fait voir de quel bois je me chauffe.

— Tout cela ne m'empêchera pas de dire, monsieur Bernard, que c'est vous qui avez commencé...

— J'ai commencé, madame !... J'ai dansé, voilà tout !...

— Oui, mais on danse de manière à...

— En voilà bien d'une autre ! ne faudrait-il pas restreindre ses pas pour ces manants ?... Quand vous dansiez, vous, madame, il vous fallait aussi de la place ; je m'en souviens, quoiqu'il y ait longtemps...

— Madame, point de personnalités, je vous en prie.

5

— C'est vous qui m'injuriez, madame.

— Il faudrait pour cela que j'eusse votre langue, madame.

— Oh! la vôtre est bien suffisante pour faire enrager votre mari, votre fille et tout ce qui vous entoure!...

— Ah! c'en est trop! Monsieur Moutonnet, on insulte votre épouse!...

M. Moutonnet regarde sa femme pour savoir s'il doit répondre, et enfonce son chapeau sur sa tête pour se donner de la fermeté. Pendant ce temps, la famille Gérard, qui voit qu'une nouvelle dispute va s'engager, s'empresse de doubler le pas pour ne pas être obligée de prendre parti pour quelqu'un.

— Oui, oui, s'écrie madame Bernard qui donne un libre essor à sa colère, vous voulez partout faire la maîtresse, madame Moutonnet; vous croyez que chacun doit trembler devant vous; vous prétendez enfin mener tout le monde comme votre mari; mais cela ne sera pas, madame : je suis bien aise de vous dire votre fait en passant; d'ailleurs il y avait longtemps que cela m'étouffait!... Gardez vos fêtes et vos dîners, je garderai les miens qui les valent bien, je m'en flatte, et pour donner de la liqueur et du dessert je n'attendrai pas que mon épicier m'en fasse cadeau!

— Quelle langue envenimée!... mais il faut pardonner cela à madame : on sait qu'après son dîner elle n'a plus la tête à elle.

— Ah! quelle horreur! vous dites que votre épouse est grise, monsieur Bernard! entendez-vous cette méchante femme?...

— On dit cela? répond Bernard; ah! parbleu! si madame Moutonnet était un homme... je sens que... Partons, madame Bernard... éloignons-nous... car cela se gâterait!...

— Oui, mon ami, vous avez raison... laissons ces gens-là... Venez, Estève! marchez, ma fille!

Et la famille Bernard s'éloigne par un autre chemin, laissant madame Moutonnet, que la colère suffoque, près de se trouver mal sur la grande route.

— Ils ont bien fait de s'en aller, dit M. Moutonnet; je me sentais prêt à perdre patience.

— Cette madame Bernard est un vrai dragon, dit Bidois; les yeux lui sortent de la tête.

— Oui, dit à son tour l'ami Dupont qui n'a pas soufflé mot pendant toute la querelle, c'est une femme qui ne paraît pas aisée à conduire!...

— C'est une bonne leçon, dit madame Moutonnet; cela m'apprendra à mieux choisir mes amis. Monsieur Moutonnet, je n'ai pas besoin de vous défendre de remettre jamais les pieds chez les Bernard!

— Comment donc, ma femme! mais j'allais moi-même vous proposer de ne plus les revoir!

Adolphe et Eugénie sont les seuls qui ne disent rien; la dispute ne les a que peu occupés; et je crois d'ailleurs qu'ils béniraient en secret un événement qui les retiendrait encore dans ce bois de Romainville qu'ils ont trouvé charmant, et dont ils s'éloignent avec tant de regret.

Mais il faut bien retourner à Paris. La nuit est venue, et le temps semble se mettre à l'orage; déjà quelques gouttes de pluie ont alarmé les citadins, qui se hâtent de regagner la grande ville. Madame Moutonnet tire son époux, qui fait tout ce qu'il peut pour faire des pas aussi grands que ceux de sa femme. Dupont, toujours en nage, ne veut pas rester en arrière; il fait sauter ses breloques, entraînant sa jolie compagne qui voudrait bien donner le bras à Adolphe et cherche une ruse pour y parvenir. Bidois trotte derrière, enchanté d'avoir trouvé le moyen de se débarrasser d'un panier et des bouteilles; il oublie presque le coup de poing qu'il a reçu.

Mais la nuée crève, la pluie tombe par torrents, le vent la pousse avec violence contre le visage des voyageurs. On est sorti du bois, mais on n'est pas encore dans Belleville, et il n'y a point d'abri; il faut se résoudre à être mouillé, trempé, traversé. Madame Moutonnet tâche de faire courir son mari qui amis son mouchoir en marmotte, tandis que Bidois, pour garantir son chapeau qui n'a que deux ans de service, fourre les restes du dîner dans ses poches, et, après avoir défait l'anse du panier, le met par-dessus son chapeau, ce qui lui donne un faux air de Robinson.

Dupont veut aussi faire courir Eugénie; mais celle-ci fait un faux pas, elle s'arrête, elle boite... elle ne peut presque plus marcher. Adolphe court lui offrir un bras, afin que, soutenue de chaque côté, elle puisse continuer sa route. Eugénie accepte; c'est en effet sur le bras d'Adolphe qu'elle s'appuie de préférence, en se félicitant de sa petite ruse : et c'est presque une Agnès qui vient de trouver ce moyen pour se rapprocher de son amant. Comme l'amour donne vite de l'imagination aux demoiselles!

On est à Belleville, mais de là à la rue Saint-Martin il y a encore loin, et l'orage ne cesse point.

— Il faut tâcher de trouver un fiacre, dit M. Moutonnet; car, malgré ma bonne volonté, je ne pourrais pas courir jusqu'à Paris : n'est-ce pas, ma femme?

— Vous avez si peu de jarret! Oui, sans doute, il nous faut un fiacre; mais où en trouver?...

— Je vais courir de tous côtés, mesdames, dit

Adolphe, pendant que vous m'attendrez dans ce café.

. — Vous êtes trop bon, monsieur, en vérité.

Adolphe va à la découverte, et la société entre au *café Vert*, seulement pour se mettre à l'abri, parce que madame Moutonnet déclare que ce serait une folie de prendre quelque chose, et Dupont n'insiste pas. Mais le temps s'écoule, la pluie frappe avec violence contre les carreaux, et Adolphe ne revient pas.

— Pauvre jeune homme! dit en elle-même Eugénie, il va recevoir tout l'orage!... Mais je suis sûre qu'il ne songe pas à la pluie!... Avec lui, je braverais tous les temps!... Ah! je voudrais être encore au bois de Romainville!...

Mais quand on n'est pas amoureux on ne se soucie point de recevoir une averse. Madame Moutonnet, voyant qu'Adolphe ne revient pas et ne voulant point rester si tard hors de chez elle, ordonne à Bidois d'aller à la découverte.

— Voyez à l'Ile-d'Amour, lui dit-elle ; il doit toujours y avoir des voitures ; enfin, remuez-vous; nous ne pouvons pas coucher ici.

Bidois, forcé de quitter le café, replace le panier sur sa tête et se dirige du côté de l'Ile-d'Amour, en donnant au diable la Saint-Eustache et les parties de campagne. A peine est-il parti qu'Adolphe revient avec un fiacre.

— Eh! vite, mesdames, dit-il en arrivant, ce n'est pas sans peine que je suis parvenu à décider ce cocher à venir vous chercher ici... Mais ne perdons pas de temps, car il s'en irait.

— Oui, oui, dit madame Moutonnet, montons vite. Ah! monsieur, que d'obligation!

— Et ce pauvre Bidois? dit M. Moutonnet en montant dans le fiacre.

— Ah! ma foi, c'est sa faute, il devait rencontrer monsieur ; au reste, appelez-le.

—Bidois! Bidois!... crie M. Moutonnet en mettant sa tête à la portière.

Mais on ne reçoit point de réponse, et déjà le cocher jure et s'impatiente.

— Allons! allons! partons, dit madame Moutonnet; Bidois en sera quitte pour revenir à pied ; cela lui apprendra à mieux faire les commissions.

Le cocher fouette ses chevaux. Comme la route va en descendant, la voiture roule avec rapidité jusqu'au boulevard et s'arrête bientôt dans la rue Saint-Martin, devant la boutique du passementier, où rentre la famille Moutonnet en remerciant Adolphe et en renouvelant à l'ami Dupont l'assurance de son amitié.

Chacun se retire chez soi, emportant de la Saint-Eustache des souvenirs différents. Bidois seul n'est point encore rentré. En allant à l'Ile-d'Amour, il n'a pas rencontré la voiture, parce qu'elle venait du côté de la barrière. Arrivé chez le traiteur, où sa coiffure singulière fait rire tous les marmitons, il cherche en vain Adolphe et un fiacre ; il parcourt encore une partie du village et se décide à revenir au *café Vert*.

Il entre et cherche la société.

— Où sont-ils donc? dit-il en remettant le panier sous son bras.

— Ils sont partis en voiture, répond d'un air goguenard le maître du café.

— Partis en voiture... sans moi!...

— Ils vous ont appelé. Ne vous nommez-vous pas Belloie?...

— Bidois, s'il vous plaît.

— Bidois, Belloie, c'est à peu près la même chose.

— Non, monsieur ; c'est fort différent, au contraire.

— Enfin, monsieur Bidois, ils sont partis sans vous, voyant que vous ne reveniez pas.

— Partis sans moi!... me laisser revenir à pied par le temps qu'il fait!... quand je me suis éreinté toute la journée à porter le dîner!... Ah! madame Bernard avait bien raison d'appeler madame Moutonnet un tyran!...

— Mais ils ne peuvent pas encore être bien loin ; courez un peu, je gage que vous les rattraperez avant la barrière ; c'est un fiacre jaune.

— Vous croyez?... Allons! en ce cas, je vais reprendre ma course.

Et Bidois sort du café et se met à courir malgré l'orage, espérant atteindre la bienheureuse voiture, ce qui eût été difficile, car la famille Moutonnet était rue Saint-Denis que le pauvre commis n'était encore que devant le grand salon de Desnoyers : mais le limonadier avait été bien aise de faire courir M. Bidois.

Enfin, après avoir passé la barrière, notre coureur aperçoit une voiture :

— Je les vois enfin! dit-il ; je vais donc me reposer... Un peu de courage!...

La vue du fiacre a doublé ses forces ; il s'élance, marchant au hasard dans les ruisseaux et les mares ; mais il a fait le sacrifice de ses bas. Il atteint le fiacre qui est jaune, et c'est justement un fiacre jaune qu'on lui a désigné au café. Aussitôt, et sans s'assurer s'il contient en effet les personnes qu'il cherche, Bidois court à côté du cocher :

— Arrêtez!... arrêtez! lui crie-t-il d'une voix altérée par la fatigue.

Le cocher, croyant qu'il se trompe, ne l'écoute pas.

— Arrêtez donc! crie de nouveau Bidois ; je vous dis que les personnes que vous menez m'attendent et que vous aurez pour boire!

—Ah ! c'est différent, si ce sont de vos connaissances, dit alors le cocher en arrêtant ses chevaux ;
en ce cas, montez, mon bourgeois.

Bidois ne se fait pas répéter cette invitation ;
dès que le fiacre est arrêté, il court ouvrir la portière... Un cri part aussitôt du fond de la voiture.

— Ah ! mon Dieu ! c'est mon mari ! dit une voix
de femme que Bidois ne connaît pas.

— Son mari ! répond un homme que Bidois
n'avait pas aperçu, parce que la dame le masquait
presque entièrement. Eh ! vite, en retraite !...

. Aussitôt un mouvement s'opère dans la voiture ; on ouvre la portière opposée à celle par

La danse est animée.

laquelle Bidois s'est présenté ; le monsieur s'enfuit en laissant son chapeau, la dame se sauve en
oubliant son châle, ses gants et son mouchoir, et
Bidois reste ébahi sur le marchepied.

— Ah çà !... quoi que tout ça veut dire, mon
vieux ! dit le cocher étonné de voir se sauver par
une autre portière les personnes qu'il menait.

— Eh parbleu ! répond Bidois en descendant
du marchepied, cela veut dire que le guignon
me poursuit, que je me suis trompé, et que ce ne
sont pas les personnes que je cherche qui étaient
dans votre voiture.

— Ah ! oui-dà ! eh ben ! vous êtes encore joliment
Cola de m'avoir joué une farce comme ça !

— Comment, Colas ! croyez-vous que c'est pour
mon plaisir que je l'ai fait ?...

— Ah ben oui ! mon homme... mais vous entendez ben que ça ne peut pas se passer comme

ça : vous avez effarouché le couple que je menais,
si ben qu'ils ont pris la clef des champs ; mais
moi je ne peux pas en être pour ma course !...
Un instant, Fifi ! j'avais pris mes particuliers chez
Pelletan, au *pavillon Français*, et comme c'est hors
la barrière, ils m'avaient promis un petit écu ;
or donc, c'est un écu que vous allez me donner.

— Je vais vous donner un écu, moi ?

— Eh oui ! mon homme, si ça vous est agréable.

— Vous plaisantez, sans doute... J'irais payer
la course de gens que je ne connais pas !...

— Il ne s'agit pas de raisons ; vous avez fait
fuir mon monde, et vous allez me payer, ou
nous allons voir.

Le cocher, craignant que Bidois ne se sauve,
saute en bas de son siége ; mais le vieux commis
n'a plus la force de s'échapper, il se laisse saisir
par le bras.

— Allons! payez et que ça finisse!

— Je ne payerai pas, répond Bidois d'un air décidé, parce que je ne vous dois rien.

— Eh ben! en ce cas, retournons vers le corps de garde de la barrière, et l'on va vous faire entendre raison, mon petit homme.

En disant ces mots, le cocher fait rétrograder sa voiture, et mène Bidois au bureau de l'octroi, où il explique l'aventure au commis et au commandant du poste.

— Mais vous avez de quoi vous payer, dit Bidois; on a laissé des effets dans votre voiture.

— Est-ce que vous me prenez pour un filou?... J'vas déposer tout ça à la Préfecture.

— Je gage bien qu'on n'ira pas les réclamer!

— Ça ne me regarde pas. Qu'aviez-vous affaire de déranger comme ça le monde!... Et avec c'te coiffure en panier!... Je ne m'étonne pas que vous leur ayez fait peur... Ils vous auront pris pour un diable!

Tout le monde rit de la mine piteuse que fait alors M. Bidois qui s'entend condamner à payer le petit écu au cocher. En fouillant dans sa poche pour chercher sa bourse, il laisse tomber les restes de la volaille qu'il avait retirés du panier afin de pouvoir le mettre sur sa tête. Cet incident redouble la gaieté de toutes les personnes qui l'entourent.

— Il paraît que monsieur ne laisse rien perdre quand il va dîner chez le traiteur? dit on en riant le commis de la barrière.

— Monsieur, ce sont mes affaires, répond Bidois en remettant avec humeur la volaille dans sa poche; n'allez-vous pas me faire payer une entrée pour cette cuisse de dindon?

— Non, monsieur, les dindons ne payent pas.

— C'est bien heureux. Allons! cocher, puisque je paye, j'espère au moins que vous allez me conduire.

— Ah! c'est trop juste.

— Où meniez-vous ce monsieur et cette dame?

— Ils m'avaient dit de les déposer sur le boulevard du Temple.

— Eh bien! moi, vous me déposerez à la porte Saint-Martin.

— Cela suffit; suivez-moi.

On quitte la barrière pour aller retrouver le fiacre; il pleut toujours et Bidois se dit tout bas :

— Du moins, si j'ai payé un peu cher, je pourrai m'étaler à mon aise et dormir même jusqu'à la porte Saint-Martin.

Pauvre Bidois! il était sans doute écrit dans le grand livre des destins que tu ne reviendrais pas en voiture à Paris.

Près d'atteindre le fiacre, notre commis est

devancé par quatre militaires qui, plus lestes que lui, ouvrent vivement la portière et se jettent dans la voiture en s'écriant :

— Enfin nous en avons donc trouvé un!.. Ce n'est pas malheureux!...

— Qu'est-ce à dire? s'écrie à son tour Bidois en s'avançant vers la portière ; ils en ont trouvé

Mademoiselle Cécile Gérard, demoiselle âgée de quarante-cinq ans et qui déteste les hommes.

un!... Ah bien! cela serait charmant... mais un instant!... Messieurs, messieurs... voilà une heure que je suis là, dit-il en remontant sur le marchepied.

— Je n'ai pas de monnaie, mon vieux, dit un des militaires prenant Bidois pour un commissionnaire, ce qui était excusable, vu l'état déplorable dans lequel l'orage avait mis sa toilette; ce sera pour une autre fois.

Et on le repousse brusquement en refermant la portière.

— Un instant messieurs! Pour qui me prenez-vous? s'écrie de nouveau Bidois en tâchant de se raccrocher à la portière; je suis un bourgeois de Paris, j'ai retenu ce fiacre, je l'ai même payé d'avance, il est donc à moi... Vous ne pouvez pas le prendre...

— Vous voyez bien que si, puisque nous sommes dedans...

— Il faut en sortir, messieurs... Cocher, expliquez donc mon affaire à ces messieurs.

Le cocher, enchanté de gagner une nouvelle

course, se contente de monter sur son siége sans répondre aux interpellations de Bidois, qui court de la portière au cocher et revient du cocher à la portière.

— Ce vieux fou aura-t-il bientôt fini de nous étourdir les oreilles ? dit un des militaires.

— Messieurs, il faut sortir de mon fiacre, répète Bidois.

— Sortir de la voiture pour la céder à monsieur ! Ah ! mon drôle, si j'en sors, ce ne sera que pour te couper les oreilles !... Allons, cocher, en avant ! nous sommes pressés, et n'écoute pas ce vieil ivrogne.

— Ça suffit, mon officier.

Et le cocher fouette ses chevaux, et la voiture disparaît aux regards de Bidois atterré par ce nouvel événement.

Il va s'asseoir contre une borne, regardant d'un air consterné s'éloigner le fiacre qui emporte son petit écu et qui le laisse au milieu de la rue. Il hésite un moment, ne sachant pas s'il retournera à la barrière demander au corps de garde justice du cocher qui le laisse là après avoir reçu son argent. Mais Bidois se rappelle que le commandant et les soldats même ont eu l'air de se moquer de lui ; et il ne veut pas leur servir encore de risée.

— Allons ! se dit-il, il faut prendre son parti ; retournons chez nous à pied, ne courons plus après les fiacres !... Cette journée m'a été bien funeste ; les maudites Saint-Eustache me portent toujours malheur !... L'année prochaine, je ferai le malade huit jours d'avance, pour ne pas en être... Bien obligé d'une partie de plaisir comme celle-ci !... Porter des paniers assommants ! faire les commissions ! n'avoir point le temps de se reposer !... recevoir des coups de poing, puis un orage ! courir après un fiacre, le payer double, ne pas monter dedans et recevoir des sottises ! voilà ma journée d'aujourd'hui !... A ce prix-là, un dîner sur l'herbe coûte trop cher ; j'aime encore mieux m'en tenir au pot-au-feu de tous les jours.

Tout en faisant ces réflexions, Bidois arrive enfin devant la boutique du passementier ; il rentre par l'allée et monte à sa chambre sans chandelle, plutôt que d'entrer dans la cuisine pour prendre de la lumière, car il craint, en rencontrant madame Moutonnet, qu'elle ne lui donne encore quelque course à faire ; et, pour éviter tout accident nouveau, il se hâte d'aller se coucher.

CHAPITRE VI

LA JEUNE FILLE ET SA BONNE.

Depuis longtemps, M. et madame Moutonnet se sont retirés dans leur appartement. Ils sont cou- chés et dorment sans doute ; car à l'âge de nos deux époux les époques remarquables, telles que les fêtes ou anniversaires de mariage, ne causent pas de longues insomnies : il est un temps pour tout, dit le sage ; hélas ! ne vaudrait-il pas mieux que nos plaisirs fussent de tous les temps ?

En rentrant, Eugénie, après avoir souhaité le bonsoir à ses parents, est montée dans sa chambre ; mais en passant devant la cuisine près de laquelle couche Jeanneton Eugénie a entr'ouvert la porte et a dit à demi-voix à sa bonne :

— Quand tout le monde dormira, je descendrai tout doucement, et nous causerons... Oh ! j'ai bien des choses à te conter.

— C'est bon, mamzelle, a répondu Jeanneton ; je vous attendrai.

Lorsque le silence qui règne dans toute la maison fait présumer à la jeune fille que ses parents sont endormis, elle sort doucement de sa chambre, ne posant qu'avec beaucoup de précaution son pied sur chaque marche de l'escalier ; au moindre bruit, elle tressaille et s'arrête... et pourtant elle ne va pas faire de mal ; ce n'est pas un crime d'aller causer avec cette bonne Jeanneton qui aime tant Eugénie !... Mais si madame Moutonnet savait que sa fille ose ainsi, la nuit, sortir de sa chambre, quels reproches, quelles remontrances !... combien Eugénie serait grondée ! et Jeanneton serait à coup sûr renvoyée. Ce n'est donc pas sans raison que la pauvre petite a si peur.

Combien elle est jolie dans ce moment où, n'ayant pour tout vêtement qu'un léger jupon et une camisole de nuit, et pour coiffure qu'un petit fichu à carreaux qui retient sa belle chevelure, elle quitte avec mystère sa couche solitaire pour se glisser dans la chambre de sa bonne ! L'émotion, la crainte qui l'agitent font plus fréquemment soulever son sein ; sa main tremble, sa respiration est entrecoupée, tout en elle charme, séduit, entraîne ; c'est la beauté, l'innocence craignant de se livrer aux nouvelles sensations qui font palpiter son cœur.

Elle arrive en tâtonnant à la porte de la cuisine, car elle n'a pas emporté de lumière, de crainte d'être aperçue. Jeanneton a soin aussi de placer sa chandelle dans le fond de la cheminée, afin qu'on ne puisse la voir de chez madame Moutonnet, à qui cela donnerait l'éveil et qui viendrait s'informer pourquoi sa domestique a de la lumière pour dormir. Que de précautions à prendre pour causer un moment en liberté ! mais aussi ce plaisir en aura bien plus de charmes. Nous savons que, pour doubler le prix des choses, il suffit de les défendre, surtout pour tenter ce sexe qui a un penchant si prononcé pour le fruit défendu, malgré les exemples des suites funestes qu'entraîne après elle cette tendance à la désobéissance ; mais en vain, depuis notre mère Ève, on leur raconte l'histoire de Pandore, de Psyché, de la femme de Loth et même de l'épouse de Barbe-Bleue ; ces dames frémissent d'épouvante... mais sont toutes prêtes à en faire autant : c'est sans doute une influence secrète qui le veut ainsi.

— Me voilà, ma bonne, dit Eugénie en entrant, dans la chambre de Jeanneton, dont elle referme la porte sans bruit ; tout le monde dort... nous pouvons causer un moment...

— Mais, mamzelle, il m'semble cependant que Bidois n'est pas encore rentré... et s'il venait chercher ici de la lumière...

— Il est rentré et couché, te dis-je.

— Bah ! sans chandelle ?...

— Apparemment, mais je l'ai bien entendu ; sa chambre n'est-elle pas au-dessus de la mienne ? Il ronfle si fort qu'on l'entendrait de la rue.

— Ah bien ! en ce cas, nous n'avons pas rien à craindre... C'est que c'est un vieux bavard et un sournois qui fait le câlin auprès de vot'mère, pour s'en faire ben venir !... et il faut se méfier de lui ; mais puisqu'il ronfle, vous pouvez parler. Contez-moi donc un peu les événements ; d'après queuques mots que j'ai entendu prononcer à madame, il me parait qu'il y a eu ben des aventures ?...

— Oh ! oui, ma bonne !...

— La journée n'a pas bien fini ?

— Ah ! je ne me suis jamais tant amusée !...

— Bah !... alors j'ai donc compris de travers ; i'm'semblait qu'on s'était querellé, disputé, battu même avec des paysans...

— Oui, oh ! c'est très-vrai...

— Et vous vous êtes amusée ?...

— Je t'en réponds !

— Mais madame Moutonnet s'est fâchée avec madame Bernard, car je lui ai entendu dire en entrant qu'elle ne la reverrait jamais ; et, dam' ! elle paraissait encore ben en colère !..

— Oui, c'est vrai aussi ; elle était d'une colère terrible !...

— Et ça ne vous a pas fait peur à tous ?

— Je l'ai à peine remarqué !...

— Mon Dieu ! que c'est drôle ! Mais enfin vous ne direz pas que vous avez eu beau temps pour revenir... car il a fait un orage !...

— Ah ! ma bonne, j'en étais enchantée !...

— Eh ben ! je n'y comprends pus rien,

— Mais songe donc qu'en voiture j'étais tout près de lui !..

— Qu'est-ce c'est que lui ?

— C'est Adolphe, Jeanneton : c'est M. Adolphe !...

— Adolphe, M. Adolphe... Ah ! je commence à comprendre pourquoi vous vous êtes tant amusée !... c'est parce que M. Adolphe était là ?

— Oui, Jeanneton, c'est pour cela !... Ah ! si tu savais combien il est aimable !

— Il vous a donc parlé souvent ?...

— Presque tout le jour il était à côté de moi...

— Bah ! et votre maman ne disait rien ?

— Oh ! maman n'a rien vu... et puis, nous avons trouvé des occasions pour causer... en dansant, en courant, en jouant à cache-cache !...

— Ah ! vous avez joué à cache-cache !...

— Oui, Jeanneton, et c'était toujours M. Dupont qui l'était.

— Ah ! pardine ! j'crois ben qu'il le sera souvent... Ah ben ! et madame Moutonnet qui voit tout et qui ne voyait pas ça ! Comment a-t-elle pu vous laisser jouer à cache-cache ?...

— Mais, Jeanneton, est-ce qu'il y a du mal à cela ?

— Ah ! tenez, mamzelle, si j'avais une fille, i'm'semble que j'aimerais mieux la mener quelquefois à la comédie que de la laisser jouer à cache-cache dans un bois. Mais les gens qui prennent tant de précautions font queuquefois plus d'bêtises que d'autres... C'est pas pour vot'mère que je dis ça, au moins.

— Ah ! je le pense bien, ma bonne.

— Mais enfin que vous a-t-il dit de si joli, ce M. Adolphe, pour que vous soyez tant amusée malgré les disputes et les batailles ?...

— Jeanneton... si tu savais !... mais je n'oserai jamais te le dire... quoique j'en meure d'envie !...

— Allons, parlez toujours... je ne suis pas vot'mère, moi.

— Eh bien ! ma bonne, il m'a dit qu'il m'aimait, qu'il m'adorait... il m'a promis, juré de m'aimer toute sa vie !... Ah ! Jeanneton, je suis bien sûre qu'il ne mentira pas et qu'il ne veut pas me tromper !...

— Oh ! mamzelle, i'n'faut pas comme ça croire aux discours des jeunes gens : ils en disent autant à toutes les femmes gentilles : ça n'leux coûte rien à eux de jurer !... ils vous font un serment d'amour comme je vous retourne une omelette !... mais faut pas s'y fier !...

— Jeanneton, je suis bien certaine qu'Adolphe n'est pas comme tous les jeunes gens. Si tu savais combien sa voix est douce... et puis ses yeux !... il semblait si heureux en me regardant ! et il me regardait toujours !...

— Vous le regardiez donc aussi, mamzelle ?

— Oh ! non... mais je le voyais... sans faire

semblant!... et quand sa main tenait la mienne, comme il la pressait!... je tremblais, mais j'éprouvais un plaisir!... Ah! Jeanneton, je ne puis pas te dire combien j'étais heureuse!...

— Mon Dieu! mon Dieu! mamzelle, comme c'l'amour vous a donc fait faire du chemin en peu de temps!... Mais vraiment, c'est que je ne vous reconnais plus!

— Ah! ma bonne... si je n'avais pas pu te dire tout cela, je crois que j'aurais parlé toute seule dans ma chambre... tant j'avais besoin de prononcer son nom!...

— Pauvre petite! comme ça vous a pris tout d'un coup!...

— Il m'a appelée Eugénie!... sa chère Eugénie!

— Diable! mais c'est une déclaration!

— Oh! oui, ma bonne, c'est une déclaration, et il m'en a fait tout plein.

— Et que lui avez-vous répondu?

— Ah! Jeanneton!... D'abord je ne pouvais pas répondre, car je n'en avais pas la force... j'étais si troublée, si émue!...

— Dam'! c'est ben fait pour ça!

— Mais enfin il m'a tant suppliée de lui dire quelque chose... je n'ai pas pu résister, et je lui ai dit que je l'aimais!...

— Que vous l'aimiez! Quoi! mamzelle! est-ce qu'on dit ça le premier jour?

— Mais il me semble que je l'ai toujours connu, toujours aimé... Il me semblait aussi qu'il devait savoir que je l'aimais... Je sais bien que j'ai eu tort de le lui avouer... mais je n'ai pas pu faire autrement!...

— Pauvre Eugénie! et qu'espérez-vous à c'te heure?

— Je n'en sais rien, mais si Adolphe m'aime toujours, ne serai-je donc pas heureuse?... Adolphe! ah! ma bonne, le joli nom!... que j'aime à le répéter... à l'entendre!... Ah! je t'en prie, dis-le-moi quelquefois...

— Mais, mamzelle, c'est un nom comme un autre!

— Comme un autre!... Peux-tu dire cela?... Est-ce qu'Adolphe ressemble-à... Dupont... par exemple?... Dupont! ah! voilà un nom affreux et que je ne peux pas souffrir!

— J'gage ben, moi, que madame Moutonnet l'aime mieux que l'autre!

— Ma bonne, il m'a promis de passer tous les jours devant la boutique... de regarder au comptoir; il me saluera, et quand maman n'y sera pas, il pourra me dire bonjour.

— Oui, et Bidois, qui verra ça, le dire à vot' maman.

— Oh! non, il ne verra rien, et d'ailleurs, si

nous ne pouvons pas nous parler, nous nous regarderons, et ce sera toujours un grand plaisir.

— Ah! mamzelle!... v'là un amour qui vous causera peut-être ben du chagrin! dit Jeanneton en secouant la tête et en se baissant pour moucher la chandelle placée au fond de l'âtre, tandis qu'Eugénie, qui a été contre la fenêtre examiner si tout est tranquille, revient d'un air plus rassuré se rasseoir près de sa bonne.

— Jeanneton, pourquoi donc penses-tu que l'amour que je ressens pour Adolphe me causera du chagrin? Je me trouve, moi, bien plus heureuse aujourd'hui qu'hier.

— Oui, sans doute, c'est toujours comme cela dans les commencements... mais ensuite! car, mamzelle, quelle sera la fin de tout ceci?

— Je l'ai déjà dit que je n'en sais rien.

— Avant peu, peut-être vos parents... c'est-à-dire vot' mère, voudra vous marier...

— Me marier! Eh bien! ma bonne, si c'était avec lui?...

— Ne l'espérez pas, mamzelle; ce jeune homme n'a rien ; vot'maman n'y consentira jamais...

— Ah! Jeanneton, tu me désoles!...

— J'ai bien dans l'idée même que madame Moutonnet a déjà fait un choix pour vous, et si elle le veut, vous savez que le diable ne l'en fera pas démordre... L'époux qu'elle vous donnera ne sera peut-être pas aussi gentil que M. Adolphe, mais enfin il sera riche : c'est l'essentiel à présent; vous serez bien établie, et par la suite vous serez heureuse. Tenez, mamzelle, croyez-moi, ne laissez pas ce nouvel amour s'emparer de votre cœur... ça vous causerait trop de peine par la suite... croyez-en Jeanneton, qui vous aime, qui vous chérit... Ah! mamzelle, quoique je n'sois qu'une fille de campagne, j'ai aimé aussi, et je m'souviens de c'que c'est! Jérôme, mon amant, était ben gentil, j'vous assure: i' m'jurait aussi le plus tendre amour, pas si gentiment peut-être que M. Adolphe, mais pour moi ça m'faisait autant de plaisir...

— Eh bien! ma bonne, pourquoi ne l'as-tu pas épousé?

— Ah! vous croyez toujours que ça va tout seul!... mais les parents de Jérôme avaient queuque chose, et moi je n'avais rien!... Ils lui défendirent de m'voir, sous peine de le chasser du village. Quand il vit que c'était pour tout de bon, savez-vous c' qu'i' fit, mamzelle?

— Non, ma bonne.

— Eh ben! un beau matin, il partit, il quitta la maison de son père et le village en jurant qu'il ne reviendrait jamais... En effet... d'puis ce temps-là on n'a plus entendu parler de lui... il se sera engagé... il sera parti sur queuque vaisseau!...

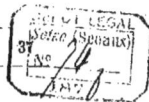

Ils découvrent un malheureux chat auquel ils ont brisé les reins. (Page 43.)

mais il est mort sans doute. Pauvre Jérôme!...
et c'est moi qui suis cause de ça!...

Jeanneton s'interrompit pour porter son tablier
à ses yeux, que le souvenir de son amant remplissait encore de larmes.

— Tu vois bien, Jeanneton, que tu l'aimes toujours, dit Eugénie attendrie par la douleur de sa bonne, que son cœur comprenait alors.

— Oui, mamzelle... quoiqu'il y ait dix ans de
cela... Je ne puis pas penser à Jérôme sans que ça
me bouleverse, et quoique je n'aie que vingt-sept
ans, et que je ne sois pas trop déchirée, ah! je
n'aurai jamais d'amoureux; je ne veux plus aimer!... On a beau me faire encore les doux yeux,
et vouloir m'enjôler par-ci par-là... ça n'prend
plus; c'est fini; après Jérôme, je n'écoute personne.

— C'est que tu l'aimais bien!

— Mais ça ne m'empêche pas de vous dire

que ces amours, malgré les parents, ne tournent jamais bon; non, mamzelle, ne vous laissez
pas aller à vot' passion pour M. Adolphe, et,
pendant que c'est encore tout neuf, oubliez-le au
contraire.

— Que je l'oublie, dis-tu!... que je l'oublie!
et c'est toi, Jeanneton, qui me donnes un semblable conseil!... Oublier quelqu'un à qui j'ai
juré de ne penser qu'à moi, de ne respirer que
pour moi! Ah! il faudrait que j'eusse un cœur
bien froid, bien insensible, bien méchant même,
pour oublier ce pauvre Adolphe; il en mourrait,
je gage...

— Non, mamzelle, les hommes ne meurent
jamais d'amour, et c'est même très-rare chez les
femmes...

— Moi, je vous dis qu'il en mourrait, mademoiselle; je le connais mieux que vous; d'ailleurs
votre Jérôme est bien mort pour vous; pourquoi

donc voulez-vous qu'Adolphe ne m'aime pas autant?

— Si Jérôme est mort à l'armée ou sur mer, ça
n'est pas la même chose.

— C'est toujours par suite de son attachement
pour vous... Mais vous ne sentez pas cela, vous,
Jeanneton; vous raisonnez comme si vous aviez
soixante ans... Vous êtes étonnée que j'aime, que
l'on m'aime; vous voulez que j'oublie Adolphe!...
Ah! c'est affreux, mademoiselle Jeanneton, de
me dire des choses pareilles... C'est fini; je ne
vous confierai plus rien... Je vois bien que vous
ne m'aimez pas.

— Eh ben! en v'là ben d'une autre à présent!
dit Jeanneton en courant retenir Eugénie qui
s'éloigne le cœur gros. Je ne vous suis pas attachée peut-être?... Ah! mamzelle, c'est bien mal
de me dire cela!... Je vous ai dit ce que je devais
vous dire : vous voulez aimer M. Adolphe, aimez-
le!... Je ne vous contrarierai plus; je ferai tout
ce que vous voudrez; au contraire, mon seul désir
n'est-il pas de vous voir heureuse?... Ah! je me
jetterais dans le feu pour vous... Sans vous,
n'aurais-je pas cent fois quitté c'te maison?...
car madame Moutonnet, quoique ce soit vot'
mère, est si difficile à contenter!... Mais j'ai tout
supporté par attachement pour vous, et vous me
dites que je ne vous aime pas! Ah! mamzelle...
je n'ai pas mérité ce reproche-là, car il me fait
ben de la peine.

Eugénie court se jeter dans les bras de sa bonne;
elle lui demande pardon, elle la console, elle l'embrasse.

— Ma chère Jeanneton, lui dit-elle, ne pense
plus à cela, je t'en prie... Ah! je connais ton bon
cœur! Mais aussi tu ne me défends plus d'aimer
Adolphe?...

— Oh! non, mamzelle, au contraire.

— Tu me laisseras te parler de lui?...

— Oh! tant que vous voudrez!...

— Tu m'en parleras aussi quelquefois?...

— Oui, mamzelle; j'vous le promets...

— Ah! ma chère Jeanneton, que je serai donc
heureuse! Ah! je tâcherai tous les soirs de venir,
ne fût-ce qu'un moment, pour causer avec toi...
Nous parlerons de lui, et puis quelquefois tu me
parleras aussi de Jérôme...

— Oh! non, mamzelle... je n'en parlerai plus;
vot' amour vous rend heureuse, mais le mien me
fait pleurer.

— Ma pauvre Jeanneton!...

Eugénie va se replacer près de sa bonne; il est
tard, mais la jeune fille n'a pas la moindre envie
de dormir; sa jeune tête travaille déjà, et son
cœur... ah! son cœur n'est plus à elle!

— Jeanneton, dit-elle en approchant encore sa
chaise de celle de sa bonne, si ma mère se laissait
attendrir... si elle consentait à m'unir à Adolphe,
que je serais heureuse!... Je te prendrais avec
moi dans mon ménage; tu le voudrais bien, n'est-
ce pas?

— Oh! oui, mamzelle.

— Là l'ennui ne pénétrerait jamais; il me serait si doux de travailler près de lui! car je voudrais qu'il ne me quittât pas de la journée... cela
serait possible, j'espère?

— J'crois que oui, mamzelle.

— Je travaillerais donc près de lui... nous ne
sortirions jamais l'un sans l'autre!... Toujours
mêmes pensées, mêmes désirs, même volonté...
Ah! je serais si contente de faire tout ce qu'il
voudrait!... Cela doit être si doux d'obéir à quelqu'un que l'on chérit!... c'est un plaisir! N'est-ce
pas, Jeanneton?

— Oui, sans doute, mamzelle.

— Les jours de fête, nous irions nous promener... Tu viendrais avec nous, Jeanneton, car tu
ne nous empêcherais pas de parler d'amour.

— Non, mamzelle.

— Si mon mari avait besoin de voyager, oh!
d'abord je partirais avec lui; je le suivrais partout, c'est bien décidé. D'ailleurs Adolphe ne
voudrait pas non plus se séparer de moi; et une
femme peut bien, sans inconvénient, voyager
avec son mari; n'est-ce pas, ma bonne?

— Oui, mamzelle; oh! ce n'est pas défendu.

— Mais il n'est pas encore dit que nous voya-
gerons. Si nous sommes bien riches, nous aurons
une petite campagne... De quel côté, ma bonne?

— Dam'! mamzelle, du côté qui vous fera plaisir.

— Ah! du côté de Romainville; oui, c'est cela :
nous aurons une petite maison à Romainville,
tout près du bois; nous pourrons alors nous y
promener tant que nous voudrons, sans crainte
d'être grondés... Quel bonheur! Notre maison sera
simple, mais commode. Nous aurons un jardin
que nous cultiverons nous-mêmes; nous verrons
croître les fleurs que nous aurons plantées; ce
doit être bien agréable : j'ai toujours désiré un
jardin. Et puis, à la campagne, on se lève au point
du jour, et pendant que tu prépares le déjeuner
nous allons faire une promenade dans les environs;
nous revenons bien fatigués et mourant de faim...
nous trouvons tout délicieux. Après le déjeuner,
on travaille, on a soin de son ménage; Adolphe
écrit ou lit. Après le dîner, nous allons au jardin,
nous y restons jusqu'à la nuit; nous examinons
les progrès de nos plantations, puis nous rentrons

enfin, toujours gais, contents !... Ah ! ma bonne, quelle heureuse existence !...

— Oui... oui... mamzelle... répond Jeanneton en étendant les bras et en se retournant sur sa chaise pour tâcher de surmonter le sommeil qui la gagne; oh ! ça... ça sera ben gentil.

— Ce n'est pas tout, Jeanneton : nous aurons sans doute des enfants, car c'est l'ordinaire en ménage. Ah ! combien je les aimerai !... combien je les chérirai !... Je ne veux pas qu'ils me craignent, je veux être leur amie autant que leur mère. Ce doit être si doux d'avoir leur confiance ! Si j'ai un garçon, je l'appellerai Adolphe et ma fille se nommera Adolphine. Je les nourrirai moi-même ; je suis sûre que mon mari le voudra bien, car on doit les aimer encore davantage !... Quel plaisir lorsque mon fils commencera à parler !... Comme nous écouterons ses premiers mots !... Et quand il marchera !... Ah ! je ne le perdrai pas de vue un seul instant !... Quand je serai lasse de le porter, Adolphe le prendra dans ses bras, le bercera, le fera jouer... Ah ! quelquefois aussi je te le confierai, ma bonne; mais tu en auras bien soin... car si tu allais le laisser tomber !...

— Non, non... mamzelle... répond Jeanneton à moitié endormie; oh ! j' vous promets qu'i' n' tombera pas !...

— Nous ferons nous-mêmes son éducation, ou nous la surveillerons en lui donnant des maîtres chez nous, mais je ne veux pas qu'il aille en pension. On y devient quelquefois très-mauvais sujet, comme ce petit Bernard... Et puis on oublie ses parents. Ah ! je préfère qu'il soit moins savant et qu'il m'aime davantage. Et puis je lui laisserai le choix d'un état, car il me semble qu'il ne faut jamais forcer les inclinations... N'est-ce pas, Jeanneton ?...

Jeanneton ne répond plus, parce qu'elle est endormie; mais Eugénie ne s'en aperçoit pas, et elle continue :

— Si par hasard mon fils voulait être militaire... Grand Dieu !... que de tourments cela me causerait !... C'est bien joli d'avoir un uniforme, une épée et quelquefois une croix d'honneur !... Ah ! je conçois bien que cela séduise un jeune homme, mais que de dangers il faut courir ! Il faut aller à l'armée... il faut se battre !... Se battre !... Ah ! quand je saurai que mon fils va se battre, je n'aurai plus un moment de repos !... Je le verrai sur le champ de bataille, entouré d'ennemis... et les balles, les boulets qui se croisent sur sa tête !... Il peut être blessé, il peut être tué !... Ah ! Jeanneton, si mon fils était tué !... Que dirait Adolphe?... et moi?... Non, non, je ne veux plus qu'il soit militaire. Ah ! ma bonne, n'est-ce pas que j'ai raison? Eh quoi ! tu ne réponds pas?...

Eugénie examine Jeanneton, et s'aperçoit seulement alors et avec surprise que sa bonne dort profondément. Cette vue dissipe tous les châteaux en Espagne, tous les rêves délicieux qui occupaient l'aimable fille; elle n'a plus de fils, d'époux, de campagne; elle se revoit chez ses parents, assise dans la chambre de sa bonne; elle soupire... son bonheur n'était qu'un songe, il vient de s'évanouir.

On rêve souvent tout éveillé; ces rêves-là sont toujours agréables, parce qu'on les arrange à sa fantaisie. Combien de jeunes filles, ainsi qu'Eugénie, ont passé et passeront encore des heures d'insomnie à se créer un bonheur qu'elles ne goûteront jamais en réalité ! Quand on aime, on s'abandonne avec délices au doux avenir que nous compose notre imagination. Le jeune amant se voit près de sa maîtresse : elle lui est fidèle, elle l'adore ; si quelques nuages s'élèvent entre eux, ils sont bientôt dissipés, et la plus douce ivresse préside toujours à leurs raccommodements.

La jeune fille entend celui qu'elle préfère lui adresser le plus tendre aveu, lui jurer amour pour la vie, puis demandant sa main à ses parents; elle se voit marcher à l'autel avec son doux ami, parée du charmant costume virginal, et plus belle encore de ses attraits, dont le bonheur, l'amour et la pudeur ont doublé l'éclat.

Rêves délicieux, vous valez bien ceux du conquérant, de l'ambitieux et du courtisan; vous ne laissez dans notre âme qu'une douce langueur; et tandis que les autres passions agitent nos sens et fatiguent notre esprit, les rêves d'amour, au contraire, nous reposent agréablement des peines de la vie. Ils sont bien moins heureux qu'Eugénie, ceux dont les désirs s'étendent au delà du cercle domestique.

Héros qui avez rêvé la conquête du monde, souverains qui voyez votre nom fameux dans l'histoire, ministres qui rêvez la toute-puissance, courtisans qui rêvez les honneurs, votre réveil est bien plus pénible que celui de la grisette qui rêve un rendez-vous avec son amant !

Mais l'horloge de Saint-Nicolas vient de sonner deux heures, et Eugénie, étonnée qu'il soit si tard, ne comprend pas que le temps a passé plus vite pour elle qui parlait que pour Jeanneton qui l'écoutait.

— Deux heures du matin ! dit-elle en quittant à regret sa chaise; je n'ai jamais veillé si tard !... Je croyais qu'il n'était pas minuit. Ah ! si maman le savait !... Je ne m'étonne plus que Jeanneton se soit endormie !... Il est bien temps de se coucher ! Ah ! c'est dommage cependant; j'aurais volontiers passé la nuit à causer. Couche-toi, ma bonne, dit Eugénie en secouant le bras de Jeanneton ; couche-toi vite ! il est bien tard.

— Oui, mamzelle, répond Jeanneton sans ouvrir les yeux.

Et la grosse fille se déshabille machinalement et se couche sans s'être entièrement réveillée.

Eugénie quitte la chambre de sa bonne, traverse doucement la cuisine et se dispose à mon-

M. Pétrin et ses garçons à la recherche des voleurs.

ter l'escalier pour regagner sa chambre. Comme elle va mettre le pied sur les marches, se tenant à la rampe et tremblant un peu, parce qu'une jeune fille tremble assez ordinairement lorsqu'elle est sans lumière, soit de crainte, soit de plaisir, un bruit assez fort, semblable à celui de quelqu'un qui se laisse tomber et roule plusieurs marches, retentit au-dessus de sa tête. Eugénie frémit et n'ose bouger. Elle regarde en l'air et n'aperçoit aucune lumière. Qui peut avoir fait ce bruit ? Serait-ce son père, sa mère, ou M. Bidois ? Mais ordinairement ils ne marchent point sans chandelle. Serait-ce un voleur ?... Dans tous les cas, la pauvre petite n'est point rassurée ; et comment éviter la personne qui descend ? Elle a refermé sur elle la porte de la cuisine et ne voit pas où elle pourrait se réfugier.

Mais comme elle est encore indécise et tremblante, une voix se fait entendre, et cette voix la rassure un peu.

— Il est écrit que je suis dans mon jour de malheur !... marmotte Bidois, car c'était lui qui, à la suite de tous les désagréments et fatigues de la journée, se sentant incommodé au milieu de la nuit, s'était levé et descendait à tâtons pour se rendre dans la petite cour située derrière la boutique et au bas de l'escalier.

— Moi qui ne tombe jamais... rouler quatre marches !... Maudit escalier !... Je me suis écorché toute l'épine du dos.... Pourvu que les autres ne m'aient pas entendu !... Ah ! aïe !... quelle douleur ! Est-ce que la charcuterie était empoisonnée ?... Ma foi ! je le croirais presque ; à moins que ce ne soit le veau. Mademoiselle Jeanneton aura mal récuré sa casserole ; ou c'est cette peste d'anisette de l'épicier... elle ne valait rien du tout... cela sent la réglisse, le girofle... je suis sûr que M. Dupont la fait lui-même... Avec son cadeau... jolie drogue ! je voudrais qu'il l'eût tout entière dans le ventre !... Aïe !...

Et, tout en marronnant ainsi, Bidois descend l'escalier : il n'est plus très-éloigné d'Eugénie qui cherche comment elle évitera la rencontre du vieux commis et qui ne voit pas d'autre moyen que de se blottir contre le mur ; de cette manière, et en retenant sa respiration, elle pense que Bidois, qui à coup sûr doit tenir la rampe, passera près d'elle sans la toucher, l'escalier étant assez large pour cela, et qu'il ne l'apercevra point, parce qu'en effet la nuit est assez noire pour qu'on ne distingue pas près de soi.

Eugénie quitte donc la rampe et, s'adossant au mur en tenant le moins de place possible, elle garde le plus profond silence, attendant avec anxiété que le vieux commis ait passé pour remonter dans sa chambre, d'où elle voudrait bien maintenant n'être pas sortie.

Le moment fatal arrive : Bidois, traînant les jambes et tenant l'escalier à deux mains, de crainte de tomber encore, et malgré cela ne posant le pied qu'avec la plus grande précaution, Bidois passe tout contre Eugénie, qu'il n'aperçoit point. Encore quelques minutes, et elle n'aura plus rien à craindre... lorsqu'un malheureux éternument, que la jeune fille n'a pas eu le temps de comprimer, part subitement, et, en répandant l'alarme, vient changer toute la scène.

— Ah !... il y a du monde... Au voleur !... crie aussitôt Bidois se cramponnant après la rampe et ne sachant plus s'il doit descendre ou monter.

Eugénie, voyant que tout va se découvrir si elle reste là, s'élance, et en moins d'une minute regagne sa chambre et son lit.

Mais le vieux commis a entendu monter les marches avec précipitation ; il ne doute point que des voleurs ne se soient introduits dans la maison, et il continue à crier de toutes ses forces, frappant des pieds et des poings sur le mur et sur l'escalier, afin que le bruit réveille tout le monde.

Au carillon que fait Bidois, M. et madame Moutonnet ne tardent pas à s'éveiller.

— Ah! mon Dieu! dit madame Moutonnet en poussant vivement son cher époux, qui, fatigué des suites de la fête et du petit anniversaire conjugal, goûtait avec délices les douceurs du sommeil; entendez-vous, monsieur Moutonnet?... entendez-vous?... Mais, pour Dieu! réveillez-vous donc!

— Qu'y a-t-il, mon cœur? dit le passementier en passant du côté gauche sur le droit.

— Ce qu'il y a?... Ah! quels cris! quel tapage!

— C'est dans la rue, sans doute, mon ange.

— Non, non, monsieur; je reconnais la voix de Bidois...

— De Bibi... de Bidois?...

— Eh! oui... il appelle au secours... O ciel! le feu serait-il à la maison?...

— Le feu!...

Ce mot électrique produit son effet ordinaire : M. Moutonnet se jette à bas de son lit et suit madame Moutonnet qui ouvre une fenêtre donnant sur la cour et demande ce qu'il y a.

— Des voleurs!... des voleurs!... répond Bidois d'une voix que l'épouvante rend encore plus lamentable; ils sont dans la maison... sur l'escalier... ils ont remonté... mais ils vont redescendre... Venez à mon secours... ou je suis perdu!...

— Des voleurs!... s'écrie madame Moutonnet.

— Des voleurs! répète son mari en retournant au fond de sa chambre.

— Monsieur Bidois, réveillez Jeanneton : nous allons appeler par la rue... Eugénie, ma fille, enfermez-vous bien!... Au secours! au secours!

Et madame Moutonnet court ouvrir une fenêtre de sa chambre donnant sur la rue, et se met, de concert avec Bidois, à crier au voleur, pendant que son mari court éperdu dans la chambre, cherchant un vieux fusil qui lui servit jadis lorsqu'il accompagnait la procession, et qu'il ne retrouve dans aucune armoire, parce que la peur, qui lui trouble l'esprit, ne lui permet pas de se rappeler qu'il l'a serré dans le bas d'un chiffonnier.

Jeanneton, éveillée par le tintamarre que l'on fait dans la maison, croit qu'il est arrivé quelque malheur; Eugénie seule connaît la cause de tout ce tapage; mais elle se gardera bien de le dire : elle sait que le danger que l'on redoute est imaginaire, et elle ne peut s'empêcher de rire, dans sa chambre, de la terreur qu'elle a causée à Bidois.

Les cris de M. et de madame Moutonnet ont été entendus d'un boulanger, leur voisin, chez lequel on est occupé à pétrir la première fournée,

qui doit être enlevée dès le matin par les bonnes, les ouvrières et les vieux garçons.

— Oh! oh! dit le boulanger à ses garçons, il y a une aventure dans le quartier; allons un peu voir s'il n'y aurait point tentative d'*infraction manifeste*. Le four n'est pas encore chaud : en avant, garçons!

Les deux garçons quittent la pâte et suivent

Mais en taillant ou en faisant ses additions Bidois voit tout ce qui se passe. (Page 45.)

leur bourgeois, qui marche vers la maison d'où partent les cris.

— Ah! voilà des libérateurs! s'écrie madame Moutonnet en apercevant les trois hommes qui se dirigent vers sa demeure.

— Vraiment oui, dit M. Moutonnet en courant à la fenêtre avec son fusil qu'il vient enfin de trouver; je crois que ce sont des Suisses.

— Eh! non, monsieur, ce sont des mitrons... c'est notre voisin M. Pétrin... c'est du monde enfin... Par ici, messieurs... par ici!... on va vous ouvrir; on descend. Jeanneton! Jeanneton! ouvre la porte de la boutique... Monsieur Pétrin, notre maison est pleine de voleurs!

— Eh bien! nous allons les pincer, madame Moutonnet!

Pendant que Jeanneton introduit dans la boutique M. Pétrin et ses deux garçons, M. et madame Moutonnet se consultent pour savoir s'ils sortiront de leur chambre. M. Moutonnet est d'avis d'y rester pendant que l'on fera la visite de la maison, mais madame Moutonnet pense que cela ira mieux si elle dirige les opérations; son avis étant toujours adopté à l'unanimité, M. Moutonnet passe une robe de chambre, et, le fusil en main, se dispose à suivre sa femme qui vient de se vêtir de sa blouse du matin.

Ils trouvent sur l'escalier Bidois qui s'est armé du grand couteau de cuisine de Jeanneton, et qui le tient d'une main, tandis que de l'autre il retient sa culotte à moitié défaite, et qui, à chaque pas qu'il fait, retombe sur ses talons. Ils descendent tous trois dans la boutique où sont rassemblés les boulangers dans le simple costume avec lequel on procède à la confection du pain, tandis que Jeanneton, éveillée en sursaut, n'a eu que le temps de passer un petit jupon.

Mais la décence a toujours cédé à la peur, et madame Moutonnet, qui est ordinairement fort sévère sur l'article de la mise, et qui n'a jamais voulu voir l'exposition des statues ni pu regarder en face l'Apollon ou l'Antinoüs, est prête à sauter au cou du boulanger et de ses garçons, parce que leur présence, dans ce moment, peut la préserver des dangers qu'elle redoute.

— Eh bien! que se passe-t-il donc chez vous, madame Moutonnet? demande le boulanger avec le ton mielleux qui lui est habituel et qui le rend la coqueluche de toutes les cuisinières du quartier, qui le citent comme un beau parleur. Vous poussiez des cris étouffés et perçants; j'ai dit aux enfants : « Il faut lâcher la pâte et nous informer de la circonstance survenue aux voisins. »

— Ah! monsieur Pétrin!... c'est le ciel qui vous envoie! Sans vous, nous serions perdus... De grâce, ne nous abandonnez pas dans ce moment périlleux...

— Madame, soyez calme! je me suis toujours piqué d'*organe* pour être utile au beau sexe... Mais qu'est-ce encore?

— Des voleurs, monsieur Pétrin, des voleurs!...

— Où sont-ils? Par où sont-ils entrés?

— Bidois va tout nous dire... c'est lui qui les a découverts...

— Parlez donc, Bidois!...

Bidois s'avance pâle et tremblant, et commence son récit, ne s'interrompant que pour rattraper sa culotte que, dans le feu de son discours, il oublie parfois de retenir.

— J'étais couché dans ma chambre... je dormais assez mal... ou, pour mieux dire, je ne dormais pas du tout... Je me sens des douleurs... comme de colique... provenant sans doute de quelque chose du dîner qui...

— Passez vos coliques, Bidois, dit madame Moutonnet avec impatience, et venez au fait.

— J'y arrive, madame. Je me sens forcé de descendre dans la cour pour aller...

— Nous savons bien où vous alliez, Bidois. Ensuite?

— Je quitte donc ma chambre et, n'ayant point de lumière, je me décide à descendre à tâtons. Je descends donc, et fort doucement, pour ne réveiller personne. J'étais déjà au second étage, en face des magasins... lorsque le pied me glisse... je perds l'équilibre et je roule quatre ou cinq marches sur le dos...

— Que la peste vous étouffe avec vos roulades! Aurez-vous bientôt fini?

— M'y voici, madame, m'y voici! Je me relève, et cette fois je me cramponne à la rampe, de manière à ne plus tomber. Je descends... me voilà devant la cuisine. Je vais être en bas... quand un bruit subit part à deux pas de moi, presque à mon oreille... Je veux voir le coquin... Bah! ils sont plus d'un; je les ai entendus grimper l'escalier quatre à quatre, et ils se sont probablement réfugiés dans le grenier.

— Ah! mon Dieu! dit madame Moutonnet en saisissant le bras de M. Pétrin.

— Ah ciel! dit son époux en s'appuyant sur son fusil, au bout duquel est encore un bouquet dont on ne distingue plus les fleurs, parce qu'il est depuis quelques années dans le chiffonnier.

— C'est-il bien possible! dit à son tour Jeanneton qui n'a pas l'air aussi effrayée que les autres, parce qu'elle devine à peu près ce qui a causé tant de frayeur à Bidois.

— Il faut commencer la visite domiciliaire, dit le boulanger. En avant, garçons! Monsieur Moutonnet, donnez-moi votre fusil.

— Bien volontiers, monsieur Pétrin.

— Il est chargé?

— Non, non, il ne l'est pas; je crois même qu'il ne l'a jamais été.

— Eh! que diable alors voulez-vous que j'en fasse?

— Vous êtes incorrigible, monsieur, dit madame Moutonnet à son mari; votre fusil n'est jamais en état!

— Mais, mon cœur, vous savez bien que je n'ai pas l'habitude de m'en servir.

— Allons, calmez-vous! Nos garçons suffiront, je l'espère, dit le boulanger; s'ils font résistance, nous les assommerons.

— Oui, mais s'ils tirent sur vous? dit Bidois.

— Bah! les voleurs n'ont jamais d'*armes effectives*. Marchons!

— Mais il faut d'abord mettre les dames en lieu de sûreté, dit M. Moutonnet.

— C'est juste!

— Allons chez ma fille, dit madame Mouton-net; nous nous y enfermerons.

On quitte la boutique; le boulanger et ses garçons marchent en avant, puis Bidois, auquel son couteau donnerait l'air d'un conspirateur, si sa culotte, tombant à moitié de ses jambes, ne rappelait le motif de sa sortie; vient ensuite madame Moutonnet, puis son époux qui s'obstine à tenir son fusil en joue, quoiqu'il sache bien qu'il ne peut tuer personne; mais il pense sans doute que la vue suffira pour pétrifier les voleurs; enfin Jeanneton tient deux flambeaux avec lesquels elle éclaire la marche des mitrons, passant tantôt devant, tantôt derrière, suivant que le permettent les localités.

On a commencé par visiter la cour, où l'on ne trouve personne, ce qui n'étonne point, puisque, d'après le récit de Bidois, c'est vers le haut de la maison que les voleurs se sont dirigés; on arrive devant la chambre d'Eugénie : la jeune fille avait eu tout le temps de se mettre au lit. On frappe à sa porte, la maman lui ordonne d'ouvrir. Eugénie, qui n'est pas endormie, passe bien vite une robe et ouvre.

A la vue de la jeune fille, dont l'air calme et riant n'annonce aucune terreur, M. Pétrin commence un joli compliment, dans lequel il s'embrouille et que madame Moutonnet interrompt, fort heureusement, pour demander à sa fille comment il se fait qu'elle ait l'air aussi tranquille lorsqu'il y a des voleurs dans la maison.

— Des voleurs!... dit Eugénie en jetant un regard sur Jeanneton; mais, maman, je n'ai rien entendu...

— Vous êtes bien heureuse, mademoiselle, de dormir comme un canon; mais nous allons nous enfermer chez vous, pendant que ces messieurs vont combattre pour nous!... Ah!... que nous sommes heureux d'avoir des libérateurs!

Eugénie lève les yeux, mais elle les rebaisse bien vite, parce que le costume des libérateurs lui paraît trop à la romaine; madame Moutonnet pousse sa fille et Jeanneton, et, remettant un des flambeaux à Bidois :

— Marchez, dit-elle, mais surtout soyez prudents!...

Et elle referme la porte à double tour, au grand mécontentement de son époux et de Bidois, qui espéraient tous deux se glisser dans la chambre avec les dames.

—C'est ici qu'il faut de la tête et du sang-froid, dit M. Pétrin; nous allons relancer l'ennemi dans son gîte... Marchez devant, mon vieux; vous connaissez les êtres, vous nous conduirez.

— Bien obligé! dit Bidois; mais si je tiens la lumière je ne pourrai pas faire usage de mon arme... Il vaut donc mieux qu'un de ces messieurs s'en charge... Je vous guiderai aussi bien en marchant derrière; d'ailleurs c'est à M. Moutonnet, qui est chez lui, à faire les honneurs.

— Allons toujours, dit le passementier; je m'en rapporte entièrement au zèle de ces messieurs.

Le boulanger voit qu'il n'y a pas moyen de faire passer devant M. Moutonnet ou son commis; il se décide à commander les manœuvres. Parvenu au second, on visite exactement les magasins; de là on passe au troisième ; M. Bidois avait laissé sa porte entr'ouverte ; on visite sa chambre, on cherche sous le lit, dans les armoires, dans la cheminée; Bidois regarde même dans sa table de nuit, probablement sans penser à ce qu'il fait ; on ne trouve rien.

— Décidément, ils sont dans le grenier, dit M. Moutonnet.

— Oui, oui, dit Bidois, c'est là que j'ai toujours pensé qu'ils étaient.

— Marchons vers le grenier, dit le boulanger, car il faut bien qu'ils soient quelque part... à moins que M. Bidois n'ait rêvé et ne s'amuse à nous faire faire une petite patrouille de santé.

— Non, messieurs, non, je n'ai point rêvé... j'ai des oreilles, je ne suis pas encore en enfance... vous en aurez bientôt des preuves.

On se dirige en silence vers les greniers. Arrivé devant la porte, qui n'est fermée qu'au loquet, on entend un bruit assez violent auquel succède un profond silence.

— Pour cette fois, nous les tenons ! dit le boulanger.

— Que... que... vous avais-je dit? marmotte Bidois qui tremble de tous ses membres, tandis que M. Moutonnet est obligé de s'appuyer sur son fusil pour se soutenir.

— Si Bidois allait chercher la garde? dit-il d'une voix presque éteinte.

— Oui, monsieur, vous avez raison, répond Bidois enchanté de trouver une occasion pour ne pas entrer dans les greniers.

Et le vieux commis se dispose à descendre, lorsque le boulanger le retient brusquement par le bras.

— Nous n'avons pas besoin d'aide, dit-il ; moi et mes garçons, nous sommes solides au poste, et il est inutile d'aller chercher le voisin.

En achevant ces paroles, M. Pétrin, le gourdin en l'air, se précipite dans le grenier dont il ouvre la porte brusquement.

— Rendez-vous, coquins ! crie-t-il d'une voix de stentor tandis que ses deux garçons brandissent leurs redoutables bâtons et que M. Moutonnet et Bidois, qui ont fait semblant d'entrer, se tiennent enlacés sur la première marche de l'escalier, prêts à redescendre si l'on fait résistance.

Mais, comme les voleurs n'ont jamais existé que dans l'imagination de Bidois, on ne répond pas à l'appel du boulanger qui s'avance bravement, suivi de ses garçons, et va jusqu'au fond des greniers sans rien découvrir. Arrivé là, on voit remuer une longue planche jetée avec de vieilles boiseries dans un coin de la mansarde. M. Pétrin fait un signe à ses garçons : tous trois s'avancent, lèvent leurs gourdins et frappent en même temps. Mais au lieu du gémissement d'un voleur, qu'ils comptaient entendre, c'est un miaulement épouvantable qui retentit dans le grenier; un des garçons lève la planche et découvre un malheureux chat auquel ils ont brisé les reins.

A cette vue, le boulanger part d'un éclat de rire; ses garçons en font autant.

— Il paraît que nous sommes vainqueurs, dit M. Moutonnet à Bidois. Les entends-tu?... ils chantent victoire; nous pouvons nous joindre à eux.

Et ces messieurs entrent dans le grenier, en demandant si l'on a bien bâtonné les voleurs.

— Nous n'en avons trouvé qu'un, dit M. Pétrin, mais je vous assure qu'il ne vous fera plus peur.

Et, en disant ces mots, le boulanger jette aux pieds de Bidois le chat qu'ils ont assommé.

— Qu'est-ce que cela veut dire? s'écrie M. Moutonnet tandis que Bidois regarde d'un air effaré le pauvre chat étendu devant lui.

— Cela veut dire, mon voisin, qu'il n'y a pas plus de voleurs chez vous que dans mon four, où votre vieux commis mériterait d'aller se faire durcir, pour lui apprendre à mettre un quartier en l'air parce qu'il a la colique. Allons, les enfants! c'est assez manœuvrer pour un chat; retournons à la pâte !

En disant cela, M. Pétrin descend l'escalier et s'éloigne avec ses garçons, riant de la frayeur de Bidois, qui fera le lendemain la nouvelle du quartier.

M. Moutonnet est resté avec son commis qu'il regarde d'un air moitié craintif, moitié goguenard.

— Qu'en dis-tu? lui demande-t-il après un long silence.

— Je dis, je dis qu'ils ont mal cherché, répond Bidois d'un air courroucé.

« Au surplus, quelque chose qui arrive maintenant, c'est fini, je ne m'en mêle plus; je suis dans mon jour de malheur : j'aurais bien dû deviner que cela tournerait encore contre moi. »

Et Bidois rentre dans sa chambre, où il s'enferme à double tour, persuadé, malgré la visite du boulanger, qu'il y a quelqu'un de caché dans la maison. Les dames ont entendu M. Pé-

trin s'éloigner avec ses garçons; elles ouvrent donc avec empressement à M. Moutonnet qui vient leur apprendre le résultat de la visite.

— Ça n'était rien, dit M. Moutonnet en s'essuyant le front; nous n'avons trouvé qu'un chat que nous avons tué.

— Qu'est-ce à dire? s'écrie madame Moutonnet; c'est pour un chat que Bidois met toute la maison en l'air, qu'il répand l'alarme dans tout le quartier, qu'il me donne presque des attaques de nerfs!... Ah çà ! mais ce drôle-là a donc résolu de ne faire aujourd'hui que des sottises!... Ah ! il me le payera demain! Allons! couchez-vous, ma fille ; rentrez, Jeanneton; et vous, monsieur, suivez-moi.

M. Moutonnet suit sa chère épouse et va remettre au fond du chiffonnier le vieux fusil qui n'aurait pas dû en sortir. Mais, en passant contre sa bonne, Eugénie a trouvé le moment de lui dire tout bas : « C'était moi ! » Et Jeanneton se promet de rire à son aise quand elle sera dans sa chambre.

CHAPITRE VII

QUI PROMET QUELQUE CHOSE.

Le calme succède à l'orage, ou bien (comme aurait dit l'écuyer de don Quichotte) les jours se suivent et ne se ressemblent pas. Le lendemain de la fête de M. Moutonnet, on a repris le train de vie ordinaire, les occupations journalières. Dès sept heures du matin, M. Moutonnet est devant son grand-livre, Bidois fait des additions, Eugénie coud au comptoir, Jeanneton balaye, et madame Moutonnet va, vient et donne ses ordres du haut en bas de la maison.

Avant d'en venir là, cependant, il a fallu entendre une petite mercuriale plus forte que de coutume ; mais chacun s'y attendait. M. Moutonnet est tancé vertement pour s'être permis, la veille, mille libertés et propos lestes au bois de Romainville, et surtout pour s'être éloigné de sa femme pendant la scène du bal; Bidois est grondé au sujet de plusieurs gaucheries qu'il a faites; mais c'est surtout pour la peur qu'il a causée pendant la nuit que le vieux commis essuie de sévères réprimandes. Les coupables écoutent dans le plus profond silence : c'est le meilleur correctif contre la colère. M. Moutonnet et son commis connaissent le procédé de Socrate, ou plutôt ils en font usage par un instinct naturel qui, sans que l'on nous l'ait enseigné, nous fait sentir la manière dont il faut nous conduire dans les circonstances épineuses. Ce sentiment secret est le bon sens, et il faut avouer qu'il guide souvent mieux les sots que les gens d'esprit.

Dupont roule avec sa chaise au milieu de la salle à manger. (Page 49.)

Cependant, tout en taillant sa plume (ce que, par parenthèse, Bidois fait plus de dix fois dans la journée), le vieux commis est intimement persuadé que, pendant la nuit dernière, il s'est introduit quelqu'un dans la maison; mais comme on n'a trouvé personne, et qu'il ne veut plus se faire gronder par madame Montonnel, il garde pour lui ses réflexions, se disant :

— Si ce n'était pas un voleur, c'était toujours quelqu'un ; mais tôt ou tard je saurai qui.

Eugénie seule n'a pas été comprise dans les réprimandes que sa mère vient de distribuer; et cependant, depuis la veille, Eugénie est la plus coupable, et le calme n'est pas rétabli dans son cœur. Pauvre petite ! il est bien à craindre qu'il ne s'y rétablisse plus. Quand l'amour s'empare d'une jeune fille, il ne la quitte pas facilement ; ce dieu s'attache plus fortement aux femmes qu'aux hommes : sans doute ces dames le traitent moins légèrement que nous.

Adolphe saisit toutes les occasions qui se pré-

22ᵉ LIV.

sentent pour sortir de son magasin, ne fût-ce que pour cinq minutes; car dans ces cinq minutes il trouve le temps de passer devant Eugénie, de la regarder bien tendrement, de lui adresser quelques mots passionnés, qu'elle ne peut entendre, il est vrai, parce qu'il ne les dit qu'à demi-voix, mais dont cependant il lit la réponse dans les yeux d'Eugénie, parce qu'une jeune fille devine facilement tout ce que son amant peut lui dire, surtout quand cet amant n'a encore obtenu que de légères faveurs.

Lorsque, par hasard, madame Montonnet est sortie, Eugénie vient alors se placer sur le seuil de la boutique, comme pour prendre l'air un moment, et Adolphe qui, de son magasin, est toujours aux aguets, trouve aussitôt un prétexte pour sortir, et il passe tout contre Eugénie, et en passant il lui presse la main; on échange quelques mots, et l'on est heureux... Pour des amants, une minute de bonheur laisse de doux souvenirs pour toute la journée.

7

Ces regards, ces petits mots, ces serrements de mains attisent le feu qui brûle dans ces jeunes cœurs; l'amour qu'ils éprouvent prend chaque jour de nouvelles forces; il les occupe entièrement; il est devenu pour eux une seconde existence. Adolphe ne respire que pour Eugénie, et celle-ci n'a plus une pensée qui ne se rapporte à Adolphe.

— Il passera tout à l'heure, se dit-elle à chaque instant; je vais le voir, il me regardera... et peut-être ce soir ou demain maman sortira et je pourrai lui parler un moment.

Jeanneton est toujours la confidente d'Eugénie; chaque soir la grosse servante apprend ce que l'on a fait le matin. Elle sait combien de fois Adolphe a passé devant la boutique, ce qu'il a dit, ce qu'il a fait; elle sait même comment il était mis; car en parlant de celui qu'elle aime une jeune fille s'appesantit sur les moindres circonstances; tous ces détails ne sont intéressants que pour les amoureux; mais Jeanneton songe encore quelquefois à Jérôme; et elle a toujours l'air d'écouter avec beaucoup d'attention, quand on lui dit qu'Adolphe avait une cravate noire et un habit bleu.

Mais en taillant sa plume et en faisant ses additions Bidois voit tout ce qui se passe; il s'aperçoit que depuis quelque temps Eugénie a sans cesse les regards tournés vers le magasin de nouveautés; il l'entend soupirer quand sa maman ne sort point; il remarque qu'elle court à la porte dès que madame Moutonnet est partie; enfin il s'aperçoit que le même jeune homme passe et repasse sans cesse devant la boutique; il reconnaît Adolphe, et sans avoir l'air d'être occupé d'autre chose que de sa besogne Bidois épie les jeunes gens, et le résultat est qu'à la fin de la journée le vieux commis sait, tout aussi exactement que Jeanneton, combien de fois dans le jour Adolphe a quitté son magasin; ce qu'il a dit à Eugénie en passant; ce que celle-ci lui a répondu, et quelle était la couleur de sa cravate et de son habit. Les vieux garçons valent presque les vieilles filles pour épier tout ce qu'on fait.

Bidois rit en secret de madame Moutonnet qui, malgré sa sévérité et son extrême surveillance, ne s'aperçoit pas de l'amour des jeunes gens.

— Parbleu! se dit-il, cela nous promet de fameuses scènes! Je commence à croire maintenant que ce n'était pas un voleur qui s'était introduit la nuit dans la maison... Ah! ces jeunes filles! ces jeunes filles! Qui croirait que... Mais chut! ne disons rien; ayons l'air de ne rien voir et continuons à tout observer.

Depuis la Saint-Eustache, la famille Bernard ne revient plus chez madame Moutonnet, mais on voit toujours les Gérard et surtout l'ami Dupont. Celui-ci ne vient pas seulement le dimanche; il quitte souvent son magasin dans la semaine pour se rendre chez le passementier. On l'invite souvent à dîner, faveur que madame Moutonnet n'accorde qu'à ses intimes amis. Ces jours-là, Eugénie est dispensée de travailler le soir; elle a la permission de rester avec la société et elle joue au *loto* ou au *nain jaune* avec M. Dupont, qui ne manque pas de lui adresser des compliments en tirant des boules ou en faisant *la bête*, ce qu'il fait de la meilleure grâce du monde, au grand contentement de M. Moutonnet qui gagne l'épicier et se croit très-fort au *nain jaune*.

Quand l'épicier vient, Eugénie ne peut, dans la soirée, ni apercevoir Adolphe ni lui parler; aussi elle déteste Dupont et frémit quand elle le voit arriver, de crainte qu'on ne l'invite à dîner. Bidois fait aussi ses conjectures sur les visites fréquentes de l'épicier; et, d'après l'accueil que lui fait madame Moutonnet, le vieux commis devine aisément quels sont les projets de la maman, et il se dit en regardant l'ami Dupont:

— En voilà encore un qui pourra bien... Au reste, il a une figure à ça.

Cependant de jour en jour les visites de l'ami Dupont deviennent plus rapprochées; il est mieux reçu que jamais chez le bon passementier: Bidois remarque qu'il y a souvent des conférences, des pourparlers entre les parents et l'épicier. Madame Moutonnet est moins sévère avec sa fille; elle ne trouve plus mauvais qu'Eugénie donne du soin à sa toilette, et, depuis qu'Eugénie est amoureuse, elle s'en occupe passablement. L'amour donne toujours le désir de plaire; cette coquetterie-là est bien naturelle; on veut paraître jolie aux yeux de l'objet adoré, et, quoi que l'on puisse dire, un peu d'art ne nuit jamais; il ajoute aux attraits que l'on a déjà, il cache les légères imperfections de la nature. Enfin, pour plaire longtemps, il ne faut jamais négliger entièrement les soins que l'on se donnait pour être aimé. Oh! messieurs les maris.. si vous ne portiez pas autant de bonnets de coton... ce qui vous va fort mal; et vous, mesdames, si dans votre intérieur vous conserviez toujours cette tenue aimable, gracieuse, qui vous fait distinguer dans la société, peut-être verrait-on plus de bons ménages... L'amour tient à si peu de chose!... J'ai connu une dame qui ne pouvait plus envisager son mari depuis qu'elle l'avait vu sans perruque.

Mais, en général, c'est lorsque soi-même on n'a plus d'amour que l'on ne se donne plus la peine de soigner sa personne. Jeunes gens, méfiez-vous de votre maîtresse lorsque vous la verrez venir en papillotes au rendez-vous que vous lui aurez donné!

Eugénie, qui est tout amour, n'oublie rien de ce qui peut l'embellir encore. Tous ces soins sont pour Adolphe, et madame Moutonnet est persuadée que c'est pour M. Dupont que sa fille soigne sa toilette. Elle le fait remarquer à l'épicier, qui ne doute pas que la jeune personne ne le trouve fort à son gré, quoiqu'elle ne lui dise jamais rien qui puisse le lui prouver, et qu'elle ne fasse pas semblant d'entendre les compliments qu'il lui adresse; mais il attribue cela à sa timidité et à sa bonne éducation.

Tout annonce qu'un grand événement se prépare dans la maison du passementier. M. Moutonnet a l'air plus guilleret, plus à son aise près de sa femme. Il va souvent avec Dupont prendre une demi-tasse et faire une partie de dominos; en sortant, il embrasse sa fille d'un air moitié mystérieux, moitié plaisant; il lui prend le menton, sourit en la regardant; puis, en lançant un coup d'œil à M. Dupont, qui se tient près du papa, le chapeau sous le bras:

— Elle est gentille au moins, dit le bon passementier; elle est bien élevée, elle est sage, et ça connaît déjà l'ordre et la tenue d'une maison; elle vaudra sa mère!.. Hein! dans un beau comptoir!... quelle tournure! quels yeux!.. c'est tout mon portrait, n'est-ce pas, Dupont?

— Oui, certes, mademoiselle a tout votre nez...

— C'est vrai, c'est absolument mon nez, il y a vingt-cinq ans, avant que je prisse du tabac... Ne trouvez-vous pas aussi que ce sont mes yeux?

— Oui, oui... si ce n'est que les vôtres sont gris, et que ceux de mademoiselle sont noirs; du reste, c'est bien la même chose.

— Quant au front, par exemple, c'est celui de sa mère... un front de génie, un front de caractère...

— Oh! ça n'est pas du tout votre front... généralement, mademoiselle tient de vous deux... on reconnaît tout de suite... c'est comme le chocolat et le cacao.

— Oui, il a raison, Dupont... il faut marier cette petite fille-là, hein!... Qu'en pensez-vous, Dupont?

— Je pense... ma foi!... je pense que cela est aussi facile que de moudre du café...

— Ce gros balourd ne sort pas de ses épiceries, dit tous bas Bidois qui écoute la conversation de M. Moutonnet et de son ami, tandis qu'Eugénie n'y donne qu'une faible attention, parce qu'elle a vu passer devant la boutique le jeune homme en habit bleu et en cravate noire.

Pendant que l'on traite une grande affaire

dans l'arrière-boutique, l'amour va son train sur le devant : Adolphe passe et repasse plus que jamais, ce qui lui attire de fréquentes réprimandes à son magasin; mais Adolphe est amoureux, il brave tout pour voir celle qu'il aime, et cependant il n'a pour vivre que sa place, dont les appointements sont bien modiques : que deviendrait-il s'il la perdait?... Mais fait-on toutes ces réflexions à vingt ans, lorsqu'on est amoureux?

Adolphe est venu deux ou trois fois depuis la fête rendre visite à madame Moutonnet. Le jeune homme a fait tout ce qu'il a pu pour se faire bien venir de la maman; mais, quoiqu'on l'ait assez bien reçu, on ne l'a pas engagé à venir davantage. Madame Moutonnet a pensé qu'il était inutile de recevoir plus fréquemment les visites du jeune commis marchand. Ah! pourquoi n'a-t-elle pas pris plus tôt cette mesure? Pourquoi l'a-t-elle engagé à être de la fête qui a eu lieu au bois de Romainville? Il n'aurait pas adressé à Eugénie ces tendres aveux qui ont fait tant d'impression sur le cœur de la pauvre petite : la jeune fille, n'ayant remarqué Adolphe que comme on remarque un joli garçon, ne se serait pas livrée à tout l'amour qu'il lui inspirait. Comprimant au fond de son âme ses premiers sentiments, Eugénie n'aurait jamais aimé peut-être, et, sans se trouver malheureuse, elle serait devenue l'épouse de M. Dupont. Pourquoi donc avoir engagé Adolphe à cette fête?... Pourquoi? vous le savez déjà : pour ne pas être treize, nombre fatal qui attire toujours quelque malheur, à ce que nous assurent les bonnes femmes, les nécromanciens et les tireurs de cartes, gens très-respectables que je vous engage à consulter, parce qu'ils lisent dans l'avenir en regardant du marc de café, du plomb fondu ou le creux de votre main; ce qui ne les empêche pas assez ordinairement de loger dans des chenils et de finir sur la paille. Mais ce sont de ces mystères qu'il ne nous appartient pas de pénétrer; et, dans tout ce qui surpasse notre faible entendement, il faut croire et nous humilier.

CHAPITRE VIII

LA JOURNÉE DES FIANÇAILLES

Deux mois se sont écoulés depuis la fameuse Saint-Eustache. Ils ont passé bien rapidement pour nos deux amants, qui se voient tous les jours et ne se lassent point de se témoigner leur amour. Adolphe cependant voudrait bien trouver quelque moyen pour parler à Eugénie autrement que dans la rue et en courant : mais comment faire? Le jeune homme s'est adressé à Jeanneton, qu'il sait être dans la confidence de ses amours ; il la supplie de le laisser entrer le soir un seul instant dans sa chambre, où, pendant le sommeil des parents, il pourrait causer une minute avec celle qu'il adore, et cela en présence de Jeanneton : mais la bonne ne consent pas à cela; elle sent que, si une fois Adolphe s'introduit

Moutonnet devant son grand-livre.

dans la maison, Eugénie courra de grands dangers. Jeanneton connaît la faiblesse de son sexe, et devine tout ce que peut entreprendre un homme qui sait qu'il est aimé. Jeanneton s'arme donc de courage pour refuser Adolphe ; il lui en faut beaucoup, car les prières d'un joli garçon ont bien du pouvoir sur le cœur de la bonne fille.

Mais le moment est venu qui doit amener de grands événements dans la maison de M. Moutonnet, et Bidois, qui a tout observé, tout vu, tout entendu, attend avec impatience ce grand jour.

Un matin, madame Moutonnet monte de bonne heure dans la chambre de sa fille; elle la prévient que M. Dupont va venir déjeuner avec eux, l'engage à s'habiller, à descendre dans la salle de l'arrière-boutique, et lui annonce qu'elle la dispense de tout travail pour le reste de la journée.

Madame Moutonnet s'est éloignée, et Eugénie,

surprise de ce que sa mère vient de lui dire, cherche à deviner pour quel motif on la dispense de se rendre à la boutique parce que M. Dupont vient déjeuner. Loin de regarder cela comme une faveur, Eugénie soupire; elle songe qu'elle ne pourra apercevoir Adolphe de toute la journée. Cette idée et le ton singulier avec lequel sa mère lui a parlé font battre son cœur et remplissent son âme de tristesse.

Elle s'habille lentement; pour la première fois, mille souvenirs s'offrent à son imagination et les fréquentes visites de l'épicier lui inspirent des craintes. Elle tremble, elle frémit de voir se réaliser ses soupçons; elle reste pensive dans sa chambre, et Jeanneton, occupée en bas, ne peut partager ses alarmes.

Neuf heures sonnent ; il faut descendre. Eugénie quitte sa chambre et se rend dans la salle où sa famille et M. Dupont sont déjà réunis ; il ne manque que Bidois, mais le vieux commis est obligé de garder la boutique, ce dont il enrage, parce qu'il se doute bien qu'il va se passer quelque chose d'important dans la salle à manger, où cependant il trouve moyen de se rendre souvent en prétextant toujours quelque affaire, mais, dans le fond, pour tâcher de saisir quelques mots de la conversation.

— Avancez, ma fille, dit madame Moutonnet en apercevant Eugénie tremblante à la porte de la salle ; avancez... Monsieur Dupont, allez donc lui donner la main !

— C'est juste, c'est juste, dit Dupont en s'élançant vers Eugénie ; c'est ce que j'allais faire quand j'ai aperçu mademoiselle.

Et l'épicier conduit Eugénie vers une chaise ; elle s'y assied sans prononcer une parole, mais le gonflement fréquent de son sein annonce qu'elle attend avec anxiété le résultat de cette réunion, tandis que le papa Moutonnet, qui paraît avoir envie de dire quelque chose et n'ose point se permettre d'entamer la conversation avant sa femme, se contente de tousser dans différents tons et de prendre plusieurs prises de tabac.

On sert le déjeuner; on le prend en parlant d'abord de la pluie, du beau temps et du cours des épiceries, fond de conversation dans lequel brille l'ami Dupont, qui trouve toujours moyen de revenir à la cassonade et au poivre et d'en mêler dans tous ses discours.

Enfin madame Moutonnet a fait un signe à son mari pour l'engager au silence, et elle s'adresse à Eugénie :

— Ma fille, vous avez dix-huit ans, votre éducation est achevée, vous savez ce que c'est qu'un comptoir, et, grâce à mon exemple, je vous crois en état de tenir une maison.

— Oui, certainement, dit M. Moutonnet; elle est en état de tenir...

— Chut! silence, s'il vous plaît, monsieur Moutonnet!... Je vous ai de plus inculqué de bonne heure des principes de vertu et de sagesse qui...

— Madame, dit Bidois en s'avançant à l'entrée de la salle, je ne trouve pas exact le compte de M. Dupuis.

— C'est bon, c'est bon, Bidois! nous sommes en affaire; je verrai cela plus tard.

— Ah! c'est différent.

Bidois s'éloigne à regret, mais il a eu le temps d'examiner la figure de chaque personnage, et

— Mesdames et messieurs, je vous présente ma fille et son futur époux,
M. Julius Dupont. (Page 54.)

c'est déjà quelque chose; il va tirer ses conjectures là-dessus.

— Enfin, ma fille, reprend madame Moutonnet, grâce à mes soins, je me flatte que vous voilà en état d'être mariée, et que vous serez digne de votre mère...

— Oui, m'amour, elle en sera digne, dit M. Moutonnet; c'est moi qui te le...

— Mais silence donc, monsieur Moutonnet! me laisserez-vous parler?... Je ne vous ai jamais vu si bavard... Cependant, ma fille, nous n'aurions peut-être pas encore songé à vous marier, et, vu votre jeunesse, nous aurions sans doute attendu encore quelques années, si un parti brillant et solide ne s'était présenté pour vous.

Dupont, qui voit que l'on va parler de lui, se dandine, s'agite sur sa chaise, tourne les yeux en faisant l'agréable, et, pour se donner une tenue, joue de chaque main avec ses deux chaînes à breloques.

— Oui, ma fille, un parti brillant se présente pour vous; la personne qui vous recherche a droit à votre affection sous tous les rapports...

Ici Dupont se lève et salue madame Moutonnet.

— C'est un homme qui joint à des dehors fort

agréables (Dupont se lève et salue) les qualités essentielles qui rendent une femme heureuse (Dupont se lève et salue de nouveau). C'est un homme d'un âge... comme il faut pour se marier, un homme qui veut faire votre bonheur, qui vous aime tendrement, qui est riche, fort riche, et, de plus, économe, et s'entend parfaitement au commerce.

Pendant tout ce discours, Dupont n'a pas fait autre chose que se lever et se rasseoir.

— C'est un homme, enfin, auquel je ne connais aucun défaut, et...

Ici Dupont, en voulant se rasseoir trop précipitamment, roule avec sa chaise au milieu de la salle à manger, et Bidois, qui a entendu le tapage, accourt en feignant de croire qu'on l'a appelé. Il aide l'épicier à se relever et regagne la boutique, tandis que le futur, afin d'éviter de nouveaux malheurs, se décide à entendre debout la fin du discours de madame Moutonnet.

— Enfin, ma fille, reprend madame Moutonnet lorsque le calme est rétabli, au portrait que je viens de faire, je ne doute pas que vous n'ayez reconnu M. Dupont, notre sincère ami. Eh bien! vous ne vous êtes pas trompée : c'est lui qui nous demande votre main, et c'est à lui que nous vous marions.

Eugénie ne répond rien : elle est atterrée, elle n'a pas la force de parler, et d'ailleurs que dirait-elle? la pauvre fille sait que lorsque sa mère a prononcé il n'y a plus qu'à obéir... Mais obéir lorsqu'on lui ordonne d'épouser Dupont, de l'aimer, et par conséquent d'oublier Adolphe!... Ah! cela ne lui semble pas possible, et Eugénie qui, en une minute, a envisagé toute l'étendue de son malheur, sans apercevoir une lueur d'espérance, sent tout son sang se glacer ; un poids énorme s'est placé sur sa poitrine ; il l'oppresse, la suffoque, elle ne peut pleurer... et lorsque M. Dupont s'avance pour lui adresser son compliment il la voit successivement rougir, pâlir, puis perdre connaissance avant qu'il ait trouvé le commencement de sa phrase.

— Ah! mon Dieu! s'écrie l'épicier en soutenant Eugénie ; je crois qu'elle se trouve mal...

— Elle se trouve mal ! dit le papa Moutonnet en courant vers sa fille à laquelle il frappe dans la main ; ma femme, vois donc, elle se meurt!... Que faut-il donc faire?... Bidois ! Jeanneton!...

Madame Moutonnet, que rien n'émeut, s'approche de sa fille en repoussant brusquement son époux.

— Ce n'est rien... ce n'est rien ! dit-elle ; les jeunes filles... quand on leur parle de se marier... vous sentez bien que l'émotion...

— Oui, oui... c'est la joie sans doute, dit Du-

pont; la pauvre petite a été saisie ; nous aurions dû la préparer à cela.

— Oh! soyez tranquilles... cela ne sera rien...

— Voilà une joie qui lui fait un bien triste effet, dit Bidois qui se tient à l'entrée de la salle, pendant que Jeanneton, qui est accourue secourir sa chère enfant, soutient Eugénie et lui fait respirer des sels.

— Il me semble, ma femme, que vous ne vous êtes pas trouvée mal quand je me suis présenté pour vous épouser, dit M. Moutonnet d'un air timide.

— Oh! mais moi, monsieur, c'est bien différent!.. j'ai toujours eu un caractère, une force d'âme... Eugénie est aussi molle que vous!.. Les demoiselles à présent ont des attaques de nerfs, et de mon temps on ne connaissait pas cela.

— Moi, j'aime beaucoup les femmes nerveuses, dit Dupont ; cela annonce un épanchement de sensibilité qui... Au reste, j'ai reçu de la fleur d'oranger surfine de Grasse, je lui en ferai prendre tous les jours. Mais la voilà qui revient à elle, je crois... oui... son teint reparaît... Voyons sur qui tombera son premier regard.

Le premier regard d'Eugénie fut pour Jeanneton, qui comprit tout ce qu'il signifiait ; la jeune fille rebaissa ensuite les yeux, craignant également les regards de sa mère et ceux de son prétendu.

— Allons! ma fille, dit madame Moutonnet, je vois que vous êtes très-émue ; je conçois que l'annonce de votre mariage... que l'idée de quitter vos parents, peut produire cet effet ; remontez dans votre chambre jusqu'à l'heure du dîner, prenez un peu de repos, et cela se calmera... Je vous l'ai dit, je vous dispense de vous rendre à la boutique aujourd'hui. Allez, ma fille! vous connaissez maintenant nos intentions ; plus tard nous vous reparlerons des dispositions qu'il convient de prendre. Monsieur Dupont, donnez la main à votre fiancée...

Dupont va prendre la main d'Eugénie qui la lui abandonne sans prononcer un mot; le papa Moutonnet va embrasser sa fille; il ne voit pas les larmes qui obscurcissent ses beaux yeux; d'ailleurs sa femme dit que cela est naturel, et d'après cela M. Moutonnet est persuadé que sa fille est enchantée de se marier.

— Je te le disais bien, l'autre jour, que tu étais bonne à mettre en ménage, dit-il en souriant d'un air malin. Ah! c'est que, vois-tu, je sais bien, moi, qu'une fille... lorsqu'elle a dix-huit ans... peut fort bien...

Un regard de madame Moutonnet a coupé court à la phrase du passementier, et l'épicier conduit Eugénie jusque chez elle; la pauvre enfant se laisse mener sans lever les yeux sur son conducteur. Arrivés à la porte de sa chambre, elle va quitter M. Dupont; celui-ci, qui pense que le moment est favorable pour dire quelque chose de tendre à sa future, la retient par la main, et, après l'avoir saluée profondément, commence son compliment:

— Mademoiselle... il m'est bien doux de penser que... en sachant que je serai votre époux... vos beaux yeux... votre émotion... Certainement... je suis bien sensible à ce témoignage non-équivoque de la réciprocité qui... Si vous voulez bien me le permettre, je vous apporterai ce soir une demi-bouteille de brou de noix; c'est excellent pour l'estomac... J'ai aussi des pastilles de chocolat de santé à la vanille, très-agréables au goût et...

— Je vous remercie, monsieur, dit Eugénie en saluant froidement l'épicier, mais je n'en prends jamais.

Elle ferme aussitôt sa porte au nez de Dupont qui reste quelques minutes sur le carré, en admiration devant la porte de la chambre d'Eugénie.

— Parbleu! dit-il enfin, il faut avouer que j'aurai une femme parfaitement élevée... Dieu! quelle éducation!...quelle tenue!..et de l'amour!.. oh! pour de l'amour... il faut que je lui en inspire considérablement, puisqu'elle s'est trouvée mal... c'est excessivement flatteur.

L'ami Dupont redescend dans la boutique, où il trouve le papa et la maman, qui, d'après l'air joyeux de leur futur beau-fils, pensent que leur fille lui a dit quelque chose d'agréable; tandis que Bidois, en le regardant en dessous, rit aussi de son côté.

— Eh bien! mon gendre, dit M. Moutonnet, vous avez l'air content; il paraît qu'Eugénie ne vous a pas mal reçu.

— Oui, beau-père... oui, je suis content; votre fille ne m'a rien dit, mais c'est égal... je l'ai parfaitement comprise... Elle est adorable... c'est un trésor que vous me donnez là.

— Vraiment, dit madame Moutonnet, j'aurais bien voulu voir que ma fille résistât à mes volontés!... Lorsque je lui dis: Voilà votre époux, elle doit obéir et se taire; c'est comme ça, monsieur, que j'ai été élevée. Quand on m'a présenté pour mari M. Moutonnet, je ne l'aimais pas du tout... je dirais même plus, je le trouvais vilain...

— Comment! mon cœur, vous me trouviez...

— Oui, monsieur; vous portiez dans ce temps-là un habit cannelle; cela vous allait horriblement. Mais cela ne m'a pas arrêtée; je me suis dit: Une fois mon époux, il portera tout ce que je

voudrai. Enfin, monsieur, je vous ai épousé, et, Dieu merci! je crois que vous n'avez pas lieu de vous en repentir.

— Non, certes, m'amour, je m'en garderai bien.

— Ma fille fera comme moi, mon cher Dupont, et vous m'en direz des nouvelles.

Pendant que les parents et le futur font entre eux toutes les dispositions nécessaires au prochain mariage, Eugénie, restée seule dans sa chambre, se livre à toute l'amertume de ses pensées. En quittant M. Dupont, elle s'est jetée sur une chaise; les larmes se sont enfin fait un passage; Eugénie sanglote: la vue de cette jeune fille se livrant à sa douleur a quelque chose de si touchant, de si triste, que peut-être, si madame Moutonnet la voyait maintenant, elle se sentirait attendrie... Mais Eugénie n'ose pas même pleurer devant sa mère.

Elle est depuis deux heures dans sa chambre, toujours immobile, laissant couler ses larmes sans songer à les essuyer, s'abandonnant à cette douleur morne, cent fois plus cruelle que les éclats du désespoir; car les chagrins muets annoncent que l'âme est profondément affectée et sont plus difficiles à guérir que les crises violentes.

Eugénie passerait la journée dans cette situation; pour elle, le temps ne marche plus: défendre à une jeune fille d'aimer, c'est lui ôter tout le charme de l'existence. On ne lui défend pas cela absolument; mais il faudrait donc aimer M. Dupont, et, en conscience, pour Eugénie, cela n'est pas possible; il n'y a aucun rapport entre elle et l'épicier, et l'amour peut-il donc naître où il n'existe aucune sympathie?

Un petit coup frappé légèrement à sa porte a fait tressaillir la pauvre enfant; elle sort d'un rêve, elle écoute: on frappe de nouveau.

— Qui est là? demande en tremblant Eugénie.

— C'est moi, mamzelle, répond une voix que la jeune fille reconnaît aussitôt. Elle court ouvrir sa porte, Jeanneton entre et Eugénie se jette dans ses bras.

— Ah! ma bonne! s'écrie-t-elle.

Elle n'a pas la force d'en dire davantage; ses larmes l'étouffent encore...

— Eh ben! eh ben! dit Jeanneton, est-ce qu'il faut se désoler comme ça, se désespérer ainsi, se rendre malade?... Allons! allons! ne pleurez pas, mamzelle, ne pleurez pas!

Tout en disant ces mots, Jeanneton mêle ses larmes à celles d'Eugénie dont elle voudrait pouvoir calmer les chagrins.

— On veut me marier, Jeanneton...

— Eh pardi! il y a longtemps que je m'en doute.

— Et tu ne me le disais pas!

— A quoi bon vous faire de la peine d'avance?

— On veut que j'épouse M. Dupont.

— Joli bijou qui a l'air aussi embarrassé que la queue de ma poêle!

— Je ne l'aimerai jamais!

— Je le crois bien; pour vous il est trop laid, trop bête, trop vieux... Est-ce que c'est là le mari qui vous convient?

— Oh! non, ma bonne, il ne me convient pas du tout!... Et puis il faudrait donc oublier Adolphe?... Ah! tu sais bien que cela m'est impossible... Adolphe que j'aime tant, qui m'adore!

— Ah! dame! celui-là est gentil... ce serait ben mieux vot'fait, s'il avait des écus.

— Ah! Jeanneton, pourquoi s'épouse-t-on pour de l'argent?

— Pourquoi?... pourquoi?... Parce que l'on mange toute sa vie, et que l'on ne fait l'amour que dans sa jeunesse.

— Ah! j'aimerai Adolphe toute ma vie; je mourrai s'il faut en épouser un autre.

— Mourir!... Ah! je voudrais ben voir cela!... pourquoi se désespérer si vite? Ce mariage n'est pas encore fait; ce n'est pas demain que vous épousez ce Dupont. Peut-être votre mère...

— Elle veut ce mariage; tu sais bien qu'elle ne changera pas de résolution.

— Eh! que sait-on? En lui parlant, en pleurant devant elle... Eh! mon Dieu! qui est-ce qui pourrait vous résister?...

— Ah! Jeanneton, je n'oserai jamais lui dire que j'aime Adolphe.

— Vous ne lui direz pas que vous aimez Adolphe, mais vous lui direz que vous détestez Dupont.

— Elle ne m'écoutera pas.

— Si vous parliez à votre père?

— Tu sais bien que c'est inutile.

— Oh! ça, c'est vrai; il vous promettra de parler pour vous, et il ne dira rien.

— Tu vois bien, Jeanneton, que je n'ai plus qu'à mourir.

— Eh! non, non, mamzelle, je nevois pas ça!... Mourir, c'est toujours une sottise; vaudrait encore mieux épouser l'épicier... Du courage! nous verrons... on ne sait pas ce qui peut arriver... Mais il faut que je retourne bien vite à ma cuisine; je suis venue à la dérobée, parce que je me doutais bien que vous pleuriez; mais nous nous verrons ce soir, et nous causerons plus à notre aise.

— Oh! oui, ma bonne; mais lui!... lui!... je ne le verrai pas aujourd'hui; que va-t-il penser?

— Vous le verrez demain, et si, par hasard, je le rencontre, je lui apprendrai ce qui se passe.

— Ah! ma chère Jeanneton, que tu seras bonne!... ah! je t'en prie, tâche de le voir.

— Oui, oui.

Jeanneton s'éloigne, et Eugénie se sent presque calmée. Il faut si peu de chose pour faire renaître l'espérance dans un cœur de dix-huit ans! A trente, on ne se console pas si vite : on a déjà perdu bien des illusions, et quand l'expérience arrive, le bonheur s'en va.

Mais Jeanneton ne peut pas, ce jour-là, rencontrer Adolphe; elle est très-occupée, parce qu'on a du monde à dîner chez madame Moutonnet. La famille Gérard et le futur gendre sont invités : c'est le repas des fiançailles. La grosse fille n'a pas dit cela à Eugénie, de crainte de lui faire du chagrin; elle retourne à sa cuisine où tout est en l'air pour ce dîner qu'elle prépare à contre-cœur, car elle sait que sa chère enfant n'y touchera pas.

On dîne tard chez la plupart des marchands, parce qu'ils sont plus tranquilles quand l'heure de la vente est passée. M. et madame Gérard, leur sœur Cécile et leur fils Fanfan arrivent à cinq heures et demie; ils sont en toilette; ils ont cet air de satisfaction, de contentement que l'on croit devoir prendre quand on va assister aux noces ou aux fiançailles de quelqu'un. Ce n'est pas que l'on s'intéresse au bonheur des futurs, mais on va s'amuser à une noce comme on irait s'amuser au spectacle; bien heureux encore les époux qui échappent à la critique de ceux qu'ils ont invités à partager leur bonheur!

On n'a pas encore dit aux Gérard la grande nouvelle, mais quelques mots jetés par-ci par-là, l'assiduité de Dupont dans la maison du passementier, et enfin ce repas qui n'a pas lieu un jour de fête, tout cela fait soupçonner à la famille du parfumeur que ce dîner ne se donne pas sans dessein.

Pendant que l'on échange les premiers compliments, et que Bidois prend du tabac, parce que la présence de M. Gérard lui fait mal à la tête, Dupont arrive, les poches pleines d'olives, de mendiants, de confitures, et tenant sous chaque bras une bouteille de vin fin. Cela confirme les soupçons des Gérard, qui se regardent en souriant d'un air qui signifie : Nous avons deviné la vérité.

— Oui, oui, dit tout bas mademoiselle Cécile à sa sœur, on va marier la petite à Dupont... C'est singulier! D'après ce que j'ai remarqué le jour de la Saint-Eustache, j'aurais cru que... Mais nous verrons.

La vieille fille n'en dit pas davantage, mais elle se promet bien d'éclaircir ses soupçons. Malgré son prétendu éloignement pour les hommes, ma-

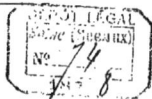

— Non... ce n'est pas possible... vous voulez m'abuser, me désespérer... (Page 58.)

demoiselle Cécile avait lancé quelques œillades à M. Dupont, qui était un excellent parti ; mais l'épicier n'avait pas répondu aux regards de la vieille demoiselle ; et quoique celle-ci ne conserve aucun espoir sur M. Dupont elle ne serait pas fâchée cependant de faire manquer son union avec Eugénie : ce serait toujours une petite vengeance.

— Mais où est donc cette aimable Eugénie, cette chère enfant? demande toute la société.

— Je vais la chercher, dit madame Moutonnet ; elle est dans sa chambre, elle a éprouvé ce matin des émotions un peu vives... Mais je vais vous l'amener.

— Oui, dit tout bas Bidois, je gage bien qu'elle aura les yeux rouges comme un lapin... Ils diront sans doute encore que c'est de joie.

Madame Moutonnet monte chez sa fille, qu'elle trouve assise tristement près d'une croisée d'où malheureusement on ne voit que dans la cour.

— Que faites-vous donc là, mademoiselle? dit madame Moutonnet d'un air sévère, en remarquant d'un coup d'œil l'air triste de sa fille, ses yeux rouges de pleurs et l'abattement qui règne dans toute sa personne.

— Je ne fais rien, maman.

— Ne deviez-vous pas penser qu'il était l'heure de descendre dîner?

— Je n'ai pas faim, maman.

— Faim ou non, on dîne toujours... Mais on dirait, mademoiselle, que vous avez pleuré?...

Eugénie ne répond rien, mais elle tourne vers sa mère des yeux suppliants, et qui sont encore pleins de larmes.

— Eh bien ! mademoiselle, que veut dire tout ceci? Pourquoi cet air pleurard?... Que signifie cette tragédie?... Est-ce parce que je vous marie que vous vous désolez?... Cela serait un peu fort !... Quand je vous donne un parti excellent, un homme qu'on peut mener à la baguette, vous devriez me remercier et être d'une joie... C'est vraiment bien la peine que je m'occupe de votre bonheur!

Eugénie fait un effort et prononce d'une voix faible :

— Maman... c'est que je n'aime pas M. Dupont.

— Vous êtes une sotte. Est-ce qu'on a besoin d'aimer son prétendu?...

— Mais, maman...

— Mais, mais!... mademoiselle,- qu'est-ce à dire encore?

— Je ne voudrais pas... l'épouser.

— Vous ne voudriez pas!... Est-ce bien ma fille qui parle?... Et, quand j'ai résolu quelque chose, depuis quand vous permettez-vous des observations?... Je crois que vous voudriez raisonner comme votre père : que je n'entende plus de semblables discours. Dupont est riche, il n'a que quarante ans, c'est le meilleur parti que vous puissiez trouver. Aujourd'hui vos fiançailles, dans un mois la noce, voilà qui est décidé, et que je ne vous voie plus cette mine rechignée qui me déplaît. Allons, mademoiselle, suivez-moi; nous avons du monde à dîner; songez à avoir l'air décent et satisfait d'une jeune personne qui sait qu'on va l'établir.

Eugénie renfonce ses pleurs et suit sa mère en silence. Elle sent bien que c'est en vain qu'elle essayerait de fléchir madame Moutonnet; mais Jeanneton lui a promis de parler à Adolphe, et certainement Adolphe ne la laissera pas devenir la femme d'un autre.

C'est par ces réflexions qu'Eugénie tâche de calmer son chagrin et de retenir ses larmes; mais, malgré tous ses efforts, elle ne peut parvenir à se donner un air gai, et lorsqu'elle paraît dans la salle, où tout le monde est réuni, mademoiselle Cécile voit se confirmer ses soupçons.

— Mesdames et messieurs, dit madame Moutonnet en prenant sa fille par la main et la lui serrant d'une manière significative, je vous présente ma fille et son futur époux, M. Jonas Dupont.

Pendant qu'Eugénie fait, par ordre de sa mère, une profonde révérence à la société qui lui adresse les compliments d'usage, que Dupont reçoit d'un air enchanté, mademoiselle Cécile tâche de déguiser, sous un sourire, la grimace qui a contracté sa physionomie à l'annonce du mariage de l'épicier.

— C'est une union délicieuse, dit M. Gérard qui, dans cette circonstance, ne voit que le plaisir d'aller à la noce; c'est Flore qui épouse Mars, c'est Hébé qui s'unit à Ganymède...

— Comment! dit Dupont, est-ce que Ganymède est le patron des épiciers?

— Non, pas tout à fait... Ganymède est un dieu qui donne à boire...

— Eh bien ! mais en ce cas il n'y a pas tant de différence; moi, je vends à boire et à manger.

— C'est une figure que faisait Gérard, dit mademoiselle Cécile.

— Elle est jolie, sa figure! dit tout bas Bidois qui a enfin quitté le comptoir et vient dîner avec la compagnie.

On se met à table. Eugénie est placée à côté de son futur époux; madame Moutonnet est en face de sa fille sur laquelle elle porte souvent les yeux, voulant par ses regards lui indiquer la figure qu'elle doit faire; lui faisant à chaque instant des signes, soit pour sourire, soit pour prendre un air gracieux, soit pour répondre quelque chose; mais madame Moutonnet se donne une peine inutile; sa fille baisse constamment les yeux et ne regarde pas sa mère; celle-ci, pour la forcer à lui prêter attention, imagine un autre moyen : la table est longue, mais n'est point très-large, et les personnes placées au milieu peuvent facilement atteindre les pieds de leurs vis-à-vis : d'après cela, madame Moutonnet se décide à agir par-dessous la table et à faire parler ses jambes, puisque ses yeux n'ont point de pouvoir.

M. Gérard fait l'aimable et le galant, suivant son ordinaire. Il est placé à la gauche d'Eugénie, qui est entre lui et Dupont; mais comme Dupont n'adresse à sa future que des compliments mêlés de cannelle et de cassonade, auxquels Eugénie ne répond rien, le parfumeur tâche d'être plus heureux; et Eugénie, qui ne voit pas en lui un homme qu'elle déteste, lui répond de préférence à l'épicier.

M. Moutonnet voudrait bien risquer quelques plaisanteries, quelques gaudrioles sur les plaisirs qui attendent les futurs époux; mais sa femme le lui a défendu, et toutes les fois qu'il commence une phrase madame Moutonnet lui jette un coup d'œil qui fait expirer son discours sur son assiette. Madame Gérard parle de la toilette de la mariée; le petit Fanfan, de la jarretière qu'il enlèvera comme le plus jeune garçon de la noce. Bidois ne se permet pas de rien dire : il boit, mange et écoute en silence, se contentant de verser à boire quand madame le lui dit et de s'offrir pour retourner la salade, après toutefois qu'on l'aura assaisonnée, chose pour laquelle il juge prudent de ne jamais se proposer. Mademoiselle Cécile parle peu, mais elle n'ôte pas les yeux de sur Eugénie, et un sourire moqueur vient errer sur ses lèvres lorsque par hasard elle regarde Dupont.

— Mais la mariée est bien silencieuse! dit madame Gérard.

— Ma fille sait ce qu'elle se doit; une jeune personne que l'on marie ne doit point, à cause de cela, rire et chanter comme une petite folle!...

— Oh! il s'en faut bien que mademoiselle ait l'air de vouloir rire et chanter, dit mademoiselle Cécile en se pinçant les lèvres.

— Cependant, reprend madame Moutonnet, je lui permets, maintenant qu'elle va être dame, de prendre part à la conversation.

En même temps, madame Moutonnet fait aller ses yeux et ses pieds; mais Eugénie tient ses regards baissés et ses jambes tout contre sa chaise, ce qui empêche qu'elle ne reçoive les coups de pied qu'on cherche à lui faire sentir.

— Oh! se dit tout bas mademoiselle Cécile, je trouverai bien tout à l'heure le moyen de la forcer à nous prêter attention.

Bidois, tout en rongeant un morceau de carcasse, seule partie qui lui revienne jamais lorsqu'on mange de la volaille, et qu'il a toujours l'air de recevoir comme une faveur, tout en marronnant de ce qu'on ne lui donne que des os, Bidois, qui voit tout et fait attention à tout, se dit en lui-même, en regardant Eugénie :

— Si elle fait une figure comme celle-là le jour de sa noce, ça ne laissera pas d'être gai!

On arrive ainsi au dessert. Eugénie est toujours silencieuse et garde la même contenance; cependant madame Moutonnet fait souvent aller ses pieds, et croyant rencontrer ceux de sa fille elle a pressé fortement ceux de M. Gérard et de Dupont.

Le parfumeur, bien convaincu de son mérite, ne se doute pas de la méprise; il croit que c'est Eugénie qui, n'osant répondre devant tout le monde à ses galanteries, lui fait sous la table une tendre déclaration. Il soupire alors et lui lance des regards passionnés, en risquant quelques petits mots, à demi-voix, sur le plaisir qu'il éprouve. Mais Eugénie ne voit pas les mines de M. Gérard et n'entend point ses soupirs étouffés; son cœur et son esprit sont bien loin de là.

Dupont ne sait d'abord ce que cela veut dire : en se sentant marcher sur le pied, il fait une grimace affreuse et va crier parce qu'on a touché à un cor dont il souffre beaucoup... mais l'idée que c'est une marque d'amour de sa prétendue arrête le cri qui allait lui échapper; il se contient, tâche au contraire de paraître enchanté, et remercie tout bas Eugénie en l'assurant qu'il est sensible à cette preuve de son amour.

Eugénie le regarde d'un air étonné et ne répond rien; mais Dupont paraît ravi, ce qui fait présumer à madame Moutonnet que ses pieds ont

fait leur effet et que sa fille a dit quelque chose d'agréable à son futur. D'après cela, elle continue à jouer des jambes, et l'épicier et le parfumeur à faire des mines et à pousser des soupirs.

Mais cette pantomime ne contente pas mademoiselle Cécile, qui veut frapper le grand coup et s'assurer si certains soupçons sont fondés. Elle amène la conversation sur l'hymen, ce qui ne lui est pas difficile, parle de plusieurs personnes de sa connaissance qui viennent de se marier ; puis, feignant de se rappeler une chose assez indifférente :

— Enfin, dit-elle en regardant attentivement Eugénie, ce jeune homme qui était avec nous à votre fête, monsieur Moutonnet... vous savez... au bois de Romainville?...

— Oui, oui, M. Adolphe, notre voisin, répond le passementier, tandis qu'Eugénie, en entendant prononcer le nom d'Adolphe, sent tout son sang refluer vers son cœur et, sortant de sa rêverie, lève aussitôt les yeux sur mademoiselle Cécile.

— Eh bien! ce M. Adolphe va aussi se marier...

— Se marier!... s'écrie Eugénie d'une voix émue, dont les accents décèlent ce qui se passe dans son âme, tandis que madame Moutonnet, fort étonnée de la conduite de sa fille, fait aller ses pieds avec plus de force encore et, tombant cette fois sur ceux de Dupont, force l'épicier à pousser un cri que lui arrache la douleur.

« Comment!... mademoiselle... êtes-vous bien sûre?... balbutie Eugénie qui ne voit plus sa mère et n'a plus qu'une pensée.

— Oui, sans doute, je le sais de bonne part, répond avec malice mademoiselle Cécile. Je connais la mère de la demoiselle qu'il va épouser.

La pauvre Eugénie n'en entend pas davantage. Adolphe inconstant ! lui se mariant à une autre ! C'est trop de maux à la fois, elle ne peut les supporter ; elle se sent mourir et tombe près de Gérard qui heureusement la reçoit dans ses bras.

Tout le monde se lève ; on entoure Eugénie.

— Voilà le second évanouissement de la journée, dit Bidois en mettant dans sa poche le morceau de fromage qu'il n'a pas eu le temps de finir; cela promet pour l'avenir.

— Eh mais! c'est bien singulier! dit mademoiselle Cécile charmée en secret du succès de sa ruse, car on se doute bien qu'il n'y a pas un mot de vrai dans ce qu'elle vient de dire au sujet d'Adolphe ; c'est le moyen par lequel la vieille fille a voulu s'assurer de l'intelligence qui existe entre les jeunes gens, intelligence qu'elle a fort bien remarquée au bois de Romainville, parce que rien n'échappe à une vieille fille qui cherche un mari. Mais d'où peut donc venir cet évanouissement? Il me semble que je n'ai rien dit qui ait pu... Je parlais, je crois, de M. Adolphe... de son mariage...

— Eh! mademoiselle, il est bien question de M. Adolphe! dit avec emportement madame Moutonnet voulant faire trêve aux remarques malignes de mademoiselle Cécile, remarques qui

Adolphe pense toujours à Eugénie. (Page 60.)

lui font concevoir d'étranges soupçons qu'elle se garde bien de faire paraître maintenant et qui pourraient alarmer M. Dupont, s'il était capable de les comprendre.

— C'est la chaleur... dit l'épicier, quoiqu'on soit au milieu de décembre et qu'on ne fasse jamais trop de feu chez M. Moutonnet.

— Ce serait plutôt le froid, dit tout bas Bidois.

— C'est sa digestion, dit M. Moutonnet.

— Mais elle n'a presque point mangé, répond mademoiselle Cécile.

— C'est l'émotion naturelle d'une jeune fille qui apprend qu'on va la marier, dit madame Moutonnet.

— Mais ne le sait-elle pas depuis ce matin? dit madame Gérard.

— Eh! madame!... quand elle le saurait depuis huit jours!... Je me suis évanouie sept fois le jour de mes noces...

— Vous, mon cœur! dit M. Moutonnet qui ne se rappelle pas cette circonstance; mais un regard de sa femme le fait taire aussitôt.

— Je vous répète que cela ne sera rien, dit

M. Gérard persuadé qu'Eugénie ne s'est évanouie que pour avoir le plaisir de tomber dans ses bras, tandis que Dupont court dans la chambre, jette des verres d'eau sur les bras de sa future, lui fait respirer du vin pour du vinaigre et lui frotte les tempes avec de la crème de Moka. Mais tous ses secours ne font pas revenir l'intéressante malade, et madame Moutonnet juge plus sage de faire porter Eugénie dans sa chambre et d'envoyer M. Bidois chercher le médecin.

Cet événement a chassé les plaisirs, et la société pense qu'il faut s'éloigner; car on ne va chez ses amis que lorsqu'on espère s'y divertir, et on les quitte bien vite lorsqu'ils sont dans le chagrin.

La famille Gérard fait donc ses adieux, en témoignant tout l'intérêt que lui inspire Eugénie. Dupont lui-même se retire, demandant la permission de revenir le lendemain de bonne heure savoir des nouvelles de sa prétendue, et M. Bidois va avertir le docteur. Ainsi se termine la journée des fiançailles.

CHAPITRE IX

PEINES D'AMOUR

Pendant que toutes ces scènes se passent dans la maison du passementier, d'autres ont lieu dans la rue au magasin d'Adolphe.

Depuis le matin, l'amant d'Eugénie arpente, de long en large, le court espace qui sépare son magasin de la maison de M. Moutonnet; il n'a point aperçu une seule fois Eugénie. D'abord il la croit occupée près de sa mère, puis dans l'arrière-boutique, et chaque fois qu'il a vainement passé devant cette demeure qui renferme celle qu'il adore, et qu'il regagne tristement son magasin, il se console avec l'espoir que dans un moment il sera plus heureux. Un quart d'heure après il repasse... et point d'Eugénie! La journée s'écoule ainsi. Le soir, son amie ne paraît point sur le seuil de la porte, il faut rentrer sans l'avoir aperçue.

Le lendemain, Adolphe ne peut tenir en place; il brûle sur sa chaise; il va courir de nouveau. Le maître du magasin l'arrête:

— Où allez-vous, monsieur? lui dit-il.

— Je vais... Je vais revenir, monsieur... balbutie notre amoureux ne sachant trop que répondre.

— Monsieur, comptez-vous vous conduire aujourd'hui comme hier? Vous avez passé votre temps à courir dans la rue, je ne sais pourquoi faire! Vous aviez l'air d'un insensé. Vous n'êtes pas resté cinq minutes à votre travail. Il est im possible, monsieur, que vous restiez chez moi, si vous voulez vous conduire ainsi. Depuis quelque temps, vous faites bévue sur bévue : vous demande-t-on de la mousseline, vous montrez du calicot ; veut-on voir des fichus, vous apportez des mouchoirs ; achète-t-on deux aunes d'étoffe, vous en coupez quatre ; enfin, monsieur, vous faites tout de travers, et vous n'êtes jamais là lorsqu'on a besoin de vous. Il faut changer de conduite ou sortir de chez moi.

— Tout comme il vous plaira, monsieur ! répond Adolphe enchanté de penser qu'il pourra passer toute la journée dans la rue sans que personne y trouve à redire.

Et, sans plus attendre, sans plus réfléchir, notre étourdi monte à sa petite chambre, fait un paquet de ses effets et redescend au magasin, dont le maître s'empresse de lui donner ce qu'il lui doit, enchanté d'être débarrassé d'un commis qui semble avoir perdu la tête.

Voilà donc Adolphe sans place. Loin de s'en affliger, il s'en réjouit, parce qu'il peut se mettre en faction devant la boutique de sa belle, y passer la journée entière, si cela lui plaît, et qu'il faudra bien qu'elle se montre enfin. Pour un amant, tout cède au désir de voir sa maîtresse : il ne pense pas à l'avenir, le présent est tout.

Adolphe a confié son argent à la portière de la maison où il logeait. Rien ne le gêne : il a dans sa poche trois cent vingt francs, résultat de ses économies et de ce qu'il vient de recevoir. Avec une pareille somme, peut-on, à vingt ans, s'inquiéter de ce que l'on deviendra... surtout lorsqu'on n'a pas l'habitude de déjeuner au *café Anglais* et de dîner chez Véry ?

Adolphe se promène donc une partie de la journée devant la maison de M. Moutonnet. Vers les trois heures, son estomac, creusé et fatigué d'une marche continuelle, l'avertit, par de fréquents tiraillements, qu'on ne vit point d'amour et d'espérance. Adolphe entre chez M. Pétrin, dont la boutique est à quelques pas de celle où il revient à son poste. Tout en grignotant son dîner, il n'ôte pas les yeux de dessus la boutique où il attend que paraisse Eugénie et comme il ne paraît toujours point le pauvre garçon soupire à chaque bouchée qu'il avale : ce qui n'empêche pas son dîner de passer, car à vingt ans un estomac de vingt ans digère facilement les peines de la vie et un petit pain de deux sous.

Mais la nuit vient sans ramener Eugénie au comptoir.

— Oh ! c'en est trop ! se dit notre amoureux qui depuis un quart d'heure ne voit pas qu'il marche dans le ruisseau. Il lui est arrivé quelque chose... cette absence n'est pas naturelle... deux jours sans paraître... Elle est malade peut-être... Ou bien l'aurait-on enfermée dans sa chambre ?... Connaîtrait-on notre amour ?... N'importe ce qui arrivera, je ne puis rester dans cette incertitude... Le vieux commis est seul dans la boutique ; entrons, et tâchons d'avoir de ses nouvelles.

Adolphe le secouait tellement que le vieux commis sentait qu'il allait perdre sa perruque. (Page 58.)

Adolphe s'élance... Arrivé à la porte de la boutique, il s'arrête, il tremble... Enfin il tourne le bouton et se trouve devant M. Bidois, qui lève la tête sans se déranger en reconnaissant Adolphe.

— Monsieur... je vous souhaite le bonsoir, dit notre amoureux en jetant de tristes regards autour de lui.

— Monsieur, j'ai l'honneur de vous saluer... Cinq et cinq font dix, et neuf dix-neuf...

— Comment vous portez-vous... monsieur Bidois ?...

— Mais, monsieur, cela ne va pas mal, grâce au ciel... Nous disons dix-neuf et quarante, cinquante-neuf.

— Vous travaillez toujours, monsieur Bidois... vous êtes le modèle des commis.

— Monsieur, je fais ma besogne... c'est mon devoir... Je pose sept et retiens six.

— Tout le monde n'est pas aussi exact... aussi assidu que vous.

— C'est ce dont je m'aperçois souvent... Nous disons que je retiens six.

— Et comment se portent madame Moutonnet et son mari?

— Parfaitement, monsieur...

« Ah çà ! c'est bien six que j'ai retenu ?

— Et leur fille, mademoiselle Eugénie?... Je ne l'ai pas aperçue aujourd'hui au comptoir... ni même hier...

— C'est qu'elle est dans sa chambre... Douze douzaines de franges vertes... c'est cela...

— Ah! elle est dans sa chambre!... Par quel hasard?...

— Parce qu'elle est malade... Nous disons cent trente-deux francs soixante-quinze.

— Elle est malade!... mademoiselle Eugénie est malade! Ah! mon Dieu!... et qu'est-ce donc?... quelle maladie?... depuis quand?...

— Prenez donc garde, monsieur! que diable! Vous vous jetez sur mon livre de caisse... vous avez manqué de renverser mon écritoire...

—Ah! mon cher monsieur Bidois!... de grâce, veuillez me répondre!...

— Il me semble que c'est ce que je fais depuis que vous êtes là...

— Dites-moi si sa maladie est dangereuse... si elle souffre... si l'on craint pour ses jours...

— Je pose zéro et je retiens huit...

«Non, monsieur, non... je ne pense pas que cela soit dangereux... à moins que cela ne prenne un caractère plus grave, ce dont on ne peut pas répondre... car il arrive quelquefois que les médecins mêmes n'y voient goutte...

« Total... onze cent trente-six cinquante...

— Mais enfin quelle est sa maladie?...

— Diable!... cela ne fait pas mon compte ; j'ai une erreur de dix francs...

— Vous la trouverez une autre fois, monsieur Bidois... Sa maladie, je vous en supplie?...

— Je la trouverai une autre fois!... Peste ! vous êtes rassurant; il faut que je la trouve sur le-champ, monsieur...

— De grâce, sa maladie?...

— Cela vient peut-être de cette douzaine de franges vertes.

— Vous me faites mourir, monsieur Bidois.

— C'est que dix francs, ce n'est point une bagatelle...

— Je vais vous les donner afin que vous ne cherchiez plus... Mais répondez-moi...

— Monsieur, pour qui me prenez-vous, s'il vous plaît? M'offrir de l'argent pour que je ne fasse point mes additions !...

« Voilà du nouveau.

— Eh! monsieur, je sais que vous êtes un homme d'honneur, le plus intègre des commis ; mais le travail n'exclut point l'humanité, et c'est au nom de ce que vous avez de plus cher que je vous prie de me répondre...

— Ce que j'ai de plus à cœur maintenant, c'est de trouver mon erreur...

— Que je suis malheureux !

— Ah! je la tiens... la voilà... c'est ce 3 que je prenais pour un 2...

— Enfin, vous avez fini... et vous allez me dire..,

— Dans l'instant... On nous donne de si mauvaises plumes... Mademoiselle Eugénie est malade de joie... à ce qu'on dit....

— De joie? Ah ! mon Dieu ! Et qui a pu lui occasionner cette joie?

— C'est qu'on va la marier...

— La marier !... la marier !... Eugénie !... à qui?...avec qui ?... quand?...

— Eh! ne remuez donc pas comme cela, monsieur ! vous êtes cause que j'ai fait un pâté.

— Ah! monsieur Bidois! avec qui ? De grâce! répondez-moi...

— Avec M. Dupont, épicier de la rue aux Ours.

— Avec M. Dupont !... Eugénie !...

— Monsieur, monsieur, vous m'étranglez! Voulez-vous bien me lâcher?...

— Et vous osez dire qu'elle va l'épouser !...

— Monsieur, je vais appeler la garde ; vous déchirez le collet de mon habit !...

— Non.... ce n'est pas possible... vous voulez m'abuser... me désespérer...

— Aïe !.

Et Adolphe qui, dans son désespoir, avait saisi Bidois au collet, le secouait tellement que le vieux commis sentait qu'il allait perdre sa perruque, lorsque l'entrée subite de madame Moutonnet vint changer la face de cette scène.

Les cris de Bidois ont été entendus dans le magasin où madame Moutonnet était avec son mari. Après avoir regardé par le judas et reconnu le jeune homme, elle ordonne à son mari de rester au magasin. Elle descend seule et s'avance d'un pas ferme vers Adolphe, qui, à sa vue, est resté immobile, tenant encore d'une main le collet de l'habit de Bidois.

— Que signifie ce bruit? dit madame Moutonnet d'un ton qui achève d'abattre le pauvre Adolphe.

— Madame, dit Bidois en débarrassant son collet et renfonçant avec humeur sa perruque, c'est monsieur qui est comme un forcené parce que je lui ai dit que vous alliez marier mademoiselle Eugénie à M. Dupont.

— Et qu'importe à monsieur avec qui et quand je marie ma fille? De quoi se mêle-t-il? Oserait-il se permettre de trouver mauvais ce que je

fais? Monsieur, je vous croyais honnête et respectueux, je vois que je me suis trompée ; je vous
défends donc, à l'avenir, de remettre les pieds
chez moi.

— Mais, madame... je ne vois pas pourquoi...

— Vous ne voyez pas !... Oh ! vous devez fort
bien me comprendre ; et votre conduite, ce soir,
justifie assez mes soupçons.

— Eh bien ! madame, je ne cherche plus à le
cacher... j'aime... j'adore mademoiselle votre
fille ; je ne puis vivre sans elle... je meurs si vous
la mariez à un autre...

— Vous mourrez ou vous vivrez, ce ne sont
point mes affaires ; mais je vous trouve bien impertinent d'oser aimer ma fille, et encore plus
de croire que je renverrai un excellent parti...
un homme établi, parce qu'un petit commis à six
cents francs s'avise d'en être amoureux. Invitez
donc un jeune homme à une fête champêtre,
pour qu'il vienne mettre le désordre dans une
famille !... Sortez de chez moi, monsieur, et n'y
rentrez jamais... Vous m'entendez, Bidois : si
monsieur se présentait en mon absence, je vous
autorise à le chasser.

Bidois ne répond rien, parce qu'une telle commission lui semble fort désagréable ; d'après la
manière dont Adolphe l'a secoué il n'y a qu'un
moment, il ne se sent plus l'envie de lutter avec
lui ; il se contente donc de faire un signe d'yeux
qui ne peut être aperçu du jeune homme.

— On n'aura pas cette peine, madame, répond
avec fierté Adolphe à qui le mot chasser a rendu
toute son énergie. Je sais ce qui me reste à faire,
mais vous vous repentirez peut-être de cet excès
de sévérité.

En disant ces mots, le jeune homme sort de la
boutique et en ferme la porte de manière à faire
résonner toutes les vitres.

— A-t-on l'idée d'une pareille audace ! dit madame Moutonnet en regardant son commis.

— Je crois qu'il a cassé un carreau, dit Bidois
en allant examiner les montres de la boutique.

— Il ose aimer ma fille !

— Il y a longtemps que je m'en doute, moi !

— Comment ! Bidois ! et vous ne m'en avez
rien dit ?

— Ah ! quand je dis quelque chose, on me
traite d'imbécile, de vieux radoteur.

— C'est vrai, je l'avoue, on vous a dit cela
quelquefois ; mais enfin, Bidois, qu'avez-vous remarqué ?

— Que depuis un mois et plus... tenez, depuis
la Saint-Eustache enfin, ce jeune homme passe et
repasse vingt fois par jour devant la porte...

— En vérité ! et ma fille l'a-t-elle remarqué ?

— Puisque je le voyais, à coup sûr elle a dû
le voir aussi.

— Ce que vous me dites là est très-judicieux,
mon cher Bidois ; d'ailleurs plus je me rapproche
les circonstances... Mademoiselle ma fille, qui
ose me dire qu'elle n'aime pas M. Dupont ! un
homme superbe !

— Oui, c'est un bel homme !

— C'est qu'elle a remarqué ce freluquet !

— Il n'y a pas de doute.

— Et ces évanouissements successifs... que j'ai
bien voulu prendre pour l'effet de l'étonnement...
Il y avait une autre cause, Bidois.

— C'est ce que je pense comme vous...

— Au lieu de la marier dans un mois à Dupont,
je vais faire en sorte qu'elle l'épouse dans quinze
jours.

— Vous ferez sagement, madame ! répond Bidois qui, depuis qu'Adolphe a manqué de l'étrangler, se sent très-porté pour l'épicier.

— La maladie de ma fille n'est peut-être aussi
qu'une ruse inventée dans l'espoir de m'attendrir,
mais je saurai bien me faire obéir.

— C'est cela, et une fois mariée, nous serons
tranquilles... Et ces voleurs de la Saint-Eustache,
pensez-vous toujours que j'ai rêvé ?...

— Quoi ! Bidois, ce petit scélérat aurait eu
l'audace de s'introduire dans ma maison ?...

— Tout ce que je puis vous répondre, c'est
qu'il y avait quelqu'un dans l'escalier.

— Ah ! quelle perversité !... Si je croyais que
ma fille l'ait su, je ne sais pas ce que je lui ferais,
mais j'aime à penser qu'elle ignore l'effronterie
de ce petit Adolphe Dalmont, et qu'elle m'o-
béira sans murmurer davantage... Ah ! Bidois !
qu'il faut du caractère pour conduire une maison
et une famille, quand on a un mari aussi nul que
le mien !

En disant cela, madame Moutonnet monte à
la chambre de sa fille qui, depuis le repas des
fiançailles, n'a pas eu la force de quitter son lit.
Elle lui annonce qu'au lieu d'épouser M. Dupont
dans un mois il faut qu'elle se tienne prête à
obéir dans quinze jours.

Eugénie, étonnée, lève sur sa mère des regards
abattus et n'ose se permettre aucune question,
car la sévérité empreinte sur tous les traits de
madame Moutonnet la fait trembler encore davantage.

— Plus d'espérance ! dit la jeune fille lorsque sa
mère n'est plus là ; il faut renoncer à Adolphe !...
Si du moins je pouvais mourir !...

Et le pauvre Adolphe, en sortant de la boutique, en disait autant de son côté.

CHAPITRE X

LA VOISINE D'ADOLPHE

Ce qui redouble le chagrin de nos amants, c'est la crainte d'être trompés dans leurs plus chères affections.

— Il va se marier, se répète Eugénie en songeant à Adolphe; il ne m'aime donc pas?... Il me trompait donc en m'assurant qu'il ne pensait qu'à moi?

— Elle est malade de joie, se dit notre amoureux, et cela parce qu'on va la marier à ce Dupont!... Elle ne m'aimait donc pas ou elle m'aimait bien peu!...

Mais la réflexion leur rend l'espérance.

— Il n'est pas possible qu'elle aime l'épicier, se dit Adolphe; ce vieux Bidois n'a voulu que me faire du chagrin... non, Eugénie ne peut m'avoir trompé!... C'est bien plutôt parce qu'on veut la forcer à l'épouser qu'elle est malade... et je ne suis pas auprès d'elle!... je ne puis la voir, lui parler, la consoler!... Oh! je la verrai cependant, il le faut absolument... Je l'enlèverai et je l'épouserai malgré tout le monde!

— Cette méchante Cécile a peut-être menti, se dit Eugénie; Adolphe ne peut être infidèle; s'il avait dû se marier, je l'aurais su par Jeanneton qui sait toutes les nouvelles du quartier... car alors pourquoi passait-il vingt fois par jour devant la boutique? pourquoi me regarder si tendrement, me serrer la main, me dire de si jolies choses?... Non, Adolphe m'aime toujours, et dans ce moment sans doute il se désespère de ne point me voir; mais demain j'aurai, je l'espère, la force de descendre à la boutique, et je le verrai.

Adolphe ne cesse de rôder auprès de la demeure de sa belle; enfin, quelques minutes avant qu'on ferme la boutique, il aperçoit Jeanneton qui sort, et le jeune homme est bientôt auprès d'elle et lui a fait mille questions avant que la bonne ait eu le temps de répondre à une seule.

— Eh! oui, monsieur, dit enfin Jeanneton, on veut qu'elle épouse Dupont, et elle est malade de chagrin, non-seulement de ça, mais parce qu'on lui a dit que vous alliez vous marier.

— Me marier!... on a dit cela!... Et qui s'est permis?... Ah! Jeanneton, elle ne l'a pas cru, j'espère?...

— Monsieur, en amour on croit tout, le mal comme le bien, et j'avons eu ben de la peine à la consoler un peu.

— Ah! Jeanneton, dis-lui bien que je n'existe que pour l'aimer!

— Oui, oui, soyez tranquille!

— Que je me suis fait renvoyer de mon magasin afin de pouvoir passer ma journée devant sa demeure.

— M'est avis que vous avez fait là une sottise...

— Enfin que je suis décidé à l'épouser, quoique sa mère m'ait mis à la porte et défendu de revenir...

— Ah! madame vous a mis à la porte?... Eh ben! v'là un joli commencement pour vos affaires!...

— Mais il faut que je la voie...

— Elle descendra demain, je pense; d'ici là, calmez-vous et trouvez-vous demain à la brune là-bas, devant la maison du marchand de drap; j'irai vous y rejoindre et vous apprendre les nouvelles.

— A demain donc, ma bonne Jeanneton!...

La servante s'éloigne. Adolphe songe alors qu'il est tard et qu'il n'a pas de logis pour la nuit, car la chambre qu'il occupait appartenait au marchand de nouveautés. Il faut pourtant loger quelque part, et il est temps d'y penser. Adolphe va prendre ses effets chez la portière et lui fait part de l'embarras où il se trouve.

La bonne femme lui indique un modeste hôtel garni dans le voisinage, et Adolphe s'y rend son paquet sous les bras. Il prend une petite chambre dans les mansardes, afin de ménager sa bourse, et en paye une quinzaine d'avance, moyennant quoi il est chez lui, libre de faire tout ce qu'il lui plaira et de penser à ses amours depuis le matin jusqu'à soir.

Sur le même carré qu'Adolphe loge une demoiselle qui fait aussi de l'amour sa principale occupation; mais elle ne se contente pas d'y penser, elle juge convenable de mieux employer son temps.

Adolphe s'est jeté sur un assez mauvais lit qui, avec une table et quelques chaises, compose à peu près tout l'ameublement de sa nouvelle demeure; il cherche dans le sommeil l'oubli de ses chagrins et se berce avec l'image d'Eugénie. Il vient de s'endormir, lorsqu'un bruit violent le réveille. C'est sa voisine qui vient de rentrer. Elle n'est pas seule, et on parle si haut qu'Adolphe entend malgré lui la conversation suivante:

— J'ai une faim soignée; as-tu quelque chose pour souper, ma bonne amie?

— J'ai un pot de confitures et du fromage d'Italie, restant de mon déjeuner.

— Il faudra s'en contenter... Si j'étais en fonds, j'irais chercher un poulet, mais il y a impossibilité physique et morale...

Tout en parlant, Zélie faisait des battements. (Page 60.)

— Oh! tu n'as jamais le sou!

— Jamais le sou!... Tu ne disais pas cela le jour que je t'ai menée dîner à Montmorency en tilbury?

— C'est la seule fois que tu aies dépensé de l'argent avec moi, depuis six semaines que je te connais!

— Je ne peux pas en dépenser quand je n'en ai pas.

— Tu devrais rouler sur l'or!... Quand on a l'entreprise des succès d'un théâtre de la *conséquence* du mien, on doit faire joliment ses affaires.

— Tu crois ça, toi, Zélie, tu crois que c'est tout profit... mais il y a des frais immenses!... Ce n'est pas le tout d'applaudir et de faire applaudir une pièce, est-ce que je n'ai pas ma troupe à soigner?... et les bols de punch, et la bière, et les demi-tasses, et les petits verres!... « Ah! dam'! aussi j'ai des gens comme il faut qui ont une tenue!...

— Je te dis que tu as une place superbe... et que tes collègues achètent des maisons...

— Patience!... écoute donc, je ne fais que commencer... Ça viendra, mais j'ai du malheur depuis quelque temps; voilà trois pièces de suite qui dégringolent!

— Parce que tu n'as pas su les soutenir!

— Tais-toi donc! Je les ai si bien soutenues que nous avons eu deux yeux pochés, sans compter les coups de poing et autres agréments... Mais faut avouer que ça n'était pas bon. Heureusement qu'on monte une pantomime, ça nous reposera un peu.

— J'espère cependant que tu m'y soigneras...

— Est-ce que tu as besoin de me le recommander? Ah! tu as joliment dansé ce soir!

— Vraiment?

— Oui, tu as fait des entrechats superbes; il n'y a que les pirouettes que tu ne soutiens pas assez...

— Que te disait donc l'auteur qui te parlait dans la coulisse?

— Il m'indiquait les endroits faibles de sa pièce nouvelle, afin que je les applaudisse plus fort que les autres; il me recommandait sa *reconnaissance* et son dénoûment... Il faut avoir une mémoire inépuisable pour se souvenir de tout cela... Ah! dis donc, et ce petit figurant qui fait un ours dans le nouveau mélodrame, et qui m'a promis un parterre pour que j'applaudisse son entrée... est-il bête! Encore si l'ours avait un beau rôle, à la bonne heure, mais il ne fait que passer...

— Ah çà! tu n'oublieras pas de faire siffler la petite débutante dans le nouveau ballet; elle irait sur mes brisées, il faut la dégoûter de la danse.

— Sois tranquille, je lui ménage une petite sortie en fusée, et j'aurai soin de l'applaudir de travers, afin de mettre les payants de mauvaise humeur.

— Tu es charmant!... Soupons... Comment! tu as tout mangé?

— Parbleu! cela n'était pas difficile : un demi-quarteron de fromage et ton pot de confitures dont on voyait le fond...

— Qu'est-ce que j'aurai donc, moi?

— Tiens, Zélie, crois-moi, ne soupe pas, tu danseras mieux demain.

— Eh ben! c'est cela, je n'ai qu'à ne pas manger de l'année pour mieux danser le jour de la Saint-Sylvestre; tu es bon enfant!

— Tu es jolie comme un ange, ce soir...

— Et il a bu tout le vin encore!...

— Il était aigre, d'honneur! il t'aurait fait mal... Quels yeux! quelle tournure de déesse!... Je ne serai content que lorsque je te verrai au Grand-Opéra, dans les Vénus.

— J'aimerais beaucoup mieux me voir à table!...

— Est-ce que vraiment tu as faim?

— Mais sans doute.

— Eh bien! en ce cas, couchons-nous... Tiens, je t'adore ce soir!... tu iras à l'Opéra, c'est moi qui te le dis...

— Il faut espérer que je souperai alors...

— Tu ne penses qu'à manger; quand je suis avec toi, ma belle, je ne songe qu'à l'amour!

— Oui, quand tu as le ventre plein!

— C'est afin d'être plus digne de toi... Viens dans mes bras, je parie t'enlever comme une plume!

— Laisse-moi donc; j'ai de l'humeur...

— C'est un orage qu'un baiser dissipera.

Le bruit des baisers apprit à Adolphe quelle était la suite de la conversation et il s'endormit en se disant :

— Qu'ils sont heureux! ils s'aiment et ils peuvent se le prouver.

Mais, à six heures du matin, le bruit que l'on fait chez sa voisine le réveille encore.

— Voilà des gens qui s'aiment terriblement! dit Adolphe qui croit que la conversation roule toujours sur le même sujet. Mais il est bientôt détrompé par le bruit de plusieurs soufflets auxquels succèdent des coups de poing accompagnés de cris et de jurements.

— Monstre! scélérat! s'écrie la danseuse d'une voix qui ne ressemble plus à celle de la veille... Je t'y prends, là! tu voulais te sauver avant mon réveil, emportant ma montre et ma chaîne d'or!

— Tais-toi, mauvaise sauteuse, ou je te casse ce pot à l'eau sur le nez!

— Brigand! coquin! Un homme pour qui j'ai tout fait, et qui veut me voler pour aller manger mes effets avec d'autres!

— Tes effets!... ils sont propres. Quant à la montre, elle m'appartient autant qu'à toi : n'est-ce pas moi qui t'ai procuré la connaissance du monsieur qui te l'a donnée? C'est moi qui t'ai poussée au théâtre; sans moi, tu serais encore dans les coryphées; si tu fais ces rôles, c'est à moi que tu le dois. Mais tu es une ingrate que j'abandonne sans retour : manque tes pirouettes, fais semblant de passer un entrechat, tu verras si on te passera tout cela.

— Abandonne-moi si tu veux, mais laisse-moi ma montre et ma chaîne.

— Tiens, Zélie! tais-toi, ou gare la claque! tu sais que c'est mon fort.

— N'avance pas, ou je te jette cette bouteille à la tête!

Les cris redoublent; Adolphe entend que l'on brise les chaises et les pots. Il est sur le point de se lever pour aller mettre le holà...

— Voilà des gens bien singuliers, se dit-il en se frottant les yeux; ils s'adoraient hier au soir, ils se battent ce matin!... Et moi qui enviais leur bonheur!

Enfin le calme se rétablit par le départ de l'amant, qui descend l'escalier quatre à quatre sans écouter les cris, les pleurs, les gémissements de Zélie qui le suit en chemise sur le carré et le suivrait même dans la rue si elle avait l'espoir de l'atteindre : elle rentre chez elle en sanglotant, et Adolphe, qui espérait se rendormir, est encore forcé d'entendre ses lamentations.

— Le monstre! dit Zélie; il l'a emportée!... encore s'il m'avait laissé la chaîne!... Si j'avais osé crier au voleur!... mais il m'aurait tuée... Un homme que j'adorais!... Ah! si je pouvais le faire endre!... Que je suis malheureuse!... hi! hi! ii! mais aussi c'est ma faute; j'aurais dû m'en douter... il m'avait déjà mangé un châle de ourre de soie! mais je suis si bête! je lui avais ardonné, parce qu'il m'avait dit que c'était pour ecourir son père qui est à Bicêtre. V'là ce que 'est d'être si bonne!... C'est fini, je ne veux plus voir de faiblesse, c'est des bêtises.

— Allons, allons! cela se calme, dit Adolphe. Tâchons de nous rendormir, car il n'est pas sept heures, et Eugénie, qui a été malade, ne descendra pas de bonne heure; ce que j'ai de mieux à faire, c'est de dormir; je suis mieux au lit que dans la rue.

Notre amoureux se retourne dans son lit pour y chercher le sommeil; mais sa couchette qui n'est plus neuve craque à chaque mouvement qu'il fait, et mademoiselle Zélie, qui est dans un moment de calme, s'aperçoit alors que la chambre voisine de la sienne est habitée.

— Tiens! il y a du monde à côté, dit-elle; j'ai un voisin ou une voisine... Ah bien! on a entendu ma conversation avec Poussard; après tout, ça m'est égal, on est maître chez soi!... Je voudrais bien savoir si c'est un homme ou une femme qui loge là.

Et Zélie, oubliant la perte qu'elle vient de faire, se met à chanter la tyrolienne et un air d'Œdipe : les danseuses ont de la philosophie; chez elles, le chagrin ne dure pas.

— Quelle drôle de voisine j'ai là! se dit Adolphe qui cherche en vain à se rendormir; elle pleurait il n'y a qu'un moment, la voilà qui chante à présent! Et moi qui étais prêt à me lever pour aller la consoler!

Lasse enfin de chanter, Zélie écoute contre la cloison qui la sépare d'Adolphe. Elle n'entend rien.

— Est-ce qu'on se serait endormi au bruit de mes roulades? se dit-elle. Ah! il faut que je m'assure de cela.

Elle frappe avec ses doigts plusieurs coups contre la cloison, et Adolphe, qui venait de fermer les yeux, entend en même temps la voix de Zélie :

— Je vous demande bien pardon, ma voisine, dit la danseuse; mais je voudrais bien savoir l'heure qu'il est.

— Pas encore sept heures, madame, répond Adolphe.

— C'est un homme, se dit Zélie; ce doit même être un jeune homme, car il a la voix douce et tendre.

Et prenant aussitôt une petite voix flûtée et mignarde elle se rapproche de la cloison :

— Je vous remercie beaucoup, monsieur, je vous suis infiniment obligée... C'est que ma montre est arrêtée; sans cela, je ne me serais pas permis de troubler votre sommeil.

— Vraiment, se dit Adolphe, on serait bien heureux si l'on dormait à côté d'elle; ne lui répondons pas, elle me laissera peut-être tranquille.

Zélie attend que son voisin lui réponde, mais elle attend en vain.

— Il n'aime pas causer, à ce qu'il paraît, dit-elle en allant et venant dans sa chambre, remuant ses chaises et dérangeant chaque meuble, de manière à ne pas laisser dormir le voisin, chantant tour à tour les couplets d'un vaudeville nouveau ou des airs d'opéra, et ne s'interrompant que pour parler tout haut comme si elle s'adressait à quelqu'un.

« Ah! s'il pouvait faire beau aujourd'hui, nous ferions cette partie de campagne avec la duègne...

Ah! vous avez des droits superbes,
Comme seigneur de...

« Mais n'oublions pas que j'ai répétition à midi...

Et l'on revient toujours
A ses premiers amours.

« Où diable ai-je donc fourré mon peigne? Est-ce que je l'aurais cassé?...

Guernadier, que tu m'affliges
Eu m'appeurnant ton départ!...

« Si je ne danse pas demain, il faut absolument que j'aille à l'Opéra... C'est ça, un théâtre! c'est là que les femmes sont heureuses et considérées...

Amusez-vous, trémoussez-vous,
Amusez-vous, belles!...

« Ah! je ne serai heureuse que quand j'y serai. Tiens! qu'est-ce que je trouve là dans mon sac? Ah! c'est un billet doux! c'est ce petit violon de l'orchestre qui m'aura glissé ça... Ah! nous allons rire!

« Mademoiselle, je vous adore toujours de plus « en plus... (Eh ben! moi, c'est de moins en « moins...) Je sens que je ne puis vivre sans vous « posséder... (Voyez-vous ça?) Quand je vous vois « en scène, je ne sais plus ce que je joue... « (Pauvre petit!) Vos entrechats me font tres-« saillir, vos pirouettes me font mourir, et quand « vous levez la jambe de mon côté je crois voir « le ciel s'entr'ouvrir. (Eh ben! ça va-t-il finir?...) « Vos beaux yeux me tournent la tête! je prends « les bémols pour des bécarres et les croches « pour des soupirs... (Eh ben! tant qu'il ne « prendra pas sa colophane pour du sucre candi,

« il n'y aura pas de mal...) Enfin, mademoiselle, « je dépose à vos pieds toute ma fortune ; je « n'ai rien, à la vérité, mais je vous entretiendrai « sur un joli pied, parce qu'avec du talent on « se fait tôt ou tard un sort... (Oui, mais je ne « veux pas que ce soit tard...) Je vais incessam-« ment donner un concert à mon bénéfice à « Nogent ; si vous y consentez, je vous en offre

Mademoiselle Zélie attend que son voisin lui réponde, mais elle attend en vain. (Page 63.)

« le produit que nous mangerons ensemble... «(Oui, prends garde de le perdre!...) J'attends « votre réponse dans le délire de l'incertitude.» Tu l'attendras longtemps, mon ami. Ces petits musiciens à huit cents francs d'appointements, qui voudraient avoir des premières danseuses, est-ce que ça ne fait pas pitié?...

Dis-moi, mon vieux, dis-moi, t'en souviens-tu?

Encore s'il était joli garçon, on pourrait avoir quelque sensibilité; mais un petit vilain, les cheveux roux, le nez plat, ah! quelle horreur!...

Tu n'auras pas, petit polisson,
Tra la la, tra la la, tra la la la lère. »

Tout en chantant, parlant et remuant, Zélie va de temps à autre coller son oreille contre la cloison, mais elle n'entend aucun bruit : impatientée et n'y pouvant plus tenir, elle frappe tout doucement.

— Monsieur... monsieur... voudriez-vous bien avoir la complaisance de me prêter une carafe d'eau?... Je me trouve absolument à sec, et cependant j'ai un besoin urgent d'eau en ce moment...

Adolphe ne répond pas. Zélie ne se décourage point; elle cogne de nouveau.

— Monsieur... vous me rendriez un grand service en me prêtant un pot d'eau... Je suis vraiment honteuse de vous importuner pour si peu de chose... mais si cela vous dérange de vous lever j'irai en chercher dans votre chambre.

— Mademoiselle, je n'ai plus d'eau chez moi, répond Adolphe avec humeur ; j'ai bu en me couchant tout ce que j'avais, je ne puis plus vous en offrir.

— Il a bu tout un pot d'eau hier au soir, se dit Zélie; par exemple, c'est un peu fort! il boit donc comme un canard, ce jeune homme-là? Voilà qui ne me donne pas une haute idée de sa fortune. C'est égal, je veux le connaître; il ne paraît pas très-empressé de faire ma connaissance, raison de plus pour que je brûle de faire la sienne. Ah! il ne veut pas se déranger pour me donner de l'eau!... Nousallons voir tout à l'heure à employer un autre moyen.

Zélie recommence à chanter et à aller et venir dans sa chambre, mais elle ne cogne plus à la cloison. Adolphe croit entendre qu'elle fait des battements; du moins c'est un exercice qui ne troublera pas son sommeil, et il se dispose à profiter de ce moment de tranquillité.

Mais comme il sent ses paupières s'appesantir, un bruit violent le fait presque sauter dans son lit... Il écoute... Le bruit, qui ressemblait à la chute d'une personne et d'un meuble, est bientôt suivi de gémissements prolongés, et Adolphe reconnaît encore la voix de sa voisine.

— Ah! malheureuse!... J'ai le pied démis... Ah! quelle douleur!... Que je souffre!... Je ne pourrai jamais me relever!... Ah! mon Dieu!... et personne pour me secourir!...

Ces plaintes, prononcées d'une voix qui semble altérée par la douleur, touchent le cœur d'Adolphe...

— Allons! elle s'est blessée, à présent... Il semble que ce soit un fait exprès pour m'empêcher de dormir!... Mais enfin il faut être humain... Elle n'ose plus cogner à la cloison, mais je l'entends qui gémit, qui souffre : allons la secourir; aussi bien je vois qu'il faut renoncer à l'espoir de me rendormir.

Adolphe se lève; il passe un pantalon, un gilet, et sort de sa chambre; il trouve bientôt la porte de celle de sa voisine; cette porte n'est que poussée, cependant Adolphe frappe avant d'entrer.

— Qui est là? demande-t-on d'une voix affaiblie.

— C'est moi, mademoiselle, votre voisin, qui viens vous offrir mes secours, ayant entendu le bruit de votre chute.

— Ah ! monsieur, que vous êtes bon ! Donnez-vous la peine d'entrer.

Adolphe pousse la porte et se trouve dans l'appartement de mademoiselle Zélie, si l'on peut appeler appartement une chambre et un cabinet au cinquième sous les toits.

L'inspection des lieux offrait au coup d'œil un tableau bizarre qui répondait assez à l'idée qu'Adolphe s'était formée de la maîtresse du logis. Dans le fond de la chambre, un lit sans flèche, sans rideaux ; sur une vieille commode de noyer, une jolie toilette en acajou, mais dont la glace est cassée ; une table à jouer, sur laquelle on voit les débris d'un souper et les apprêts du déjeuner ; des chaises dépareillées, une jolie bergère neuve, mais couverte de taches ; un somno dont le marbre est cassé, et sur lequel est un vase nocturne, un volume de roman, un chandelier, des petits peignes, un flacon et une bonbonnière ; sur la cheminée, des pots de rouge, des rubans, un pot-à-l'eau, un fichu, des gants et une cuvette. Çà et là, dans la chambre, traînent au hasard diverses parties de la toilette d'une dame : sur une chaise, un jupon; sur une autre, un corset; dans un coin, une robe élégante et des savates; sur la bergère, on a jeté un beau châle à palmes, dont une partie balaye la chambre ; sur le lit, on voit pêle-mêle des bas, un mouchoir, une collerette, des souliers de satin et des mouchettes ; après l'espagnolette de la croisée est pendu un chapeau élégant ; un peu plus loin, à terre, traînent des jarretières, un bonnet, une guirlande et des pincettes ; enfin, au milieu de ce chaos, est étendue mademoiselle Zélie, couchée d'une manière assez gracieuse contre une chaise renversée, dans un désordre qu'on ne peut appeler en effet de l'art, mais où se mêlaient peut-être quelques ressources de coquetterie.

Mademoiselle Zélie est une personne de dix-huit à vingt ans, mais que l'excès du travail (car une danseuse travaille beaucoup) a dû nécessairement fatiguer, et qui, par conséquent, n'a plus rien de la fraîcheur de la jeunesse. C'est une brune assez jolie, assez bien faite, d'une taille agréable, à laquelle il ne manque, pour lui donner plus de charmes, que ces deux globes rebondis qui sont si bien à leur place sur la Vénus de Médicis et la Galatée de Girodet ; mais si notre danseuse n'en a pas le matin, en revanche le soir elle en possède de superbes. Ses yeux noirs sont vifs et brillants; ils gagnent

aussi à être vus à la lumière, parce qu'alors on aperçoit moins le cercle brun qui les entoure; enfin ses dents sont très-blanches et sa bouche paraît de la plus grande fraîcheur... aux quinquets.

Malgré ces légères taches qui gâtent sa figure mutine, mademoiselle Zélie peut, même le jour, faire encore des conquêtes ; ses regards malins,

M. Poussard, la connaissance de mademoiselle Zélie.

sa tournure agaçante, ses manières lestes ne sont pas dépourvus de grâces et d'agréments.

Adolphe n'a pas fait attention à tout cela ; peu lui importe que sa voisine soit laide ou jolie, il ne vient que pour la secourir et non pour la regarder. Il n'en est pas de même de Zélie : d'un coup d'œil, elle a examiné son jeune voisin ; le résultat de cet examen est tout à l'avantage d'Adolphe, et on est charmé d'avoir trouvé le moyen de lier connaissance avec lui.

Adolphe s'approche de Zélie d'un air pénétré, car il la croit vraiment blessée, et pendant qu'il lui parle celle-ci se mord les lèvres pour ne pas rire.

— Vous êtes blessée, mademoiselle?...

— Oui, monsieur... je suis tombée je ne sais trop comment... Je répétais un pas que je dois danser dans un nouveau ballet... ma jambe a rencontré cette chaise... j'ai trébuché... enfin, sans vous, je ne sais comment je pourrais me tirer de là...

— C'est au pied seulement que vous souffrez?...

— Oui, au pied... et un peu au côté... Aidez-moi, je vous en prie, à me mettre sur mon lit... Passez votre bras sous les miens... là... comme cela... oh! n'ayez pas peur de me chiffonner...

— Pourrez-vous marcher?...

— Oh! mon Dieu non, il faut que vous me portiez... prenez-moi à bras-le-corps... oh! je ne suis pas bien lourde!...

Adolphe emporte mademoiselle Zélie, qui se laisse enlever de la meilleure grâce du monde. Il est surpris que, malgré la douleur qu'elle doit éprouver, elle ait le courage de lui sourire fort joliment, et de manière à lui montrer ses dents qui sont très-blanches, comme vous savez.

Adolphe dépose sa voisine sur son lit; il croit sa tâche terminée, mais il n'est pas au bout.

— Je ne suis pas bien, dit Zélie en jetant sur son voisin des regards languissants. Monsieur, voulez-vous m'aider à me retourner?... Tenez, passez votre bras sous moi... un peu plus bas... Ah! Dieu! que je souffre!... Aidez-moi donc à lever ma jambe... je ne peux vraiment pas la bouger... soutenez-moi un peu les reins... Ah! je crois que je vais me trouver mal!...

— Diable! diable! dit Adolphe en lui-même, voilà une femme qui me donnera bien de la besogne; sans avoir aucune mauvaise intention, sans doute, elle me fait tâter ses jambes, ses reins, ses cuisses... Heureusement qu'elle est jolie et assez bien faite...

Les hommes sont toujours hommes, et à vingt ans on ne fait pas impunément l'inspection des charmes d'une jeune femme. Adolphe sent que les secours qu'il donne à sa voisine commencent à lui monter la tête; mais il adore Eugénie... ou plutôt, comme il ne se soucie point de succéder à M. Poussard (car l'amour le plus extrême empêche rarement une infidélité), notre amoureux s'éloigne du lit et quitte mademoiselle Zélie qui a toujours mal quelque part et voudrait sans cesse se faire retourner.

La danseuse regarde Adolphe d'un air étonné :

— Quoi! monsieur, vous me quittez? lui dit-elle.

— Oui, mademoiselle; l'heure se passe, j'ai affaire... mais je vais vous envoyer quelqu'un de la maison.

— Ah! vraiment, vous êtes bien galant...

— Il me semble que j'ai fait tout ce que je pouvais faire...

— Ah! vous croyez cela?... répond Zélie en riant d'un air moqueur.

— Je crois d'ailleurs que vous souffrez moins... mais je vais vous envoyer la portière...

— Ah! ah! ne vous donnez point cette peine, monsieur; je tâcherai de m'en passer.

En disant cela, Zélie saute en bas de son lit en riant comme une folle de la figure que fait Adolphe.

— Est-ce que vraiment vous m'avez crue blessée? dit-elle en sautillant dans la chambre.

— Et pourquoi ne l'aurais-je pas cru?... Quel motif aviez-vous donc pour me tromper?

— Quel motif, monsieur? J'ai voulu vous faire voir qu'on ne refuse pas impunément une carafe d'eau à sa voisine, et que je trouverais bien le moyen de vous faire quitter votre lit.

— Vous m'avez fait voir beaucoup de choses, en effet; et je vous remercie, mademoiselle, de la leçon que vous avez bien voulu me donner...

— Oh! ce n'est point une leçon... je n'en donne que de danse... Pour celles-là, si vous en désirez, ce sera avec grand plaisir.

— Je vous remercie; mais je n'ai nulle envie d'apprendre à danser...

— C'est dommage; vous seriez charmant au théâtre... Ah! ah! ah! par exemple, il ne faudrait pas conserver cette mine sévère que vous faites maintenant... Ah! quel air sérieux pour un jeune homme!

Et, tout en parlant, mademoiselle Zélie faisait des battements, des écarts, des pliés, des pirouettes, et levait parfois sa jambe à la hauteur de son épaule. Adolphe, qui n'avait jamais fréquenté de danseuses, ni visité les coulisses d'un théâtre, ne pouvait s'empêcher de regarder Zélie avec étonnement, car tout ce qu'il voyait était nouveau pour lui.

— Je suis sûre que je vous ai réveillé ce matin de bonne heure... dit Zélie en continuant son travail. Vous avez entendu ma querelle? Que voulez-vous? c'est un monstre qui me trompait; mais à présent je suis enchantée qu'il m'ait quittée ; je ne le reverrai de ma vie. Me voilà libre comme l'air!... mais je ne veux plus avoir de sentiment, c'est fini! les hommes sont si faux! ils ne valent pas la peine que nous poussions un soupir pour eux... aussi je ne veux plus aimer... je me donne toute à mon art; je vais travailler six heures par jour. C'est un rude métier que de danser, et cela ne s'apprend pas en se promenant. Pourrait-on savoir ce que monsieur fait?...

— Je ne fais rien, mademoiselle.

— Rien!... Diable! c'est un bel état!... je voudrais bien en faire autant que vous, je ne serais pas obligée de mettre mes pieds dans une boîte. Monsieur vit de ses rentes, apparemment?

— Non, mademoiselle, je n'ai point de rentes...

SCEAUX. — IMP. CHARAIRE ET FILS.

— Ah! c'est différent... Alors je comprends... quand on est joli garçon, on a toujours des ressources.

Adolphe lance à Zélie un regard qui lui fait manquer une pirouette.

— Mon Dieu! monsieur, je n'ai pas eu dessein de vous fâcher, lui dit-elle en s'arrêtant; j'ai dit cela... sans y penser... et... certainement... Ah! vous seriez bien gentil de me nouer ma robe par derrière; je ne songeais plus que je dois, ce matin, aller déjeuner chez une de mes amies... et on m'attend...

— Je ne sais pas nouer les robes, mademoiselle.

— Mais d'où sortez-vous donc? vous ne savez rien!... C'est bien facile, et je vous montrerai... Si vous voulez venir déjeuner avec nous, vous serez bien reçu, monsieur...

— Je vous remercie, mais je ne vais que chez les personnes que je connais.

— Oh! vous n'êtes pas un jeune homme comme un autre; vous avez l'air d'un original... Venez, mon voisin, vous serez bien aimable...

— Non, ma voisine; je vais rentrer chez moi...

— Comment! monsieur, vous ne voulez pas seulement m'attacher ma robe, me mettre une épingle!...

— Je vous dis que je n'y entends rien; mais je vais vous envoyer la portière...

— Allez au diable avec votre portière!... Ah! quel ours j'ai pour voisin!...

Adolphe n'écoute plus Zélie; il rentre chez lui en se disant :

— Quelle différence de cette femme à Eugénie!

Et Zélie dit en elle-même :

— Quelle différence de ce jeune homme-là à Poussard, qui m'a tout de suite déclaré sa flamme en prenant une bavaroise!

CHAPITRE XI

LE PLUS SAGE EN EUT FAIT AUTANT

Adolphe a bientôt terminé un modeste déjeuner, et il retourne dans la rue Saint-Martin recommencer ses promenades devant cette maison dont l'entrée lui est interdite : mais point d'Eugénie!... Serait-elle plus malade? Cette idée désole le pauvre garçon, qui donnerait tout ce qu'il possède pour avoir des nouvelles de son amante. Il est bien décidé à ne point s'éloigner sans avoir vu Jeanneton.

— Si je ne puis entrer dans la boutique, dit-il, au moins la rue est libre, et on ne m'empêchera pas de m'y promener... quoique ce vieux commis ait l'air d'être chargé de me guetter.

En effet Bidois, qui a reçu des instructions de madame Moutonnet, va de temps à autre tailler sa plume sur le seuil de la porte de la boutique, passer et repasser; mais Adolphe, remarquant le petit manège de Bidois, se promet de lui ôter l'envie de le guetter : il attend que le vieux commis revienne se montrer avec sa plume et son canif, et, passant alors tout contre lui, il le pousse si brusquement que Bidois fait une pirouette et manque de tomber au milieu de la rue où il laisse voler sa plume, tandis que son canif roule dans le ruisseau.

— Que le diable les emporte tous! dit Bidois en refermant avec violence la porte de la boutique et se replaçant avec humeur au comptoir; je ne me mêle plus de rien; qu'ils s'arrangent comme ils voudront... Une plume délicieuse perdue!... et un canif qui n'avait encore été repassé que dix ou douze fois!... Ce jeune homme me ferait un mauvais parti : il a déjà manqué de m'étrangler... Madame Moutonnet dira ce qu'elle voudra : je suis dans sa maison comme commis, chargé des comptes et des calculs, mais je n'y suis point pour guetter les amoureux de sa fille... C'est un peu trop dangereux. Je resterai neutre à l'avenir dans cette affaire-ci.

Adolphe attend avec impatience que Jeanneton vienne lui apporter quelques consolations. Enfin le jour baisse, la bonne sort de la boutique et va rejoindre notre amoureux à l'endroit qu'elle lui avait indiqué.

— Pourquoi n'ai-je point vu Eugénie? lui demande Adolphe dès qu'il l'aperçoit. Pourquoi n'est-elle pas descendue aujourd'hui? Serait-elle plus malade?

— Non, monsieur; grâce au ciel, elle va un peu mieux quoiqu'elle soit toujours ben triste!... Mais c'est vot'faute si mamzelle ne descend plus à la boutique; on a remarqué que vous étiez sans cesse en faction devant la rue, et madame Moutonnet a annoncé ce matin à c'te pauvre petite qu'elle ne quitterait sa chambre que pour aller se marier.

— Ah! Jeanneton, que m'apprends-tu?... je ne la verrai plus, je ne lui parlerai plus?...

— Dam'! monsieur, comment voulez-vous faire?... madame ne plaisante pas. Eugénie pleure et se désole toute la journée... ça me fend le cœur!

— Jeanneton, ma bonne Jeanneton!... permets-moi de la voir, de la consoler...

— Mais c'est impossible, monsieur!

— Si tu me refuses, je fais quelque coup de désespoir : je mets le feu à la maison !

— C'est ça, nous grillerons tous !... joli moyen pour la consoler !...

— Du moins elle n'épousera pas Dupont.

— Un instant, monsieur ; ne faites pas de bêtises comme ça...

— Ah ! Jeanneton, je ne sais plus que devenir ! je vais me jeter dans la rivière !

— Allons, le v'là dans l'eau à présent !... Ah ! que les amants sont terribles ! Et vot'père, monsieur, vot' pauvre père que vous aimez tant, vous n'y pensez donc plus ?

— Hélas ! Jeanneton, l'amour me tourne la tête !... Mon père est malade depuis quelque temps ; à présent que je suis libre, je devrais aller le voir... il habite Senlis, ce n'est pas loin d'ici... Mais Eugénie absorbe tous mes autres sentiments ; je ne songe, je ne vis plus que pour elle...

— Si ça continue, vous n'irez pas loin... depuis deux jours, vous êtes changé... que ça fait peur... Pourquoi se désespérer ainsi ? Ce mariage ne doit se faire que dans un mois, peut-être dans deux... Si d'ici là vous pouviez faire fortune !

— Ah ! c'est impossible !... je n'ai plus pour parents que mon père qui est loin d'être fortuné ; il avait un frère qui s'est embarqué fort jeune pour les Indes et qui est mort sans doute, car on n'a jamais eu de ses nouvelles... Tu vois que je ne puis espérer de fortune que celle que j'amasserai moi-même.

— Oui, et ça ne s'amasse pas en un mois... Ah ! si vous gagniez un quaterne à la loterie ?...

— Ah ! Jeanneton, quelle ressource m'offres-tu là ?... Si j'étais pauvre et joueur, je deviendrais bientôt fripon.

— Ah ! vous avez raison, monsieur, ne jouez pas, c'est un vilain défaut... Mais comment donc vous enrichir ?

— Il n'est pas question de m'enrichir, mais de me faire voir Eugénie ; je serai toujours assez riche si elle m'est fidèle...

— Oui, mais c'te fortune-là ne vaut pas les paquets de chandelles de vot' rival.

— Jeanneton, je ne te quitte pas que tu ne m'aies promis de me faire parler à Eugénie.

— Je ne peux pas vous promettre ça.

— Il le faut ou je meurs... Cette nuit, pendant que tout le monde dormira, tu peux facilement m'ouvrir la porte de l'allée et m'introduire dans la maison...

— Ah ! monsieur, que dites-vous là ?... vous me faites trembler !... Si on savait...

— On ne saura rien...

— Si on découvrait...

— Impossible !

— Madame ne dort plus que d'un œil depuis qu'elle sait que sa fille est amoureuse.

— Je ne resterai qu'un moment...

— Ah ! quand une fois un amant est entré, c'est le diable pour le faire sortir !

— Mais tu seras là, Jeanneton, tu ne nous quitteras pas. Je ne veux parler à Eugénie qu'en ta présence.

— Tout ça est bel et bon, mais je n'ose...

— Jeanneton, tu aimes ton Eugénie, et tu me refuses ce moyen de la consoler un instant ?

— C'est parce que je l'aime que je vous refuse ; ces consolations-là seraient trop dangereuses...

— Ah ! je te croyais sensible ; je me suis trompé...

— Mon Dieu !... Eh ben ! j'vas consulter mamzelle, et, dam' ! si elle le veut aussi, demain j'vous ferons entrer...

— Ah ! Jeanneton, que je t'aime ! Que je t'embrasse...

— Prenez donc garde ! les passants vous prendront pour un fou. Je rentre... A demain, ici !... je vous dirai ce que mamzelle aura décidé. Mais ne passez pas si souvent devant la porte, afin d'éloigner les soupçons.

— Sois tranquille ! demain je resterai chez moi jusqu'à l'heure de notre rendez-vous.

Jeanneton s'éloigne ; Adolphe rentre chez lui, se reportant d'avance au lendemain et cherchant comment il pourra abréger le temps qui va se passer jusque-là. En montant son escalier, il rencontre sa voisine en chapeau à plumes, en robe à triple garniture, en souliers chamois et ayant sur les épaules un châle à palmes. Adolphe s'arrête pour la laisser passer, et Zélie enchantée d'être vue en grande toilette, et qui depuis une heure attendait, pour descendre l'escalier, le moment où Adolphe rentrerait, lui jette en passant un regard moqueur, puis s'éloigne en sautillant et en fredonnant un morceau d'opéra.

— Qui croirait, dit Adolphe en la regardant aller, que cette femme élégante habite une chambre sous les toits ?... Elle n'est vraiment pas mal... Mais rentrons, soupons, couchons-nous et dormons : c'est quand on dort que le temps passe vite.

Notre amoureux dormait en effet d'un profond sommeil, et il était minuit sonné, lorsque plusieurs coups frappés à sa porte vinrent troubler son repos.

— Qui est là ? dit Adolphe sans quitter le lit.

— Mon voisin, je vous en supplie, ouvrez-moi et donnez-moi de la lumière !

— Comment ! c'est encore vous qui m'éveillez,

Là, c'est le plus fort qui fait la loi. (Page 72.)

mademoiselle ! Vous avez donc juré de ne point me laisser en repos ?

— Mon Dieu ! monsieur, mais il n'est que minuit ; je ne savais pas que vous étiez couché.

— Je le suis depuis sept heures.

— Couché à sept heures !... un jeune homme !... mais c'est une horreur !... Comme les poules, absolument...

— Cela ne vous regarde pas, je crois ; laissez-moi dormir.

— Allumez-moi ma chandelle, et je vous laisse tranquille.

— Je n'ai pas de lumière ; je ne peux pas vous en donner.

— Vous me battrez le briquet, je n'en peux pas venir à bout.

— Je ne sais pas le battre.

— Qu'il est aimable et qu'il est complaisant !... comme c'est agréable d'avoir un voisin comme monsieur !...

— Pas plus que d'avoir une voisine comme vous.

25e LIV.

— Vous êtes le premier auquel cela ne plaît pas.

— Chacun a sa manière de voir.

— La vôtre n'est guère honnête, toujours.

— Mademoiselle, voulez-vous me laisser dormir ?

— Vous devez être las de dormir, puisque vous êtes couché depuis sept heures... Dites donc, mon voisin... ah ! vous croyez peut-être que je vais vous laisser tranquille ? mais je frapperai plutôt jusqu'au jour !...

— Je me plaindrai demain au propriétaire.

— Ça m'est bien égal ! je déménage après-demain.

Et Zélie continue à frapper à la porte d'Adolphe, qui se décide à lui ouvrir pour mettre fin à ce tapage. Il se lève, ouvre sa porte et va se recoucher. Mademoiselle Zélie entre à tâtons.

— Ah ! c'est bien heureux, il m'a ouvert enfin !... Est-il gentil !... Mais on ne voit pas clair ici.

Tout en tâtonnant, elle arrive jusqu'au lit d'Adolphe, sur lequel elle s'assied provisoirement.

10

— Ah! je n'en puis plus!... ce nouveau pas est fatigant...

— Que faites-vous donc, mademoiselle?

— Vous le voyez bien, je me repose.

— Vous pourriez, il me semble, vous reposer chez vous.

— C'est apparemment que j'aime mieux me reposer ici.

— Où est votre briquet? donnez-le-moi que je le batte.

— Mon briquet?... ah! ah! ah! qu'il est drôle avec mon briquet!... Cherchez le vôtre, monsieur, cela vaudra mieux : je suis sûre que vous ferez feu sur-le-champ.

Adolphe se lève sans répondre, et va en effet chercher son briquet, qu'il a d'abord beaucoup de peine à trouver ; enfin il le tient. Il frappe et refrappe la pierre, mais son amadou ne veut pas prendre, et Adolphe, impatienté, jette au milieu de la chambre pierre, amadou et allumettes, en jurant après son hôte qui ne lui a pas donné un briquet phosphorique.

Pendant tout ce temps, mademoiselle Zélie, qui est venue frapper chez son voisin dans un costume fort léger, a trouvé plus commode de ne point rester exposée au froid, et elle a pris la place d'Adolphe dans le lit, où elle ne souffle plus mot.

— Ma foi! dit le jeune homme, vous voyez que j'ai fait ce que j'ai pu pour vous procurer de la lumière ; j'espère que maintenant vous allez me laisser dormir.

On ne répond rien.

— Serait-elle partie? se dit Adolphe; c'est bien heureux!...

Et il court se fourrer dans son lit, et il jette un cri de surprise en se trouvant dans les bras de quelqu'un, et il est près de se lever... mais il ne se lève pas... il reste couché parce qu'il est homme, qu'il est jeune, et que l'amant le plus sage, le plus fidèle, ne peut pas répondre de lui dans une pareille circonstance.

— Ah!... ce n'est pas ma faute, se dit Adolphe; certainement j'ai fait tout ce que j'ai pu pour que cela ne fût point... mais cela devait arriver apparemment.

— Tu es un ours, dit Zélie en riant; mais j'aime beaucoup les ours, et j'avais juré de t'apprivoiser.

Et probablement Adolphe s'apprivoise, car à neuf heures du matin le soleil les trouve encore endormis l'un à côté de l'autre.

Adolphe s'éveille le premier. Il se frotte les yeux ; il croit rêver encore en voyant Zélie auprès de lui ; mais bientôt les souvenirs de la nuit arrivent en foule. Adolphe, désespéré, saute hors du lit ; il se repent de sa faiblesse. C'est toujours lorsque les sens sont calmés qu'on s'étonne d'avoir pu faillir.

— Eh quoi! dit-il, j'ai pu un moment oublier Eugénie que j'adore!... Eugénie si douce, si belle, si aimante!... pour une femme... que je n'aime pas... que je méprise !... Et pendant qu'elle pleure, qu'elle se désole... j'étais !... ah! c'est affreux !... c'est indigne! mais je jure bien que cela ne m'arrivera plus!... Non, ma chère Eugénie, je n'aurai plus de faiblesse; je serai digne de toi!... reçois le serment que je fais de ne plus t'oublier un seul instant!...

Adolphe s'est habillé promptement, et avant que Zélie soit éveillée il est déjà bien loin de chez lui. Mais Zélie s'éveille enfin; elle cherche des yeux Adolphe.

— Comment! il est parti! dit-elle en se levant; quel singulier jeune homme !... il est bien original!... mais il a des qualités précieuses... il faut lui passer quelque chose.

CHAPITRE XII

UNE PREMIÈRE REPRÉSENTATION.

Adolphe s'est promis de ne point rentrer chez lui de la journée; mais il a promis aussi de ne plus se promener devant la demeure d'Eugénie. Il faut pourtant faire quelque chose jusqu'au soir. Notre jeune homme marche au hasard. On est au milieu de décembre : le temps est froid mais beau et, quoique vêtu assez légèrement, Adolphe ne sent pas le vent qui souffle, parce que son sang est échauffé par l'amour et l'inquiétude.

Adolphe va de préférence dans les endroits solitaires; car, dans l'intérieur de Paris, on ne peut marcher, en rêvant à ses amours, sous peine de se laisser écraser. Adolphe sort de la ville et suit les boulevards extérieurs. Il ne rencontre alors que quelques ouvriers qui se rendent aux guinguettes, ou des couples amoureux qui recherchent la solitude et ne sentent point la rigueur de la saison; c'est pour les amants que l'été n'a point de feux et l'hiver point de glaces.

Adolphe regarde d'un œil d'envie le jeune ouvrier et la grisette, l'employé et la petite marchande, le mirliflor et l'élégante, et même le portefaix et l'orangère qui passent près de lui. Chacun se rend, suivant sa fortune et son état, dans l'endroit où il pourra le mieux fêter sa compagne et jouir d'un doux tête-à-tête. Le jeune élégant conduit sa maîtresse chez Peltan, au *Pavillon français;* l'employé mène sa belle à l'Ile-d'Amour; l'ouvrier se rend avec la sienne chez Desnoyers, et le commissionnaire entre en riant chez le marchand de vin qui a des cabinets particuliers.

— Qu'ils sont heureux ! se dit Adolphe en soupirant ; quelle journée que celle qu'on passe avec la personne que l'on aime !... Ah ! si j'étais riche... si je possédais Eugénie, c'est ainsi que je voudrais les passer toutes ; et ce bonheur me semblerait toujours nouveau.

Adolphe raisonnait mal ; mais on ne prévoit jamais que l'on pourra se lasser de ce que l'on envie, et cependant rien n'est plus vrai que cette maxime du sage : *Toujours du plaisir n'est pas du plaisir.*

Mais comme Adolphe n'a pas encore connu le plaisir de posséder la femme qu'il adore, il faut lui pardonner ses projets un peu fous ; nous en faisons tous qui ne sont pas plus sages.

Adolphe a dîné chez un petit traiteur qu'il a trouvé sur son passage, et il revient à la nuit près de la maison d'Eugénie tremblant déjà d'espérance et de crainte, brûlant de voir arriver Jeanneton, et n'osant se flatter qu'il pourra bientôt être près de sa chère Eugénie qu'il n'a pas aperçue depuis trois jours... Ce sont trois siècles pour des amants, et la petite distraction de la nuit n'empêche pas Adolphe d'être plus amoureux que jamais. Oui, mesdames, c'est ainsi que nous sommes ; ne soyez donc point fâchées contre ce pauvre Adolphe ; le plus fidèle de vos amants en aurait fait autant que lui. Et si nous vous imitions? me direz-vous. Ah ! le donc ! vous en êtes incapables !... Nous vous croyons assez de délicatesse pour ne céder que par amour, et voilà pourquoi nous devons compter davantage sur vous que vous sur nous.

Jeanneton accourt enfin.

— Eh bien ! lui dit Adolphe, Eugénie?...

— Eh ben ! monsieur, elle y consent !... Pardi ! elle désire tant de vous voir !

— Elle consent !... Ah ! Jeanneton... ma bonne Jeanneton !...

— Mais tenez vous donc tranquille, et écoutez-moi...

— Je t'écoute... elle permet... je pourrai la voir.., Quel bonheur !...

— Ah ! que les amoureux sont ennuyeux !... ou désespérés ou transportés : il n'y a pas de milieu avec eux !...

— Je me calme, Jeanneton, et je t'écoute.

— Vous viendrez à minuit... entendez-vous? pas avant, parce qu'il faut qu'on ait le temps de s'endormir...

— Oui, oui, à minuit...

— J'ouvrirai la porte le plus doucement possible, vous me suivrez sans faire de bruit, je

vous conduirai dans ma chambre... et mamzelle viendra vous y trouver... Dam' ! je ne la quitterai pas une minute, au moins !...

— Oui, Jeanneton ; ah ! crois-tu donc que je puisse former d'autres desseins que de voir Eugénie, de lui parler, d'entendre de sa bouche qu'elle me sera fidèle?...

— Je ne dis pas que vous pensiez à autre chose... mais des amants... faut pas s'y fier !... enfin je serai là... Pourvu qu'il n'arrive pas d'évé-nements. Je m'expose pour vous... si madame découvrait... je serais chassée... et cette pauvre Eugénie... Ah ! je tremble d'y penser !... Il faut qu'elle vous aime ben ! Voyez à quoi elle s'expose !

— Ah ! je sens tout le prix de son amour !... mais le ciel nous protégera...

— Enfin, puisque c'est décidé, ayons du courage. Adieu, monsieur ; à ce soir... à minuit...

— Oui, c'est bien convenu : ne manque pas d'ouvrir la porte...

— Soyez tranquille... à moins que madame n'ôte la clef ou n'enferme sa fille...

— Tu me désespères !...

— Mais ça n'est pas encore arrivé ; faut pas avoir peur d'avance... Adieu, monsieur Adolphe!

— A ce soir, Jeanneton !

Notre amant s'éloigne à grands pas, ne se sentant pas de joie, se voyant déjà près de son Eugénie, et pouvant lui parler tout à son aise, circonstance qui ne s'est pas rencontrée depuis la Saint-Eustache. Mais il n'est que six heures, ce n'est qu'à minuit qu'il sera heureux ; comment tuer le temps jusque-là? comment employer les six mortelles heures qui doivent s'écouler avant de le ramener rue Saint-Martin? Se promener... Il n'a fait que cela depuis le matin ; il faut tâcher de s'occuper les yeux ou l'esprit, pour reposer un peu son cœur.

Adolphe est sur le boulevard, devant un spectacle.

Entrons là, se dit-il ; c'est une petite débauche à laquelle mes moyens ne se prêtent guère ; mais pour une fois ! Et d'ailleurs aujourd'hui n'est pas un jour ordinaire... Entrons !

Adolphe se met à la queue, qui est fort longue ; ce qui lui fait augurer favorablement de la pièce qu'il va voir.

— Pour que tant de personnes se décident à se faire fouler, presser, bousculer et repousser par les gendarmes, il faut, se dit-il, que l'ouvrage que l'on donne en vaille la peine ; d'après cela, il me paraît que j'ai bien choisi.

Après une demi-heure d'attente, le bureau s'ouvre.

— Pourquoi ne l'avoir pas ouvert plus tôt? dit Adolphe ; on nous aurait épargné une demi-heure d'ennui, et nous serions entrés sans nous fouler.

— Monsieur, répond à Adolphe un petit monsieur en besicles qui, à force de pousser de droite et de gauche, était parvenu, en arrivant le dernier, à se mettre à la tête de la queue, monsieur, l'administration est bien aise qu'il y ait foule devant la porte de son théâtre, que l'on crie, que l'on se presse; il n'y a même point de mal

quand il arrive quelque accident. Une pièce dont on peut dire : On se tue à la porte, il y a eu un bras de démis et une personne d'étouffée, une telle pièce obtient la vogue ; tout Paris veut se donner ce petit plaisir-là; vous voyez même des élégantes, des femmes à cachemire, qui, dérogeant à leurs habitudes, dînent de bonne heure pour venir se faire *housculer;* il y a de la gloire alors à

— Que te disait donc l'auteur? (Page 62.)

dire : J'y suis entré. Enfin, monsieur, le monde attire le monde : on ne va plus au *Légataire,* parce qu'on est certain de n'y trouver personne; mais on courrait à *Georges Dandin,* si *Georges Dandin* faisait faire queue.

— D'après cela, je vois que l'administration fait très-bien de laisser grossir la foule, et, à sa place, j'en ferais tout autant.

Enfin le signal est donné, cette foule immense devient une mer orageuse dont les flots vont se briser avec violence devant une barrière que l'on n'ouvre que par intervalles. Adolphe remarque que les billets donnés ont la préférence sur les payants, et qu'ils sont en si grand nombre que la moitié des personnes qui attendent devant le

bureau ne pourra plus obtenir de place, et il se dit :

— Si c'est encore là un calcul de l'administration, j'avoue que je n'y comprends plus rien.

Il tient enfin son billet, mais il faut entrer dans la salle, et c'est le plus difficile, c'est là que la foule est amoncelée. Adolphe se trouve presque porté au milieu de cette multitude où tous les rangs sont confondus. Là, c'est le plus fort qui fait la loi, et vous voyez un monsieur en veste et en bonnet de loutre, dont les bras vigoureux sauront aisément lui faire un passage.

— J'étouffe... je n'en puis plus... dit une dame en toque et en robe de soie...

— Ah! les gredins! comme i'poussent! dit une grosse commère en tablier. Tandis que la grisette, qui a l'habitude d'être poussée, se contente de dire d'une petite voix suppliante :

— Messieurs... je vous en prie... ménagez-moi...

— Prenez garde à ma tête...

— On accroche mon châle...

— On m'emporte mon chapeau !...

— Vous m'écrasez les pieds !

— Mon mari, où es-tu? dit une femme éplorée.

— Je suis là, ma chère amie, répond l'époux qui ne peut pas rejoindre sa moitié; laisse-toi

En montant son escalier. (Page 68.)

aller... n'aie pas peur, on ne te fera pas de mal... Ces messieurs sont trop galants... ils te protégeront !...

— Sacrebleu! ne poussez donc pas comme ça !...

— Tiens! est-ce ma faute? On me pousse, faut bien que je pousse aussi !...

— Il y a des hommes qui sont bien manants, dit une grosse maman de quarante ans en lançant des regards furieux derrière elle; si j'avais un cavalier, cela ne se passerait pas comme cela !...

Un nouveau mouvement se donne... Adolphe est entré, et il voit un monsieur dont un pan de l'habit est déchiré, un autre dont le chapeau n'a plus de fond, et une dame dont la robe n'est plus qu'un spencer parce que le jupon est resté accro-

ché à la barrière ; mais chacun prend fort bien son parti; ce sont même de ces événements dont on pourra se vanter.

Adolphe va se placer; il a pris modestement un billet de parterre ; et, quoiqu'il y ait déjà beaucoup de monde, il parvient à se faufiler presque au milieu. La salle est comble, mais on ne doit commencer que dans une demi-heure ; Adolphe s'adresse à son voisin de droite, jeune homme assez bien couvert, qui garde deux places à côté de lui, trois devant et quatre derrière.

— Il paraît que la pièce que l'on donne est jolie? lui dit Adolphe.

— Ah! ce sera soigné; c'est d'un grand faiseur.

— Vous l'avez déjà vue?

— Je suis t'allé z'aux répétitions... La première acte est un peu froide, mais les autres réchaufferont joliment le public. Il y a des effets superbes... Quand le père tue son enfant, parce qu'il est pris pour le fils de l'autre sournois qui a fait ça exprès par le conseil de son ami, le prince, qui est un traître... Ah! Dieu! que c'est beau!... je suis sûr que toute la salle pleurera!...

— Cela me paraît attendrissant, en effet. Y a-t-il longtemps que l'on donne cette pièce?

— Comment! longtemps!... D'où que vous sortez donc?... c'est la première représentation.

— Ah! c'est une pièce nouvelle?

— Pardi! est-ce qu'il y aurait tant de monde sans cela?

— Tout le monde sait donc que ce sera bien?

— Quand je vous dis que c'est d'un fameux!... d'un malin qui sait joliment accompagner ça! Il paraît que vous ne venez pas beaucoup ici?

— Non, je l'avoue.

— Ah ben! moi, je ne manque pas une première représentation aux boulevards! j'aimerais mieux me passer de dîner!... Et puis, voyez-vous, ça forme, ça éduque fièrement, le spectacle!... faut pas croire que quand je sors d'ici j'n'y pense plus... ça se grave dans ma mémoire!... J'ai la tête farcie de tirades; je pourrais vous débiter la grande scène de *Tikily*, le rôle d'*Abélino*, celui du muet dans *Truguelin*... et le *Fils banni* donc!... Ah! c'est celui-là que je sais tout au long!... Mais c'est surtout les voleurs que je fais bien; à la maison, on m'appelle cadet *Sbogar*. J'avais une vocation sensible pour le théâtre... Je voulais débuter; oh! j'étais décidé à débuter malgré ma mère, qui aime mieux que je sois tanneur; mais on m'a dit que je n'avais pas la taille; et comme je ne voulais faire que les grands rôles, ça m'a empêché!

Depuis longtemps Adolphe n'écoute plus son voisin; il se croit déjà près d'Eugénie, et les discours du jeune *amateur* n'ont plus le pouvoir de le distraire. Mais un grand homme sec, placé à sa gauche, lui frappe assez familièrement sur l'épaule en lui demandant si l'ouvrage est bien monté.

— Bien monté? répond Adolphe qui ne comprend pas le grand monsieur.

— Oui, je vous demande si les grands talents jouent... Moi, j'étais si pressé que je n'ai pas eu le temps de lire les noms des acteurs.

— Ma foi! monsieur, je n'en connais aucun, et je ne puis pas vous dire quels sont ceux qui jouent.

— Vous n'en connaissez aucun? Vous ne suivez donc pas ce théâtre-ci?

— Non, monsieur.

— En ce cas, je vous plains d'être venu aujourd'hui; vous êtes mal tombé; la pièce nouvelle est, dit-on, pitoyable!...

— Pitoyable! Et pourquoi êtes-vous venu la voir?

— Oh! moi, je viens tout voir; je suis bien aise de juger; je suis homme de lettres.

— Je vous en fais mon compliment.

— Monsieur, il n'y a pas de quoi.

— Vous avez sans doute vos entrées?

— Non... Oh! les directeurs n'ont aucun égard pour le talent!... Ils m'ont refusé trois pièces... et trois pièces qui auraient fait courir tout Paris!

— C'est bien gauche à eux!

— Ce sont des gens qui ne sont pas en état de juger un ouvrage; mais ils s'en mordront les doigts! Aussi c'est un théâtre qui tombe tout à fait.

— On ne s'en douterait pas aujourd'hui.

— Je vais faire un journal au premier jour... et qu'ils prennent garde à eux! je leur ménage des articles qui les écraseront.

— Vous me faites trembler pour eux!

— Et je tâcherai d'obtenir un privilége!

— Et alors vous ferez jouer vos pièces?

— Oui, monsieur, et je gage qu'au bout de dix ans je serai en état de me retirer.

— Peut-être avant même.

— Ah! v'là les amis! dit le jeune homme placé à la droite d'Adolphe en faisant signe à cinq ou six individus qui arrivaient alors au parterre, et pour lesquels il avait gardé des places.

— Je vous préviens que vous avez à votre droite un bataillon de claqueurs, dit tout bas à Adolphe le grand monsieur sec.

— Des claqueurs?

— Eh oui! des gens qui viennent pour applaudir, pour soutenir l'ouvrage à tort et à travers; mais ils n'auront pas beau jeu! Je suis très-décidé à siffler; et je connais cinq ou six hommes de lettres, comme moi, qui ont apporté des clefs forées, et qui espèrent bien s'en servir.

— Mais, monsieur, vous traitez donc bien mal vos confrères!

— Eh! monsieur, cet auteur-là est un accapareur; on ne joue que lui... c'est une indignité!

— Mais, monsieur, s'il travaille plus que les autres, il me semble naturel qu'il soit joué davantage.

— Eh! monsieur, moi aussi, je travaille beaucoup; je suis en état de fournir quatre ou cinq théâtres, et cependant on ne me joue nulle part!

Ah ! vous ne connaissez pas les intrigues de théâtre !

— Non, monsieur, Dieu merci !

— Je me flatte que vous vous montrerez homme de goût, et que vous sifflerez.

— Non, monsieur, ne comptez pas sur moi ; j'applaudis quelquefois, mais je ne siffle jamais.

— Si tout le monde pensait comme vous, nous verrions de belles choses.

— Si tout le monde agissait comme vous paraissez vouloir le faire, nous n'en verrions plus du tout.

— Eh ! monsieur, il vaut mieux faire tomber un théâtre que de souffrir qu'il nous donne des drogues.

— Pourquoi venez-vous voir ces drogues-là ?

— Je vous l'ai dit, pour les siffler.

— Mais ce doit être bien ennuyeux de venir souvent à un théâtre où on ne joue rien de bon.

— Au contraire, monsieur, plus c'est mauvais, plus je m'amuse ; il n'y a rien qui me réjouisse tant qu'une bonne chute bien complète !... bien scandaleuse !... Ces jours-là, monsieur, je prends un riz au lait en sortant.

— Il faut espérer, pour l'auteur, que vous n'en prendrez pas ce soir.

— Si la pièce tombe, j'en prendrai deux.

— Monsieur, il faut pourtant que tout le monde vive.

— Eh ! monsieur, c'est pour cela que je veux qu'on joue mes pièces.

On commence la petite pièce qui précède la nouvelle, et que l'on écoute peu : chacun continue sa conversation ; mais Adolphe ne répond plus ni à sa droite ni à sa gauche ; et il entend ses voisins dont l'un dit :

— C'est peut-être un cabaleur.

Et l'autre :

— Je gage que c'est un billet donné.

Enfin la pièce nouvelle va commencer ; déjà les trois coups sont frappés, et chaque parti se prépare à la conduite qu'il veut tenir. Les claqueurs tâchent de faire faire silence par des chut prolongés.

Adolphe écoute autant que peut écouter quelqu'un qui voudrait déjà que le spectacle fût fini, et il soupire souvent dans les endroits qui ont fait rire le public.

— C'est-il beau !... ça va-t-il bien ! dit le jeune homme à sa droite ; oh ! comme c'est tapé ! bon... v'là que ça s'en va joliment... et les costumes !... Tiens, François, vois-tu la plume du prince? Eh bien ! c'est une vraie plume d'autruche... Et l'amoureuse? ce sont bien des diamants : elle en a de fameux, va ! Aussi on la considère fièrement au théâtre !...

— Est-ce mauvais ! dit le voisin de gauche ; quelle intrigue commune ! cela ressemble à tout ! comme c'est écrit !... Ah ! voilà une scène qu'on m'a volée, si ce n'est que la mienne était autrement tournée que celle-ci !... Toujours des entrées et des sorties... ça me fait pitié ! c'est digne des Funambules... Ah ! les misérables ! Et voilà les ouvrages que l'on reçoit, que l'on joue ici !

Et le voisin lâche quelques coups de sifflet qui sont étouffés par les applaudissements du côté opposé. Le premier acte se termine ainsi.

Au second, l'action ne marche pas, le public s'ennuie : les amis de l'auteur, qui s'aperçoivent que cela va mal, ne disent plus mot, ils ont la tête basse, le regard incertain ; ils sont dans l'indécision s'ils resteront jusqu'à la fin ; les claqueurs, au contraire, applaudissent avec plus de force que jamais pour tâcher d'échauffer les acteurs et la pièce ; et les cabaleurs, qui se sentent triompher, font jouer les clefs forées et chutent quand on veut applaudir.

Des effets, on en vient aux mots, et le tapage allant toujours croissant, Adolphe craint que des mots on n'en vienne aux mains.

— Paix là !... silence !... à la porte les claqueurs !... à bas les cabaleurs ! Taisez-vous, canaille !... etc., etc.

Tels sont les cris qui étourdissent le pauvre Adolphe, qui se trouve au centre des partis et ne sait trop s'il doit rester jusqu'à la fin. Mais au milieu de ce tumulte le temps s'écoule, et c'est tout ce qu'il veut.

Le second acte se termine. On attend avec impatience le troisième, qui doit décider du gain ou de la perte de la bataille.

— C'est une pièce tombée, dit le grand monsieur.

— Le décor du troisième acte va raccommoder tout ça, dit le tanneur.

En effet, au troisième acte, une décoration magnifique enthousiasme le public et fait faire une grimace horrible à l'homme de lettres, qui marronne entre ses dents :

— Ils seront bientôt ruinés s'ils se jettent dans les décorations.

Un joli ballet achève de mettre le public de bonne humeur. Adolphe regarde danser comme il a regardé jouer, sans trop savoir ce qu'il voit, lorsque l'arrivée d'une jeune danseuse habillée en rosière attire davantage son attention.

Les traits de cette danseuse ne lui semblent pas inconnus; plus il l'examine, plus il est persuadé de l'avoir vue quelque part. Enfin le souvenir de sa voisine se retrace à sa mémoire ; c'est bien elle, c'est Zélie qui est devant ses yeux, Zélie en rosière !... Il se rappelle alors la situation dans laquelle il l'a trouvée lorsqu'il l'a vue pour la première fois, et il ne peut s'empêcher de sourire en se reportant à ce moment.

Zélie danse avec grâce ; elle est un peu fanée, un peu fatiguée, mais aux quinquets et sous un costume brillant elle est charmante ; le rouge donne encore plus d'éclat à ses yeux, la danse lui offre mille moyens de montrer ses grâces, et tout le monde répète autour d'Adolphe :

— La jolie femme! la charmante danseuse! excepté l'homme de lettres, qui dit à chaque instant :

— Point d'aplomb, point de mesure, point de vigueur ; et jolie si l'on veut!... Le pied trop plat, les bras trop longs.

Adolphe s'étonne de ce que Zélie n'obtient point d'appaudissements. Après son pas, qu'il trouve fort bien dansé, les claqueurs restent immobiles; pas un signe d'approbation, si ce n'est le bravo d'un vieil amateur et le petit mouvement de tête d'un habitué. Adolphe se souvient alors de la rupture avec Poussard, et devine les motifs de ce silence, qui semble piquer Zélie ; il veut la venger de ce qu'il trouve une injustice, et, pour la première fois de la soirée, le voilà qui applaudit à tout rompre.

Son voisin de gauche le regarde d'un air moqueur, et les amis de droite veulent lui imposer silence.

— Silence pendant le ballet! dit Adolphe; ah! parbleu! je vous ai laissé m'étourdir pendant la pièce, vous me laisserez applaudir maintenant, si cela me fait plaisir.

— A la porte le claqueur! crient plusieurs voix du parterre.

— Taisez-vous donc! lui dit le tanneur; vous vous faites moquer de vous : ça n'est pas le tout d'applaudir, faut encore choisir ses moments.

— Je vous croyais du goût, lui dit le grand monsieur, mais je crois que vous ne vous connaissez pas en pirouettes.

Enfin le ballet finit, la pièce continue, et alors le tapage recommence ; le dénouement, sifflé par les uns, est applaudi par les autres ; c'est à qui l'emportera. Chaque parti s'échauffe; on se regarde, on se menace, on se montre au doigt; bientôt on se lève; le grand homme sec est désigné comme le plus intrépide siffleur, c'est sur lui que les amis dirigent leurs poings; et Adolphe, comme son voisin, reçoit quelques coups qui lui étaient dirigés. Furieux, il riposte avec force, et le combat devient général : on se pousse, on se presse, on roule sur les banquettes; les dames de l'orchestre se sauvent sur le théâtre, celles des loges jettent les hauts cris, les musiciens abandonnent leur poste, et la

garde se présente bientôt à la place des acteurs.

Après avoir distribué des coups à tous ceux qui l'entourent, sans s'inquiéter s'ils sont pour ou contre l'ouvrage, Adolphe, qui, de paisible spectateur, s'est vu près de devenir un des plus acharnés combattants, parvient enfin à se faire jour et à sortir du parterre et de la salle ; il se promet bien de ne jamais retourner à une place aussi dangereuse un jour de première représentation.

CHAPITRE XIII

LES AMANTS. — L'IVROGNE.

Il est encore loin de minuit; malgré cela, Adolphe se rend près de la demeure d'Eugénie ; il s'arrête de loin : Bidois ferme la boutique. Bientôt on se retirera, on s'endormira, et Jeanneton l'introduira. La boutique est fermée, il peut se rapprocher, il ne craint plus d'être aperçu. Mais quelqu'un sort de chez M. Moutonnet. Adolphe se tient à l'écart et observe. C'est un monsieur : à sa tournure, au son de ses breloques, Adolphe a reconnu Dupont. C'est son rival qui vient sans doute de s'occuper de son prochain mariage. Cette idée exaspère le jeune homme ; il court sur les pas de l'épicier, il est prêt à lui parler, à l'arrêter... il ne sait pas trop ce qu'il lui dira, mais il sait bien qu'il lui défendra d'épouser Eugénie.

Mais la réflexion le retient : c'est dans une heure qu'il doit voir celle qu'il aime et chercher avec elle les moyens d'empêcher cet hymen ; pourquoi, par une scène inutile, donner maintenant l'éveil à Dupont? Non, il faut attendre ; il sera toujours temps de lui chercher querelle si l'on ne trouve pas d'autre expédient.

Adolphe s'arrête donc en regardant Dupont s'éloigner et en se disant :

— Tu ne jouiras pas du bonheur que tu te promets.

Mais Adolphe se trompait en croyant que son rival songeait alors à Eugénie; Dupont ne pensait qu'à un achat considérable de sucre brut qu'il était sur le point de terminer.

Notre amoureux revient dans la maison où il brûle d'entrer. L'heure s'avance, les passants deviennent plus rares, les carrosses se font moins entendre ; c'est le seul moment où l'on goûte un peu de calme dans un quartier aussi populeux.

— Bienheureuse horloge de Saint-Nicolas, quand daigneras-tu te faire entendre? dit Adolphe en se promenant dans un espace de trente pas, dans lequel, depuis une heure, il a fait beaucoup de chemin.

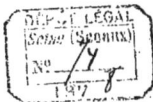

Adolphe se met à la queue. (Page 71.)

Minuit sonne enfin, et Adolphe court se placer tout contre l'allée de la maison. Son cœur bat de crainte et d'espérance... On ne vient pas... Eugénie aurait-elle changé de résolution? serait-il survenu quelque obstacle? Il ne s'est écoulé que cinq minutes depuis que l'horloge a sonné, et déjà Adolphe se désespère.

Enfin des pas se font entendre; il a reconnu ceux de Jeanneton : c'est elle en effet. Elle ouvre la porte le plus doucement possible ; par prudence, elle n'a pas pris de lumière.

— Donnez-moi la main, dit-elle à Adolphe, et suivez-moi sans souffler.

— Ah! ma chère Jeanneton !...

— Taisez-vous !... Comme vous tremblez !... Ah! ce n'est pas l'embarras, je tremble bien aussi.

La bonne guide le jeune homme; il arrive dans la cuisine, puis dans la chambre de Jeanneton, qui n'est éclairée que par une lampe placée dans le fond de la cheminée. C'est là qu'Adolphe trouve son Eugénie.

Ils courent dans les bras l'un de l'autre, et pendant quelque temps ne peuvent rien se dire, tant ils sont émus, tant leur cœur est plein !

20ᵉ LIV.

— C'est vous!

— Je vous revois enfin !

— Cher Adolphe!

— Mon Eugénie, que je suis heureux !

— Ah! que le temps m'a semblé long!

— Et à moi?... Que d'inquiétudes j'avais!

— Ah! je ne pensais qu'à vous !

— Vous m'aimez!... vous daignez m'en donner aujourd'hui une preuve bien grande!... Ah! je ne l'oublierai jamais!

— Aimez-moi toujours, Adolphe, et je jure de vous être toujours fidèle!

Cette pauvre Eugénie n'en demandait pas trop : l'aimer toujours, voilà le seul serment qu'une femme devrait exiger de son amant. Adolphe éprouve cependant un léger sentiment de remords qui trouble son bonheur, mais il écarte bientôt d'importuns souvenirs. Il fait serment à Eugénie de l'adorer toute sa vie; sans doute il entendait par là lui être fidèle; je me plais à croire, du moins, que c'était son intention. Eugénie, d'ailleurs, ne doute pas de la constance de son amant, parce que son cœur n'admet point qu'on puisse aimer et tromper en même temps, choses que les hommes accordent si bien ensemble.

11

Jeanneton, assise tout contre la porte de la cuisine, prête une oreille attentive au moindre bruit du dehors, tout en se mêlant de temps à autre à la conversation des amants.

— Vous vous aimez... vous jurez de vous aimer toujours; c'est fort bien, dit-elle, mais ça ne suffit pas... On veut marier mamzelle; v'là c' qui faudrait empêcher...

— Eh! comment? dit Eugénie...

— Eh bien! dit Adolphe, je vous enlèverai...

— M'enlever, Adolphe! me faire quitter mes parents!... Oh! non, je n'y consentirai pas...

— Vous aimez donc mieux épouser l'épicier?

— Pas davantage.

— D'ailleurs, dit la bonne, où conduiriez-vous mamzelle?...

— Chez moi... puis à l'église... Je l'épouserais, et il faudrait bien tôt ou tard que madame Moutonnet pardonnât...

— Oh! madame ne pardonnerait pas de longtemps... et en attendant il faut vivre, et vous n'avez point de place, point d'argent.

— J'ai du courage, quelques talents... je sais travailler...

— Et moi aussi, dit Eugénie.

— Ah! mes chers enfants, avec du courage et des talents, on meurt de faim.

— Tu nous désespères, Jeanneton.

— Écoutez donc! c'est que je ne voudrais pas que mon Eugénie fût malheureuse...

— Je le vois, dit Adolphe, tu lui conseilles d'épouser Dupont...

— Si cela était, vous aurais-je introduit auprès d'elle sous peine de me faire chasser?...

— Mais enfin que faut-il donc faire?

— Je n'en sais rien.

— Ni moi.

— Ni moi.

Une heure se passe ainsi à former des projets insensés, auxquels on est forcé de renoncer l'instant d'après, mais pendant laquelle on se répète le doux serment de s'aimer toujours, serment qui n'avance pas les affaires, mais qui est le point essentiel pour des amants. Depuis longtemps, Jeanneton dit qu'il est l'heure de se quitter, qu'une plus longue entrevue est imprudente, que l'on peut apercevoir de la lumière dans sa chambre et tout découvrir.

A cela, les jeunes gens répondent à la bonne:

— Encore un moment, Jeanneton; nous avons tant de choses à nous dire!

Et cependant, depuis une heure, ils se disent toujours la même chose. Mais l'amour est un sujet inépuisable, puisqu'il permet de se répéter. Enfin on sent qu'il faut se séparer... on se tient les mains, on se regarde... on se quitte, puis l'on revient encore l'un vers l'autre... Jeanneton est obligée de tirer Adolphe par le pan de son habit, en répétant à chaque minute:

— Mais venez donc, monsieur... Mon Dieu!

Pauvres amants! un secret pressentiment semble les avertir que cette entrevue ne se renouvellera point. Enfin Jeanneton est parvenue à emmener Adolphe; déjà ils sont près de l'escalier et Eugénie va remonter à sa chambre, lorsqu'on entend pousser avec violence la porte de l'allée. Nos amants restent immobiles... Jeanneton frémit.

— Ah mon Dieu! dit-elle, j'aurai oublié de refermer la porte de la rue. Qui peut entrer si tard, à moins que madame...

— Seraient-ce des voleurs? dit Eugénie.

— Ah! je ne vous quitte point, dit Adolphe en retournant près de son amie.

Dans ce moment, une voix forte, quoique un peu enrouée, se fait entendre dans l'allée.

— Holà! eh!... la maison! Où diable sont donc les marches? je ne les trouve plus... Eh! Catherine... viens un peu m'éclairer, ma chère amie...

— Ah! je reconnais cette voix, dit Jeanneton; c'est celle de Jacques, notre voisin, le porteur d'eau; le malheureux se grise presque tous les jours... Il aura pris notre porte pour la sienne. Mais il va réveiller tout le monde. Remontez bien vite chez vous, mamzelle; et vous, monsieur, sauvez-vous avant que personne descende.

Les jeunes gens sentent qu'il faut suivre les conseils de Jeanneton; ils se séparent; Adolphe n'a que le temps de baiser la main d'Eugénie, qui regagne lestement sa chambre, tandis que la bonne pousse le jeune homme vers l'escalier. Le temps presse, car l'ivrogne continue à crier comme un aveugle dans l'escalier en appelant sa femme et ses enfants, et déjà Bidois est à sa fenêtre et madame Moutonnet réveille son mari.

— Mais, dit Adolphe en se sauvant, si cet homme me voit?

— Impossible, vous n'avez pas de lumière... D'ailleurs l'essentiel est qu'on ne vous trouve pas dans la maison... Si vous pouviez en même temps faire sortir Jacques... Allez, monsieur, partez vite...

« Ah! si l'on m'avait écouté plus tôt!...»

Jeanneton retourne dans sa chambre, dont elle ferme la porte; Adolphe descend l'escalier quatre à quatre, au risque de se tuer. Le porteur d'eau, qui se croit dans sa maison, cherche toujours son escalier près de la rue et ne peut point le trouver, parce qu'il est au fond de la cour.

— Est-ce que ces gredins-là ont muré l'escalier exprès pour que je ne rentre pas chez moi?... Ils en sont ben capables... C'est ma femme... ou ma fille qui aura fait ça... Ils voudraient m'empêcher de boire... comme si le vin était cher c't'année.

Pendant le monologue de Jacques, Adolphe, qui est arrivé dans l'allée, veut tâcher de passer sans rencontrer l'ivrogne qui tâte les murs. Il croit avoir pris le côté opposé à celui que tient le porteur d'eau ; mais l'allée n'est pas large, et au moment où Adolphe va atteindre la porte de la rue il se sent saisir à la tête et au bras par les mains calleuses de Jacques.

— Ah ! v'là quelqu'un, dit celui-ci, v'là du monde : c'est ben heureux... Qui est là ?... Est-ce vous, voisin Benoît?... Vous allez m'aider à retrouver l'escalier... puisque ces péronnelles ne viennent pas m'éclairer...

Adolphe ne répond pas et cherche à se dégager des mains du porteur d'eau ; mais celui-ci s'attache à lui et ne veut plus le lâcher.

— Qui est là ?... Répondez donc... vous ne répondez pas !... c'est traître, ça... est-ce vous, mon ami Benoît?... Ah ! tu ne veux pas répondre... mais tu ne t'en iras pas... c'est du louche, ça... Tu es un voleur peut-être... j'vas éclaircir ça tout à l'heure... Holà !... eh !... Catherine... Suzon... la maison !...

Madame Moutonnet a fait lever son mari ; elle appelle Bidois et Jeanneton. Chacun descend, une lumière à la main. Adolphe sent qu'il est perdu s'il tarde encore ; faisant un dernier effort, il repousse avec violence le porteur d'eau qui tombe et va rouler dans le milieu de l'allée, et, courant à la porte, il l'ouvre, gagne la rue et disparaît.

Jacques, étendu dans l'allée et ne pouvant parvenir à se relever, crie encore plus fort qu'auparavant :

— C'est un gueux !... arrêtez-le... il m'a jeté par terre pour s'échapper... c'est un voleur... il emporte quelque chose...

Dans ce moment arrive tout le monde. Jeanneton feint de se lever et d'être encore tout endormie ; Bidois murmure de ce qu'on ne peut plus dormir tranquille chez soi. M. Moutonnet a pris son fusil, quoique sa femme lui ait dit que des voleurs ne feraient pas autant de bruit et ne chercheraient pas à réveiller toute la maison ; enfin madame Moutonnet marche en avant, tenant une lumière à la main. Eugénie seule n'a pas quitté sa chambre... mais elle prête l'oreille et prie le ciel qu'Adolphe ait eu le temps de se sauver.

— Qui est là ?... Qui va là ?... Que veut-on ? demande madame Moutonnet en entrant dans l'allée à la tête de ses compagnons.

— Ah ! c'est toi, ma petite femme, répond Jac-

ques sur le pavé ; arrive donc... v'là deux heures que je t'appelle... tu es cause qu'on m'a jeté par terre...

— C'est un homme, dit Bidois.

— C'est un ivrogne, dit M. Moutonnet.

— Eh mais ! on dirait que c'est Jacques, le porteur d'eau, dit Jeanneton en approchant davantage.

— Mais comment a-t-il pu entrer ici ? dit madame Moutonnet.

On s'approche ; on reconnaît en effet Jacques, et pendant que Bidois et M. Moutonnet le remettent sur ses pieds, madame Moutonnet le questionne.

— C'est vous, Jacques ?

— Eh mais ! ça n'est pas Catherine, Dieu me pardonne ; c'est madame Moutonnet... Est-ce que vous venez me demander de l'eau ?

— Eh ! maudit ivrogne, ne voyez-vous pas que vous êtes dans ma maison et non pas dans la vôtre ?

— Bah ! en vérité. C'est donc ça que je ne trouvais pas l'escalier ?

— Madame, il faut le renvoyer, dit Jeanneton ; je vais lui aider à retrouver sa porte.

— Un instant, dit madame Moutonnet ; comment êtes-vous entré ici, Jacques ?

— Comment ? tiens, comment !... Pardieu ! ça n'est pas par la fenêtre.

— La porte était donc ouverte ?

— Apparemment... c'est-à-dire, je l'ai poussée... et je me suis dit : Me v'là chez moi.

— Qu'est-ce que cela signifie, Jeanneton ? c'est donc ainsi que vous fermez la porte ?

— Mon Dieu ! madame, je ne conçois pas... certainement, je la ferme tous les jours, vous le savez bien ?

— Et puis les voleurs s'introduiront, dit M. Moutonnet, et viendront nous dévaliser.

— Il a raison, papa Moutonnet, dit Jacques ; les voleurs !... Pardi ! je gage ben que c'en est un... et s'il ne m'avait pas jeté par terre, comme un lâche qu'il est... je le tenais bien cependant...

— Comment vous a jeté à terre ? demande madame Moutonnet.

— Qui ? eh ! parbleu ! le voleur, qui se sauvait quand je suis entré. Je me suis jeté sur lui, croyant que c'était Benoît... mais ça n'était pas Benoît, parce qu'il me l'aurait dit. Alors je l'ai saisi au collet et aux cheveux... mais, par malheur, le pied m'a glissé, et le coquin a fui comme une bouteille fêlée !...

— Ah ! mon Dieu ! dit M. Moutonnet en enfonçant son bonnet de coton sur sa tête, entendez-vous ce qu'il dit ?

— Eh! monsieur, dit Jeanneton, ne voyez-vous pas qu'il est soûl à ne pus pouvoir se tenir ?

— Comment! la bonne, je suis soûl!... qui est-ce qui se permet de dire que je suis soûl? je vas joliment lui apprendre à vivre.

— Tout cela n'est pas clair, dit madame Moutonnet; il assure que quelqu'un l'a jeté par terre.

— Eh! pardi! c'est dans la rue qu'il se sera battu avec quelque passant.

— Si c'était dans la rue, dit Bidois, il ne serait pas tombé dans l'allée.

— C'est juste, ça, mon vieux, dit Jacques; si c'était dans l'allée, je ne serais pas tombé dans la rue... et voilà.

Enfin madame Moutonnet marche en avant, tenant une lumière à la main. (Page 79.)

— Êtes-vous sûr que c'était un homme? demande M. Moutonnet.

— Tiens! si j'en suis sûr... il est bon là, l'ancien!... Est-ce que vous croyez que je ne distingue pas la différence du sexe? en v'là une bonne.

— Et il venait de la maison?

— Ah! il venait... il venait... je ne peux pas vous dire au juste d'où il venait, puisqu'il faisait nuit, mais je l'ai senti sous ma main, en cherchant l'escalier, et j'ai dit : C'est Benoît, et ça n'était pas Benoît!...

— Il n'y a pas moyen d'en tirer d'autres éclaircissements, dit madame Moutonnet, mais pareille chose n'arrivera plus. Mettez cet ivrogne à la porte, et que tout le monde me suive.

On pousse le porteur d'eau dans la rue.

— Au revoir, mes amis, dit Jacques; pardon de la peine. Si on mettait des lampions devant sa maison, ces choses-là n'arriveraient pas... Une autre fois je ne sortirai plus sans mon rat-de-cave.

Pendant que l'ivrogne cherche sa maison et son escalier, madame Moutonnet ferme à double tour la porte de la rue et en met la clef dans sa poche; puis elle se dirige vers la chambre de sa fille. Chacun la suit en silence, mais non sans trembler : les deux hommes, de peur de rencontrer quelque voleur sur leur chemin, et Jeanneton, de l'effroi que lui a causé cet événement.

Madame Moutonnet entre chez sa fille qui est au lit, où elle feint de dormir, et la maman se dit :

— Il est bien étonnant qu'elle dorme malgré le bruit qu'on vient de faire en bas.

Eugénie aurait dû s'en dire autant; mais, pour éviter les regards de sa mère, elle n'avait pas trouvé de meilleur moyen que de fermer les yeux. Madame Moutonnet s'assure qu'il n'y a personne dans la chambre de sa fille, et en sort sans lui parler, bien persuadée qu'elle ne dort point; mais en sortant elle l'enferme, et met aussi la clef de sa chambre dans sa poche.

Jeanneton regarde dans le lit... Elle voit Adolphe endormi... (Page 84.)

— Tu n'as rien vu, m'amour? demande en tremblant M. Moutonnet à sa femme.

— Non, monsieur, non, je n'ai rien vu; mais je sais ce que je dois penser : cependant, visitons la maison avant de nous recoucher.

— Si on allait chercher M. Pétrin, ma belle? Il ne dort jamais la nuit, et je gage qu'il viendrait volontiers nous prêter main-forte.

— Non, monsieur; il est inutile de déranger encore M. Pétrin; je suis certaine qu'il n'y a point de voleurs, et vous ne vous apercevez pas que nous passerons dans le quartier pour des imbéciles.

— C'est vrai, ma femme.

On suit madame Moutonnet, et l'on ne trouve personne; Bidois a dit tout bas :

— Tout ceci n'est pas clair; cette porte ouverte, cet homme qui a jeté Jacques par terre... Il est temps que l'on marie mademoiselle Eugénie, si nous voulons dormir en repos.

Madame Moutonnet s'en dit autant que le vieux commis, et elle se promet d'agir en conséquence. Bidois rentre chez lui; M. Moutonnet va se mettre au lit; mais madame Moutonnet arrête Jeanneton au moment où la servante va entrer dans sa chambre.

— Vous pouvez vous chercher une place, Jeanneton; demain vous sortirez de chez moi.

— Ah! mon Dieu! madame; et qu'ai-je donc fait pour que vous me renvoyiez? s'écrie Jeanneton. ·

— Vous le savez fort bien; je ne garde point une fille qui laisse mes portes ouvertes aux ivrognes, aux voleurs et à ses amants peut-être...

— Ah! madame, pouvez-vous croire!...

— C'est assez, nous compterons demain; point d'explications, allez vous coucher.

Et madame Moutonnet pousse Jeanneton dans sa chambre, où celle-ci se met à pleurer, ne pouvant se résoudre à se séparer d'Eugénie.

CHAPITRE XIV

IL NE FAUT JURER DE RIEN

Adolphe, en s'échappant des mains de Jacques, s'est mis à courir jusqu'à sa demeure, où il se félicite d'arriver sans avoir été aperçu par les parents d'Eugénie.

Adolphe, sûr de l'amour de son amie, se flatte de triompher de tous les obstacles: il est aimé! Avec cette douce certitude, l'esprit peut être inquiet, mais le cœur est satisfait: on lui a juré de lui être toujours fidèle; on est convenu de se revoir encore, car nos jeunes gens n'ont pas pensé que l'arrivée de l'ivrogne pourrait déranger leurs plans; ils se sont promis de renouveler bientôt cette douce entrevue, et en voilà plus qu'il n'en faut pour transporter un amant. On mène le genre humain avec de l'espérance; c'est la monnaie usitée en tous pays, dans toutes les classes, chez tous les peuples. On donne de l'espérance aux solliciteurs, aux malades, aux enfants, aux prisonniers, aux amants, aux auteurs, aux demoiselles, et même aux vieillards; on la prodigue aux malheureux, on ferait mieux de leur ouvrir sa bourse; mais l'espérance se donne gratis, et vous pouvez prendre, à bon marché, le ton protecteur. L'enfant vit dans l'espérance d'avoir un joujou, l'écolier dans l'espérance d'un prix, le jeune homme dans l'espérance de plaire à celle qu'il aime, l'homme mûr dans l'espérance de faire fortune, le vieillard dans l'espérance d'être centenaire. La jeune fille espère trouver un amant fidèle; la vieille fille conserve, avec l'espérance, l'idée qu'elle aura un mari. Le joueur espère gagner, l'acteur espère briller, l'auteur espère un succès, le gourmand espère un bon dîner, le petit employé espère devenir sous-chef, le sous-chef espère être chef de division, le soldat espère être officier, le journaliste espère être piquant, le fat espère être remarqué, la coquette espère faire des conquêtes, le chimiste espère

trouver la pierre philosophale, les Juifs espèrent le Messie, et les tireuses de cartes espèrent trouver le secret de Cagliostro, qui n'en avait pas, mais qui cependant eût passé pour sorcier s'il fût venu au monde un ou deux siècles plus tôt. Nous espérons donc tous: l'espérance est le charme de la vie, le fluide vital; elle seule donne l'essor à l'imagination, de l'aliment à l'esprit, des rêveries à l'âme, car nous sommes cent fois plus heureux par ce que nous espérons que par ce que nous possédons; et la position la plus triste au monde est celle de quelqu'un qui n'a plus de vœux à former.

Adolphe espère donc, et il a raison; mais il se flatte de rentrer chez lui, et il a tort. Parvenu à sa porte, il cherche sa clef; il fouille et refouille dans ses poches, il se tâte du haut en bas: point de clef. Il l'aura perdue dans sa lutte avec Jacques, ou plutôt dans le combat, dans la mêlée où il s'est trouvé au spectacle.

Point de clef!... comment rentrer?... Adolphe pousse et repousse la porte, qui ne ferme pas très-bien, mais qui cependant ne veut pas céder... S'il avait un crochet, il se flatte qu'il pourrait ouvrir une mauvaise serrure de chambre garnie, car les chambres garnies sont toujours assez mal fermées... mais où avoir cela?... il faudrait réveiller les voisins; il a déjà eu beaucoup de peine à faire lever le portier: car on doit se rappeler qu'il est près de deux heures du matin.

Adolphe sait bien qu'il peut frapper chez Zélie, mais il éprouve de la répugnance à retourner chez sa voisine, qu'il s'est bien promis de ne plus revoir, ou du moins à laquelle il ne veut plus parler. Est-ce par l'effet de l'éloignement qu'elle lui inspire, ou par crainte de céder de nouveau à quelque mouvement de faiblesse? Quel que soit le motif, c'est déjà fort beau de ne point s'exposer à faillir.

Cependant passer la nuit sur le carré, c'est bien désagréable. Tout en faisant ces réflexions, Adolphe jette machinalement les yeux sur la porte de sa voisine; il croit apercevoir de la lumière par le jour du bas. Encore de la lumière à deux heures du matin! c'est bien singulier!... Il est vrai que mademoiselle Zélie rentre ordinairement fort tard... Mais la nuit est fort avancée; elle doit être fatiguée d'avoir fait la rosière.

Adolphe s'est approché de la porte; il s'assure qu'en effet il y a de la lumière chez la danseuse, et il se décide à frapper. Zélie se lève et vient lui ouvrir.

— Tu es bien aimable, dit-elle en se frottant les yeux; tu rentres à une belle heure... Deux heures du matin! moi qui t'attends depuis minuit... J'ai fait ce que j'ai pu pour ne pas m'endormir...

— Vous m'attendez, mademoiselle ; et pourquoi cela ?

— Pourquoi ?... Mon Dieu ! qu'il est drôle !... Après avoir passé la nuit dernière chez toi, il me semble que je pouvais bien t'attendre aujourd'hui.

— Ah ! ne me reparlez plus de ce qui s'est passé entre nous, je vous prie ; je prétends oublier un moment de folie, et...

— Vraiment, vous êtes bien honnête, monsieur ; ah ! c'est un moment de folie qui, je le vois, vous cause bien des regrets !... Je vous plains, en vérité ; vous devriez vous faire ermite et pleurer vos erreurs... Eh mais ! pour un sage, d'où venez-vous si tard et dans cet état ?... Ah ! ah !... comme vous êtes fait !

Adolphe se regarde dans le miroir et s'aperçoit seulement alors de l'état dans lequel l'a mis sa lutte avec le porteur d'eau ; sa cravate est défaite, son collet déchiré, son habit couvert de boue, l'empreinte des mains de Jacques est restée partout ; il ne peut s'empêcher de rire lui-même.

— Qui vous a donc costumé ainsi, monsieur ? Est-ce que vous avez roulé depuis la Courtille jusqu'ici ?

— Non, mademoiselle, je ne viens pas de la Courtille.

— On le croirait... Mais, à coup sûr, vous vous êtes battu.

— C'est possible.

— Pour quelque femme, je gage...

— Qu'est-ce que cela vous fait ?

— Comment ! qu'est-ce que cela me fait ? Apprenez, monsieur, que je suis très-jalouse, et si je connaissais cette femme-là... je lui arracherais les yeux, et à vous aussi.

— Voulez-vous bien me permettre de prendre de la lumière et me prêter un crochet ou quelque chose pour ouvrir ma porte ?

— Ah ! monsieur a perdu sa clef ?

— Oui, mademoiselle.

— Et c'est pour cela seulement qu'il est venu chez moi ?

— Oui, mademoiselle.

— Oh ! le vilain monstre !... Que je vous déteste !...

— Avez-vous quelque clou un peu fort ?

— Voulez-vous me laisser tranquille avec vos clous et vos clefs ? On vous ouvrira demain ; d'ici là vous pouvez bien rester ici ; je ne vous mangerai pas.

— Je veux rentrer chez moi.

— Comme c'est aimable !... Allez au diable et laissez-moi dormir !

Adolphe sort, tire la porte après lui et vient se placer à la fenêtre du carré, décidé à y passer la nuit. Cependant le temps est froid et humide, une petite pluie chasse notre jeune homme de la fenêtre ; il n'y a pas moyen de contempler les étoiles et d'adresser ses prières aux planètes protectrices des amants.

Adolphe va s'asseoir sur l'escalier, lorsque Zélie sort de chez elle et vient, en chemise et pieds nus, à la recherche de son voisin.

— Où êtes-vous donc ?

— Je suis là.

— Quoi ! vous préférez passer la nuit sur le carré à rester dans ma chambre ?

— Je ne vous aime pas, j'adore une femme charmante.. une femme comme il n'y en a pas ! et je veux lui être fidèle !

— Eh ! mon Dieu ! monsieur, vous lui serez fidèle, à ce phénix !... Qui vous prie du contraire ?

— Vous êtes jeune, jolie... je suis un homme, et...

— Ah ! monsieur a peur de succomber !...

— Rentrez ; vous allez vous rendre malade.

— Non ; si vous ne venez pas, je vais vous tenir compagnie ici.

Et Zélie s'assied, en chemise, sur les marches de l'escalier, et Adolphe se dit :

— Il y aurait de l'inhumanité à la laisser là.

Et, par humanité et pour sauver une maladie à sa voisine, Adolphe retourne avec elle dans sa chambre ; mais il s'empare d'une chaise sur laquelle il est bien décidé à passer la nuit.

Par malheur ses yeux se portent sur la couronne de rosière qui, dans le ballet, ornait la tête de Zélie ; la vue la rappelle alors sous ce costume galant ; il croit la voir encore dansant avec légèreté, voltigeant avec grâce, formant ses pas avec goût, avec précision ; et le souvenir de la rosière vient, malgré lui, se placer quelquefois devant l'image d'Eugénie.

Zélie se tourne et se retourne dans son lit ; elle tousse, chantonne, soupire ; rien ne lui réussit. Elle emploie alors le grand moyen, le moyen infaillible auquel on ne résiste jamais : elle se met à pleurer. Adolphe, étonné, feint d'abord de ne pas l'entendre ; puis, voyant que cela ne finit pas, il lui demande ce qu'elle a. Zélie ne répond pas et pleure un peu plus fort ; Adolphe approche sa chaise du son lit, elle pleure davantage ; il se rapproche encore, elle sanglote ; il est tout près d'elle et elle pleure à chaudes larmes ; et plus il s'avance, plus son chagrin redouble. Adolphe ne sait que faire pour la consoler ; il est enfin si près, qu'il ne peut s'approcher davantage... si bien que Zélie ne pleure plus, et, quelque temps après, c'est Adolphe qui est désolé et qui se dit:

— Je suis un monstre!... indigne de son amour! J'avais pourtant juré que cela ne serait plus! Ah! je ne me le pardonnerai jamais!

Cependant Adolphe ne pleure point, parce que les hommes ne pleurent plus pour une faute de ce genre-là, depuis qu'ils sont endurcis dans le péché. Bien différents en cela de David, qui pleura les siens, les hommes aujourd'hui tirent vanité de leurs fredaines; souvent cependant il n'y a pas de quoi se vanter.

Les remords qu'Adolphe éprouvait de ses fautes ne l'empêchèrent point de dormir jusqu'à dix heures du matin, ce qui pourrait faire présumer qu'il avait succombé plus d'une fois à la tentation et qu'il s'était endurci dans le péché; mais j'aime mieux penser que les fatigues de la veille, l'heure avancée à laquelle il rentra, sa promenade du matin et sa lutte du soir provoquèrent seules ce long sommeil.

Jeanneton, à force de prières et de larmes, obtient de madame Moutonnet un sursis de huit jours pour se chercher une place. La mère d'Eugénie se promet d'ailleurs de prendre désormais les précautions nécessaires pour éviter tout nouvel événement. Il est défendu à Jeanneton d'entrer chez Eugénie et de lui parler. La nuit, on enferme la jeune fille dans sa chambre. Le jour, M. Bidois a ordre d'avoir sans cesse l'œil au guet pour savoir ce qui se passe dans la rue. Enfin M. Dupont a été invité à acheter des bans, à faire toutes les démarches possibles pour accélérer le moment de son mariage, et l'épicier, qui croit que sa future est malade de l'amour qu'il lui a inspiré s'empresse de suivre les intentions de madame Moutonnet.

Le lendemain de l'entrevue des amants, Jeanneton profite d'une occasion pour sortir et aller conter à Adolphe quelle a été la suite de l'arrivée de l'ivrogne; elle ne doute point que le jeune homme ne soit très-inquiet; elle veut aussi lui faire connaître toutes les nouvelles mesures que prend madame Moutonnet, afin qu'il cherche par quel moyen il pourra correspondre avec Eugénie.

Jeanneton sait l'adresse d'Adolphe; elle se rend donc à neuf heures du matin à son hôtel garni, et monte à la chambre du jeune homme. Jeanneton frappe et refrappe à la porte d'Adolphe. N'entendant aucun bruit et n'étant pas bien sûre que ce soit là qu'il demeure, elle va frapper à côté. Zélie, qui est éveillée, se lève et va ouvrir.

— Pardon, mamzelle, dit Jeanneton, je vois ben que je me trompe: je demande M. Adolphe...

— M. Adolphe! répond Zélie en toisant la servante avec curiosité. Et que lui voulez-vous, ma chère?

— Ce que je lui veux?... Oh! je ne peux dire ça qu'à lui...

— A lui ou à moi, c'est la même chose, la bonne, et je ferai fort bien votre commission.

— Comment! à lui ou à vous?

— Sans doute; nous demeurons ensemble!...

— Vous demeurez ensemble! Oh ben! alors vous vous trompez; ça ne peut pas être le jeune homme que je cherche.

— Tenez, regardez, dit Zélie, mais ne faites pas de bruit, car il dort encore, et je ne veux pas qu'on le réveille.

Jeanneton avance doucement sa tête dans la chambre qui n'est pas grande, et dont on a bientôt parcouru des yeux l'étendue; elle regarde dans le lit... Elle voit Adolphe endormi... La pauvre fille reste pétrifiée.

— Eh bien! dit Zélie à voix basse, regardant d'un air moqueur Jeanneton qui reste immobile devant le lit, ne pouvant détacher ses yeux de dessus Adolphe, est-ce bien celui que vous demandez?...

— Oui... oui... madame... mamzelle, dit enfin la grosse fille d'une voix entrecoupée, oui... Oh! c'est bien lui!... Mais je ne l'aurais jamais cru!... Ah! mon Dieu! faut que je le voie pour le croire!

— Enfin, que lui voulez-vous?

— Oh! rien, mamzelle... plus rien du tout à présent... C'est fini...

— Qui donc vous envoie?...

— Personne... personne à c't'heure!... Pauvre petite! si elle savait ça, elle en mourrait!... Et moi... qui me fais chasser... C'était ben la peine...

— De quelle petite parlez-vous, ma chère?...

— Ça ne vous regarde pas... M. Adolphe est un monstre, v'là tout ce que je vous charge de lui dire.

Et Jeanneton s'éloigne les yeux pleins de larmes, étouffant de colère, de fureur, et murmurant tout le long de son chemin:

— Ces hommes!... ces vilains hommes! v'là comme ils sont tous!... Aimez-les donc!... faites-vous donc du chagrin pour eux!... Pendant que vous pleurez, ils se divertissent avec une autre!... Ah! ma pauvre Eugénie!...

— Est-elle godiche, cette bonne! dit mademoiselle Zélie lorsque Jeanneton est éloignée, avec sa petite et son monstre!... Oui, je vais dire cela à Adolphe!... mais non, il me tuerait!... il ne voudrait plus me voir... et je l'adore; un homme qui a des remords parce qu'il... Ah! c'est si drôle!

Robert laisse retomber sa tête sur l'herbe humide de la forêt. (Page 94.)

Adolphe s'éveille enfin ; il rougit de se trouver chez mademoiselle Zélie, mais sent qu'il serait ridicule de recommencer ses doléances; il se promet, il jure tout bas qu'il sera plus sage à l'avenir. Pauvre garçon! s'il savait que Jeanneton est venue, qu'elle l'a vu partageant la couche d'une danseuse... dans son désespoir, il serait capable de se jeter par la fenêtre; Zélie fait donc fort bien de lui cacher cette aventure.

Adolphe fait ouvrir sa porte et rentre chez lui.

— A ce soir, mon bon ami! lui dit sa voisine.

— A ce soir, répond Adolphe.

Mais il se promet de quitter son logement le jour même. Comme il va pour sortir, on lui apporte une lettre ; Adolphe reconnaît l'écriture de son père; il l'ouvre et lit avec précipitation. Son père sait déjà qu'il n'a plus sa place, mais il ne lui fait pas de reproches; il l'engage seulement à venir le voir, parce qu'il est malade, et qu'il espère que la vue de son fils lui fera du bien.

27ᵉ LIV.

Adolphe chérit son père, dont de grands chagrins ont depuis longtemps altéré la santé; il n'hésite pas à se rendre à ses désirs.

—Partons aujourd'hui même, se dit-il ; le mariage d'Eugénie est encore éloigné, je serai revenu avant qu'il y ait rien de nouveau. D'ailleurs, écrivons un mot à Jeanneton pour lui apprendre mon voyage, et prions-la de m'écrire s'il arrivait quelque nouvel événement avant mon retour.

Adolphe écrit aussitôt à la bonne d'Eugénie, et il remet sa lettre à la portière de son ancienne demeure, qui lui promet de la faire parvenir en secret à Jeanneton. Notre jeune homme a bientôt fait son paquet, et, pour ménager sa bourse, il se décide à se rendre à pied à Senlis ; c'est une promenade pour lui. Il n'est queonze heures : en marchant bien, il arrivera le soir ; et la longueur du chemin ne l'effraie point, il pensera à son Eugénie ; il est certain de ne point s'ennuyer en route.

Il dépose de nouveau ses effets chez sa vieille

12

portière, et n'emportant que ce qui lui est nécessaire, avec sa bourse qui n'est pas bien pesante,
il se met en route, enchanté de quitter le voisinage de Zélie. Il ne résiste pas au désir de passer
devant la maison de M. Moutonnet; il jette un
regard furtif dans la boutique... toujours point
d'Eugénie!... Il n'aperçoit que Bidois qui taille
sa plume devant le comptoir, et il passe en soupirant.

Mais plus il s'éloigne de Paris pour se rapprocher de son père, plus les souvenirs de ses amours
font place à ceux de son enfance : il va revoir
l'auteur de ses jours; il se rappelle leur dernière
séparation, les sages conseils de son père qu'il
n'a pas fort exactement suivis; sa recommanda-
tion de commander à ses passions, qu'il a tout à
fait oubliée, et sa prière de lui confier ses moindres peines, engagement qu'il avait juré de remplir. Son père est son meilleur ami; comment
at-il pu le négliger si longtemps? comment
l'amour a-t-il pu lui faire oublier tout ce qu'il
doit à ce bon père dont le plus grand chagrin est
de ne pouvoir vivre près de lui.

Plus ces pensées se pressent dans son esprit,
plus il hâte sa marche pour arriver dans les bras
de l'auteur de ses jours; il va le trouver malade;
cette idée trouble le bonheur qu'il se promet en
l'embrassant, mais elle redouble son désir d'arriver près de lui. Il est nuit depuis longtemps;
Adolphe ne s'est arrêté que peu de temps en
route, mais il ne sent pas la fatigue, il brûle d'arriver à Senlis. Son cœur bat avec force, mais
c'est l'amour filial qui le remplit seul en ce moment, et il ne rétrograderait plus pour voir Eugénie!... Doux sentiment de la nature, le plus
pur, le plus vrai, le plus inaltérable!... ne devez-
vous pas l'emporter sur tous les autres?

Malgré l'obscurité, on distingue enfin des maisons : c'est Senlis. Adolphe traverse une partie
de la ville, dont les habitants sont plongés dans
le sommeil; il arrive devant une petite maison de
chétive apparence, il s'arrête, il reprend haleine :
c'est là que repose son père.

CHAPITRE XV

LE PÈRE D'ADOLPHE

Adrien Dalmont, père d'Adolphe, était né en
Franche-Comté. Son père, honnête marchand de
Besançon, ayant eu deux fils, leur fit donner
autant d'éducation que ses moyens le lui permet-
taient; et, ne pouvant pas leur laisser de fortune,
il voulut qu'ils fussent en état d'en acquérir par
eux-mêmes.

Georges, frère aîné d'Adrien, était gai, franc
et sans souci, fuyant les occupations sédentaires,
et fort peu studieux. Son seul bonheur était de
parcourir les bois, les montagnes et les cam-
pagnes des environs.

Adrien, plus calme, plus raisonnable, montrait
de bonne heure un caractère sensible, une âme
aimante et un cœur prompt à s'attacher, mais
incapable de varier dans ses sentiments.

Les deux frères furent orphelins de bonne
heure; leur père n'avait pas eu le talent de s'enrichir; il fallait prendre un parti. Georges, sans
s'inquiéter de l'avenir, était décidé à voyager, à
courir le monde, à traverser les mers. Adrien
comptait embrasser l'état militaire.

Mais un cousin de leur mère mourant sans
enfants, toute sa fortune revient aux jeunes Dalmont. Cette fortune s'élève à peu près à quatre-
vingt mille francs. Dès lors les projets des deux
frères sont changés.

Georges a vingt ans, mais il ne connaît point
l'amour; ses goûts l'entraînent toujours vers les
rives lointaines; mais il ne voyagera plus comme
un pauvre diable qui cherche à se faire des pro-
tecteurs et des amis; il veut acheter un petit bâ-
timent, l'armer, l'équiper, et avec cela aller à la
découverte d'un nouveau monde, parce qu'il est
persuadé qu'il y en a encore beaucoup que nous
ne connaissons pas, ce qui est très-possible, mais
que je ne vous affirmerai point.

Adrien n'a nulle envie d'imiter son frère; il ne
songe même plus à s'éloigner du lieu de sa naissance, car Adrien aime déjà quoiqu'il n'ait que
dix-huit ans, et c'est à Besançon que réside celle
qui possède son jeune cœur.

Juliette est l'objet de son amour. Juliette n'a
que quinze ans, mais déjà c'est la plus jolie fille
des environs; ses yeux bleus, sa bouche gracieuse, ses cheveux blonds qui se bouclent natu-
rellement sur son front en font un être ravissant
que l'on ne peut voir sans être doucement ému.
Chez cette aimable enfant, les grâces et la beauté
ont encore plus de charmes en parant la vertu.
Juliette est bonne, sensible, modeste, et ne tirant
aucune vanité de ses attraits; c'est par ses qualités seulement qu'elle cherche à se faire aimer.

Adrien pouvait-il ne pas adorer un pareil trésor? Et Juliette serait-elle insensible à l'amour si
vrai d'Adrien?... Ces deux jeunes gens semblaient faits l'un pour l'autre : mêmes goûts,
même vertu, même sensibilité, tout les unissait;
et cet amour, né dans l'adolescence, promettait
de survivre aux écueils de la jeunesse, aux soucis
de l'âge mûr.

Mais Juliette était sans fortune, et, avant d'en
posséder lui-même, Adrien n'osait lui proposer

sa main; il voulait, avant tout, être en état de soutenir son ménage. La fortune du cousin avait tout arrangé. Adrien allait posséder quarante mille francs; avec cela on est riche quand on n'est pas ambitieux, et les amoureux no le sont point.

Juliette était orpheline comme Adrien; ses parents avaient été d'honnêtes fermiers qu'un incendie avait ruinés; il ne restait à l'amante d'Adrien qu'un frère plus âgé qu'elle de cinq ans, et qui devait être son unique protecteur jusqu'au moment où elle prendrait un époux. Juliette aimait tendrement son frère, et, le regardant comme le seul appui qui lui restât sur la terre, elle avait pris de bonne heure l'habitude de lui obéir.

Robert, c'était le nom de ce frère, était d'un caractère triste et morose, faible d'esprit, froid de cœur; il aimait sa sœur, mais il n'aurait pas eu la force de travailler pour la faire vivre ni le courage de la défendre ou de la protéger. Depuis qu'un incendie avait détruit la fortune de ses parents, et emporté toutes ses espérances de plaisir et de bonheur, Robert, ennuyé du monde et de lui-même, traînait tristement son existence : sans état, sans projets pour l'avenir; ne se souciant pas de faire quelque chose, il laissait la pauvre Juliette s'occuper seule de leurs moyens d'existence; et, quoique gémissant de la voir travailler sans relâche pour elle et pour lui, Robert ne savait que se plaindre sans avoir la force d'en faire davantage.

Un seul homme avait encore le talent de distraire Robert et de diriger ses actions. Cet homme, nommé Roger, était du même âge que Robert; mais sa figure repoussante, ses yeux louches, sa voix rauque lui ôtaient déjà l'apparence de la jeunesse. Ce Roger venait de Paris, où il possédait, disait-il, des parents aisés; cependant il n'avait point d'état, point de fortune, et quoique se vantant de tout savoir, de tout connaître, et de pouvoir se rendre fort utile dans tous les genres d'industrie, il s'était déjà fait renvoyer de plusieurs maisons où l'on n'avait pas eu à se louer de sa conduite.

Comment un tel homme avait-il su s'emparer de l'esprit de Robert, qui n'écoutait pas les conseils que la douce Juliette se permettait quelquefois de lui donner? C'est que les gens faibles se laissent facilement gouverner par les hommes adroits, dont les sophismes flattent leurs penchants, et qu'ils repoussent les avis dictés par la raison et l'amitié.

Ce Roger n'avait pu voir avec indifférence les charmes de Juliette; sous une enveloppe grossière, il cachait un cœur rongé d'envie et de jalousie contre tous les hommes dont les qualités et les avantages naturels faisaient encore ressortir ses vices et ses difformités. N'ayant jamais cherché à combattre ses passions, les flattant en secret, employant tout son esprit à les assouvir, Roger devait détester Adrien; mais cette haine avait pris un caractère plus violent depuis qu'il s'était aperçu que le jeune Dalmont était aimé de Juliette.

L'aimable jeune fille avait reçu avec effroi les déclarations d'amour de Roger, dont la vue seule lui inspirait une secrète horreur. Elle aurait bien voulu être dispensée de l'écouter; mais Roger était l'ami de son frère, ce titre l'empêchait de lui témoigner toute l'aversion qu'elle ressentait pour lui.

Les choses en étaient là, lorsque les frères Dalmont reçurent la nouvelle du brillant héritage qu'ils allaient toucher. Cet événement fut une fête pour le pays, où l'on chérissait les deux frères; il comblait les vœux d'Adrien, parce qu'il lui permettait de rendre heureuse sa Juliette, et celle-ci se disait :

— Mon frère ne pourra me refuser à celui que j'aime, et je vais être son épouse malgré ce méchant Roger.

— Qu'ils sont heureux! se dit Robert en apprenant cette nouvelle; les voilà riches!... Pareil événement ne m'arrivera pas, à moi qui suis ruiné!...

Et Robert devint plus sombre, plus rêveur que jamais.

Roger seul ne dit rien, ne laissa rien paraître de ses sentiments; il vint même complimenter les deux frères sur leur fortune, et cessa de parler à Juliette de son amour : mais il se rapprocha encore davantage de Robert, et, plus que jamais, ils devinrent inséparables. On les voyait s'éloigner ensemble de la ville pour s'enfoncer dans les vallons, dans les forêts; Robert revenait toujours plus triste, plus soucieux, tandis qu'au contraire Roger semblait plus content et plus gai.

Les frères Dalmont avaient depuis longtemps envoyé à leur homme d'affaires les titres et les procurations pour toucher, en leur nom, ce qui leur revenait. Ils attendaient d'un instant à l'autre qu'on leur fît passer leur fortune : Georges, pour faire le tour du monde, Adrien pour se marier.

Les amants avaient déjà fait leur plan d'existence : ils devaient acheter une jolie maison qui était alors en vente, le produit de leurs terres devait suffire à leurs besoins; là, cultivant en paix leur petit domaine, tout à l'amour, au travail et au plaisir, Adrien et Juliette ne pouvaient plus craindre l'adversité.

L'héritage arrive enfin. Les deux frères touchent de bonnes lettres de change; ils réalisent et font le partage des quatre-vingt mille francs, qui leur permettent de suivre leurs penchants et d'assurer leur sort.

Déjà Georges est prêt à partir. La veille du jour où il doit quitter son frère est un jour de repos dans le pays; on ne songe qu'à se divertir. Les deux frères invitent quelques amis à une petite fête qu'ils donnent dans la campagne.

Juliette y va, Juliette que l'on regarde déjà comme l'épouse d'Adrien. On invite aussi Robert, mais il refuse de prendre part à leurs plaisirs, et ce refus ne surprend personne, parce que l'on connaît son caractère sombre, qui le porte à fuir toutes les réunions.

La journée se passe gaiement; on rit, on danse, on chante; Georges promet à ses amis de

— Je ne viens pas de la Courtille. (Page 83.)

revenir après avoir découvert un autre hémisphère auquel il espère donner son nom. Adrien engage son frère à venir bientôt partager son bonheur, et l'on retourne à la ville en s'entretenant de ces charmants projets.

Il est nuit depuis longtemps. Les deux frères reconduisent Juliette chez elle, puis retournent à leur demeure. Ils habitent une petite maison située au bout de la ville et entourée de marais et de jardins. C'est là qu'ils ont laissé leur fortune, confiants comme on l'est au jeune âge, parce qu'ils sont dans le lieu de leur naissance et se croient entourés d'amis.

Mais quel coup de foudre vient les frapper!... Leur fortune leur a été enlevée; le secrétaire qui la renfermait est brisé; on leur a tout volé. Ils

courent dans la ville, se rendent chez les magistrats; cet événement répand l'alarme parmi tous les habitants. Des voleurs se sont introduits chez les jeunes Dalmont et les ont dépouillés! Cette nouvelle jette partout l'épouvante et la consternation. On fait des recherches, des perquisitions: nul indice ne fait découvrir les coupables, qui ont pu s'introduire facilement dans une maison isolée et se sauver de même en franchissant des murs peu élevés. On ne doute point que quelque marchand forain, quelque vagabond n'ait commis ce crime. On plaint les deux frères; on les blâme de leur imprudence. On prend toutes les mesures usitées pour arrêter les voleurs, mais c'est en vain, et les deux frères sont ruinés. Georges prend aisément son parti: il vend le peu qui lui reste, en donne la moitié à son frère et part en lui promettant de ne revenir que millionnaire. Mais Adrien ne peut se consoler aussi facilement. Ce n'est point l'argent qu'il regrette, c'est Juliette... sa douce amie, qu'il allait épouser... Faut-il maintenant lui faire partager sa misère? Juliette est toujours aussi tendre, aussi aimante; elle ne veut que son Adrien. Mais

Robert fait entendre à celui-ci qu'il ne peut être son époux s'il n'a aucun moyen d'existence.

— Promets-moi de me rester fidèle, dit Adrien à son amie; jure-moi de m'aimer toujours, de ne point changer, et je vais partir avec courage, m'engager, et acquérir un grade honorable, afin de revenir digne de toi.

Juliette trouve qu'Adrien est déjà bien digne

Juliette.

d'elle; elle soupire de l'injustice de son frère, et fait, sans hésiter, le serment que lui demande son amant. Adrien embrasse alors sa tendre amie, puis tend la main à Robert en le suppliant de lui garder sa Juliette. Robert fait un signe de tête, balbutie une promesse, et la main qu'il donne à Adrien est humide et tremblante.

XVI

SUITE DE L'HISTOIRE D'ADRIEN.

Quelques mois après le départ d'Adrien, Roger annonce qu'il va se rendre à Paris pour terminer des affaires importantes; il dit avoir reçu des nouvelles d'un parent fort riche, qui est lancé dans le commerce et peut lui faire faire des spéculations avantageuses. Enfin il propose à Robert de le suivre et d'essayer de tenter avec lui la fortune; au grand étonnement de tout le monde, Robert accepte ces propositions et part avec Roger.

Juliette, restée seule, pense à son Adrien dont elle reçoit de temps à autre des nouvelles; elle apprend qu'il se distingue, qu'il est déjà sous-officier; elle ne doute pas qu'il ne parvienne à être au moins lieutenant. Son ambition ne s'élève pas au delà; elle pense qu'un lieutenant est un homme que son frère ne pourra plus refuser, et cette douce espérance, en soutenant son cou-

rage, lui fait supporter les peines de l'absence.

Cependant, après une absence de six mois, Robert et Roger reviennent près de Juliette, mais non plus tels qu'ils sont partis. Roger a fait, soi-disant, de fort bonnes affaires, et il a aidé Robert qui a aussi gagné de l'argent. Roger achète une maison, la même qu'Adrien espérait acquérir, et le frère de Juliette achète une jolie propriété non loin de celle de son ami.

La nouvelle fortune de Robert ne semble pas cependant le rendre plus heureux ; il est toujours aussi mélancolique qu'autrefois ; il y a même des moments où, livré à un effroi dont on ne saurait deviner la cause, il tremble et frémit au moindre bruit, à la plus simple interpellation.

Juliette fait tous ses efforts pour ramener le calme et le contentement dans l'âme de son frère ; mais lorsqu'elle lui demande le motif de ses alarmes, de sa tristesse, maintenant que la fortune leur sourit, Robert fuit sa sœur et ne lui répond pas.

Roger, qui paraît fort satisfait de son sort, recommence à parler d'amour à Juliette. Sans cesse sur ses pas, il la suit, la guette, l'obsède par ses poursuites.

— Je ne vous ai jamais aimé, lui dit Juliette, et j'adore Adrien.

— Adrien ne pense plus à vous, dit Roger ; il ne reviendra pas.

— Adrien me sera toujours fidèle, j'en suis certaine ; mais quand même il m'oublierait, je ne consentirai pas pour cela à vous épouser.

— Vous m'épouserez cependant, répond Roger en lançant sur la charmante fille des regards affreux ; il le faut, et cela sera.

Juliette tremble, frémit ; elle court se plaindre à son frère des poursuites d'un homme qu'elle déteste ; mais Robert ne lui répond pas ; il l'écoute en silence ; quelquefois des larmes viennent mouiller ses paupières, des soupirs étouffés s'échappent de sa poitrine, mais il s'éloigne sans consoler sa sœur.

Deux années se sont écoulées depuis le départ d'Adrien, et chaque jour Juliette prie le ciel de lui ramener son amant, car chaque jour sa position devient plus insupportable. Roger est sans cesse sur ses pas, il ne la quitte point ; il est plus arrogant, plus affermi que jamais dans son projet de l'épouser. Ce n'est pas un amant timide qu'il lui fait la cour, c'est en homme qui menace, qui effraie, qui est persuadé qu'on sera forcé de lui obéir. Juliette, ne pouvant plus endurer ce supplice, demande en grâce à son frère de défendre à Roger de prétendre à sa main ; et pour la première fois Robert lui annonce au contraire qu'il faut qu'elle se décide à l'épouser.

— Épouser Roger !... oublier Adrien !... Jamais !... jamais !... s'écrie Juliette ; je tiendrai jusqu'au tombeau le serment que j'ai fait à celui que j'aime.

— Il faut oublier ce serment et Adrien, dit Robert ; il faut que Roger devienne ton époux ou je suis perdu...

— Perdu ! Que voulez-vous dire ?... Qu'avez-vous donc à craindre de Roger ?

— Tout... si tu ne consens pas à être sa femme.

Robert s'enfuit, laissant l'infortunée Juliette livrée aux plus mortelles alarmes. Oublier Adrien, c'est impossible ! Épouser Roger ! elle aimerait mieux mourir... Mais quels sont ces dangers qui menacent son frère ?... Que peut-il redouter de celui qui se dit son plus sincère ami, de celui à qui il doit sa fortune ? Juliette cherche en vain à deviner ce secret ; sa tête se perd, son esprit s'égare en conjectures vagues ; elle ne peut fixer ses idées.

Le lendemain de sa conversation avec Robert, Juliette, retirée dans sa chambre, cherchait en vain le sommeil ; il avait fui ses paupières depuis qu'on voulait la forcer à oublier son Adrien. Voulant respirer un moment l'air pur de la campagne, dans l'espoir qu'il ranimera ses esprits abattus, elle se lève au milieu de la nuit et ouvre sa fenêtre qui donne sur leur jardin. Cette fenêtre est peu élevée ; une voix, qu'elle croit reconnaître pour celle de son frère, a troublé le silence de la nuit. A qui Robert peut-il parler à cette heure ?... Juliette écoute... elle croit entendre prononcer son nom ; bientôt elle distingue la voix de Roger. C'est d'elle que l'on parle. Le désir de connaître leur secret, de savoir ce qu'ils ont résolu, lui fait surmonter son effroi : elle descend doucement de sa chambre, marche avec précaution jusqu'au bosquet dans lequel sont assis Roger et son frère, et, retenant sa respiration de crainte d'être surprise, Juliette écoute leur conversation.

— Il y a trop longtemps que cela dure ainsi, dit Roger. Il faut que cela finisse.

— Ce n'est pas ma faute, répond Robert d'une voix tremblante ; je vous laisse le maître de lui parler...

— Il ne suffit pas que je lui parle ; et vous voyez bien qu'elle n'en tient aucun compte, puisqu'elle me rebute continuellement ; cette petite fille est diablement entêtée !... mais, morbleu ! nous saurons la réduire. C'est à vous de commander ; vous êtes son frère, elle doit vous obéir.

— Je lui ai dit hier quelles étaient mes intentions.

— Cela ne suffit pas encore ; il faut la forcer à céder.

— Je n'ai pas le droit... Je ne saurais... malgré sa volonté...

— Vous n'avez pas le droit!... vous ne sauriez!... Ah! vous êtes toujours si faible, si indécis!... Il faut montrer du caractère, cependant. Songez bien, Robert, que, si je n'épouse pas votre sœur... j'ai les moyens de vous perdre... et je les emploierai !

— Ce serait vous perdre aussi.

— Non, non!... Je fuirais d'abord, je me mettrais à l'abri des poursuites avant de vous dénoncer, et j'enverrais aux magistrats une accusation que vous ne seriez pas en état de démentir.

— Misérable! dans quelle affreuse position m'avez-vous placé?

— Vraiment, je vous conseille de vous plaindre : vous n'aviez pas le sou, et vous ne vouliez rien faire; eh bien! je vous ai enrichi, et moi aussi à la vérité; mais nous avons partagé en bons camarades. Il me semble que vous devriez me remercier, au lieu de me dire des injures! Vous êtes un ingrat!...

— Et les remords qui déchirent mon cœur... et la crainte d'être reconnu coupable?

— Quant à cela, vous savez bien qu'il n'y a point de danger; personne ne possède notre secret!... Nous ne courons donc aucun risque; ainsi vos remords viennent fort mal à propos!

— Ah! vous avez beau dire!... je ne puis plus goûter de tranquillité... Je ne saurais supporter la présence d'Adrien!... et s'il revenait dans ce pays...

— Il n'y reviendra pas quand il saura que votre sœur est mariée!

— Malheureux Adrien!... faut-il encore lui ravir son amante, après l'avoir dépouillé... après lui avoir volé tout ce qu'il possédait !...

Un cri, parti à peu de distance, interrompit Robert; les deux hommes sortirent précipitamment du bosquet, et trouvèrent Juliette étendue sans connaissance à quelques pas de là.

— C'est ma sœur, dit Robert, c'est ma pauvre sœur !...

— Oui, dit Roger d'une voix sombre, elle nous écoutait ; sans doute elle a tout entendu. C'est maintenant, plus que jamais, qu'il faut qu'elle soit ma femme.

XVII

FIN DE L'HISTOIRE D'ADRIEN.

En revenant à la vie, Juliette n'osait porter ses regards ni sur son frère ni sur Roger; tous deux lui faisaient horreur; elle ne pouvait supporter la pensée de vivre avec les misérables qui avaient volé Adrien et Georges. Cependant un reste de pitié lui parlait encore pour son frère, dont elle voyait les remords et le repentir.

— Vous connaissez notre secret, lui dit Roger ; voyez maintenant si vous voulez encore me refuser votre main. Je puis perdre votre frère, déshonorer votre famille, et je le ferai si vous ne consentez pas à m'épouser, dussé-je me perdre avec vous.

Juliette connaissait Roger capable, pour se venger, de se dénoncer lui-même : elle frémissait à la seule pensée de donner sa main à ce monstre, mais elle ne pouvait non plus supporter l'idée de voir son malheureux frère accusé, traîné devant les tribunaux, et le nom de leur vertueux père déshonoré à jamais.

Robert, pâle et tremblant devant sa sœur, n'osait point la supplier de le sauver ; il avait horreur de lui-même ; il se sentait indigne de sa pitié, et Juliette, qui voyait ses craintes et sa souffrance, était décidée à sauver son frère et à mourir en épousant Roger.

Le mariage était arrêté ; encore huit jours et Juliette, l'intéressante Juliette, devenait l'épouse d'un monstre souillé de crimes : un des plus beaux ouvrages de la nature allait s'allier à ce qu'elle avait formé de plus repoussant. L'infortunée attendait ce moment comme le malheureux condamné attend l'instant de son supplice.

C'est alors que revient Adrien, brûlant d'amour, d'espérance, ayant obtenu le grade de lieutenant et fait quelques économies ; il s'empresse de profiter d'un congé pour aller demander à Robert la main de sa sœur et vivre plus d'obstacle à son union avec Juliette. En entrant dans sa ville natale, son premier soin est de demander des nouvelles de son amie.

— Dans huit jours, lui dit-on, elle devient la femme de Roger.

— Juliette infidèle!... et pour Roger!... On me trompe, dit Adrien ; je ne le croirai que quand sa bouche me l'aura confirmé.

Adrien s'informe de la nouvelle demeure de Juliette : il court, il vole... il traverse la ville comme un fou... enfin il arrive, il entre... il est devant Juliette... et il ne peut se persuader que c'est elle qu'il voit, tant les chagrins, les pleurs, la souffrance ont altéré les traits de son amie.

Juliette a poussé un cri de joie ; elle s'est élancée en apercevant Adrien... puis bientôt, faisant un retour sur sa situation, elle est retombée triste et abattue sur sa chaise.

— Ma Juliette! dit Adrien en se jetant aux genoux de son amie, tu me revois plus tendre, plus épris que jamais... Pourquoi ces larmes, cette tristesse? Quel changement en toi!... Et tu ne cours pas dans mes bras, tu ne réponds pas à mon empressement!... O ciel! m'aurait-on dit vrai?...

— Oui, dit Juliette d'une voix faible, oui, j'épouse Roger...

— Tu épouses Roger... toi, Juliette!... tu m'es infidèle!...

— Ah! je n'ai pas cessé un instant de t'adorer... mais il le faut... je ne saurais te dire... je dois épouser Roger.

— Tu dois épouser Roger!... Voilà donc le prix de mon amour, de ma constance! Perfide! et ta bouche ne craint pas de me faire cet aveu! tu te fais un jeu de ma douleur!... Va, je te rends tes serments, tes lettres... dans lesquelles tu me peignais une tendresse que tu n'éprouvais pas!... Épouse Roger, tu es digne de lui.

Adrien part en disant ces mots, et sans regarder Juliette. Ah! s'il l'avait vue éperdue, mourante, il n'aurait point eu le courage de s'éloigner ainsi. Ce coup était trop fort pour l'âme de Juliette ; elle avait jusqu'alors tout supporté : mais s'entendre accuser de perfidie par Adrien! mais l'entendre la maudire, perdre à la fois son estime et son amour! L'infortunée succombait à sa douleur, lorsque Robert revint près d'elle. Il avait appris le retour d'Adrien, et plus troublé, plus inquiet que jamais, il venait près de Juliette comme pour y trouver un asile contre la vengeance d'Adrien.

Il trouve sa sœur livrée au plus affreux désespoir ; il l'entend prononcer, en sanglotant, le nom de son amant et jurer de ne plus supporter la vie. Ce tableau pénètre l'âme de Robert, déjà bourrelée de remords ; il se sent indigne du sacrifice que Juliette allait lui faire ; il frémit en pensant que tant de candeur, de grâces, de vertus, deviendraient la proie de l'homme qui l'a poussé au crime.

— Console-toi, ma Juliette, lui dit-il, sèche tes larmes, tu reverras Adrien. Tu peux encore être heureuse... C'est à moi de tout sacrifier.

Mais Juliette ne l'entend pas ; ces consolations n'arrivent point à son cœur que la présence d'Adrien vient de déchirer.

Roger a appris le retour d'Adrien ; il prévoit les suites funestes qui peuvent en résulter ; il craint l'amour de Juliette, les remords de Robert ; il redoute la fureur de son rival ; il sent enfin qu'il ne pourra être tranquille possesseur de sa fortune et de sa maîtresse tant qu'Adrien existera, et, aucun crime ne l'effrayant pour satisfaire ses passions, il jure la mort de son rival.

En s'éloignant de Juliette, Adrien a quitté la ville et, marchant au hasard, il a porté ses pas vers un bois qui n'est pas éloigné. Là, s'abandonnant à sa douleur, il laisse couler ses larmes qu'il a retenues devant Juliette, et, cessant de combattre ses regrets et son amour, il se repaît encore de l'image de celle qu'il aime toujours, malgré la perfidie dont il la croit coupable.

La nuit est venue, un orage affreux se déclare, la foudre gronde, ses éclats font retentir les échos de la forêt que les éclairs sillonnent par intervalles. Adrien reste dans le bois : absorbé dans sa douleur, le désordre de la nature ne saurait l'effrayer, et dans ce moment ce spectacle terrible a des charmes pour son âme.

A minuit, Robert est sorti de sa demeure pour aller trouver celui qu'il a jadis dépouillé, et auquel il veut faire l'aveu de son crime ; il espère obtenir de lui son pardon, et connaît assez Adrien pour savoir que la faute du frère ne saurait altérer ses sentiments pour la sœur.

C'est dans une cabane de bûcheron, située dans le bois, que l'on croit qu'Adrien est allé passer la nuit. Tels sont du moins les renseignements que Robert a recueillis le matin, et il se décide à s'y rendre, choisissant exprès une heure où personne ne pourra l'apercevoir ; il se flatte que la conversation qu'il va avoir avec Adrien restera éternellement secrète, et que Roger surtout ne concevra aucun soupçon.

L'espoir de soulager son âme bourrelée de remords a rendu quelque énergie à cet homme ordinairement si faible et craintif ; il marche d'un pas ferme, malgré l'orage qui gronde sur sa tête, et déjà il est près d'atteindre le bois.

Mais Roger veille aussi : le misérable attendait la nuit et le silence pour frapper en sûreté sa victime. Pendant le jour, il a su s'informer adroitement de la route qu'avait prise Adrien, et lorsque l'ombre et le mystère semblent lui promettre l'impunité, il se dirige vers la cabane, dans laquelle il espère s'introduire facilement et sans donner l'éveil au bûcheron.

Roger marche avec précaution ; il craint d'être entendu ; il s'arrête au moindre bruit qui vient frapper son oreille. Au détour d'un sentier, la lueur d'un éclair lui fait apercevoir un homme marchant avec précipitation ; il écoute, il reste immobile... L'homme passe près de lui... le nom de Juliette s'échappe péniblement de sa poitrine. Roger ne doute point que ce ne soit son rival. Quel autre qu'Adrien pourrait être maintenant dans le bois?... Il précipite ses pas, il atteint sa victime.

— Meurs! lui dit-il...

Il frappe, et Robert tombe à ses pieds baigné dans son sang.

Adrien passe à travers les flammes : Juliette est sauvée. (Page 95.)

Au cri que l'infortuné a jeté en se sentant frappé, l'assassin a reconnu sa méprise ; il fuit, dévoré de rage d'avoir manqué son rival : la mort de Robert lui ôtant tout espoir de posséder Juliette, il jure en s'éloignant qu'Adrien ne sera pas plus heureux que lui.

Cependant Robert respire encore ; ses gémissements parviennent jusqu'à Adrien, et le tirent enfin de son profond accablement. Quelque malheureux que l'on soit, on trouve encore un allégement à ses peines lorsque l'on peut secourir d'autres infortunés ; le malheur ne rend pas insensible, ce que la fortune fait quelquefois.

Adrien se dirige du côté d'où partent les gémissements ; il arrive près d'un homme mourant... Mais que devient-il en reconnaissant dans cet homme Robert, le frère de Juliette? Seul, au milieu de la nuit, dans un bois, et quand la foudre semble vouloir épouvanter les faibles mortels, qui viendra l'aider à secourir cet infortuné? Adrien appelle ; il fait retentir les échos de ses cris ; l'orage seul y répond. A genoux devant le blessé, il cherche à le ranimer, à panser ses blessures. Robert rouvre les yeux et entend la douce voix d'Adrien.

— C'est toi qui veux me sauver! lui dit-il ; c'est toi qui implores le ciel en ma faveur, cher Adrien! Je suis indigne de ta pitié ; je suis l'auteur de tous tes malheurs... J'ai mérité mon sort, mais je mourrai moins malheureux si tu daignes me pardonner.

— Quels que soient tes torts, dit Adrien, je dois les oublier en ce moment pour ne songer qu'à te secourir... Tu ne peux rester dans ce bois ; je vais te porter dans mes bras jusqu'à la cabane du bûcheron ; nous y trouverons quelque secours.

— Ils seraient inutiles, dit Robert d'une voix expirante ; je sens que je n'ai plus que quelques instants à vivre ; permets-moi de les employer à t'avouer mon crime ; cet aveu seul peut me soulager et diminuer mes souffrances... Va, le spectacle de la nature en feu, du bouleversement des éléments, n'est plus effrayant pour celui qui aperçoit déjà la profondeur du tombeau!

Adrien est forcé de se rendre aux désirs de Robert ; courbé près de lui, et soutenant doucement sa tête, il écoute en silence le récit que lui fait le frère de Juliette.

— Tu le sais, Adrien, la ruine de mes parents changea mon caractère ; je devins inquiet, silencieux. Habitué par un père trop bon à ne faire que mes volontés, je n'avais jamais voulu me décider à travailler ; je n'étais même pas en état de rien faire, et le moment où je sentis qu'il me faudrait, pour subsister, faire usage des facultés et des forces que nous donne la nature, fut un coup terrible pour moi ; la honte d'avoir inutilement perdu mes premières années se fit alors sentir ; mais, loin de retrouver cette énergie qui nous inspire le désir de réparer nos fautes, je n'éprouvai que du découragement et de l'ennui.

« Roger seul, le perfide Roger avait l'art de me distraire, en feignant de me plaindre et en flattant ma paresse.

« — Tu ne dois point travailler, me disait-il souvent ; tu es né riche. Un malheur t'a ruiné, il faut qu'un autre événement te dédommage ; la Fortune te doit bien cela. »

« C'est alors que tu héritas ainsi que ton frère ; et, je ne rougis point de te l'avouer, loin de partager ton bonheur, je n'éprouvai que le regret de voir quelqu'un plus fortuné que moi.

« Roger ne me quittait pas ; depuis quelque temps, ses discours insidieux, ses maximes perverses avaient égaré mon cœur et corrompu mon esprit.

« — L'instant est arrivé, me dit-il un jour, où nous pouvons tous deux réparer les torts de la fortune et reprendre ce qu'elle nous a ôté. Les frères Dalmont viennent de recevoir une somme considérable sur laquelle ils ne comptaient pas, et dont, par conséquent, ils peuvent bien se passer. Seconde-moi, et cette somme passe dans nos mains où elle sera beaucoup mieux placée que dans celles de deux étourdis qui n'en sentent pas la valeur. »

« D'abord cette proposition me révolta ; bientôt je m'accoutumai à l'entendre sans frémir... j'osai même calculer les chances de réussite. Ah! mon cher Adrien, lorsqu'on compose avec le crime, on est déjà coupable.

« Que te dirai-je enfin? j'eus la bassesse de céder... et, pendant ce jour de fête, je m'introduisis avec Roger dans votre demeure, et j'aidai à dépouiller mon ami. Voilà où m'avaient conduit une lâche faiblesse et ce mépris pour le travail,

cet amour de l'oisiveté que je décorais du beau nom d'indépendance!

« Mais, depuis ce moment, loin d'être plus heureux, je n'ai pas goûté une minute de repos. Le jour, sur tous les visages, je croyais lire le soupçon de mon crime ; dans tous les êtres qui m'abordaient, je voyais des accusateurs. La nuit, le sommeil fuyait de ma paupière, et lorsque tout reposait autour de moi je me croyais encore entouré de gens qui veillaient pour m'arrêter ; le vol d'un oiseau, le souffle du vent, le plus léger bruit dans le feuillage me faisaient toujours entendre ces mots terribles :

« — C'est lui qui a volé Adrien! »

« Mais ce n'était pas encore assez... un tourment plus cruel m'était réservé. Roger... l'infâme Roger, voulait épouser Juliette... Il me fallait sacrifier ma sœur... voir sans pitié ses larmes... son désespoir, et la condamner au malheur pour acheter le silence de mon complice... Juliette venait de découvrir notre horrible secret... Juge de sa douleur... de sa situation... et cesse de la croire infidèle... c'est pour moi qu'elle se sacrifiait... Mais une telle union ne pouvait s'accomplir... Aujourd'hui... touché du désespoir de Juliette... je venais tout te dire... tout t'avouer... Un monstre vient de me frapper... Roger est mon assassin... mais maintenant je puis perdre la vie... Juliette ne sera point sa femme... Cher Adrien... c'est à toi... Ah! dis-moi que tu me pardonnes... et je mourrai satisfait. »

Adrien avait écouté avec la plus vive émotion le récit de Robert, souvent interrompu par des instants de faiblesse et de souffrances que le malheureux s'efforçait de surmonter, afin de tout dire à Adrien. Celui-ci versait des larmes au souvenir de Juliette qu'il se reprochait d'avoir pu accuser un moment.

— Oui, dit-il enfin à Robert, je te pardonne... ton repentir doit effacer ta faute ; Roger seul est un monstre que je saurai punir... mais calme tes remords, tu peux encore espérer.

— Non, Adrien ; tout est fini pour moi, je le sens... cet aveu a épuisé mes forces... Mais tu m'as pardonné... Console ma pauvre sœur... qu'elle ne maudisse pas la mémoire de son frère.

Robert laisse retomber sa tête sur l'herbe humide de la forêt : il a cessé d'exister. Adrien reste quelques moments immobile devant le corps de ce malheureux ; mais bientôt le souvenir de Juliette lui fait sentir qu'il a d'autres devoirs à remplir. C'est elle qu'il doit consoler ; c'est à elle qu'il se doit tout entier. Il casse plusieurs branches d'arbres, en couvre le corps de Robert, et s'éloigne du bois pour se rendre près de Juliette à laquelle il faut bien apprendre la mort de son frère.

Mais, en approchant de la ville, quelle clarté extraordinaire frappe ses regards!... le ciel en est éclairé... On distingue les maisons, les chemins, et cette lumière effrayante semble à chaque instant s'étendre davantage... Adrien double le pas, agité par un effroi dont il ne peut encore se rendre compte... Bientôt des cris effrayants frappent son oreille. Les habitants de la ville sont levés, ils courent en foule vers le même point... « Au feu!... au feu! » répète-t-on de toutes parts, et ce cri effrayant a retenti dans l'âme d'Adrien... Un secret pressentiment le pousse vers la demeure de Juliette... C'est de là, en effet, que partent les flammes; c'est là que l'incendie éclate avec fureur, au milieu d'une nuit d'orage qui semble vouloir embraser ce malheureux pays.

— Juliette... ma Juliette! s'écrie Adrien...

Aucune voix ne lui répond, mais on lui montre du doigt la maison dévorée par les flammes : c'est là qu'il faut chercher Juliette. Adrien court, perce la foule, se précipite vers le foyer de l'incendie... Il est dans la maison... il court de chambre en chambre... la fumée ne permet plus de distinguer les objets... il appelle son amie... enfin une voix se fait entendre... elle appelait Robert... Juliette cherchait son frère et voulait aussi le sauver.

Adrien parvient à saisir Juliette; il l'emporte dans ses bras : elle perd connaissance en balbutiant encore le nom de son frère. Adrien passe à travers les flammes, il surmonte tous les obstacles, Juliette est sauvée.

La maison fut la proie des flammes; on ne put rien sauver de ce qui avait appartenu à Juliette et à son frère. On attribua cet incendie à la foudre qui était tombée en plusieurs endroits, et notamment sur le corps de malheureux Robert qu'on trouva le lendemain réduit en cendres dans le bois.

Juliette seule sut la vérité; elle apprit par Adrien la triste fin de son frère; mais elle éprouva un sentiment de joie en connaissant son repentir et en sachant qu'Adrien lui avait pardonné. Roger avait fui le pays; il ne restait plus rien à Juliette, mais elle seule était tout pour son amant, qui bientôt devint son époux; et ils quittèrent alors un séjour qui rappelait trop à Juliette son frère et Roger.

Adrien obtint son congé, ne voulant plus se séparer d'une épouse dont la santé faible et chancelante réclamait tous ses soins. Les secousses violentes qui avaient affecté l'âme de Juliette avaient aussi attaqué les principes de sa vie; l'idée de son union avec Roger, la mort de son frère et l'incendie de leur demeure avaient accablé cette femme infortunée, et, quoique heureuse dans les bras de son époux. Juliette soupirait encore quelquefois, comme étonnée de pouvoir connaître le bonheur.

Les deux époux habitaient Paris. Adrien avait un petit emploi qui suffisait à leurs besoins. Juliette était enceinte; elle mit au monde un fils, mais elle mourut en le remettant entre les bras de son mari. Adrien avait perdu tout espoir de bonheur avec sa Juliette, mais il sentit qu'il devait vivre pour son fils, et Adolphe devint l'objet de tous ses soins.

Adrien se privait de tout plaisir pour donner de l'éducation à son fils. Adolphe grandissait en chérissant son père. Il avait dix ans lorsqu'en se promenant avec lui dans les environs de Paris ils furent accostés par un mendiant qui implorait leur charité. La voix de cet homme frappa Adrien, et, considérant ses traits avec attention, il reconnut Roger sous les misérables haillons qui le couvraient. Un sentiment de joie entra dans l'âme d'Adrien.

— Du moins, dit-il, le crime n'a point prospéré!...

Déjà Roger avait fui; le misérable venait de reconnaître Adrien. Quelques années après, il périt sur un échafaud.

Adrien vieillit, satisfait de voir son Adolphe répondre à ses espérances; car si le jeune homme était un peu étourdi, et parfois trop sensible près des dames, il possédait aussi les qualités d'un homme d'honneur, et n'avait que les défauts de son âge.

Adrien voulait placer son fils dans un bureau; mais un jeune homme qui n'a rien ne peut se permettre d'être deux ou trois ans surnuméraire, et Adolphe entra dans le magasin de nouveautés. Son père se retira à Senlis, où il obtint un modique emploi, et se berça de l'espoir que son fils deviendrait plus heureux que lui. Telle est l'histoire du père d'Adolphe, que nous nommerons maintenant M. Dalmont.

CHAPITRE XVIII

LE POITRINAIRE

Adolphe aperçoit de la lumière à travers une des fenêtres de l'appartement qu'occupe M. Dalmont. Il frappe, et bientôt la voix de son père se fait entendre.

— Ouvrez, lui dit Adolphe, ouvrez, mon père! c'est votre fils.

— Mon fils!... dit d'une voix faible M. Dalmont.

Il descend aussi vite que ses forces le lui permettent, et il est bientôt dans les bras de son fils.

Adolphe presse son père dans ses bras; mais quel sentiment pénible vient troubler sa joie! Il remarque le changement effrayant qui s'est opéré dans toute la personne de l'auteur de ses jours. M. Dalmont n'a que quarante-deux ans, et déjà il paraît faible et languissant : ses yeux sont caves quoique brillants, son teint pâle se charge quelquefois de petites couleurs qui n'annoncent

Adrien reconnaît Roger sous les misérables haillons qui le couvraient. (Page 95.)

point la fraîcheur de la santé, mais un mal intérieur que l'art des médecins parvient rarement à guérir; enfin une toux continuelle fatigue celui qui en est attaqué, et ceux qui, forcés de l'entendre, en prévoient les tristes suites.

Cependant Adolphe cache à son père les craintes qu'il éprouve.

— Vous êtes malade, lui dit-il, et je m'empresse de venir être votre gardien.

— Ce n'est rien, ce n'est rien, dit M. Dalmont; un rhume un peu opiniâtre qui me fatigue... Ta présence hâtera ma guérison.

Adolphe s'établit près de son père, qui, faute de moyens, n'a personne avec lui pour le soigner.

— Je ne vous quitterai plus, lui dit-il, que vous ne soyez entièrement rétabli.

Et, dès le lendemain, le jeune homme se charge de veiller à tous les détails de leur petit ménage.

Adolphe voit avec plaisir que la maladie n'a point ajouté à la mélancolie habituelle de son

père; au contraire, M. Dalmont paraît plus gai; il fait de charmants projets pour l'avenir.

— Mon ami, dit-il à Adolphe, je crois que le sort se lasse enfin de m'être contraire; je me suis lié ici avec un homme estimable, qui vient d'obtenir à Paris une place importante dans le ministère. Loin de m'oublier dans sa prospérité, il s'est déjà occupé de moi et de toi, mon cher Adolphe; dans sa dernière lettre, il me promet une place avantageuse auprès de lui. Je serai près de mon fils, nous vivrons ensemble, et, sur la fin de ma carrière, je pourrai enfin être heureux.

Cet espoir charme aussi Adolphe, et sans trop se flatter que cet ami de Paris réalisera ses promesses il entretient son père dans cette douce idée, qui embellit pour lui l'avenir.

Chaque matin, lorsque le temps est beau, Adolphe sort avec son père dont il soutient la faiblesse; il le guide, il lui donne le bras pour aller respirer l'air pur d'une belle matinée d'hiver, et cet emploi lui semble bien doux. Soigner son père a pour lui mille charmes; si le souvenir d'Eugénie vient occuper aussi ses pensées et lui arrache parfois un soupir, jamais l'idée de quitter son père ne s'est mêlée aux regrets qu'il éprouve d'être éloigné de son amante. Ne recevant point de nouvelles de Jeanneton, il pense qu'il n'y a rien de nouveau, qu'Eugénie est parvenue à gagner du temps, et que l'époque du mariage n'est pas encore arrêtée.

Malgré les tendres soins de son fils, M. Dalmont ne va pas mieux. Bientôt il n'est plus en état de sortir de sa chambre; il faut qu'il passe sa journée assis près de sa cheminée. Son fils lui tient fidèle compagnie, et M. Dalmont, se flattant toujours de l'espoir d'obtenir une place à Paris, lui fait part de ses projets pour l'avenir. Adolphe l'écoute et approuve tous ses plans; mais en examinant les traits de son père, en considérant ses yeux caves, ses joues creuses, en entendant surtout cette voix dont le son n'est plus le même qu'autrefois, Adolphe détourne la tête pour cacher une larme qui coule de ses yeux.

Quelquefois M. Dalmont pense à son frère Georges.

Peut-être n'est-il pas mort, dit-il à Adolphe; peut-être le reverrons-nous un jour!... Ce pauvre Georges! que j'aurais de plaisir à l'embrasser!... Que sait-on? il a peut-être fait fortune!... Et, si cela est, je suis bien sûr qu'il la partagera avec nous.

Heureux le malade qui ne voit pas son état, et que l'espérance berce jusqu'au tombeau! Pour lui, la mort n'est qu'un sommeil profond, et il s'endort sans prévoir qu'il ne se réveillera plus!... Mais pour ceux qui l'entourent, que de tristes moments!... Voir s'éteindre un père, un frère, un ami... le voir, jeune encore, succomber sous le mal qui le tue, et savoir que rien ne peut nous le conserver, que bientôt nous en serons séparés pour jamais!... Cette idée a quelque chose d'affreux, de désolant, et chaque fois que l'on entend celui que l'on va perdre former des projets pour l'avenir, on sent augmenter encore sa douleur.

Six semaines se sont écoulées depuis qu'Adolphe a quitté Paris, et toujours point de nouvelles d'Eugénie; le pauvre amant ne sait que penser de ce silence; mais sûr de l'amour de celle qu'il aime, et comptant sur le serment qu'elle lui a fait de lui rester fidèle, Adolphe se persuade que les choses sont encore au point où il les a laissées en s'éloignant; et, quand même il en serait autre-

Les habitants de la ville sortaient. (Page 95.)

ment, pourrait-il maintenant quitter son père?

Les forces de M. Dalmont diminuent chaque jour davantage; il ne se lève plus qu'avec difficulté, ses jambes ont peine à le porter; son fils le soutient, en cherchant toujours quelque motif naturel à ce redoublement de faiblesse. Il tremble que son père ne s'aperçoive de son état : lui conserver l'illusion, c'est adoucir la fin de sa carrière.

Cependant M. Dalmont soupire quelquefois de la longueur de sa maladie.

— Que je te cause de peines! dit-il à son fils. Que de soins tu prends de moi! Que de tourments tu te donnes pour me procurer tout ce qui peut m'être nécessaire! Cher Adolphe, tout cela est peut-être inutile...

— Ah! mon père, vous ne le pensez pas, j'espère.

— Ah! je crains que ma maladie ne dure encore longtemps... Mes forces ne reviennent pas... nous sommes en hiver, il est vrai...

— Oui, mon père, et ce n'est sans doute qu'au printemps que vous recouvrerez la santé... Il faut prendre patience.

— Oui, en effet; je voudrais déjà être au printemps pour sortir avec toi, pour voir la verdure embellir les champs, pour me promener dans la campagne, sous de belles allées d'acacias... Cependant mes forces diminuent chaque jour, mes mains tremblent, je puis à peine me conduire.

— Cela vient des nerfs et non de faiblesse.

— Ah! mon ami, quelle triste situation que

celle d'un malade dans l'infortune! Tu te prives de tout pour moi...

— Que dites-vous, mon père?... On vous paye toujours les appointements de votre place, et moi, j'avais amassé quelque chose à Paris... ne vous inquiétez donc de rien, ne songez qu'à vous guérir, et bientôt nous serons heureux.

C'est ainsi qu'Adolphe cherchait à cacher à son père son état et sa situation. Mais cet état ne fait qu'empirer : bientôt l'infortuné Dalmont n'a plus la force de faire usage de ses bras pour se nourrir des légers aliments que sa maladie lui permet encore de prendre. Il essaie de porter sa main jusqu'à ses lèvres, et cette main tremblante retombe sur ses genoux et lui refuse son secours. Les yeux du malade se remplissent de larmes; pour la première fois peut-être il devine sa position. Adolphe a vu les pleurs de son père, et jamais sentiment plus pénible n'a déchiré son cœur. Il court, il vole près du malade.

— Ce n'est rien, ce n'est rien, lui dit-il... Vous tremblez, vos nerfs sont plus agités... Ah! permettez-moi...

Et Adolphe fait manger son père, et il s'efforce de ne point paraître alarmé, afin de le rassurer et de le tromper encore sur sa situation... Pauvre Adolphe! tous tes soins ne sauveront pas ton père, mais du moins ils adouciront ses derniers moments, et le souvenir de ce que tu fais maintenant mêlera un jour un peu de charme à ta douleur. Il est si pénible d'avoir quelque chose à se reprocher dans la conduite que l'on a tenue envers celui que la mort nous a ravi! Il n'y a plus moyen de réparer sa faute, et les regrets sont éternels!

Chaque jour les facultés du malade diminuent; à peine s'il peut encore prendre les potions que son fils lui présente. Déjà il n'est plus que l'ombre de lui-même, sa voix est éteinte, ses traits portent l'emprunte lugubre du trépas; pour les étrangers, ce n'est plus qu'un squelette effrayant; pour Adolphe, c'est toujours son père. M. Dalmont n'a plus la force de parler, mais il sourit encore à son fils, et sa main chancelante s'efforce de presser la main de ce fils chéri.

Adolphe ne prend plus de repos; il veille continuellement près du lit du malade. Lorsque le sommeil a, pour quelques instants, fermé les yeux de M. Dalmont, Adolphe contemple ses traits, et, en examinant les ravages de la maladie, il prévoit que bientôt ses yeux chercheront en vain son père.

Après cette nuit pénible, Adolphe succombe malgré lui au sommeil ; il s'endort, la tête appuyée sur le chevet du lit de son père. Adolphe ne s'est point couché depuis quatre jours ; la fatigue engourdit ses sens ; il ne s'éveille que tard dans la journée. Quelle est sa surprise de sentir la main de son père dans la sienne! mais cette main est glacée... Adolphe regarde M. Dalmont ; ses yeux sont fermés, et il n'entend plus son fils qui l'appelle à grands cris.

Depuis longtemps Adolphe devait prévoir cet événement; mais perd-on jamais entièrement l'espérance?... Des voisins curieux accourent aux cris d'Adolphe, et veulent l'entraîner loin de ce triste spectacle.

— Non, non, dit Adolphe, je suis homme, je saurai supporter ma douleur, et jusqu'au dernier moment je garderai mon père... Et pourquoi donc fuir avec autant de précipitation les restes de ceux que l'on a aimés?... Pourquoi cette terreur secrète que tant de gens éprouvent près d'un être qui n'est plus?... Peut-on jamais craindre celui qui nous chérissait?... Et croit-on rendre hommage à ceux que l'on a perdus en les fuyant avec effroi?... Non, jusqu'au dernier moment, je resterai près de mon père.

Les voisins s'étonnent de cette résolution ; il leur paraît singulier que l'on puisse supporter un spectacle qui doit entretenir notre douleur. Adolphe ne sent pas de même ; éloigné de son père, sa douleur n'en serait pas moins vive ; et, d'ailleurs, loin de chercher à la distraire, il trouve de la douceur à s'y livrer. M. Dalmont était pauvre: son fils seul accompagna son convoi. Mais un bon fils vaut à lui seul un cortége nombreux formé par l'étiquette ou la vanité, et parmi lequel souvent le défunt n'aurait pas trouvé un ami.

CHAPITRE XIX

JEANNETON CHANGE DE CONDITION

Revenons à Paris, et voyons ce qui se passe chez M. Moutonnet. Après la nuit où Jacques le porteur d'eau s'est introduit dans la maison, madame Moutonnet redouble de surveillance et fait en sorte de hâter le jour où sa fille doit devenir madame Dupont.

Eugénie est enfermée dans sa chambre; elle n'a plus la permission de descendre qu'aux heures des repas, et elle n'aperçoit plus Jeanneton qu'en présence de sa mère. Jeanneton paraît fort triste; M. Moutonnet ne dit rien et se contente de regarder sa femme. Bidois paraît très-affairé : il y a souvent des conférences secrètes entre lui et madame Moutonnet, et le vieux commis, enchanté de posséder la confiance de sa maîtresse, prend un petit air d'importance, même avec M. Moutonnet.

Eugénie ne sait que penser de tout ce qu'elle voit : aurait-on appris son entrevue avec Adolphe?... Cependant sa mère ne lui dit rien. Mais Jeanneton qui ne lui parle plus!... et Adolphe qui ne cherche plus à la voir!...

— Tout le monde m'abandonne! dit-elle ; et la pauvre petite se désole, et ses jolis yeux sont rouges de pleurs, et les choses n'en vont pas mieux.

Jeanneton a reçu le billet d'Adolphe, mais Jeanneton est toujours courroucée contre le jeune homme qui couche avec une danseuse, pendant que son Eugénie ne rêve, ne parle et ne pense qu'à lui. Jeanneton a peu d'indulgence pour les erreurs d'un jeune homme, mais Jeanneton n'est qu'une simple bonne, une grosse servante, il faut l'excuser ; une femme de chambre connaît mieux le monde : elle aurait fermé les yeux sur la peccadille d'Adolphe.

D'ailleurs Jeanneton ne saurait empêcher les choses d'aller leur train ; tout ce qu'elle pourrait faire serait de consoler Eugénie, mais pour cela il faudrait pouvoir lui parler... et que lui dire?... que son amant l'aime toujours, qu'il lui sera fidèle?... Elle ne se sent plus le courage de dire cela... elle craint aussi d'apprendre à Eugénie ce qu'elle sait, ce qu'elle a vu. Une seule espérance console Jeanneton ; si Eugénie épouse Dupont, il lui faudra une domestique, et la grosse fille se dit :

— C'est moi qu'elle prendra, et de cette manière je ne la quitterai pas.

Tout est prêt, tout est terminé, le jour est arrêté, le mariage va se conclure ; Dupont a déjà fait ses emplettes ; il a acheté la corbeille de noce, dans laquelle il veut à toute force fourrer quelques rouleaux de chocolat de Bayonne et de pâte de guimauve. Depuis huit jours, il a commandé un habillement complet pour l'époque de son mariage ; il engage son perruquier à inventer quelque chose de nouveau pour sa coiffure ; il achète de nouvelles breloques qui, avec les anciennes, font tant de bruit qu'on l'entend marcher à cent pas, et qu'on se retourne pour se garer, croyant que c'est un cheval avec des grelots. Dupont est enchanté d'être remarqué, et il sourit à tout le monde, et tout le monde rit en le regardant.

Il occupe un appartement au-dessus de sa boutique ; mais cet appartement n'est plus assez vaste pour un homme qui va tenir un ménage. Dupont loue le premier étage et s'occupe de la distribution de son nouvel appartement. Mais Dupont s'entend peu à tout cela ; il fait monter ses deux garçons pour leur demander leur avis, et les garçons, qui ont autant d'esprit que leur bourgeois, ne voient dans chaque pièce qu'un bel emplacement pour une cuisine ou des lieux à l'anglaise. Dupont tient beaucoup à ces deux endroits-là ; mais son appartement ne peut pas consister en cuisine et en lieux à l'anglaise ; et il se décide à aller consulter madame Moutonnet ; en attendant, il fait frotter et coller des papiers partout.

Au moment où l'épicier va sortir pour se rendre chez sa future belle-mère, Jeanneton paraît devant lui. Le sursis qu'elle a obtenu de madame Moutonnet vient d'expirer ; la servante sait que le mariage doit se faire dans quelques jours, et elle se décide à se rendre sur-le-champ chez le futur époux d'Eugénie,

— Comment! c'est toi, Jeanneton? dit Dupont en apercevant la grosse bonne.

— Oui, monsieur, me v'là...

— Eh! que viens-tu faire ici?... viendrais-tu chercher quelque chose?... Va à la boutique, ma chère amie, et choisis tout ce que tu voudras...

— Non, monsieur ; oh! ce n'est pas pour ça que je viens... Vous allez épouser mamzelle Eugénie, n'est-ce pas, monsieur?

— Oui, Jeanneton, dans trois jours... jeudi prochain.

— Eh ben! monsieur, je viens m'installer à mon poste.

— Comment! t'installer?...

— Sans doute, ne faut-il pas une domestique à vot' femme! Eh ben, c'est moi que mademoiselle a choisie.

— Ah! c'est toi, Jeanneton? eh ben! j'en suis charmé... Au fait, tu me conviens beaucoup : tu sais faire la cuisine?...

— Oh! oui, monsieur, et joliment.

— Tu feras notre affaire... et puis tu es jeune, alerte, tu as une mine ronde et fraîche... et j'aime beaucoup les mines fraîches...

— Vous êtes bien honnête, monsieur.

— Ah çà! tu quittes donc madame Moutonnet?

— Oui, monsieur ; oh! pour suivre mademoiselle, je quitterais tout le monde...

— C'est très-bien, cela prouve de l'attachement et... de l'attachement.

— Je me suis fait renvoyer exprès... c'était convenu avec mamzelle.

— Eh ben! cela n'est pas bête, au moins. Parbleu! Jeanneton, puisque te voilà, tu vas m'aider dans la distribution de mon logement...

— Comment! monsieur, il n'est pas prêt?

— Si, si, il n'y a plus que les meubles à disposer... Tu connais les goûts d'Eugénie?

— Oh! oui, monsieur, je les connais.

— Tu vas me guider, Jeanneton.

Et l'épicier fait entrer la bonne dans son nouvel appartement, où presque tous les papiers sont couleur chocolat.

— C'est ben triste, ça, monsieur, dit Jeanneton.

— Comment! triste, ma chère?... Écoute donc, j'aime les papiers analogues à mon commerce. On dit : Voilà un homme qui sait ce qu'il fait... D'ailleurs mon alcôve est en pistache et ma salle à manger en olive... Je suis enchanté de mon choix.

— Mais, monsieur, je ne vois qu'une chambre à coucher.

— Combien donc en veux-tu?

— Dam' ! une pour vous, une pour vot' femme.

— Est-ce-que je ne coucherai pas avec ma femme?...

— Oh! monsieur, si vous voulez plaire à mamzelle, il faut lui donner sa chambre à elle seule... Voyez-vous, les jeunes femmes, à présent, aiment beaucoup à avoir leur chambre... C'est ben plus commode... Vous pouvez aller, venir, sans déranger madame; d'abord vous vous lèverez matin, et mamzelle se lèvera très-tard quand elle sera mariée...

— Ah! elle se lèvera tard... Tu es sûre de cela?

— Oui, monsieur, c'est mamzelle elle-même qui me l'a dit...

— Madame Moutonnet me disait qu'elle était fort matinale.

— Oui, monsieur, à présent; mais une fois mariée, vous entendez bien que mamzelle compte faire ses volontés.

— Oh! elle les fera, Jeanneton, je ne prétends pas la contrarier.

— Et vous ferez ben, monsieur, et je gage que vous serez aussi heureux que M. Moutonnet.

— Tu crois?...

— Et puis, monsieur, ça n'est pas le tout : mamzelle est souvent malade... Elle a des attaques de nerfs... et si vous couchez avec elle... dam'! je vous préviens que ça se gagne...

— Comment, ça se gagne?

— Oui, monsieur...

— Diable! Mais madame Moutonnet ne m'avait pas dit cela... Et dis donc, cela se gagne-t-il quand elle ne les a pas?

— Oh! non, monsieur...

— Ah! c'est bien heureux... Allons! Jeanneton, je vois que tu as raison; il vaut mieux que nous ayons chacun notre chambre, cela n'empêche pas de. . quand on veut... n'est-ce pas, Jeanneton?

— Pardi ! monsieur, est-ce que vous n'êtes pas toujours le mari?

— C'est juste, au fait, je suis toujours le mari. Et puis, deux chambres... cela donne un air de

noblesse... de grandeur... de... Je suis enchanté que tu m'aies donné cette idée-là.

— Mais, surtout, monsieur, ne parlez pas de ça à madame Moutonnet, elle le dirait à sa fille. et vous lui ôteriez le plaisir de la surprise.

— Sois tranquille, je ne dirai rien... Ah! dis donc, je fais une réflexion : la première nuit, ma femme viendra-t-elle dans ma chambre ou irai-je dans la sienne?

— Dam' ! monsieur, i' m' semble que c'est au mari à aller trouver sa femme.

— C'est juste, c'est très-juste; à présent, me voilà sûr de mon fait : j'irai trouver ma femme. Jeanneton, fais tout arranger, tout disposer, je m'en rapporte à toi.

Jeanneton choisit pour Eugénie la chambre qui est la plus éloignée de celle de M. Dupont. Cette chambre a deux portes, dont l'une donne dans un salon et l'autre dans un passage qui conduit à une pièce qui touche à la cuisine, et qui sera occupée par Jeanneton ; de cette manière, la bonne fille sera toujours près de sa maîtresse, à portée de la servir, de la consoler à toute heure du jour. et Jeanneton est bien sûre que cette distribution conviendra à Eugénie.

Pendant que Jeanneton s'installe chez l'épicier, madame Moutonnet va trouver sa fille ; elle lui annonce que dans trois jours elle sera madame Dupont, et lui ordonne de cesser des plaintes et des jérémiades qui ne changeront rien à sa volonté.

— Eh bien ! puisqu'il faut que cela soit, se dit Eugénie, qu'on m'y force... j'épouserai M. Dupont; mais je mourrai ; de cette manière je serai fidèle à Adolphe.

Pauvre petite! elle se persuade qu'on meurt parce qu'on n'épouse pas celui que l'on aime... Il y a bien encore quelques jeunes filles qui croient cela, mais le nombre en diminue tous les jours.

Eugénie appelle Adolphe, mais Adolphe ne l'entend pas ; elle appelle Jeanneton, et Jeanneton ne peut lui répondre. Une nouvelle servante vieille, revêche, maussade, l'a déjà remplacée. A son aspect, Eugénie sent qu'il n'y a plus d'espoir.

— On a renvoyé ma bonne Jeanneton, se dit-elle, je n'ai plus personne pour me consoler... pour me plaindre... personne à qui je puisse parler de lui!... Je vois bien qu'on veut que je meure!...

On apporte à Eugénie la corbeille de mariage, de laquelle madame Moutonnet a ôté les rouleaux de chocolat et la pâte de guimauve. On étale devant elle la riche parure en topazes, les châles, les étoffes, les garnitures,

— Ah! que c'est beau! dit Bidois qui a monté la

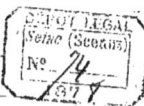

— Comment me trouvez-vous? — Superbe! monsieur. (Page 103.)

corbeille dans la chambre d'Eugénie. Que c'est riche!... que c'est brillant!...

— C'est superbe!... dit la vieille servante en mettant ses lunettes. Ce M. Dupont fait bien les choses!...

Eugénie leur fait la grimace, et jette toutes les parures sur une commode sans les regarder. Une jeune fille ne point examiner de semblables présents!... Pauvre Eugénie! il faut qu'elle aime bien Adolphe!

Eugénie espère encore qu'il naîtra quelque accident qui retardera son mariage; elle ne peut se persuader qu'elle épousera l'épicier. La nuit, elle ne dort point; au moindre bruit, elle se lève pour écouter à sa fenêtre, à sa porte, si elle n'entend pas la voix d'Adolphe; elle attend qu'il vienne à son secours... elle implore l'Amour, la Providence!... Mais l'Amour rit des pleurs qu'il fait verser, et la Providence se mêle rarement de ces choses-là.

Le jour qui précède celui de son mariage est

près de finir, et rien n'est changé dans la situation d'Eugénie.

— C'en est fait! se dit-elle en essuyant ses larmes, il me faut épouser un homme que je déteste!... on me sacrifie!... Je l'épouserai, puisqu'il faut obéir; mais, j'en fais de nouveau le serment, je serai fidèle à Adolphe.

La jeune fille se met à genoux dans sa chambre et prend le ciel à témoin du serment qu'elle vient de prononcer, en le priant aussi de la faire mourir de sa douleur. Mais le ciel ne l'exauça pas, et il fit bien; une jolie femme ne devrait mourir que de plaisir.

Pendant qu'Eugénie prie, pleure et se désole, on est rassemblé en bas, dans l'arrière-boutique, et là on se réjouit du prochain mariage.

— C'est pour demain, dit madame Moutonnet d'un air triomphant.

— C'est pour demain, répond son mari en prenant sa prise de tabac.

— Oui, c'est demain, dit Bidois en se frottant

les mains, comme quelqu'un qui a contribué à la réussite de l'affaire.

— Ce n'est pas sans peine, dit madame Moutonnet; cette petite osait, pour la première fois, montrer une volonté... Elle s'avise, je crois, d'avoir des préférences; mais, grâce au ciel, j'ai du caractère, et je n'ai point écouté ses soupirs, parce que c'est pour son bonheur, et je suis bien certaine que, dans six mois, elle me remerciera de l'avoir mariée à Dupont.

— Oui, certes, madame, dit Bidois, elle sentira ce qu'elle vous doit.

— Oui, m'amour... elle le sentira assurément...

— Ah! pourtant, monsieur, s'il n'y avait eu que vous pour terminer ce mariage, je suis bien sûre qu'il aurait été manqué.

— Aussi, mon cœur, vous voyez que je ne m'en suis pas mêlé.

— Et vous avez bien fait.

— Grâce à ma vigilance, dit Bidois, ceux qui voulaient faire les mutins n'ont point osé se présenter.

— Oui, Bidois, je suis très-satisfaite de votre conduite; vous serez de la noce, mon ami...

— Ah! madame, dit le vieux commis en s'inclinant jusqu'à terre.

— Entends-tu, Bidois? dit M. Moutonnet, tu seras de la noce... Ma femme t'invite... tu seras le premier garçon.

— Le premier garçon! y pensez-vous, monsieur Moutonnet? dit la passementière; est-ce que Bidois est d'âge à être premier garçon d'une noce?...

— C'est juste, mon cœur, je voulais dire... qu'il sera toujours un des garçons, puisqu'il n'est pas marié... Ah çà! il y a donc une noce, ma belle?

— Oui, monsieur; c'est l'usage; d'ailleurs Dupont est bien aise qu'il y en ait une, et c'est lui qui en fait les frais.

— Et un bal, mon cœur?

— Cela va sans dire!...

— Un bal!... c'est charmant!... nous danserons, Bidois, et on ne viendra pas nous insulter comme à Romainville; nous pourrons nous en donner tout à notre aise...

— Oui; oh! vous faites de fameux danseurs, vous et Bidois!... Heureusement que l'on ne manquera pas de jeunes gens : M. Dupont connaît infiniment de jeunes commerçants... et il a d'ailleurs dans sa boutique deux garçons qui dansent, dit-on, comme des Hercules.

— Comme Eugénie va s'en donner! dit M. Moutonnet; cette chère enfant qui aime tant la danse!...

— Taisez-vous, monsieur Moutonnet, vous ne dites que des bêtises.

— Peut-on savoir où se fera la noce, madame? demande Bidois d'un air timide et gracieux.

— A la barrière des Martyrs, chez un traiteur du premier ordre, qui a un salon de cent couverts, dans lequel on peut faire deux contredanses très à l'aise. Dupont avait d'abord pensé au Cadran bleu, mais je lui ai fait sentir que nous serions écorchés; c'eût été une véritable folie... Il a ensuite songé à ce traiteur, qui est de ses amis, et qu'il fournit depuis longtemps...

— N'est-ce pas à la Belle-en-Cuisses, ma femme?

— Non, monsieur, il n'est pas question de belles cuisses; d'ailleurs, quand vous y serez, vous le verrez.

— Oh! je sais... je sais, dit Bidois qui n'y avait jamais été; je vois ce que c'est... je le connais! c'est un excellent traiteur... le Véry de ce quartier-là...

— Précisément, Bidois.

— Diable!... alors, ma femme, il faudra demander du potage aux croûtons... il y a quinze ans que vous m'en promettez...

— C'est bon; vous ne songez qu'à manger...

— M'amour, quelles sont nos connaissances qui vont à la noce?

— Ne vous mêlez pas de cela; j'ai fait mes invitations; songez plutôt à votre toilette de demain; j'espère, monsieur, qu'elle sera digne de la circonstance.

— Oui, ma belle.

— Et vous, Bidois?

— Madame, mon habit noir a six ans, à la vérité, mais comme je ne le mets qu'au jour de l'an et aux fêtes extraordinaires, il est encore tout neuf.

— C'est très-bien. Que l'on soit prêt de bonne heure. Demain, par extraordinaire, la boutique sera fermée.

CHAPITRE XX

LES NOCES — LA CULOTTE DU MARIÉ — PREMIÈRE NUIT

Il est arrivé, ce grand jour qui doit unir Dupont et Eugénie; ce jour où l'on doit marier une jeune fille à un homme qu'elle n'aime point, ce qui n'est pas fort rare, mais où la mariée pleure et se désole, ce qui se voit fort peu, grâce au ciel, car les demoiselles, qui sont maintenant très-soumises à leurs parents, se marient sans faire la moue; et quand on leur présente un époux, qu'il soit laid, jeune ou vieux, elles l'acceptent d'abord, sauf à faire leurs réflexions après; d'ailleurs les mamans leur disent à l'oreille :

— Ma fille, un mari est toujours beau, parce que c'est un mari ; et tous ces jeunes freluquets qui vous regardent en soupirant, en faisant des yeux en coulisse, qui vous serrent les mains et vous disent des douceurs derrière notre dos, ne songent point du tout à vous épouser.

Et il faut avouer que les mamans ont souvent raison.

Mais Eugénie ne peut pas se dire cela d'Adolphe; elle sait bien que le pauvre garçon ne veut pas la tromper, qu'il n'a que des vues honnêtes et que, s'il ne l'épouse point, ce n'est pas sa faute. Voilà pourquoi elle pleure en pensant qu'elle va en épouser un autre; car une jeune fille bien élevée se console facilement de ne plus voir un étourdi qui n'a voulu que faire une conquête; mais un amant honnête, sensible, fidèle, il est bien permis de le regretter... Ceux-là sont rares.

Ce jour qui se lève ordinairement si beau pour la future mariée, ce jour que la jeune fille ne voit jamais naître assez tôt au gré de son impatience, paraît triste et sombre aux regards d'Eugénie, qui voit, à chaque minute, s'évanouir le peu d'espérance qui lui restait encore. Il faut se résigner !... La pauvre enfant se laisse coiffer, habiller, parer, sans se permettre un murmure : elle soupire et se tait; tout son mal est au fond de son cœur.

— Qu'elle est bien! Qu'elle est jolie! Quelle charmante toilette! répète-t-on à chaque instant en l'habillant.

Mais que lui importe d'être jolie, puisque Adolphe ne la verra pas! Elle ne veut plus plaire à personne, et elle voudrait paraître horrible aux yeux de M. Dupont.

On lui attache le chapeau de mariée; son cœur se gonfle, elle ne peut retenir des larmes qui coulent le long de ses joues pâles et amaigries.

— Ayons du courage, se dit-elle en essuyant ses pleurs; ces larmes accuseraient ma mère, il faut les retenir.

La toilette est terminée, et la jeune vierge est prête à marcher à l'autel.

— Ma fille, vous êtes fort bien, et je suis contente de vous, dit madame Moutonnet en allant donner à Eugénie un baiser sur le front.

Ce compliment est le premier qu'elle ait adressé à sa fille, qui le reçoit très-froidement.

— Oui, mon enfant, dit M. Moutonnet en allant embrasser tendrement Eugénie, oui, tu es jolie comme un ange; ce costume de noce te sied à ravir. Va, tu seras heureuse, ma petite... C'est

une belle chose que le mariage... Tu m'en diras des nouvelles quand tu en auras goûté, et Dupont t'adorera, parce que...

M. Moutonnet n'en dit pas davantage : sa femme le tire par le pan de son habit, et cela termine toujours ses phrases. Dupont n'a plus la tête à lui depuis cinq heures du matin; il s'est déjà baigné, frotté et fait coiffer; il se promène dans toutes les pièces de son appartement; il court de sa boutique à son miroir; à chaque instant il appelle Jeanneton ou ses garçons pour venir l'aider; enfin, pour la première fois de sa vie peut-être, il oublie le prix du sucre et du café.

Mais en allant, venant, courant, l'épicier ne finit à rien, et l'heure s'avance; il est temps de mettre le costume neuf complet : habit, veste et culotte noirs, bas de soie blancs, souliers à boucles. Dupont étale tout cela sur un meuble, et reste un moment en admiration.

— Décidément il ne me manque rien, dit-il; et il se met en devoir d'endosser le costume de cérémonie.

L'habit et le gilet vont très-bien, mais la culotte est trop juste.

— Diable! dit Dupont en cherchant à se donner de l'aisance, je suis un peu serré... j'ai les cuisses prises comme dans un moule! il est vrai que cela habille mieux; pas un pli, on dirait une culotte de peau.

Et l'épicier appelle Jeanneton et ses garçons.

— Comment me trouvez-vous?
— Superbe, monsieur.
— Et la tournure?
— Admirable.
— Vous paraissez un brin gêné en marchant, dit Jeanneton.
— Ah! c'est que ma culotte me serre un peu, en effet; mais j'espère que cela se fera; d'ailleurs, je n'en ai pas d'autre noire, et je ne peux pas mettre une culotte jaune ou cannelle pour me marier... Je sais ce que c'est que le décorum; mais, du reste, elle me va bien, n'est-ce pas?
— Oui, monsieur, elle vous pince joliment.
— Me voilà prêt enfin; allons, les gants, le chapeau, le bouquet. Les trois remises sont à la porte?
— Oui, monsieur.
— Les cochers ont des bouquets?
— Oui, monsieur.
— C'est bien. Ah! en donne-t-on aux chevaux?
— Pas habituellement; cependant, si cela fait plaisir à monsieur, on peut leur en faire attacher aux oreilles.
— Oui, cela sera plus beau, plus brillant!... Ma foi, on ne se marie pas tous les jours, et je

veux que l'on parle longtemps de mes noces...
Joseph, va acheter des branches de fleurs d'o-
ranger, et fais-en attacher à la tête de chaque
cheval.

— Oui, monsieur; et à la queue, notre bourgeois?

— Un paquet d'immortelles à chaque queue;
je prétends faire les choses en grand.

Dupont en costume de noce.

— Ça suffit.

— Ah! mes enfants, vous fermerez la boutique
à quatre heures, et vous viendrez nous rejoindre
chez le restaurateur, rue des Martyrs.

— Oui, monsieur.

— On dansera ce soir, et vous vous en donnerez, car je sais que vous êtes des danseurs infa-
tigables. Toi, Jeanneton, il faut que tu gardes la
maison, ma chère amie; mais régale-toi, bois,
mange de tout ce que tu voudras. Aie soin surtout que, pour ce soir, l'appartement de ma
femme soit préparé et orné avec goût... Je te
recommande les détails; tu m'entends, Jeanneton?

— Oui, monsieur.

Dupont descend et s'apprête à monter dans
un des remises; il reste longtemps indécis auquel
des trois il donnera la préférence. Pendant ce
temps, les voisins, les passants, les badauds s'a-
massent devant la porte de l'épicier, qui est enchanté de la sensation que son mariage va faire
dans la rue aux Ours. Il se fait ouvrir les trois
voitures et monte tour à tour dans chacune;
enfin il fixe son choix; les cochers ont l'ordre
de marcher à la suite l'un de l'autre. Le marié
est dans la voiture qui est en tête, et il s'éloigne
au bruit des applaudissements de la multitude,
qui n'a pas encore vu de chevaux ayant des bouquets à la tête et à la queue.

Sur son passage, le marié n'entend que des
exclamations, des éclats de joie, des cris d'étonnement que fait naître la parure de ces coursiers.
Dupont est dans l'ivresse, dans le ravissement,
et les cochers, qui voient que la journée sera
bonne, font claquer leurs fouets et entonnent de
gais refrains, tandis que les chevaux, étonnés de
flairer de la fleur d'oranger, et se sentant cha-
touillés par les paquets d'immortelle qui leur
battent les fesses, galopent avec ardeur dans les
rues de Paris.

Une seule chose trouble le plaisir de Dupont,
c'est cette maudite culotte qui gêne tous ses
mouvements.

— Comment diable danserai-je ce soir? dit-il.
Je ne puis ni lever ni écarter les jambes; enfin,
d'ici là, elle se fera peut-être.

Le futur va, suivant l'usage, prendre les parents, les amis, qui sont invités à assister aux
cérémonies civiles et religieuses. Les remises
s'emplissent d'oncles, de tantes, de cousines; on
se rend enfin chez la mariée.

— Ah! que c'est beau! que c'est brillant! dit
M. Moutonnet en voyant arriver les voitures.

— Des fleurs partout! dit madame Moutonnet;
c'est on ne peut plus galant.

— Voilà un mariage qui va le mettre en bonne
odeur, dit M. Gérard qui est de la noce avec
toute sa famille.

Mademoiselle Cécile se mord les lèvres et ne
dit rien; elle voit que, malgré tous ses petits
propos, l'épicier va épouser Eugénie.

— Mais nous ne tiendrons jamais tous dans
les voitures, dit M. Moutonnet. Eh bien! messieurs, quelques hommes iront à pied, Bidois
d'abord.

— C'est ça, dit tout bas le vieux commis; et il
fait justement de la crotte; il aurait bien mieux
fait de prendre une voiture de plus au lieu d'aller
fourrer des fleurs au derrière de ces rosses; ça a
l'air d'une mascarade : je ne serais pas étonné
que les passants crinssent : A la chie-en-lit!

Eugénie est assise et reste immobile, pendant
que tout est en mouvement autour d'elle; parfois
on lui adresse un compliment, et elle incline
simplement la tête. Les hommes risquent de
temps à autre une légère plaisanterie de circon-

Chez le traiteur de la barrière des Martyrs. (Page 107.)

stance, car le mariage, qui est l'institution la plus sérieuse, est pourtant celle sur laquelle on plaisante le plus. Mais, en France, on rit de tout, et on a raison. « De toutes les choses sérieuses, le mariage est la plus bouffonne, a dit Beaumarchais et voilà sans doute pourquoi les Français le traitent si gaiement. »

Eugénie ne prête aucune attention aux discours que l'on tient auprès d'elle. Quelquefois ses yeux se portent du côté de la rue, et semblent y chercher quelqu'un... Elle les rabaisse ensuite tristement; et mademoiselle Cécile, qui observe tout, dit de temps à autre :

— C'est étonnant comme la mariée a l'air gai !...

Dupont parvient enfin à descendre de voiture, ce qui ne lui est pas facile, ne pouvant que difficilement plier les genoux. Il se présente d'un air conquérant devant sa future. Madame Moutonnet pousse Eugénie, et lui dit :

— Ma fille, voilà votre époux.

Eugénie se lève et présente en silence sa main à Dupont. Celui-ci, en la recevant, cherche à se rappeler le compliment qu'il a composé pour la circonstance, et comme la mémoire ne lui revient

pas, il reste sans parler devant Eugénie, lui tenant la main et la regardant en souriant.

— Partons-nous, mon gendre? dit madame Moutonnet.

Dupont cherche encore une minute, mais rien ne vient, et il se dit :

— Je le lui adresserai en revenant, ce sera la même chose.

Il conduit sa future à la voiture, et tout le monde prend place dans les remises, à l'exception de Bidois, de deux garçons épiciers, cousins de Dupont, et du petit Gérard. Comme il a plu, et qu'il y a beaucoup de boue dans les rues, ces messieurs se consultent pour savoir s'ils prendront un fiacre ou s'ils suivront à pied ; chacun met tour à tour la main à son gousset ; les deux cousins présentent chacun sept sous ; le petit Gérard ne trouve que des billes dans ses poches, et Bidois, après avoir regardé et retourné longtemps dans ses doigts une pièce de dix sous, dit :

— Messieurs, nous marcherons sur nos pointes.

L'avis est adopté, et ces messieurs suivent ainsi les remises.

On se rend à la mairie, où l'on n'attend qu'une

heure et demie, ce qui est une bagatelle lorsqu'il s'agit de contracter un engagement pour toute sa vie. D'ailleurs, dans une grande ville, il y a toujours foule pour les mariages, les baptêmes et les enterrements; l'un fait continuellement place à l'autre; le monde est une grande lanterne magique où nous ne faisons que paraître et disparaître.

On se rend ensuite à Saint-Nicolas; c'est là que les époux doivent recevoir la bénédiction nuptiale. Une foule considérable envahit les portiques du temple. Dans une grande partie de la rue Saint-Martin, on connaît madame Moutonnet; toute la rue aux Ours sait que Dupont se marie, et chacun est curieux de voir les futurs époux. D'ailleurs, l'élégance du cortége et la grande tenue des chevaux suffiraient pour attirer la foule. Toutes les personnes qui passent demandent ce que c'est.

— Un mariage, répond-on.

— Un mariage!... Il faut voir la figure et la tournure des époux.

Et l'on entre dans l'église de Saint-Nicolas.

Dupont ne regrette qu'une chose : c'est de ne point pouvoir entrer en voiture dans l'église; il pense que cela serait un spectacle superbe; mais, comme cela ne peut pas être, il faut se contenter de descendre à la porte; ce qu'il fait en usant de toutes les précautions possibles pour ne point déchirer sa culotte.

— C'est le marié, dit-on, et on rit.

— C'est la mariée, dit-on ensuite, et on ne rit plus, car la charmante figure d'Eugénie laisse deviner ce qui se passe dans son âme; ses yeux sont pleins de larmes, non de celles que la jeune vierge répand avec douceur en engageant sa foi, mais de ces pleurs amers qui décèlent un chagrin profond. Enfin sa démarche est chancelante, ce n'est qu'en tremblant qu'elle s'avance vers l'autel... et tout le monde se sent ému à l'aspect de cette femme intéressante.

En traversant la foule, Eugénie jette timidement quelques regards autour d'elle... ses yeux cherchent Adolphe... Adolphe qui, alors auprès de son père, est loin de se douter de ce qui se passe...

— Il n'y est pas! se dit Eugénie, il n'a pas voulu être témoin de mon malheur!... Ah! il a bien fait... je sens que sa vue m'aurait ôté tout mon courage... il a eu pitié de moi...

Le futur, bien différent de sa femme, marche d'un air fier et joyeux; il remue ses breloques, lève la tête, regarde tout le monde en souriant et en soufflant, parce qu'il étouffe dans sa malheureuse culotte, qui lui fait faire de temps en temps des grimaces qu'il tâche de dissimuler en promenant ses regards sur la foule d'un air qui signifie :

— C'est moi qui suis le marié.

Enfin la cérémonie commence : le papa Moutonnet pleure, sa femme fait semblant d'être attendrie, et Dupont est fort mal à son aise, parce qu'il est obligé d'être à genoux et que cela le gêne horriblement. Eugénie, triste, mais soumise, achève avec courage le sacrifice, et tout va le mieux du monde, lorsqu'en se relevant le marié sent peter sa culotte. Dupont, consterné, ne sait plus que devenir; c'est positivement entre les jambes que la maudite culotte est déchirée... Si on allait s'en apercevoir!... Le pauvre marié n'a plus la tête à lui; lorsqu'on lui demande s'il promet d'aimer constamment sa femme :

— J'ai toujours dit qu'elle était trop étroite... répond-il d'un air désespéré.

Heureusement le ministre des autels n'entend point sa réponse; on l'attribue à l'émotion ordinaire du moment. Dupont tire son mouchoir de sa poche et le tient sur l'endroit déchiré. Lorsqu'il s'agit de mettre l'anneau à sa femme, il serre les jambes, de manière que son mouchoir ne tombe pas, et les assistants ne conçoivent rien à l'embarras du marié.

Enfin la cérémonie est terminée; mais il faut traverser de nouveau la foule, qui a les yeux sur les époux. Dupont donne la main à sa femme et tient son mouchoir sur sa déchirure... Tout le monde fait des conjectures sur cette attention du marié à cacher le devant de sa culotte; les petites filles rient, les jeunes gens font des plaisanteries, et les papas disent :

— Voilà un homme qui fait très-bien de se marier.

— Que diable nous cache-t-il donc avec son mouchoir? murmure Bidois, tandis que M. Moutonnet, faisant remarquer à sa femme la démarche gênée de Dupont, lui dit :

— M'amour, il paraît que notre gendre est fort amoureux d'Eugénie; ce gaillard-là va la rendre bien heureuse.

Et madame Moutonnet pousse son mari en lui disant :

— Taisez-vous, monsieur, taisez-vous donc!... il faut espérer que cela ne durera pas comme cela toute la journée...

Et la mariée seule ne s'aperçoit pas de la singulière démarche de son époux.

On remonte dans les voitures, qui prennent le chemin de la rue des Martyrs. Dupont ne se trouve dans son remise qu'avec des cousines et de vieilles tantes auxquelles il répond avec distraction, étant occupé à chercher comment il fera réparer son accident. En attendant, il tient constamment son mouchoir à la même place ; et cela n'échappe ni aux vieilles tantes ni aux jeunes cousines. Les tantes se regardent d'un air significatif, on se pinçant les lèvres, en laissant échapper quelques soupirs de souvenir. Les petites cousines ont très-envie de rire, j'aime à penser que c'est sans savoir pourquoi (car ce sont des demoiselles), et elles se disent tout bas : « Apparemment qu'on se tient comme ça quand on vient de se marier. »

On arrive chez le traiteur, où tous les marmitons sont en l'air, parce qu'ils n'ont jamais eu une noce d'une pareille importance. La société entre dans une petite salle, et, en attendant le moment de se mettre à table, M. Gérard propose de jouer aux petits jeux.

Eugénie se dispense de prendre part aux amusements de la société, en prétextant une violente migraine ; mais Dupont ne peut se refuser à partager les plaisirs de la fête ; cependant, depuis qu'on est arrivé chez le traiteur, Dupont poursuit toutes les servantes qu'il aperçoit pour qu'elles fassent un point à sa culotte ; mais les servantes sont trop occupées des apprêts du repas pour avoir le temps de répondre au marié, et le pauvre Dupont, toujours dans le même embarras, revient près de la société tenant constamment son mouchoir collé sur sa cuisse, même en jouant au colin-maillard, au point d'amour et à la petite boîte d'amourette.

Cette affectation excite des chuchotements parmi la société : on regarde Dupont, on se regarde, on rit et on se parle bas.

— C'est bien extraordinaire, disent les hommes.

— Il y a quelque chose là-dessous, disent les dames.

— Encore s'il était minuit! disent les jeunes gens.

— J'étais certaine que ce serait un excellent parti, dit en soupirant mademoiselle Cécile.

Et Bidois murmure entre ses dents :

— Il aura avalé ce matin une bouteille de vanille.

Madame Moutonnet, qui entend les petits mots, les chuchotements, ne peut tenir à cela.

— Décidément, dit-elle à son mari, il faut que je mette fin à tout ceci et que je sache ce que c'est.

— Oui, mon cœur, dit M. Moutonnet, il faut tâcher de t'en assurer.

— J'ai deux mots à vous dire en particulier, mon gendre, dit tout bas madame Moutonnet à Dupont.

Et elle se dirige vers un petit cabinet écarté,

où le mari la suit, ne devinant pas ce que sa belle-mère peut avoir à lui dire en secret.

Madame Moutonnet ne sait trop comment entamer la conversation : la chose lui paraît fort délicate. Elle prend un air de gravité, regardant son gendre ; puis portant ses yeux sur l'objet qui doit faire le sujet de la conversation, puis les relevant bien vite, toussant et portant son éventail sur sa vue. L'épicier regarde sa belle-mère d'un air étonné, ne comprenant pas un mot à sa pantomime et attendant qu'elle veuille bien l'expliquer autrement que par des hum! hum! et des hom! hom! et madame Moutonnet, impatientée, se décide à entamer l'entretien.

— En vérité, mon gendre... tout ce que je vois depuis plus d'une heure est bien extraordinaire.

— Bah! dit Dupont, vous avez vu quelque chose d'extraordinaire?

— Tout le monde s'en est aperçu... cela fait jaser... cela fait dire des choses... cela fait naître des idées... Je sais bien qu'un jour de noces on peut penser à ces choses-là, mais enfin, mon gendre, il n'est pas l'heure... et il faut absolument faire cesser cela.

— Ma foi! ma chère belle-mère, dit Dupont qui a écouté de toutes ses oreilles, je vous dirai que je ne comprends rien du tout à ce que vous venez de me conter.

— Ceci est un peu fort, mon gendre, et vous devez très-bien m'entendre... je vous dis que toute la société l'a remarqué... Enfin, monsieur, dans ce moment même, vous avez encore votre mouchoir dessus.

— Ah! non Dieu!... s'écrie Dupont qui pense alors que, malgré le soin qu'il prend de le cacher, on s'est aperçu que sa culotte est déchirée. Comment! belle-maman, on a vu que...?

— Eh! sans doute, monsieur; voilà ce que je me tue à vous faire comprendre depuis une heure...

— Ma foi! belle-maman, ce n'est pas ma faute...

— Je m'en doute bien; mais...

— Oh! j'ai fait tout ce que j'ai pu pour en empêcher, mais cela a parti malgré moi...

— Enfin, mon gendre, il faut cependant trouver moyen d'arranger cela.

— Ah! parbleu! belle-maman, puisque vous voilà, si vous vouliez avoir la bonté de me prêter votre secours, ce sera l'affaire d'une minute...

— Monsieur Dupont! s'écrie madame Moutonnet faisant trois pas en arrière et prenant un air de dignité, monsieur Dupont!... voilà une proposition... Je pense que ce n'est qu'une plaisanterie ; mais je trouve bien extraordinaire que vous vous la permettiez avec moi...

— Belle-maman... excusez, je ne croyais pas vous fâcher. Mais comment voulez-vous que je fasse? Depuis que nous sommes ici, je cours après toutes les servantes que j'aperçois, et aucune ne veut me rendre ce petit service-là.

— Qu'entends-je !... vous courez après les servantes... et le jour de vos noces !... Fi ! mon gendre, fi !... je n'aurais jamais pensé cela de vous !...

— Mais, belle-maman...

— C'est une horreur, vous dis-je !... on emploie d'autres moyens : demandez un cabinet, faites-vous apporter un seau d'eau de puits... buvez une carafe d'orgeat.

— Comment ! belle-maman, un seau d'eau pour racommoder ma culotte... Regardez vous-même quel accroc !...

En disant cela, Dupont ôte son mouchoir, et madame Moutonnet, qui a fait un mouvement de frayeur, s'aperçoit enfin de sa méprise.

— Eh quoi ! mon gendre, c'est pour cela que...

— Parbleu ! j'espère qu'il est assez grand !...

— Ah ! mon Dieu ! pourquoi ne l'avez-vous pas dit plus tôt ! Vous faites penser à tout le monde des choses... dont je vois bien que vous êtes incapable... Allons, allons, je vais vous recoudre cela. Ce pauvre Dupont !... que le monde est méchant !...

Madame Moutonnet court chercher elle-même une aiguille et de la soie, et revient raccommoder la culotte du marié. L'ouvrage était difficile ; mais Dupont, enchanté de voir terminer son embarras, se tient immobile, un pied sur le plancher et l'autre sur une chaise, tandis que madame Moutonnet, désolée d'avoir mal pensé de son gendre, recoud avec ardeur, passant par-dessus ce que son travail a d'épineux et répétant à chaque minute :

— Ce pauvre Dupont !... avions-nous tort de penser cela de lui ! Voilà comme on fait des affaires de rien.

Enfin l'ouvrage est terminé, l'accroc est solidement recousu. Dupont ne se sent pas d'aise ; il remet son mouchoir dans sa poche et rentre avec sa belle-mère dans le salon où est la société. Madame Moutonnet pense qu'il faut une explication à la compagnie pour mettre fin aux conjectures malignes que l'on pourrait faire en la voyant revenir avec Dupont qui ne cache plus le devant de sa culotte ; elle s'avance en souriant au milieu du cercle, tenant son gendre par la main.

— Ce pauvre garçon avait déchiré sa culotte, mesdames, et voilà la cause de son embarras depuis le retour de l'église. Je viens de reprendre l'accroc, et vous voyez qu'il n'y paraît plus.

Toute la compagnie, hors Eugénie, jette les yeux sur la culotte du marié, qui tâche de se donner une pose d'Apollon ; mais le traiteur venant alors annoncer que l'on est servi cela met fin à cette aventure, et on l'oublie pour ne songer qu'au repas.

On se met à table. Eugénie est placée en face de son mari, sur lequel elle ne porte jamais les yeux. Que cette journée paraît longue à la jeune femme ! Combien elle aspire après le moment où, seule et dans le silence, elle pourra pleurer en liberté ! Mais il faut encore se contraindre, il faut cacher ses souffrances ; cependant elle n'a pas la force de toucher à ce qu'on lui présente, malgré les instances de ses voisins ; et Gérard, qui n'a point oublié les serrements de pied de la journée des fiançailles, regarde tendrement Eugénie et dit en lui-même :

— Cette jeune femme a une passion malheureuse... dont je connais l'objet...

Mademoiselle Cécile fait remarquer tout bas à ses voisins la tristesse de la mariée. Bidois, placé tout au bout de la table, entre un petit garçon de sept ans et une petite fille de huit, demande de tout pour trois, et sert les enfants de manière qu'ils n'aient point d'indigestion.

Dupont mange comme quatre ; il s'est décidé à faire donner un coup de ciseau dans la ceinture de sa culotte, aimant mieux la sacrifier que de ne pas faire honneur au repas. M. Moutonnet imite son gendre, madame Moutonnet se donne beaucoup de mal pour animer la société que la figure de la mariée ne met pas en gaieté. Trois ou quatre jeunes gens se battent les flancs pour faire rire ; et Dupont qui, tout en se bourrant et en mangeant, est persuadé que sa noce est fort gaie, répète à chaque instant :

— Dieu ! nous amusons-nous !

Mais, à force de se verser, les hommes deviennent un peu plus bavards, et, en trinquant, les dames deviennent plus tendres. Au second service, on commence à s'échauffer. Au dessert, c'est un brouhaha général, un bourdonnement continuel. C'est alors que Dupont répète plus que jamais.

— Dieu ! nous amusons-nous !...

— Il faut chanter, dit M. Gérard qui a des prétentions à la roulade et n'est pas fâché de charmer une petite blonde placée à côté de lui et à laquelle il lance des œillades amoureuses toutes les fois que sa femme ne le regarde pas.

« Vive le chant !... j'aime beaucoup le chant, dit Dupont ; j'ai appris une petite chanson de circonstance, ouvrage d'un épicier de mes amis, et je me propose de vous la chanter... mais c'est à mon épouse à commencer.

On trouve le parfumeur tenant dans ses bras une laveuse de vaisselle. (Page 113.)

— Ma fille ne chante jamais, dit madame Moutonnet qui prévoit qu'Eugénie n'est point disposée à se rendre aux désirs de son mari.

— Il me semble cependant, dit mademoiselle Cécile, que madame Dupont a chanté le jour de la Saint-Eustache, à la fête de son père... et madame Dupont chantait fort joliment !...

La vieille fille appuie avec malice sur le nouveau titre d'Eugénie, parce qu'elle s'aperçoit que, toutes les fois qu'on l'appelle ainsi, un long soupir s'échappe du sein de la triste mariée.

— Ma fille a perdu sa voix, dit madame Moutonnet, et un jour de noce... l'émotion... le trouble... c'est tout naturel.

— Pardieu ! dit tout bas Bidois, on voit bien qu'elle n'a pas envie de chanter.

— Commencez, monsieur Moutonnet.

A cet ordre de sa femme, le bon passementier s'empresse d'entonner une chanson à boire, parce qu'on lui a défendu la gaudriole. Gérard chante ensuite : O Richard! ô mon roi!... Cela

n'a aucun rapport avec un mariage ; mais comme c'est l'air dans lequel il a placé le plus d'agréments, il le chante dans toutes les circonstances.

Les oncles, les tantes, les cousins, les petites cousines, tout le monde chante. Vient enfin le tour du marié, qui fouille dans sa poche pour chercher les couplets qu'on lui a faits et s'aperçoit qu'il les a oubliés.

— C'est égal, dit-il, je les sais par cœur, je puis me passer de les lire... C'est sur l'air... attendez donc... un air gracieux ! Ah! c'est ça : l'air du Mirliton, mirlitaine... m'y voilà... Eh bien !... je ne trouve plus le premier couplet... Je le savais si bien ce matin !... Je vais commencer par le second ; je vous dirai l'autre après, cela reviendra au même :

> C'est ce que je vous souhaite
> Du plus profond de mon cœur ;
> Ce sont mes vœux pour la fête
> Qui fera votre bonheur.
> Mirliton ton ton, tou ton tou, ton ton taine,
> Mirli, mirli, mirliton.

30e LIV. 15

— Allons! s'écrie Dupont, que tout le monde répète en chœur : *Mirliton, ton, ton.*

— C'est joli, dit M. Moutonnet, mais je n'ai pas bien compris ce qu'il vous souhaite.

— Ah! c'est que c'est dans le premier couplet... Mais c'est égal, on devine... C'est un garçon qui a terriblement d'esprit qui m'a fait ces couplets-là... Aussi tous les ans c'est lui qui remporte le prix dans son pays...

— Le prix de poésie? demande Gérard.

— Non, le prix de l'arquebuse.

Pendant que la société chante à tue-tête, que les garçons profitent du charivari pour emporter des bouteilles à moitié pleines qu'ils mettent de côté; que les servantes en font autant des plats; que les passants s'arrêtent dans la rue pour écouter; que les marmitons se régalent à la cuisine, et que deux violons et une clarinette tâchent de s'accorder en attendant le moment de faire commencer le bal, le petit Gérard se promène à quatre pattes sous la table, cherchant la jarretière de la mariée, qu'il doit enlever, comme le plus jeune garçon de la noce.

Mais madame Moutonnet, qui trouve que cet usage blesse la pudeur, n'a point attaché de ruban à la jambe de sa fille, laquelle, d'ailleurs, ferait une triste figure pendant cette cérémonie. M. Fanfan se promène donc inutilement sous la table en regardant à toutes les jambes; il ne voit pas le beau ruban qu'on lui a dit d'enlever.

Cependant le parfumeur, toujours plus empressé auprès de la dame blonde qui paraît l'écouter avec complaisance, pense que le moment du tumulte est favorable pour risquer une tendre déclaration; et comme il craint, en la faisant de vive voix, d'être entendu par ses voisins ou remarqué par sa femme, il sort, va écrire en bas un poulet bien amoureux, et revient se placer près de sa dame, tortillant son billet entre ses mains; il saisit un moment favorable, et le glisse dans la ceinture de la blonde qui a la taille entourée d'un beau ruban rose. La jeune femme frémit de la hardiesse de son voisin, elle craint d'être compromise; elle ne sait si elle veut garder ou rendre le billet; elle tremble qu'on ne l'aperçoive, et, dénouant doucement sa ceinture, elle la roule sur ses genoux et attache avec une épingle le poulet au ruban rose. Plus tard, en allant rattacher sa ceinture, elle pourra lire à son aise le billet du parfumeur.

Mais M. Fanfan, au moment de sortir de dessous la table, aperçoit enfin un beau ruban sur les genoux d'une dame; il ne doute point que ce ne soit la jarretière qu'on aura oublié d'attacher plus bas; il saisit le ruban qui est roulé avec soin, et sort de dessous la table en criant de toutes ses forces :

— J'ai la jarretière de la mariée... Voilà la jarretière.

— C'est bien singulier, dit madame Moutonnet; elle se l'est donc mise elle-même!...

— Voyons la jarretière, crient tous les hommes... nous en voulons.

Le petit Fanfan déroule son ruban, se pique parce qu'il rencontre l'épingle, demande pourquoi on met des épingles dans les jarretières, et trouve enfin le billet attaché au bout.

— Tiens... il y a un papier! dit Fanfan.

— Un papier!... disent les dames...

— Et un papier écrit, dit mademoiselle Cécile avec malice.

— Ah! mon Dieu! c'est ma ceinture! dit la dame blonde à son voisin; monsieur, vous me compromettez!...

— Ciel!... c'est ma déclaration! dit le parfumeur; heureusement elle n'est point signée!... et avec le trognon de plume que j'avais j'espère que mon écriture ne sera point reconnaissable.

— Ma fille, ce ruban est-il à vous? demande d'un air sévère madame Moutonnet à Eugénie.

— Non, madame, répond Eugénie, il ne vient pas de moi.

— D'ailleurs, ce n'est pas là une jarretière, c'est une ceinture... Voyez, mesdames...

— C'est juste, disent toutes les dames.

— A qui donc est-elle?

— Ce n'est pas à moi... ce n'est pas à moi, répètent les dames en tâtant leur ceinture; la voisine de Gérard en dit autant en feignant de tâter sa taille qu'elle a eu soin de cacher avec sa serviette.

— Voyons ce qu'il y a sur le papier, dit-on de tous côtés.

— Je vais le lire, dit Dupont; je gage que ce sont encore des couplets de circonstance...

— Non, je vais vous les chanter, dit Gérard en s'élançant sur le marié auquel il arrache le papier des mains; il ouvre le billet et le feint de lire :

L'hymen est un lien charmant
Lorsque l'on s'aime avec ivresse...

— Comment! c'est là tout! dit Dupont.

— Absolument, dit le parfumeur en déchirant le billet qu'il jette au feu; c'est un distique.

— Il me semble que ça ne rime pas?...

— Ce sont des vers blancs.

— Ah! on appelle ça des vers blancs?... Eh bien! je gage que j'en fais toute la journée sans m'en douter.

— C'est toujours une bien jolie pensée, dit madame Moutonnet.

— Cela sentait diablement la tubéreuse, dit Bidois.

Le son de la clarinette et des violons met fin à cette conversation, heureusement pour le parfumeur que la réflexion de Bidois avait embarrassé. Tout le monde se lève pour se rendre dans la salle du bal. La dame blonde reste la dernière à table.

— On va s'apercevoir que je n'ai pas de ceinture, dit-elle, et on fera des propos.

— Feignez de vous trouver incommodée, dit le parfumeur; faites-vous délacer par une servante... On croira qu'alors vous avez ôté votre ceinture.

Madame Dufour, c'est le nom de la jolie blonde, adopte l'avis de Gérard et se rend dans un petit cabinet pour s'y trouver mal à son aise. Cependant le bal est en train, tout le monde s'anime; Eugénie seule résiste aux invitations qui lui sont faites, sous prétexte d'une migraine qui la tourmente. Les petites filles ne conçoivent pas qu'on se marie sans danser; Dupont cherche en vain à entraîner Eugénie.

— Elle est trop émue... trop tremblante, dit madame Moutonnet; le mariage fait un effet étonnant...

— C'est bien heureux qu'il ne fasse pas cet effet-là sur toutes les demoiselles qu'on marie, dit tout bas Bidois.

Dupont prend son parti et danse pour deux. Ses breloques, ses écus sautent; il est décidé à s'en donner, quitte à faire recroquer sa culotte dont il a fait le sacrifice.

— Mais qu'est donc devenue madame Dufour? dit mademoiselle Cécile qui s'aperçoit de tout.

— Elle se trouve mal, dit une des servantes, et gnia un monsieur à odeur qui la soigne.

Toutes les personnes qui ne dansent pas vont aider madame Dufour, qui se laissait délacer et déshabiller afin de cacher la perte de sa ceinture. M. Gérard avait trouvé différents prétextes pour écarter toutes les servantes; et, toujours amoureux, toujours entreprenant, il allait faire de vive voix sa déclaration... lorsque plusieurs personnes viennent s'informer de l'état de madame Dufour qui, à force de bâiller, de geindre et de faire semblant d'étouffer, a fini par se donner une indigestion.

Eugénie, toujours bonne, toujours sensible aux peines des autres, oublie un moment ses chagrins pour aller secourir la malade; mais, en approchant du cabinet, elle voit madame Dufour entourée de plusieurs dames.

— Mes soins sont inutiles, dit-elle en s'éloignant, et elle porte ses regards autour d'elle. Pour la première fois de la journée, elle est seule...

— Ah! respirons un moment en liberté, dit alors la triste Eugénie.

Elle entre dans une petite chambre déserte, va s'y asseoir, et là, n'étant plus entourée de témoins indiscrets, elle laisse couler les larmes qui la suffoquent depuis le matin.

— Je suis mariée... tout est fini pour moi, dit Eugénie ; plus d'espoir de bonheur!... et je ne puis mourir!... Que la vie va me sembler longue!... Mes rêves de félicité sont évanouis pour jamais... je ne peux même plus me bercer d'espérance!... Il ne faut plus que j'aime Adolphe!... il ne faut plus que je pense à lui; ah! cela m'est impossible... Je serai fidèle à l'honneur... Que peut-on exiger de plus de moi?... mais je serai fidèle aussi au serment que j'ai fait à Adolphe.

Eugénie est depuis longtemps livrée à sa douleur. Plusieurs jeunes gens courent dans la maison, en appelant la mariée qui ne répond pas, parce qu'elle est entièrement absorbée dans ses pensées et qu'elle n'entend pas les garçons de la noce qui ont déjà passé plusieurs fois devant la petite chambre en appelant madame Dupont. Mais on lui répéterait cent fois ce nom qu'elle ne répondrait pas, car elle ne peut jamais se persuader qu'elle se nomme madame Dupont.

— On ne sait ce qu'est devenue la mariée, tel est le bruit qui commence à circuler, et cela arrête Dupont au milieu d'une pirouette qu'il avait commencée en face de sa danseuse, et qu'il allait finir, suivant son habitude, dans un autre quadrille.

— Belle-maman, s'écrie-t-il en courant après madame Moutonnet, je n'ai fait mon épouse !... Qu'avez-vous fait de mon épouse?

— Mon gendre, elle ne peut être loin d'ici, je vais à sa recherche. Dansez toujours, je vous promets que je la trouverai bientôt... je sais même où elle est... elle s'est rendue quelque part... vous m'entendez?...

— Ah! j'y suis... j'y suis maintenant... On voulait me faire peur... c'était une plaisanterie... Nous amusons-nous aujourd'hui!...

Madame Moutonnet s'éloigne en effet pour chercher sa fille. Elle se doute bien que c'est dans quelque endroit solitaire qu'Eugénie s'est retirée pour rêver en liberté. Dans sa précipitation à aller chercher sa fille, madame Moutonnet n'a point songé à prendre de lumière. Elle s'engage dans plusieurs corridors obscurs où elle ne rencontre personne, parce que la plupart des gens

Cependant la danse continue. (Page 112.)

de la maison regardent danser, et que ceux qui étaient allés à la découverte de la mariée, ayant entendu sa mère dire qu'elle sait où elle est, n'ont pas jugé à propos de continuer leurs recherches.

Le bal va son train ; le marié est infatigable, il ne quitte pas la place, et il fait des pas tels qu'on n'en a jamais vu. Les deux garçons de boutique de Dupont se font un devoir d'imiter leur bourgeois : c'est à qui fera le plus de ronds de jambe et de jetés-battus, personne ne peut approcher de ce quadrille-là, où M. Moutonnet fait le quatrième, suant à grosses gouttes pour danser comme son gendre, et ne s'apercevant pas, dans l'ardeur qui l'anime, que sa perruque est à moitié retournée et que sa cravate est descendue en Colin.

— Peste ! dit Bidois qui tourne autour des danseurs depuis que le bal est commencé, indécis s'il dansera ou s'il ne dansera pas. On voit bien que madame Moutonnet n'est pas là ; voilà son mari qui va perdre sa perruque !

— Eh bien ! mon garçon, dit M. Moutonnet à son commis après la contredanse, est-ce que tu ne danses pas ?

— Ma foi, je me consulte ; c'est que j'ai des bas blancs... et... je ne voudrais pas les salir.

— Bidois, on ne va pas tous les jours à la noce !

— C'est vrai, et si j'étais sûr de ne pas salir mes bas...

— Mais je ne vois plus madame Moutonnet ! dit mademoiselle Cécile qui ne danse pas parce qu'on ne l'invite jamais, et qui n'est occupée qu'à s'inquiéter de ce que chacun fait.

— Tiens, voilà belle-maman qui a disparu aussi, dit Dupont.

— C'est singulier ! dit M. Moutonnet.

— Je vais à la recherche de ces dames ! s'écrie M. Gérard ; je vous les ramène bientôt.

Et le parfumeur s'élance hors de la salle du bal, espérant trouver la mariée seule et lui adresser une partie des jolies choses qu'il n'a pas eu le temps de dire à madame Dufour.

Cependant la danse continue, et Gérard ne revient pas.

— Qu'est-ce que cela veut dire ? répète mademoiselle Cécile. Est-ce qu'ils vont faire tous comme cela ?

Et la vieille fille court de madame Gérard au marié, du marié à M. Moutonnet, en faisant tout ce qu'elle peut pour leur donner de l'inquiétude. Mais la parfumeuse est tout à la danse. M. Moutonnet n'est peut-être pas fâché de se trouver un moment libre de faire ce qu'il veut, et le marié répond que sa femme est avec sa belle-maman.

— A-t-on jamais vu une noce comme celle-ci! murmure mademoiselle Cécile ; cela crie au scandale.

— Si j'étais certain de ne point gâter mes bas! dit Bidois en s'arrêtant devant chaque demoiselle, jetant un coup d'œil sur la danseuse et un autre sur ses jambes.

Tout à coup un grand bruit se fait entendre ; on crie au secours, au meurtre, au viol même.

— Au viol ! s'écrie le marié ; ah ! mon Dieu ! et mon épouse qui ne se retrouve pas!

— Je vous disais bien qu'il se passait quelque chose d'extraordinaire, dit mademoiselle Cécile ; mais on ne veut pas m'écouter !

Toute la noce court vers le lieu d'où partent les cris : on monte plusieurs escaliers ; on traverse une partie de la maison, on arrive enfin dans un petit cabinet noir où madame Moutonnet se débat avec un marmiton ; et, dans une chambre un peu plus loin, on trouve le parfumeur tenant dans ses bras une laveuse de vaisselle sur laquelle il veut passer sa fureur galante.

Madame Moutonnet, en cherchant sa fille, s'était égarée dans la maison ; elle avait monté et descendu plusieurs escaliers, appelant toujours Eugénie. Ne recevant pas de réponse, elle avait voulu retourner à la danse, espérant y retrouver sa fille, mais elle n'avait pas pris le bon chemin et avait fini par entrer dans le petit cabinet noir. Or, comme partout il y a des intrigues amoureuses, rue des Martyrs comme au Cadran bleu et entre les marmitons et les laveuses de vaisselle comme entre les Frontins et les Martons ; comme tout le monde fait l'amour, enfin, depuis le plus petit jusqu'au plus grand, depuis le plus riche jusqu'au plus pauvre, et qu'il n'y a de différence que dans la manière de le faire, ou plutôt dans celle de l'exprimer, un marmiton du traiteur où se faisait la noce de Dupont avait des connivences avec une servante de la même maison, et pendant que tout le monde devait être du côté du bal, ils s'étaient promis de se retrouver d'un côté opposé ; je ne sais pas précisément pourquoi faire, mais cela ne nous regarde pas.

Le marmiton arrive le premier au cabinet, lieu du rendez-vous ; il entend soupirer ; il s'avance, saisit une robe, ne doute pas que ce ne soit sa belle, parce qu'un marmiton ne se connaît point en étoffe, et commence la conversation par un baiser ; début qui, comme on peut le croire, étonne madame Moutonnet.

De son côté, le parfumeur s'était aussi engagé à tâtons dans les corridors ; il n'avait pas pris de lumière à dessein, se flattant que l'obscurité lui serait favorable. Il rôdait et furetait depuis quelque temps sans faire de rencontre, lorsqu'enfin il distingue le bruit des pas d'une personne qui

M. Gérard, le parfumeur.

court devant lui ; il court après elle, l'atteint par ses jupons, ce qui lui prouve que c'est une femme, et il n'en demande pas davantage ; il la saisit et la fait entrer dans la première chambre venue, entamant la conversation comme son voisin le marmiton.

Cependant, aux baisers on répond par des soufflets et des coups de poing, parce que madame Moutonnet est un dragon de vertu, et que, revenue de sa surprise, elle a retrouvé toute son énergie. La laveuse de vaisselle en fait autant, parce que, sans être un dragon de vertu, elle veut être fidèle à son marmiton, et que, l'odeur de la vanille et du jasmin n'ayant aucun rapport avec celle que son amant exhale habituellement, elle ne doute point qu'il n'y ait erreur.

Aux baisers et aux soufflets ont succédé les cris. C'est alors que toute la noce en alarme arrive sur le lieu de la scène. Dès que la lumière a éclairé les traits de madame Moutonnet, le marmiton s'enfuit sans qu'on ait besoin de le chasser, et Gérard, interdit, a lâché la servante.

— Il faut avouer, dit madame Moutonnet au traiteur, que vous avez chez vous des garçons bien hardis!... Le petit drôle!... si vous n'étiez pas arrivé... On n'est pas en sûreté dans vos cabinets.

— Et vous, monsieur Gérard, que faisiez-vous avec cette fille? demande la parfumeuse à son mari.

— Ma foi! dit Gérard, j'ai cru que c'était un voleur, et je voulais absolument l'arrêter.

— Un voleur en jupons!...

— Écoutez-donc... dans l'obscurité... il pouvait être déguisé.

On fait semblant de croire à la méprise du parfumeur, et on retourne à la salle du bal, où l'on retrouve la mariée qui, ayant entendu le vacarme que l'on faisait dans la maison, avait enfin quitté sa retraite pour retourner près de la société.

— Eh bien! mon épouse que nous cherchions, et qui était là! dit Dupont en s'approchant d'Eugénie. Ah! comme nous nous amusons aujourd'hui! Comment vous trouvez-vous, mon épouse?

— Toujours de même, monsieur, dit Eugénie. Et ses yeux se portent sur une pendule; elle regarde l'heure en soupirant.

Dupont s'aperçoit de cela; il s'approche de l'oreille d'Eugénie et lui dit d'un air tendre :

— La soirée s'avance, ma chère épouse!

— Ah! qu'elle me semble longue! répond Eugénie.

— Vous êtes trop aimable en vérité; et je partage bien l'impatience que...

Eugénie le regarde d'un air surpris, ne comprenant pas ce qu'il veut dire; et Dupont s'éloigne en se frottant les mains et répétant tout bas :

— Je gage que c'est l'amour qui lui donne la migraine... cette femme-là m'adore.

Enfin on propose la contredanse de clôture, la gothique *boulangère* qui, au lieu de terminer les bals, les prolonge souvent une heure de plus, contredanse fort agréable, sans doute, où des personnes déjà fatiguées par l'exercice de la soirée achèvent de s'éreinter en tournant pendant une heure sur le même refrain, ne s'arrêtant que pour voir un monsieur ou une dame courir après chaque danseur ou danseuse et leur faire faire l'allemande à gauche le plus vite possible: figure très-gracieuse, après laquelle celui qui a parcouru tout le rond revient essoufflé, en nage et sans respiration, reprendre sa place. C'est une bien jolie danse que la *boulangère!*

Pour celle-là, Eugénie ne peut se dispenser d'en être; on l'entraîne de vive force dans le rond; on la fait aller, passer, tourner; et la jeune femme, la tête étourdie par le bruit, les chants, les éclats de rire, se laisse conduire sans savoir ce qu'elle fait. La boulangère ne dure qu'une heure et quart; ce n'est pas trop quand on est quarante personnes à la danser, car elle est entremêlée de petits accidents qui en font le charme et ajoutent aux plaisirs de la société. M. Moutonnet y perd sa perruque; mademoiselle Cécile, ses jarretières; madame Moutonnet y déchire sa robe; madame Gérard y fait une chute; son mari se laisse rouler avec sa voisine, en faisant l'allemande à gauche; Bidois y salit ses bas, et le marié achève de déchirer sa culotte; mais cette fois ce n'est pas par devant.

On s'arrête enfin, exténué, abîmé, couvert de sueur et de poussière, et Dupont s'écrie plus fort que jamais :

— Ah Dieu! nous amusons-nous!

Mais déjà les oncles se sont emparés des tantes, et les cousines des cousins; on songe à la retraite. Madame Moutonnet s'approche de son gendre et lui dit à l'oreille, d'un ton à la fois tendre et mystérieux :

— Vous pouvez vous retirer... l'instant est arrivé...

— Je vous comprends, belle-maman, répond l'épicier en laissant échapper un sourire malin, je vous comprends!...

Le marié court aussitôt vers sa femme; il lui prend la main, l'entraîne... Eugénie se laisse conduire sans dire un mot; ils montent en voiture...

— Chez moi, rue aux Ours, crie Dupont.

Et les chevaux emmènent les nouveaux époux.

Pour la première fois depuis qu'ils sont mariés, les voilà en tête-à-tête. Cet instant est le plus doux de la journée pour un jeune couple bien amoureux qui brûle de pouvoir se livrer à son ivresse, qui peut enfin exprimer librement tout ce qu'il sent et entendre ces doux aveux que ne gêne plus une foule importune.

Mais pour Eugénie et son mari, que ce moment est différent!... La jeune femme commence à redouter alors l'approche d'un danger auquel elle n'a point songé depuis le matin, parce qu'elle a cru que rien ne pouvait augmenter son malheur. Mais la jeune fille la plus sage, la plus innocente, sait fort bien, en se mariant, qu'un époux a des droits sur elle; l'instant où elle doit se donner à ce nouveau maître fait battre avec crainte le cœur de la jeune vierge, même lorsqu'elle aime celui auquel elle vient de s'engager : quelle doit donc être la situation de celle qui se voit livrée à un homme qu'elle déteste!

Eugénie se blottit dans un coin de la voiture... son mari se met d'abord respectueusement sur le devant, mais ensuite, voyant que sa femme ne tient que fort peu de place, il s'assied à côté d'elle, et Eugénie se recule encore dans son coin. On ne dit rien : Eugénie n'a rien à dire, et le marié ne sait jamais par où commencer une conversation. Eugénie lui impose une sorte de respect... avec elle, il n'y a pas moyen de plaisanter. Cependant Dupont s'enhardit et se décide à entamer l'entretien.

— Notre noce a été bien gaie... Qu'en pensez-vous, mon épouse?

— Oui, monsieur...

— On s'est fièrement amusé... Le repas était bon... j'avais dit au traiteur de le soigner... On a joliment mangé... N'est-ce pas, mon épouse?...

— Oui, monsieur.

— Ma culotte s'est déchirée de nouveau; je crois que je ne pourrai plus la porter... elle en vaut qu'on n'y mette un nouveau fond... elle en vaut la peine... c'est du drap de première qualité en elbeuf... Savez-vous raccommoder les culottes, ma chère épouse?...

— Je l'essaierai, monsieur.

— Voilà une femme charmante, se dit Dupont, elle raccommodera mes culottes!.. .Ce que c'est que la bonne éducation!... comme elle est soumise!... Elle parle peu, mais elle parle bien.

Dupont se rapproche de sa femme, qui fait ce qu'elle peut pour s'éloigner de lui; il s'enhardit jusqu'à lui prendre la main, qu'Eugénie retire aussitôt.

— Peste! se dit Dupont, elle sera farouche jusqu'au dernier moment!... suite de la bonne éducation!... Il faudra pourtant que... Enfin, c'est ma femme!...

— C'est une belle chose que le mariage, dit Dupont après un moment (Eugénie soupire et ne répond rien), surtout quand on s'aime comme nous nous aimons...

Eugénie soupire et se tait.

— Comme nous allons être heureux!,..

Eugénie soupire plus fort et ne dit mot.

— Ah! mon Dieu! dit Dupont effrayé de ses soupirs, est-ce que votre dîner vous fait mal?...

— Non, monsieur.

— J'avais cru... Vos soupirs... Ah! j'entends... l'émotion... la situation... le désir... Croyez que je partage tous vos sentiments... ma tendre épouse!

Eugénie porte son mouchoir sur ses yeux.

— Elle est considérablement émue, se dit Dupont; effet de la pudeur... Si je lui prenais un baiser?... Depuis que je suis son époux, je ne lui ai encore rien pris... Un baiser sera un très-joli début... cela chassera sa timidité... Prenons-lui un baiser.

Et Dupont se jette à corps perdu sur Eugénie. Celle-ci, effrayée d'une attaque à laquelle elle ne s'attendait pas, rassemble ses forces et repousse Dupont qui tombe sur la paille entre les deux sièges, les jambes et les bras en l'air.

— Elle est considérablement farouche! dit le marié en s'accrochant aux portières pour se relever; suite de son éducation!... Mais il faut cependant que j'apprivoise sa vertu.

Décidé à prendre un baiser, Dupont se précipite de nouveau sur Eugénie; celle-ci veut le repousser encore, mais ses forces diminuent. Le marié est vigoureux. Eugénie se défend, se débat; elle crie, pleure, supplie Dupont de la laisser; mais celui-ci, persuadé que cette défense est une suite de l'éducation de sa femme, et qu'au fond elle sera charmée de se rendre continue son attaque. La pauvre petite est affaiblie, elle va tomber en son pouvoir... lorsque la voiture s'arrête dans la rue aux Ours.

— Nous voici arrivés, dit Dupont; c'est dommage, j'allais le prendre... mais ça n'est que différé.

Il saute hors de la voiture, fait descendre sa femme qui peut à peine marcher et tremble comme la feuille, et l'introduit dans son nouveau domicile. Eugénie, épuisée par la lutte qu'elle vient de soutenir, respire à peine et se sent mourir en entrant dans son appartement. Une femme l'y attend; elle court à elle... c'est Jeanneton. Eugénie la reconnaît, elle pousse un cri.

— Sauve-moi, lui dit-elle.

Et elle se laisse aller mourante dans ses bras.

— Ah! ma pauvre Eugénie! s'écrie Jeanneton, dans quel état je la revois!... Tenez, monsieur... elle se meurt... elle n'a plus de connaissance...

— Ah! mon Dieu!... tu crois? dit Dupont en aidant Jeanneton à transporter Eugénie sur son lit. Mais d'où vient donc... C'est bien singulier... Pour un baiser que j'ai voulu lui prendre... Serait-ce une attaque de nerfs?...

— Oui, monsieur, oui, justement... Vous savez qu'elle en a souvent...

— Crois-tu que cette attaque-ci durera longtemps?...

— Huit jours au plus, monsieur...

— Huit jours... diable! cela vient bien mal à propos... la première nuit de nos noces... Que faire, Jeanneton?

— Laissez-moi la soigner, monsieur, je la veillerai toute la nuit... Je sais ce qu'il faut lui donner en pareil cas... Allez-vous coucher, monsieur, je garderai madame...

— Diable! diable!... c'est fort contrariant, dit Dupont en regardant Eugénie dont les yeux sont fermés ; j'espérais tout autre chose... Tu conviendras, Jeanneton, que, pour une première nuit... il est désagréable de coucher seul...

— Eh ! monsieur, il s'agit bien de cela... quand votre femme est mourante !

— Oui, je vois bien qu'elle a les yeux fermés... Diable ! j'aime les femmes nerveuses, c'est vrai ; mais je ne voudrais pas cependant que cela lui arrivât souvent... Belle-maman aurait dû m'avertir...

— Est-ce qu'on dit ça, monsieur, quand on veut marier une demoiselle?...

— Tu as raison, on ne dit pas ça..

— Pauvre petite ! ça n'est pas sa faute... Allez vous coucher, monsieur.

— Oui, je crois en effet que c'est ce que j'ai de mieux à faire. Veille-la bien, Jeanneton ; et si elle se trouvait rétablie dans la nuit, tu viendrais me chercher.

— Oui, monsieur je n'y manquerai pas.

Le marié se munit d'une lumière et prend à regret le chemin de sa chambre. Il se couche en maudissant l'attaque de nerfs, et passe la première nuit de ses noces à ronfler, sans s'éveiller, jusqu'au lendemain.

CHAPITRE XXI

QUI FAIT VOIR QU'IL NE FAUT PAS ÉPOUSER UNE FILLE MALGRÉ ELLE

Lorsque son mari est éloigné, Eugénie reprend ses sens. Les femmes nerveuses ont un bonheur singulier qui fait qu'elles ne recouvrent leurs facultés que lorsque la circonstance est favorable.

— Est-il parti? demande la jeune femme n'osant ouvrir les yeux qu'à demi.

— Oui, oui... mamzelle... mada... ma chère Eugénie.

— Jeanneton, appelle-moi toujours ainsi... jamais madame Dupont, surtout... je t'en prie !

— C'est entendu... oh ! n'ayez pas peur que je prononce ce nom-là...

— Tu dis donc qu'il est éloigné?...

— Oui, oui, il est allé se coucher... D'ailleurs, pour plus de sûreté, j'vas fermer c'te porte à double tour...

— Mets aussi les verrous, Jeanneton.

— Faudrait ça qu'il y en eût. Soyez tranquille, il ne reviendra pas ; je lui ai dit que vous seriez malade au moins huit jours.

— Ah ! Jeanneton... que ne te dois-je pas !... Tu m'as sauvée... mais dans huit jours...

— Ah ! dam' ! alors... il sera difficile de... C'est vot' mari... et il a le droit...

— Ah ! jamais, jamais , Jeanneton; non, je le jure : j'aimerais mieux mourir ! On a voulu que je l'épouse, on m'y a forcée... que peut-on exiger de plus?...

— Ah ! pardi ! il est ben sûr que vos parents n'ont plus rien à vous dire; mais est-ce que vous croyez qu'on épouse une jolie et jeune femme pour?... Enfin, c'est qu'ça n'est pas l'usage, voyez-vous !

— Je suis sa femme !... je ne puis plus être à Adolphe !... ne suis-je pas assez malheureuse?... Ah ! Jeanneton, si tu savais.. ce vilain homme .. tout à l'heure... en revenant dans cette voiture... il a voulu, il a osé cherché à m'embrasser...

— Pardi ! il cherchera ben autre chose...

— Je me suis défendue... je l'ai repoussé... mais, hélas! mes forces m'abandonnaient : il se faisait un jeu de mes prières et de mes larmes... Ah ! je me sentais mourir !... Heureusement qu'alors la voiture s'est arrêtée. Ah ! Jeanneton, je ne pourrais plus supporter une scène pareille!... Mais te voilà... tu es près de moi... oh ! je ne crains plus rien maintenant, chère Jeanneton; tu ne me quitteras plus maintenant,... n'est-ce pas?...

— Vous savez ben que je ne demande pas mieux... Ne donnerais-je pas ma vie pour vous savoir heureuse?...

— Heureuse!... hélas! Jeanneton, cela est impossible maintenant... il n'y faut plus penser... Ces rêves si doux, ces projets si charmants que je faisais la nuit, dans ta chambre... en parlant de lui... il faut oublier tout cela... je suis la femme d'un autre!... Conçois-tu bien mon malheur?... Et Adolphe... peut-être un jour oubliera-t-il aussi ses serments... son Eugénie... Je n'aurais pas le droit de l'accuser... mais il en aimera une autre que moi... Ah ! Jeanneton, cette idée m'est insupportable !

— Allons... ne pleurez donc pas ainsi, mamzelle. Eh ! mon Dieu! les hommes...

Jeanneton s'arrête, elle sent qu'elle va en dire trop. Pourquoi déchirer le cœur d'Eugénie en lui apprenant qu'Adolphe a déjà été infidèle? N'est-elle pas assez malheureuse? Il faut au moins lui laisser le souvenir d'Adolphe tendre et constant. Jeanneton sent tout cela et se tait. Les attentions les plus délicates en amour sont senties par une simple servante comme par l'amie la plus fidèle ; il ne faut qu'un cœur sensible pour deviner ces choses-là.

— Mais par quel hasard, par quel bonheur te trouvé-je ici, près de moi... dans cette maison? demande Eugénie à Jeanneton; et celle-ci lui conte ce qu'elle a fait, et la manière dont elle s'est présentée chez M. Dupont.

La sérénade. (Page 127.)

— J'ai bien pensé que cela ne vous fâcherait pas de me trouver installée ici, dit la bonne fille, et voilà pourquoi j'ai fait tout cela sans vous en demander la permission.

— Ma chère Jeanneton, ta présence m'aidera à supporter la vie... sans toi, je serais morte de douleur ici!... avec toi, du moins, je n'ai pas tout perdu!... Je pourrai encore quelquefois te parler de... mais, à présent que je suis mariée, puis-je encore t'en parler?... C'est peut-être un crime!...

— Ah! dame!... je ne peux pas trop vous dire... tant que vous ne ferez qu'en parler, m'est avis que ce n'est pas un grand crime, et il y a bon des maris qui voudraient être sûrs que leurs femmes ne sont coupables qu'en paroles... Mais écoutez : pour arranger tout au mieux, vous ne m'en parlerez pas, mais moi j'vous en parlerai...

— C'est cela, Jeanneton. Oh! tu m'en parleras souvent, n'est-ce pas?

— Pardine! allez, tant que j'verrai que ça vous f'ra plaisir...

— Ah! tu m'en parleras toujours, alors... Pauvre garçon! s'il sait... Crois-tu, Jeanneton, qu'il sache que je suis mariée?...

— Oh! non, mamzelle... madame...

— Oh! je t'en prie, entre nous, appelle-moi toujours mademoiselle...

— Eh bien! va pour mamzelle; aussi bien, vous l'êtes à peu près encore.

— Tu crois donc qu'il ne sait pas?...

— Oh! non, non; j'en sommes sûre même...

— Comment! tu as donc eu de ses nouvelles?... Où est-il? que fait-il maintenant?

— Prenez garde, mamzelle! je crois que c'est vous qui en parlez à c't'heure...

31ᵉ LIV.

16

— Mais aussi pourquoi ne t'expliques-tu pas mieux ?

— Monsieur Adolphe n'est pas à Paris pour le moment...

— Il n'est pas à Paris !...

— Il est allé auprès de son père qui est très-malade...

— Pauvre jeune homme ! et quand il reviendra... ah ! Jeanneton, il en mourra...

— Eh ! non, mamzelle... j'vous assure qu'il n'en mourra pas... puisque vous n'en êtes pas morte, vous...

— Il va m'accuser, me maudire peut-être !...

— Est-il vot'mère ? est-il vot'père ?... Tenez, après tout, s'il avait eu tant de crainte de vous perdre, il ne serait pas parti justement dans le moment où l'on devait vous marier.

— Mais ce mariage ne devait se faire que dans un mois ; on en a avancé l'époque, sans doute pour mieux tromper Adolphe : d'ailleurs, pouvait-il ne pas aller soigner son père ?... Et tu l'accuses, Jeanneton... tu l'accuses d'être bon fils !...

— Non, mamzelle... non... Oh ! je ne l'accuse pas de ça... je dis seulement que les hommes, voyez-vous... eh ben ! ça n'est pus comme les femmes... ça aime ben, et malgré ça... enfin, v'là ce qui fait qu'ils sont plus heureux que nous.

— Et moi qui le cherchais des yeux sur mon chemin !... et je croyais le voir partout... Hélas ! je ne le verra plus ! n'est-ce pas, Jeanneton ?...

— Dam'! à moins que vous ne le rencontriez cependant.

— Oui, mais où pourrais-je le rencontrer ? je ne veux plus sortir... je resterai ici... toujours seule avec toi... Écoute, Jeanneton, voilà le plan que je me suis tracé : M. Dupont est mon mari ; à ce titre je lui dois des égards, du respect, et je le remercierai de ce qu'il a fait pour moi en me rendant ma bonne Jeanneton ; je lui en témoignerai toute ma reconnaissance... mais pour de l'amour, quand on épouse une fille malgré elle, quand on la conduit en pleurs à l'autel, a-t-on le droit de lui en demander ? Non, n'est-ce pas ? Eh bien ! puisqu'il ne peut exiger de moi de l'amour, il ne peut non plus exiger... il ne peut vouloir que...

— Oh ! ne vous y fiez pas... vous avez ben vu qu'il voulait déjà vous embrasser malgré vous...

— Comment ! Jeanneton, il faut, sans avoir d'amour pour les gens, souffrir ces choses-là !... ah ! par exemple, c'est à quoi je ne consentirai jamais !...

— Mais, mamzelle, un mari est le maître...

— Le maître !... Dis donc, Jeanneton, est-ce que mon père est le maître à la maison ?

— Oui, mamzelle ; à la vérité, madame Mou-tonnet est la maîtresse... et c'est quequefois la maîtresse qui fait le maître.

— Ah ! je ne veux être ni l'un ni l'autre ; je ne prétends pas commander ici... et pourtant j'en ai le droit, n'est-ce pas, Jeanneton ?

— Certainement, mamzelle.

— Mais je n'en ferai pas usage... Je serai donc soumise, excepté pour ce tu sais bien ; quant à cela, ma résolution est bien prise : j'ai donné ma main ; mais je n'ai pas donné mon cœur... Ce cœur est à Adolphe... Hélas !... il n'aura jamais que cela ; je serai fidèle à l'honneur, au nœud qui m'engage ; mais je serai fidèle aussi à celui que mon cœur avait choisi.

— Mais, mamzelle, encore une fois, j'vous dis que ça ne se peut pas, que ça n'arrangerait pas vot'mari, et qu'il exigera que...

— Ah ! Jeanneton, c'est cela qu'il faut empêcher ; c'est en cela surtout que je compte sur ton zèle, sur ton amitié ; tu trouveras bien les moyens de me sauver...

— Vraiment, ça ne sera pas si aisé que vous le croyez !

— Tu l'as déjà fait aujourd'hui.

— Ah ! pardi, pour une fois, passe... mais toujours, ça sera ben difficile !... enfin nous avons quelque temps devant nous ; en attendant, dormez tranquille cette nuit... et après... dam'! nous verrons !

CHAPITRE XXII

VISITES DU MARIÉ A SA BELLE-MÈRE

Le lendemain de son mariage, Dupont rit en s'éveillant de se voir seul dans son lit.

— Je gage, dit-il, que tout le monde croit que j'ai couché avec mon épouse... Ces gens-là seraient bien attrapés s'ils savaient qu'il n'en est rien. Le fait est que c'est assez drôle de coucher seul la première nuit de ses noces, et je n'y comptais pas du tout ; mais enfin cela se voit quelquefois... Ma pauvre femme qui a justement ses attaques de nerfs... C'est dommage, cependant, que cela lui ait pris si vite ; cette voiture m'avait monté la tête... Je me sentais très-amoureux, et j'étais furieusement entreprenant... Peste !... j'étais comme un petit lion !... Enfin, ce n'est que partie remise. Allons nous informer de la santé de mon épouse.

Dupont se lève et se rend à l'appartement d'Eugénie ; mais, au moment d'y entrer, il rencontre Jeanneton.

— Eh bien ! comment se porte mon épouse ? demande le marié à la bonne.

— Comme ça, monsieur ; elle repose maintenant... mais la nuit a été terrible...

— Terrible! ah! mon Dieu! pauvre petite !... Et
crois-tu que cela sera tout à fait passé cette nuit?

— C'te nuit, monsieur! Mais vous n'y pensez
pas... Après une crise aussi violente,.. la v'là
malade au moins pour huit jours, comme je vous
le disais hier, et peut-être plus, si elle a des re-
chutes...

— Tu me fais trembler, Jeanneton... Voilà qui
serait extrêmement contrariant... Car enfin,
quand on se marie, ce n'est pas pour coucher
l'un sur le poivre et l'autre sur le miel... Tu m'entends!

— Eh ! mon Dieu ! monsieur, est-ce que vous
n'avez pas tout le temps?... La vie est longue...
vous êtes jeune encore...

— Oui, sans doute, je suis jeune... et c'est justement pour cela que je veux communiquer avec
ma femme. Parbleu ! si j'étais vieux, je n'y tien-
drais pas tant.

— Dam' ! monsieur, on ne peut pas empêcher
une femme d'être malade, d'abord...

— Non, mais on peut tâcher de la guérir; je
vais aller chercher le médecin, Jeanneton.

— Eh ! monsieur, à quoi bon?... les médecins
n'entendent rien aux attaques de nerfs... c'est une
si drôle de maladie !... ça vous prend tout d'un
coup... ça vous quitte quand on n'y pense pas...
L'meilleur moyen pour que vot' femme n'en ait
point, c'est de ne jamais la contrarier... Oh !
d'abord, dès qu'on contrarie une femme ner-
veuse... crac! v'là ses attaques qui lui prennent... Ça ne peut pas manquer.

— Oh! alors, sois tranquille, je ne la contrarierai point... Diable! je m'en garderais bien !...
mais cependant un médecin pourrait me dire si...

— Eh ! monsieur, avec de la fleur d'oranger, de
l'éther et des gouttes d'Hoffmann, je suis tout aussi
habile qu'un médecin... La preuve, c'est que
quand madame en avait chez sa mère, on n'appelait jamais de docteur.

— Et tu dis que cela se gagne, Jeanneton?

— Oui, monsieur; cela se gagne en couchant
ensemble...

— Alors j'attendrai qu'elle soit parfaitement
guérie.

— Et vous ferez ben, monsieur.

— Mais je vais aller voir belle-maman, et je
me plaindrai de ce qu'elle m'a caché la maladie
de sa fille.

— Eh ben! monsieur, savez-vous ce que madame Moutonnet vous répondra?

— Non... je le saurai tout à l'heure...

— Oh! c'est que je la connais, madame Mou-

tonnet... Elle vous répondra que vous ne savez
ce que vous dites.

— Comment! je ne sais ce que je dis?

— Oui, monsieur, elle vous dira cela, et elle
vous soutiendra que sa fille se porte comme vous
et moi.

— Ce serait un peu fort, par exemple!

— Est-ce que vous croyez qu'une maman convient de ces choses-là? Non, monsieur; elle est
même capable de vous dire que sa fille n'a jamais eu d'attaques de nerfs... Ah! pour se trouver
mal, c'est différent! Mais, quant à cela, vous en
avez été témoin plus d'une fois, et vous étiez encore libre alors de ne pas épouser mamzelle;
mais je me rappelle ben que vous avez dit, au
contraire, que ça vous plaisait.

— Oui... oui... une fois par hasard... je ne dis
pas... Et puis, cela ne durait pas huit jours...
Écoute donc! que ma femme se trouve mal dans
la journée, encore passe, mais je veux au moins
qu'elle se porte bien la nuit.

Dupont sort d'assez mauvaise humeur, et se
rend chez madame Moutonnet qu'il trouve déjeu-
nant avec son mari et Bidois.

— Ah! ah! vous voilà, mon gendre, dit le papa
Moutonnet d'un air malin. Eh bien! comment
vous trouvez-vous ce matin?

— Très-bien, beau-père; oh! moi, je me porte
à merveille!

— Regarde donc, mon cœur... comme il a l'air
fier!... comme il paraît satisfait!... il a, ma foi!
encore le teint fleuri...Et après une première
nuit... C'est une bien jolie chose qu'une première
nuit... vous en souvenez-vous, mon cœur?

— Oui, monsieur, oui, je m'en souviens quelquefois...

— Hein! Dupont... comme la mariée a les yeux
baissés ce matin... et l'air pensif... embarrassé...
Madame Moutonnet, vous étiez bien intéressante
dans ce moment-là.

— On le croit sans peine, dit Bidois en saluant
la passementière qui baisse les yeux avec pudeur,

— Taisez-vous donc, monsieur Moutonnet!
vous me feriez rougir...

— Et pourquoi donc, mignonne? C'est bien
naturel de penser à cela un lendemain de noce...
C'est gentil, n'est-ce pas, Dupont?

— Oui, oh ! c'est fort gentil, répond l'épicier
d'un air boudeur.

— Il fait une drôle de mine! dit tout bas le
vieux commis regardant d'un air goguenard le
marié qui ne sait comment s'expliquer.

— Eh bien ! mon gendre, vous ne nous dites
rien... Est-ce que le plaisir vous a ôté la parole?

— Non, beau-père ... non, il ne m'a rien ôté
assurément...

— Mais vous faites une singulière figure, mon gendre, dit à son tour madame Moutonnet; il me semble qu'à votre place j'aurais l'air plus gai, plus joyeux.

— Belle-maman, je serais très-joyeux si... enfin... Mais, après tout, je n'ai pas sujet d'être fort satisfait... Vous entendez bien que quand on sait ce que je suis...

Toute la noce arrive sur le lieu de la scène. (Page 113.)

— Qu'est-ce à dire?... Et que savez-vous, s'il vous plaît?

— Je sais que ma femme... votre fille... mon épouse enfin... est sujette... à certaines choses... Tenez, belle-maman, vous auriez dû me dire cela plus tôt... Que diable! j'aurais fait mes réflexions... Quand j'achète du café, je veux savoir si c'est du moka ou du martinique... et quand je vends des amandes amères, je ne les donne pas pour des douces.

— Mon gendre, expliquez-vous un peu plus clairement, je vous prie. Que signifient ces certaines choses?... Quel rapport entre ma fille et vos amandes?

— Vous m'entendez bien, belle-maman, et vous concevez qu'il est désagréable de ne point pouvoir... communiquer avec sa femme quand on compte là-dessus.

— Y comprenez-vous quelque chose, Bidois?

— Rien absolument, madame.

— Moi, je n'y vois que du feu, dit M. Moutonnet.

— Eh bien! c'est comme moi, beau-père, je n'y ai encore vu que du feu, et on se marie pour voir autre chose.

— Monsieur Dupont, savez-vous que ceci commence à m'impatienter? dit madame Moutonnet.

— Parbleu! belle-maman, si cela continue, cela ne m'amusera pas non plus.

— Qui vous empêche de... communiquer avec votre femme, s'il vous plaît?

— Son état, c'est tout simple.

— Son état?

— Sa maladie, si vous aimez mieux.

— Ma fille est malade?

— Parbleu! je crois bien; elle a eu une crise terrible, et qui durera peut-être huit jours...

— Une crise... de quoi?

— De quoi? de quoi?... vous le savez bien, de quoi. Mais quand une jeune personne a une maladie chronique, je vous répète, madame, qu'on doit en prévenir le monde.

— Une maladie chronique... ma fille!... Avez-vous perdu la tête, monsieur Dupont?... Ma fille se porte bien, monsieur... elle s'est toujours bien portée, entendez-vous; je vous ai donné une femme charmante, et je vous trouve bien impertinent de venir me dire à présent que ma fille a certaine... chronique...

— Ah! on m'avait bien dit que vous ne voudriez pas en convenir...

— Monsieur Dupont, ne me rompez plus la tête avec vos sottises, je vous en prie...

— Suffit, belle-maman, je me tairai; j'espère d'ailleurs que cela ne durera pas toujours... Encore si ça ne se gagnait pas...

— Qu'est-ce qui se gagne, mon gendre?

— La maladie de mon épouse, ses attaques nerveuses.

— Vous êtes fou, encore une fois; si ma fille est indisposée aujourd'hui, soyez bien sûr que cela ne sera rien...

— Ainsi soit-il, belle-maman! je retourne près de mon épouse.

Dupont quitte ses nouveaux parents, qu'il laisse assez mécontents de lui et fort surpris de ce qu'il leur a dit. Bidois seul devine qu'il y a là-dessous quelque ruse inventée par la jeune mariée.

L'épicier rentre chez lui. Après avoir vaqué quelque temps aux soins de sa boutique, il monte à l'appartement de sa femme, et frappe doucement à sa porte. Eugénie elle-même vient lui ouvrir. Dupont est agréablement surpris en voyant sa femme levée; il ne la supposait pas en état de quitter le lit; il la considère quelques moments en silence; et le résultat de son examen est qu'il serait bien dommage qu'une femme aussi jolie fût souvent malade. Eugénie est dans un déshabillé bien simple, bien modeste; nulle prétention dans sa toilette, dans sa coiffure : ses cheveux, relevés simplement avec un peigne d'écaille, retombent en boucles sur son front; une guimpe lui monte jusqu'au menton et couvre bien hermétiquement des formes ravissantes. Sur tous les traits de la jeune femme se peignent la tristesse, la mélancolie, et malgré cela Eugénie est charmante... Elle plaît sans le vouloir... lorsque tant d'autres mettent à contribution tous les secours de l'art sans pouvoir atteindre ce but.

Eugénie fait à son mari une révérence bien respectueuse et va reprendre sa place. Dupont est embarrassé, il est malgré lui sur le ton de la cérémonie avec sa femme; enfin il prend une chaise et va s'asseoir près d'elle.

— Comment vous trouvez-vous ce matin, ma chère épouse?

— Je vous remercie, monsieur... je suis un peu mieux.

— Jeanneton m'a dit que cette nuit vous aviez eu une crise... *conséquente...*

— Oui, monsieur... Cette bonne fille a pour moi des soins... Ah ! je vous remercie beaucoup de l'avoir attachée à mon service.

— Comment donc, mon épouse!... mais je serai toujours charmé de... et puis elle fait très-bien la cuisine, je crois que c'est un bon sujet.

— Je vous réponds de sa fidélité.

— J'ai été bien pénétré de l'accident qui est cause... vous entendez bien que je ne comptais pas être si loin de vous cette nuit... mais... au reste, cela ne durera pas toujours.

Eugénie baisse les yeux et garde le silence.

— Puisque vous vous sentez un peu mieux, ma chère épouse, vous plairait-il de descendre un moment au comptoir?

— Pourquoi cela, monsieur?

— Pour vous mettre au fait des prix... Une jolie femme, voyez-vous, ça attire... on boit des petits verres, et...

— Je n'y descendrai pas, monsieur.

— Comment dites-vous, mon épouse?

— Je dis, monsieur, que je n'y descendrai point.

— Ah ! j'entends, vous vous sentez encore trop faible, trop souffrante !

— Ce n'est pas pour ce motif, monsieur, mais je ne me sens aucun goût pour votre commerce. La solitude est désormais le seul bien que j'ambitionne : je resterai dans mon appartement.

— Comment ! madame, vous ne voulez pas venir au comptoir?

— Non, monsieur.

— Ah çà ! madame, je me flatte que c'est une plaisanterie...

— Je n'ai nulle envie de plaisanter, monsieur.

— Que diable ! mon épouse, il fallait donc me dire cela avant de m'épouser !...

— Me l'avez-vous demandé, monsieur?

— Non, c'est vrai, je ne vous l'ai point demandé, mais je pensais qu'une fille soumise..

M. Dupont, guidé par l'amour, se dirige vers la chambre de son épouse. (Page 126.)

— Ah ! monsieur, j'ai bien montré que je l'étais !...

— Je me suis marié pour mettre une femme dans mon comptoir, mademoiselle...

— Et moi, monsieur, pour obéir à mes parents...

— On obéit aussi à son époux, madame.

— Je me ferai toujours un devoir de vous obéir, monsieur, lorsque je m'en sentirai la faculté.

— Et vous n'avez pas la faculté de descendre à mon comptoir?

— Non, monsieur, car je sens que j'y mourrais d'ennui et de chagrin...

— Eh bien ! ça ne laisse pas d'être gentil... mais nous verrons, madame, nous verrons... Allons trouver belle-maman, se dit Dupont en sortant avec humeur de l'appartement de sa femme ; tout ceci prend une tournure excessivement désagréable.

L'épicier prend son chapeau et se rend en toute hâte chez madame Moutonnet, qui allait se mettre à table avec son mari et Bidois.

— Ah ! ah ! c'est mon gendre, dit le papa Moutonnet ; je gage que maintenant il vient nous remercier du trésor que nous lui avons donné...

— J'étais bien sûre qu'il mettrait de l'eau dans son vin, dit madame Moutonnet.

— Je ne sais pas s'il y a mis de l'eau, dit tout bas Bidois, mais il est rouge comme un coq, et on dirait que c'est de colère.

— Asseyez-vous, mon gendre, dit madame Moutonnet à Dupont qui prend une chaise en étouffant ses soupirs, et dites-nous ce qui vous amène ce soir.

— Ce qui m'amène, belle-maman, n'est pas du tout agréable, et vous voyez un homme extrêmement vexé.

— Comment ! vexé ? Qu'est-ce à dire, vexé, monsieur Dupont ? Comprenez-vous cela, monsieur Moutonnet ?

— Mon cœur, je comprends qu'il est vexé... et voilà tout.

— Je vais me faire comprendre, belle-maman : il faut que vous sachiez que mon épouse se conduit déjà d'une façon...

— Qu'entends-je, mon gendre ? Quoi ! c'est encore pour vous plaindre de votre femme que vous revenez ?... Ce matin c'était sa santé, ce soir c'est sa conduite ; vous n'êtes marié que depuis hier, et déjà vous accusez votre femme... Ah ! monsieur Dupont, je ne m'attendais pas à cela de votre part !...

— Belle-maman, je dis ce qui est ; apprenez que mon épouse refuse de descendre au comptoir...

— Elle refuse d'y descendre !...

— Oui madame, et très-positivement ; c'est avec un air fort doux, j'en conviens, qu'elle m'a appris cela ; mais enfin je veux que ma femme vienne tenir ma boutique...

— Vous voulez !... vous voulez !... je vous trouve bien plaisant, monsieur mon gendre ; est-ce que vous voudriez faire le tyran chez vous ?...

— Comment ! le tyran, belle-maman ?

— Je veux que ma fille m'imite, je veux qu'elle soit maîtresse chez elle, c'est tout simple ; vous me l'avez demandée, je vous l'ai donnée : vous voilà marié, le reste ne nous regarde plus. Tant qu'Eugénie a été sous ma dépendance, elle a dû m'obéir ; la voilà mariée, elle doit commander chez elle, c'est tout naturel ; et quand une jeune personne a reçu l'éducation que ma fille a reçue, quand elle a puisé des principes et des exemples de sagesse et de vertu, elle ne peut pas se conduire mal, souvenez-vous de cela, monsieur Dupont.

— Mais cependant, belle-maman...

— Non, mon gendre, non, un mari ne doit jamais se plaindre de sa femme : si Eugénie ne veut pas descendre à votre comptoir, elle a sans doute de bonnes raisons pour cela...

— Elle ne peut pas en avoir, belle-maman.

— Vous n'en savez rien, mon gendre ; les femmes ne doivent pas rendre compte de tout à leurs maris. C'est à ceux-ci à s'en rapporter à la perspicacité de leurs femmes.

— Cependant, belle-maman...

— En voilà assez, monsieur Dupont ; je vous dis que vous avez tort ; que ceci vous serve de leçon à l'avenir, et rappelez-vous que je vous ai donné un trésor.

— Bien obligé, belle-maman, dit le marié en prenant son chapeau.

Il salue son beau-père et Bidois, et rentre chez lui en se disant :

— Puisqu'elle ne veut pas venir au comptoir, il faudra bien s'en passer, et puisque belle-maman assure que c'est un trésor, je finirai sans doute par être très-heureux. D'abord, ce dont je suis certain, c'est qu'elle m'aime... et c'est quelque chose.

Dupont, en faisant ces réflexions, tâche de prendre son parti ; il est toujours persuadé qu'Eugénie l'adore, et que le ton cérémonieux qu'elle a conservé avec lui tient à l'éducation qu'elle a reçue.

Huit jours s'écoulent, pendant lesquels le nouveau marié ne voit sa femme que quelques moments dans la journée et aux heures des repas. Il s'informe exactement, chaque jour, de la santé d'Eugénie. Jeanneton tâche de lui faire accroire que sa femme est encore fort malade ; mais Eugénie sait moins dissimuler, et, quoique toujours triste, toujours plongée dans la douleur et les regrets, elle a recouvré une partie de ses forces, et son teint est moins pâle que le jour de ses noces.

— Tu as beau dire, reprend Dupont à sa servante, ma femme se porte fort bien maintenant... je vois qu'elle est guérie...

— Ne vous y fiez pas, monsieur... c'est un mal qui couve, voyez-vous...

— Qui couve ! tant que tu voudras !... il peut couver comme cela une année entière... D'ailleurs je connais le meilleur remède aux souffrances d'une jolie femme... Je le connais, Jeanneton, et je l'appliquerai...

— Le mal de madame ne ressemble pas à celui des autres, monsieur, et votre remède n'est pas celui qui lui convient.

M. Dupont n'écoute plus sa servante, et il se

rend auprès de sa femme, afin de lui faire entendre qu'il ne compte pas vivre toujours ainsi avec elle.

Eugénie passe presque tout son temps à travailler à l'aiguille dans sa chambre ; quelquefois elle se place à la fenêtre qui donne sur la rue ; mais alors elle y reste bien peu de temps, car il lui semble que toutes les personnes qui passent la regardent. Il lui semble aussi que parmi ce monde il y a quelqu'un qui la cherche, qui brûle de l'apercevoir... elle craint de le voir... et pourtant ses yeux se portent avec avidité sur des personnes étrangères, puis elle quitte tristement la fenêtre en se disant :

— Je ne dois plus le voir.

En vain Jeanneton représente à sa maîtresse qu'elle ne saurait vivre continuellement renfermée dans sa chambre, et qu'elle finira par tomber réellement malade.

— Eh ! qu'importe ! dit Eugénie ; la vie est-elle donc un bonheur pour moi ?...

Dupont trouve sa femme livrée à sa profonde mélancolie. Mais à la vue de son mari Eugénie se lève, le salue profondément et lui présente un siége.

— Elle est extrêmement polie, se dit en lui-même l'épicier ; suite de la bonne éducation ; et si elle voulait seulement descendre au comptoir... Mais enfin ce n'est pas de cela que je veux lui parler maintenant.

— Votre santé me parait infiniment meilleure, ma tendre épouse, dit Dupont en prenant un ton sentimental qu'il juge être celui qui doit plaire à Eugénie.

— Oui, monsieur, je me sens en effet beaucoup mieux.

— J'en suis ravi... je dirai plus, j'en suis fort satisfait... J'attendais votre rétablissement avec impatience, comme vous devez croire...

— Eh ! pourquoi cela, monsieur ?...

— Comment, pourquoi ?... mais pour... Ma tendre épouse, il y a huit jours aujourd'hui que nous sommes mariés...

— Oh ! je ne l'ai pas oublié, monsieur ; ce jour-là ne s'effacera jamais de ma mémoire !...

— Ah ! vraiment, vous êtes trop bonne... et je suis pénétré de vos sentiments... Mais cela ne suffit pas... et mon amour... vous sentez que mon amour ne peut pas s'accommoder de l'éloignement dans lequel nous vivons... me flatte que cette nuit ne ressemblera pas aux autres... Vous me comprenez, madame Dupont ?...

— Non, monsieur.

— Je m'expliquerai mieux ce soir... et j'espère que l'heure du berger, ou... l'étoile de Vénus... enfin, que je ne coucherai pas dans ma chambre.

— Comment ! monsieur , prétendriez - vous changer quelque chose à notre manière de vivre ensemble ?

— Mais, ma tendre épouse, notre manière de vivre ensemble ne ressemble à aucune de celles que l'on a pratiquées jusqu'à ce jour et je tiens à suivre les anciens usages. Est-ce que votre cœur ne me comprend pas ?...

— Mon cœur ? oh ! non, monsieur, il ne vous a jamais compris...

— Ah ! j'entends : suite de votre éducation et de votre extrême innocence... mais je saurai le faire parler, ce petit cœur...

— Monsieur, je me ferai toujours un devoir de faire toutes vos volontés, mais je vous préviens que je ne changerai rien à la manière dont je vis maintenant avec vous. Continuons d'habiter chacun de notre côté, voyons-nous dans la journée, lorsque cela vous sera agréable, et j'aurai toujours pour vous, monsieur, le respect et les égards que l'on doit à un époux ; mais si vous pensez avoir avec moi des rapports plus intimes, oh ! je vous assure que vous vous abusez.

— Par exemple, voilà qui serait plaisant... J'espère, madame, que vous ne savez pas ce que vous dites... Est-ce qu'on se marie seulement pour déjeuner et dîner ensemble ?... on y couche aussi, madame... entendez-vous ? c'est une des premières conditions de l'hymen... D'ailleurs, ma tendre épouse, quand on s'aime comme nous nous aimons, il ne faut pas que l'innocence soit farouche jusqu'à ce point-là... Que diable ! c'est très-bien d'élever les demoiselles sévèrement, mais ça ne doit pas aller jusqu'à les empêcher de... communiquer avec leurs maris... madame Moutonnet pousse les principes trop avant !...

— Oui, monsieur ; je crois en effet que, quand on s'aime, on n'a rien à se refuser ; mais je n'ai jamais eu d'amour pour vous, monsieur, vous le savez bien ; je vous ai épousé malgré moi et par pure obéissance ; vous ne devez donc pas me demander des sentiments que je ne vous ai jamais témoignés.

— Eh bien ! voilà du nouveau à présent... Vous ne m'aimez pas, madame ?...

— Non, monsieur...

— Vous n'êtes pas amoureuse de moi ?...

— Oh ! non, monsieur...

— Il ne fallait donc pas en avoir l'air, madame...

— Je ne l'ai jamais eu, monsieur...

— Je vous dis, moi, que vous m'avez fait des yeux... des regards !... Et me dire tout cela après huit jours de mariage !

— Ah ! monsieur, j'aurais bien voulu vous s le

dire avant... mais on ne m'en a pas laissé la liberté.

— Tout ceci est fort agréable pour moi ; mais enfin, madame, nous sommes mariés, et une femme doit toujours aimer son époux ; que ce soit avant ou après, cela n'y fait rien ; or vous devez m'aimer et coucher avec moi.

— J'en suis bien fâchée, monsieur, mais cela ne sera pas...

— C'est ce que nous verrons, madame.

« Allons trouver belle-maman, se dit Dupont, car voilà une petite femme qui, tout en me faisant la révérence, est considérablement entêtée ; mais je ne conçois pas pourquoi elle ne m'aime point, et il faut absolument que belle-maman m'explique cela.

Dupont sort fort en colère, et Jeanneton, qui a entendu la discussion qui vient d'avoir lieu entre les deux époux, gronde sa maîtresse de ce qu'elle a parlé trop franchement.

— Il fallait feindre un peu, madame ; en vous disant malade, nous aurions toujours trouvé moyen de l'éloigner.

— Mais, Jeanneton, il aurait toujours fallu qu'il découvrît la vérité... et puis, tu le sais, je ne puis pas mentir ; j'ai mieux aimé lui dire sur-le-champ ce que je pense... au moins, à présent, il ne me tourmentera plus.

— Vous croyez ça !... J'ai bien peur, au contraire, qu'il n'en devienne que plus obstiné ; et nous aurons ben de la peine à vous tirer de là.

Cependant Dupont arrive chez son beau-père, où on ne l'a pas vu depuis quelques jours, et Bidois se dit, en examinant la figure de l'épicier :

— Nous allons encore apprendre du nouveau.

— Ah ! je suis charmé de vous trouver, belle-maman ! dit Dupont en s'asseyant près du comptoir où est assise madame Moutonnet ainsi que son mari.

— Eh bien ! mon gendre, je suis bien sûre que vous faites maintenant un ménage de tourte-reaux.

— Je le gagerais aussi, mon cœur, dit le papa Moutonnet ; et je vois à l'air de Dupont qu'il est enchanté de sa petite femme.

— Eh bien ! beau-père, vous n'y êtes pas du tout.

— Comment... je n'y suis pas !...

— Nous ressemblons plutôt à un chien et à un chat ; je viens encore vous parler au sujet de mon épouse... nous sommes jusqu'à présent comme le sel et le poivre.

— Il me paraît, mon gendre, que vous êtes difficile à contenter !

— Oui, difficile... c'est ça... Il faudrait être

d'une pâte bien singulière pour s'accommoder d'une femme aussi farouche que la mienne... Écoutez donc ! belle-maman, vous auriez dû parler à votre fille le jour de ses noces ; il me semble que ça se fait ordinairement, et alors une demoiselle soumise sait... ce qu'elle sait, et ça va tout seul ; mais moi, au contraire, c'est que ça ne va pas du tout, et voilà ce dont je me plains.

— En vérité, mon gendre, vous vous plaignez toujours ; mais enfin expliquez-vous mieux, car je ne vous comprends pas.

— Je vous dis, belle-maman, que ma femme est un tigre...

— Un tigre !... ma fille, un tigre !... Monsieur Moutonnet, vous êtes-vous jamais aperçu ?

— Non, mon ange.

— Et vous, Bidois ?

— C'était un agneau, madame.

— Et monsieur ose l'appeler un tigre ?...

— Mais, belle-maman, entendons-nous... je veux dire un tigre pour la sagesse...

— Eh bien ! monsieur, c'est de cela que vous vous plaignez ! voilà qui est nouveau !... Ce qui fait le bonheur, le repos des époux !... une femme sage !... monsieur s'en plaint !

— Ah çà ! belle-maman, si vous ne voulez pas m'écouter !... Que ma femme soit sage, j'en suis charmé certainement ; mais, avec moi, il me semble qu'elle ne doit pas être inabordable, et qu'elle doit souffrir tout ce que...

— Ah ! taisez-vous, monsieur Dupont, taisez-vous, je vous en prie !... vous allez nous dire des choses... où la décence dans vos propos...

— Enfin, belle-maman, ça ne peut pas durer comme ça ; je veux une femme pour tout de bon, et non pas seulement pour qu'elle me fasse la révérence et qu'elle me présente une chaise quand j'entre chez elle ! D'ailleurs, madame, elle m'a dit qu'elle ne m'aimait pas et qu'elle ne m'avait jamais aimé !... et vous me laissez croire qu'elle m'adore ! C'est fort désagréable.

— Eh ! monsieur, est-ce que vous avez besoin d'être adoré de votre femme ? Qu'est-ce que c'est que cette idée qui vous passe par la tête ? Les meilleurs ménages ne sont pas ceux où l'on s'adore, mon gendre.

— Mais, au moins, belle-maman, on en a l'air, et on ne se dit pas ces choses-là en face !...

— Je crois vraiment que vous perdez l'esprit, mon cher Dupont : je vous ai donné une fille sage, honnête, qui a reçu une excellente éducation...

— Oh ! pour l'éducation, ça, je ne dis pas...

— Eh bien ! monsieur, de quoi vous plaignez-

M. Dupont reste stupéfait en voyant dans le couloir un lit de sangle qui lui barre le passage. (Page 130.)

vous? Rendez votre femme heureuse, et ne nous rompez plus la tête avec vos histoires!...

— Il est certain, dit M. Moutonnet, que je ne comprends pas trop de quoi il se plaint...

— La chose est au moins fort extraordinaire, dit Bidois d'un air goguenard.

— La chose est fort claire, beau-père; mon épouse me conteste mes droits de mari.

— Et c'est pour cela, monsieur, que vous venez nous chercher! dit madame Moutonnet... Est-ce que ces choses-là nous regardent?...

— Comment! mon gendre, à votre âge!... Demandez à madame Moutonnet si j'ai été chercher le voisin pour ça!...

— Voilà la première fois, dit Bidois, que j'entends un mari se plaindre pour un cas semblable.

— Allez, allez, mon gendre, il est de certaines

32e LIV.

choses qui doivent rester dans le sein du ménage. Entre l'arbre et l'écorce, on ne doit jamais mettre le doigt...

— Mais, belle-maman, il n'est pas question d'y mettre le doigt...

— Croyez-moi, ne venez plus nous conter de pareilles folies, car on se moquerait de vous.

— Mais, belle-maman...

— Oui, mon gendre, oui, on se moquerait de vous.

— Ah! l'on se moquerait de moi! dit Dupont en sortant furieux de chez sa belle-mère. Eh bien! je ferai voir que j'ai de la tête et du caractère... et puisque belle-maman ne veut pas parler à sa fille sur ce sujet, je saurai bien me conduire en conséquence; et, dès ce soir, je fais voir à ma femme... que je suis son mari.

17

CHAPITRE XXIII

LA SÉRÉNADE

Il est minuit. A onze heures du soir, on ferme la maison de commerce de Dupont, et les garçons soupent et se couchent dans une petite salle qui touche à la boutique. L'épicier, qui a son projet, attend dans sa chambre que tout le monde soit livré au repos pour se rendre dans l'appartement de sa femme qu'il espère trouver livrée au sommeil. Il a fait un froid piquant toute la journée, et les étoiles qui brillent annoncent une belle nuit d'hiver. Dupont, qui n'a conservé qu'un caleçon et une robe de chambre pour aller rendre visite à son épouse, attend devant son feu le moment favorable, et prend quelques petits verres de cassis pour se prémunir contre le froid et fortifier sa résolution. Tout en buvant son cassis, M. Dupont se coiffe de nuit; il couvre sa tête d'un énorme bonnet de coton dont la pointe menace le ciel, et, pour adoucir un peu la sévérité de cette coiffure, il l'entoure d'un large ruban bleu de ciel, sa couleur favorite, et, plaçant la rosette au-dessus de l'œil droit, s'étudie devant son miroir à lui donner une forme élégante et gracieuse. L'épicier est content de lui.

— Je suis bien, dit-il en se regardant avec complaisance dans sa glace, je suis vraiment bien... et il n'est pas possible que ma femme ne me trouve pas à son goût... J'ai eu tort, ce matin, de faire attention à ce qu'elle m'a dit!... C'est une enfant que mon épouse! ça ne connaît pas encore la conséquence du mariage!... Elle a reçu des principes fort sévères, et, comme dit belle-maman, c'est le fondement de ma tranquillité future. Encore un petit verre, et allons trouver mon épouse.

Dupont s'enveloppe dans sa robe de chambre, prend un bougeoir, et se dirige à pas de loup vers l'appartement de sa femme. Eugénie dort, après avoir, suivant son habitude, causé longtemps avec Jeanneton; la jeune femme a renvoyé sa bonne se livrer au sommeil, qui, pour la première fois depuis son mariage, vient faire trêve à ses ennuis. Un aimable songe le reporte au bois de Romainville, au jour de la fête de son père, jour charmant où Adolphe lui a dit qu'il l'aimait; où, tout entiers à leur amour et ne prévoyant pas les peines qu'il leur causerait, le présent était pour eux le bonheur, et l'avenir une source de plaisirs et d'espérances. Ce jour délicieux a fui bien vite, ce temps si doux ne doit plus plus revenir!... mais en songe il renaît encore... Dors, pauvre Eugénie !

Dupont est arrivé devant la porte de la chambre de sa femme, il veut l'ouvrir... elle est fermée en dedans. L'épicier ne s'attendait pas à cet obstacle.

— Diable ! se dit-il, elle s'est enfermée... elle est peureuse sans doute... Si je frappais ?... Non, cela la réveillerait et je ne la surprendrais plus... Parbleu ! faisons le tour, passons par la cuisine, par la chambre de Jeanneton, puis le petit couloir qui mène chez mon épouse; c'est cela même !... Oh! je ne suis pas bête, moi!

Dupont se dirige donc vers la cuisine, dont la porte ne ferme que par un bouton; il marche sur ses pointes, cachant sa lumière avec sa main; il entre dans la chambre de Jeanneton, où un ronflement prolongé lui annonce que la servante ne peut ni le voir ni l'entendre. En effet, Jeanneton a imité sa maîtresse; elle s'est laissée aller au sommeil, oubliant qu'elle est placée en sentinelle avancée, et que l'ennemi peut pénétrer par la cuisine, qui est le côté faible de la place. Mais on ne pense pas à tout; le sommeil a surpris plus d'un soldat entouré d'ennemis : Jeanneton est donc excusable d'y avoir succombé.

— Tout va le mieux du monde, dit Dupont après avoir traversé la chambre de la bonne; j'étais bien certain d'y arriver... Bon ! me voilà dans la chambre de mon épouse... tant mieux, c'est ce que je voulais... Une femme n'a jamais de volontés quand elle dort; et, ma foi! quand elle s'éveillera... Elle est vraiment jolie, mon épouse. Belle-maman a raison, c'est un trésor... Mais cachons ma chandelle.

Dupont va placer sa lumière dans la cheminée et revient près du lit d'Eugénie; déjà il a ôté sa robe de chambre, il se dispose à se débarrasser de son caleçon, riant en lui-même de la surprise qu'il va causer à sa femme.

Mais quel bruit vient soudain troubler le silence de la nuit et réveiller les laborieux habitants de la rue aux Ours ! Les violons, la clarinette, le fifre, le cor de chasse, la grosse caisse même se font entendre; c'est un tintamarre, un tapage à briser les vitres, et qui doit arriver jusqu'au boulevard Saint-Martin ; les échos en ont retenti, les voleurs en ont frémi, les voisins en ont assourdis, les amants en ont pâli, les époux en ont ri, les passants en sont surpris, Dupont en reste ébahi. C'est l'air : *Gai, gai, mariez-vous;* puis: *Il faut des époux assortis... Ah! je triomphe, je suis vainqueur... Oui, c'en est fait, je me marie,* et autres morceaux de circonstance, que l'on joue dans la rue avec variations, agréments et accompagnement de grosse caisse et de fifre, ce qui, joint aux cris, aux éclats de joie des musiciens et aux applaudissements des voisins, produit un petit concert charmant,

— Ah ! mon Dieu ! qu'est-ce que c'est que cela ? dit Dupont indécis s'il ôtera ou non son caleçon. Quelle terrible musique ! Serait-ce une surprise?... Au reste, je ne vois pas que ce concert puisse m'empêcher de coucher avec ma femme...

Mais le bruit a réveillé Eugénie et Jeanneton.

— Madame,.. madame ... entendez-vous? crie la servante à sa maîtresse ; je parie que c'est une sérénade qu'on vous donne.

Eugénie ouvre les yeux ; elle aperçoit un homme en chemise près de son lit ; elle pousse des cris perçants... En vain Dupont lui répète :

— C'est moi, mon épouse, c'est moi ; n'ayez pas peur...

Eugénie crie encore plus fort, et Jeanneton accourt, tenant à la main une marmite qu'elle a saisie à tout hasard, et avec laquelle elle vient défendre sa maîtresse.

— Un moment donc ! s'écrie l'épicier qui voit déjà la marmite menacer sa tête. C'est moi, Jeanneton !... Prends donc garde à ce que tu fais !

— Eh ! oui vraiment... c'est monsieur... dit la bonne...

— Et que faisiez-vous ici, monsieur, dit Eugénie, et dans cet état?... Que signifie?...

— Remettez-donc vot' caleçon, dit Jeanneton.

— Répondez, monsieur, que cherchiez-vous dans ma chambre?...

— Eh ! morbleu ! madame, je venais, je cherchais... je...

— Not' bourgeois ! not' bourgeois ! crient d'en bas les garçons de boutique, c'est une sérénade en votre honneur, à l'occasion de votre mariage... Ils frappent à la boutique ; faut-il leur ouvrir?

— Que le diable emporte la sérénade et les musiciens ! dit Dupont; ils ne pouvaient venir plus mal à propos !... N'ouvrez pas, Joseph, ils n'ont qu'à rester dans la rue...

— Ah ! monsieur, dit Jeanneton, vous ne pouvez pas refuser de les recevoir... C'est une politesse qu'on vous fait... Une musique superbe !... et je reconnais la voix de M. Gérard.

— Oui, dit Eugénie, je la reconnais aussi... Ce sont des amis... des parents peut-être. Ah ! monsieur, il faut les faire entrer un moment dans votre boutique, c'est l'usage...

— Allons, ma chère épouse, puisque c'est l'usage, je vais les recevoir... Mais je me serais bien passé de cette musique-là.

Dupont a remis sa robe de chambre, et il descend en marronnant à sa boutique.

— Ah ! Jeanneton, dit alors Eugénie à sa bonne, sans cette sérénade... M. Dupont osait...

— C'est ce qui me paraît ; nous nous étions endormies... et un peu plus tard, dam'!... Faut avouer que v'là un concert qui est venu bien à temps ... et que vous avez ben des obligations à M. Gérard.

C'est en effet le parfumeur qui a eu l'idée de cette aimable surprise. M. Gérard avait voulu donner la sérénade la nuit même du mariage, ce qui eût été plus convenable ; mais il n'avait pu ce jour-là rassembler les artistes-amateurs. Les violons étaient de bal, la clarinette avait une fête, le cor un baptême et le fifre un enterrement. Il avait donc fallu remettre la partie à huitaine ; on s'était donné rendez-vous chez le parfumeur qui avait emprunté une grosse caisse à un bureau de loterie voisin, où l'on avait toujours une musique prête en l'honneur des gros lots qui ne sortaient pas.

C'est donc le parfumeur qui a réuni les amateurs de sa connaissance et les conduit rue aux Ours, où il veut donner à la nouvelle mariée un échantillon de sa galanterie. On doit se rappeler que Gérard est persuadé qu'Eugénie a une secrète passion pour lui, depuis certains coups de pied qu'il a reçus sous la table, au repas des fiançailles, et M. le parfumeur est bien aise de cultiver la connaissance de madame Dupont ; c'est ce qui lui a fait naître l'idée de la sérénade , et ce qui lui donne une telle ardeur à battre la mesure sur la grosse caisse qu'on a peine, au milieu de ce bourdonnement continuel, à reconnaître les airs joués par les amateurs.

Les garçons de boutique s'empressent d'ouvrir aux musiciens, et Dupont arrive, en serrant sa robe de chambre autour de son corps, recevoir les compliments et les félicitations de ces messieurs.

— Le voilà !... le voilà, cet heureux mortel ! crie Gérard en apercevant l'épicier, cet homme fortuné qui a épousé une des plus jolies femmes de la rue Saint-Martin !... Il n'y a que huit jours, messieurs ; c'est encore le premier feu de l'hymen... Vite, messieurs, l'air de Zémire et Azor : Veillons, veillons, veillons encore... c'est la devise des nouveaux mariés.

Les amateurs s'empressent d'exécuter le morceau demandé, et, pour être plus commodément, les violons montent sur le comptoir ; le cor s'assied sur les pains de sucre, la clarinette sur un baquet de colle, et le fifre grimpe sur un tonneau de mélasse. Gérard seul, intrépide et infatigable, se promène dans la boutique avec sa grosse

caisse attachée devant lui ; et comme il trouve
que les baguettes qu'on lui a données ne font
pas assez de bruit, il s'empare d'un grand rou-
leau de réglisse noire et d'un petit balai de deux
sous, avec lesquels il prétend faire valoir l'air de
Zémire et Azor.

Dupont n'ose pas se boucher les oreilles, quoiqu'on fasse un bruit épouvantable, et les deux
garçons de boutique, qui trouvent que *Veillons,*
mes sœurs, est une fort jolie valse, se mettent à
danser une sauteuse dans l'arrière-boutique.

— Hein !... est-ce exécuté ? dit Gérard après le
morceau. Ah ! c'est que nous jouons cela d'une
fière force... Vous ne vous attendiez pas à cette
petite surprise, mon ami Dupont ?

— Non, messieurs, non... je conviens que je ne
m'y attendais pas.

— C'est moi qui ai eu cette idée-là ; voilà huit

M. Dupont chez le commissaire.

jours que nous devions venir. Je me suis dit : La
quinzaine ne se passera pas sans une petite sérénade !...

— Vous êtes bien honnêtes...

— Il faut qu'un aussi joli ménage soit fêté en
musique, à grand orchestre.

— Messieurs, je suis bien sensible...

— Nous vous avons peut-être dérangé, fripon ;
vous étiez auprès de votre épouse...

— Messieurs, il est sûr que si vous n'étiez pas
venus j'aurais peut-être...

— Allons, allons, vous la retrouverez. Est-ce
que nous ne verrons pas madame?...

— Non, je ne crois pas... elle est couchée ;
mais elle m'a chargé de vous dire bien des choses...
elle est fort sensible à... elle a reconnu votre
voix, monsieur Gérard.

— Ah ! elle a reconnu ma voix ? dit Gérard en
laissant échapper un sourire malin. Messieurs,
je vais vous chanter *Enfant chéri des dames ;*
c'est toujours joli, et je chante assez bien.

Le parfumeur chante, en s'efforçant de donner
de l'étendue à sa voix, persuadé que la jeune
femme l'écoute avec intérêt. Les amateurs l'ac-
compagnent en rejouant *Veillons, mes sœurs,*
parce qu'ils ne savent pas *Enfant chéri des dames.*

Dupont, qui a pris son parti, trouve que cela fait un effet charmant, et ses deux garçons dansent l'allemande.

— Messieurs, dit l'épicier, après l'air dont il est très-satisfait, parce qu'il s'est reconnu dans l'*Enfant chéri des dames*, messieurs, vous accepterez bien un petit verre ?...

— Comment donc ! mais très-volontiers... plutôt deux qu'un.

Dupont verse les petits verres de cognac, que les amateurs trouvent excellent. Après le cognac, l'épicier, qui est en train, veut faire les choses en grand; il propose du doux, et verse du ratafia.

— Va pour le ratafia, dit la clarinette.

— Messieurs, dit le parfumeur, nous passons du grave au doux, du plaisant au sévère; c'est l'*utile dulci* de Voltaire.

— Non, messieurs, dit Dupont, ce n'est pas de l'*utile dulci* de Voltaire, c'est du ratafia de Louvres, première qualité.

— Le marié est un peu étranger aux beaux-arts, dit tout bas le parfumeur à la clarinette; mais le ratafia est délicieux.

Dupont, charmé des éloges que l'on donne à ses liqueurs, passe du ratafia au parfait-amour, et du parfait-amour au rhum, et, après chaque libation, les amateurs exécutent un air de circonstance, et plus l'on boit de petits verres, plus les artistes se sentent en train, et c'est à qui jouera le plus fort pour surpasser son voisin, et Gérard a fini par prendre un pilon avec lequel il frappe sur sa grosse caisse. Les chants se mêlent aux instruments; Dupont, animé par les petits verres, fait chorus avec les musiciens; tout le monde chante ou joue : on ne s'entend plus, mais on est d'une gaieté folle, qui ne paraît pas devoir se calmer de longtemps... lorsque tout d'un coup le joueur de fifre disparaît dans le tonneau de mélasse, et la clarinette s'enfonce dans le baquet à colle.

Ces messieurs, dans l'ardeur qui les animait, n'ont pas réfléchi qu'ils étaient montés sur des tonneaux : à force de prendre des petits verres, l'un battait la mesure d'une telle façon avec son pied, et l'autre avec tout son corps, qu'ils devaient nécessairement finir par défoncer leur plancher. Les cris succèdent aux chants : on court d'abord au fifre qui, étant debout sur le tonneau, a disparu presque entièrement, et se trouve dans la mélasse jusqu'au cou. Ce n'est pas sans effort que l'on parvient à l'en retirer. Le pauvre amateur à peine à marcher; il a pour quatre ou cinq livres d'écume de sucre sur le corps, et ne peut faire un pas sans s'attacher à ses voisins.

Le joueur de clarinette est un peu moins mal-

traité : étant assis sur le tonneau, il ne s'est enfoncé qu'à demi; sa tête et ses jambes n'ont rien; il en est quitte pour quelques livres de colle qui tiennent à sa culotte. Cet accident met fin aux chants et au concert, et les amateurs, saluant M. Dupont, prennent chacun le chemin de leur demeure : le parfumeur enchanté d'avoir donné des preuves de sa galanterie, car il espère obtenir plus tard la récompense; le fifre ne marchant qu'avec peine, parce que ses souliers, en-

Louise, la femme du graveur.

duits de mélasse, s'attachent à chaque pavé, et le joueur de clarinette sautillant, au contraire, tout le long du chemin, afin de faire tomber les paquets de colle qui couvrent sa culotte.

Il est plus de deux heures du matin, et Dupont, fatigué de sa nuit, ne juge pas convenable de retourner près de sa femme.

— Ce sera pour une autre fois, se dit-il en rentrant dans sa chambre; je connais le chemin à présent, et il ne m'arrivera pas toutes les nuits une sérénade.

CHAPITRE XXIV

LE REVENANT

Trois jours se sont écoulés depuis la sérénade, et Dupont n'a pas encore recommencé ses tentatives conjugales. Cependant, depuis cette nuit où

Eugénie a aperçu son époux en caleçon, près de son lit, elle n'ose plus se livrer au repos, elle ne se couche qu'en tremblant, et, l'oreille toujours au guet, elle se lève au plus léger bruit. Jeanneton promet à sa maîtresse de veiller pour elle, et la supplie de prendre du repos, car ces veilles continuelles doivent finir par altérer sa santé; mais Eugénie n'ose se fier à sa bonne : celle-ci imagine alors un moyen pour lui donner plus de tranquillité. Elle place tous les soirs son lit de sangle dans le couloir qui conduit à la chambre d'Eugénie, et, de cette manière, en ferme le passage. Jeanneton couchant là, on ne peut parvenir jusqu'à sa maîtresse sans qu'elle le sache; il n'y a pas moyen de passer sous le lit placé en long et qui est fort bas, et pour passer par-dessus il faudrait nécessairement monter sur le lit, et l'éveiller.

Ce que Jeanneton a prévu arrive en effet. Dupont prend le même chemin que la première fois pour arriver chez sa femme; il traverse la chambre de la domestique qu'il croit endormie, mais il reste stupéfait en voyant dans le couloir un lit de sangle qui lui barre le passage. Jeanneton a entendu venir Dupont; mais elle feint de dormir pour savoir ce qu'il fera. L'épicier s'arrête, jure entre ses dents, regarde s'il pourra passer sous le lit, et, voyant que c'est impossible, se consulte, indécis s'il montera dessus. Il se décide à ne point franchir la barrière, parce qu'il pense bien qu'il ne peut le faire sans réveiller Jeanneton, et il retourne en marronnant dans son appartement.

— Il s'en va, dit Jeanneton à demi-voix à sa maîtresse qui a aussi entendu venir M. Dupont, et la servante ne peut s'empêcher de rire de la figure que faisait le marié.

— Ah! dit Jeanneton, Eugénie, toujours de nouvelles entreprises! Que je suis malheureuse!... Me faudra-t-il donc vivre comme cela?...

— Il est certain que vous faites un drôle de ménage...

Cependant Dupont n'est rentré dans sa chambre qu'avec l'espérance d'être plus heureux une autre fois. Dès le lendemain matin il appelle Jeanneton, qui devine bien pourquoi.

— D'où vient que vous ne couchez plus dans votre chambre? lui demande l'épicier.

— Monsieur, c'est que madame a peur la nuit... voilà pourquoi... j'ai mis mon lit dans le couloir, afin d'être plus près d'elle.

— Si mon épouse a peur, c'est à moi de la rassurer; je vous défends, mademoiselle Jeanneton, de remettre votre lit dans le couloir; si je veux aller chez ma femme, c'est bien le moins que je puisse passer d'un côté ou d'un autre.

— Mais, monsieur... madame...

— Mais, mais, mais, encore une fois je vous défends de replacer votre lit là... ou je vous renvoie... Que diable! c'est bien drôle que je ne puisse pas rassurer mon épouse qui a peur...

— Je ne le mettrai plus, monsieur...

— A la bonne heure! je veux pouvoir entrer chez ma femme sans difficulté.

Jeanneton va conter à sa maîtresse les ordres de son maître. Eugénie pleure, gémit, implore le ciel, et la servante se dit :

— Ça devient fièrement embarrassant!...

La nuit suivante, Dupont a remis le bonnet au nœud bleu de ciel, la robe de chambre et le caleçon; il prend son bougeoir, il s'achemine chez sa femme.

Le lit n'est plus dans le couloir, Jeanneton est couchée dans sa chambre où elle feint de dormir; mais, ainsi que sa maîtresse, elle est aux aguets.

A peine Dupont a-t-il mis le pied dans la chambre de sa femme qu'un bruit semblable à une pile d'assiettes qu'on brise se fait entendre dans la cuisine. Dupont fait un saut de saisissement; Eugénie se lève sur son séant, et Jeanneton crie.

— Qu'est-ce que c'est que cela? demande l'épicier en tremblant.

— Je meurs d'effroi, dit Eugénie.

— Ah! mon Dieu! c'est le diable! dit la servante.

— Le diable! répète Dupont ne sachant pas s'il doit aller dans la cuisine.

Enfin il se décide à montrer du cœur, et retourne dans la chambre de Jeanneton qui feint alors de sortir de son lit.

— Avez-vous entendu, monsieur?

— Oui, sans doute, j'ai entendu... Qu'est-ce que c'est?

— Ce que c'est?... Ah! monsieur, c'est une chose terrible!

— Comment! une chose terrible!... Tu sais donc ce que c'est?

— Non, monsieur, je ne sais rien; mais demandez à madame...

— Elle le sait?

— Non, monsieur; mais elle vous dira, comme moi, que c'est bien effrayant... et qu'il n'est pas étonnant qu'elle ait peur la nuit... Ce n'est pas la première fois que nous entendons un bruit semblable... Quelquefois c'est plus sourd... on dirait des gémissements, des soupirs... des plaintes...

— Comment! y aurait-il des voleurs dans la maison?

— Oh! monsieur, je ne crois pas que ce soient des voleurs... j'ai souvent été visiter partout, et je n'ai rien vu... Ah ! comme c'est heureux que vous vous soyez trouvé là aujourd'hui, monsieur !... Ah ! si vous pouviez découvrir ce que c'est !...

— Oui, c'est très-heureux, comme tu dis...

— Tenez, monsieur, vous qui avez de l'esprit, vous allez me traiter de bête ; c'est égal, je n'en croirai pas moins qu'il y a ici un revenant...

— Un revenant !... Allons, tu es une folle, Jeanneton !

Et l'épicier n'ose plus tourner les yeux du côté de la cuisine.

— Allons rassurer ma femme, dit-il à Jeanneton.

Tous deux rentrent dans la chambre d'Eugénie, qui s'est levée, habillée et assise près de son feu.

— Quoi !... vous êtes levée, madame ?

— Oui, monsieur ; il me serait impossible de me rendormir après la frayeur que je viens d'avoir...

— Jeanneton dit que vous entendez souvent des bruits sourds...

— Ici, monsieur, je suis continuellement inquiète...

— Je m'en plaindrai au propriétaire, madame.

— Eh ! monsieur, dit Jeanneton, si c'est le diable qui vient dans la maison, que voulez-vous que le propriétaire y fasse ?

— Je ne crois pas aux revenants, Jeanneton ; ce seraient plutôt des voleurs... Viens avec moi, allons visiter la cuisine...

— Vous le voulez, monsieur ?

— Attends, je vais d'abord appeler mes deux garçons...

— Holà ! Joseph ! François !...

Aux cris de leur bourgeois, les deux garçons s'éveillent et montent. Jeanneton et Dupont se font accompagner par eux pour visiter la cuisine. On y trouve une demi-douzaine d'assiettes brisées à terre.

— Eh ben ! monsieur, dit Jeanneton, qu'est-ce que c'est que cela ?

— Ce sont des assiettes cassées.

— Oui, mais qui est-ce qui les a cassées ?...

— Je te le demande, Jeanneton...

— C'est le revenant, monsieur.

— Bah ! bah ! Jeanneton, tu ne sais ce que tu dis... répond l'épicier en allant se placer entre ses deux garçons.

— Mais ces assiettes ne se sont pas cassées toutes seules... Encore si on avait un chat... on dirait que c'est lui.

— Oh ! pour des bêtes, je sais qu'il n'y en a pas

chez moi. Allons, François, Joseph, regardez partout si vous trouverez quelqu'un caché.

Les deux garçons épiciers, qui ne sont pas poltrons, vont visiter l'appartement, et reviennent rassurer leur maître ; ils retournent ensuite se coucher, et Dupont propose à sa femme de passer la nuit auprès d'elle ; mais elle le remercie et dit qu'elle lira près de son feu. Jeanneton jette des cris et fait des sauts au moindre bruit qu'elle entend, en jurant qu'elle va fermer la porte de la cuisine, et qu'elle n'y entrerait pas seule, la nuit, pour tout l'or du monde.

Dupont n'insiste pas pour rester près de sa femme. L'histoire du revenant, les assiettes brisées et les contorsions de Jeanneton ont dissipé toutes ses idées amoureuses.

Il reprend assez tristement le chemin de sa chambre, marchant sans regarder autour de lui : et, arrivé là, il se fourre bien vite dans son lit, où il met sa couverture par-dessus sa tête.

Plusieurs jours se passent, et l'épicier n'a point fait de nouvelles visites nocturnes à sa femme ; Jeanneton s'applaudit du succès de son histoire de revenant, et Eugénie elle-même se rassure un peu.

Cependant Dupont se propose tous les matins, en se levant, d'aller passer la nuit suivante près de sa femme ; mais lorsque la nuit vient, lorsque le calme succède au bruit causé par les allants et venants, enfin lorsque les marchands ont fermé leur boutique et que chacun va se livrer au repos, Dupont éprouve un certain serrement de cœur ; les propos de Jeanneton lui reviennent dans la tête, et, tout en se répétant qu'il ne croit point aux revenants, il ne peut se décider à passer par la cuisine pour aller chez sa femme.

— Parbleu ! se dit-il un soir, je suis bien bon de toujours faire un grand détour pour aller chez mon épouse... Elle ferme à double tour sa porte qui donne dans le salon, parce qu'elle a peur... et je ne peux vraiment pas la blâmer d'avoir peur... mais je n'ai qu'à me faire faire une double clef de sa porte ; de cette manière, j'entrerai chez elle sans passer par la cuisine, et j'aime mieux cela, parce que c'est plus court.

Le lendemain, Dupont s'empare adroitement de la clef ; et, comme c'est une serrure fort ordinaire, dès le même soir le serrurier lui arrange une clef qui doit ouvrir la porte de l'appartement de madame Dupont. L'épicier a replacé l'ancienne clef chez Eugénie, qui ne s'est aperçue de rien ; et il attend avec impatience la nuit qui doit enfin couronner son ardeur ; car si les obstacles irritent l'amour, Dupont doit être bien amoureux.

Cette nuit arrive enfin : chacun se retire chez

soi, l'heure du mystère vient de sonner, il est minuit, et tout en passant sa robe de chambre et en mettant son bonnet Dupont éprouve un certain tremblement ; est-ce d'amour, est-ce de peur ?... c'est peut-être l'un et l'autre.

Cependant l'épicier est bien décidé : il tient d'une main son bougeoir ordinaire, de l'autre la clef qui doit l'introduire chez sa femme, et il arrive à son appartement.

Il écoute un moment avant de mettre sa clef dans la serrure ; le plus grand silence règne dans la maison.

— Il paraît que ce soir le revenant se tient tranquille, dit Dupont ; ouvrons vite !

Ouvrons est bien dit ; mais une clef neuve ne va pas souvent aussi bien qu'on le voudrait.

Le pauvre mari tourne et retourne plusieurs fois sa clef dans la serrure ; enfin la porte s'ouvre, et le voilà dans cette chambre où il a eu tant de peine à pénétrer.

Mais le bruit qu'il a fait avec sa clef a réveillé Eugénie ; elle écoute, regarde, voit entrer Dupont, et jette un cri perçant au moment où il s'approche de son lit.

A ce cri, Jeanneton s'éveille, accourt auprès de sa maîtresse, et en apercevant l'épicier se doute bien de ce qui cause ses alarmes.

— Ah ! ma pauvre maîtresse ! dit la servante en se jetant sur le main d'Eugénie.

— Eh bien ! qu'est-ce donc ?... qu'y a-t-il ? demande Dupont effrayé lui-même du cri que sa femme a poussé. Qu'est-ce qui lui prend donc ?... Pourquoi a-t-elle crié comme cela ?

— Eh ! monsieur, c'est un accès... une attaque qui lui prend... Tenez, monsieur, tenez... la voilà qui se raidit...

— Comment ! encore une attaque !... C'est désolant, Jeanneton !

— Dam' ! monsieur, c'est votre faute aussi : vous arrivez comme un revenant ! ça lui aura fait peur !...

— Eh ! comment donc veux-tu que j'arrive ?... je m'y prends cependant de toutes les manières...

— Vite, de la fleur d'oranger... des gouttes d'Hoffmann, de l'éther !... Heureusement que j'ai ça tout prêt.

Jeanneton court prendre plusieurs petites fioles et vient en faire respirer à sa maîtresse. Eugénie la repousse, parce qu'elle à peine à se prêter à ce stratagème, mais la servante lui dit tout bas :

— Il n'y a que ce moyen, madame.

Et Eugénie se laisse frotter le nez et les tempes avec de l'éther.

— Si j'allais chercher du monde ? dit Dupont.

— Oh ! ce n'est pas la peine, monsieur ; il y aurait là vingt personnes qu'on ne pourrait pas lui faire autre chose.

— Une attaque de nerfs, ce soir ! elle se portait fort bien ce matin...

— Eh ! monsieur, il faut si peu de chose à une jeune femme ! vous lui avez fait peur, c'est sûr ; il fallait frapper, monsieur ; on n'entre pas comme ça, en sournois, chez le monde...

— Comment, en sournois !... quand je viens chez ma femme !...

— Mais, monsieur, je vous ai déjà dit que la nuit nous avons peur des esprits !

— Est-ce que j'ai l'air d'un esprit, moi, Jeanneton ?

— Ah ! il est certain que non, surtout avec vot' bonnet de coton...

— Elle ne rouvre pas les yeux, Jeanneton.

— Oh ! monsieur, elle ne les rouvrira pas tant que vous serez là... la v'là encore malade pour huit jours au moins...

— Ah ! me voilà bien guéri des femmes nerveuses, Jeanneton !...

— Il est certain que, quand on est sensible, ça fait bon de la peine !...

— Allons, veille-la bien, Jeanneton ; je vois qu'il faut encore que j'aille me coucher.

— Allez, monsieur, et ne vous inquiétez pas ; ça ne sera pas plus long qu'à l'ordinaire.

Dupont rentre chez lui, jurant contre sa belle-mère qui lui a caché l'état de sa fille. Il se met au lit ; mais il est tellement contrarié de ce nouvel événement qu'il ne peut parvenir à fermer l'œil. Après avoir passé plus d'une heure à chercher le sommeil, il se dit :

— Puisque je ne dors pas, retournons savoir comment va ma femme.

Après son départ, Eugénie s'était levée et était allée dans la chambre de Jeanneton causer de cette nouvelle visite, et on était loin de penser que Dupont reviendrait dans la même nuit. Il revient cependant ; il s'approche bien doucement du lit de sa femme... elle n'y est pas.

— Ah ! mon Dieu ! s'écrie l'épicier, qu'est devenue mon épouse ? Que lui est-il arrivé ?...

Et il appelle Jeanneton.

Cette voix fait frémir Eugénie et sa bonne ; mais celle-ci ne perd pas la tête, elle accourt d'un air effaré auprès de Dupont.

— Me v'là, monsieur, me v'là...

— Et ma femme ?... où est ma femme ?...

— Là-bas, monsieur, dans ma chambre..

— Et pourquoi a-t-elle quitté son lit ?...

— Elle se promène là-bas, j'vous dis.

— Elle n'est donc plus malade ?

— Ah ! c'est ben autre chose à présent... c'est son autre infirmité qui lui prend...

L'antichambre de M. le commissaire est encombrée par une foule de gens qui ont des plaintes à porter. (Page 134.)

— Comment!... Quelle autre infirmité?...

— Vous le savez bon, monsieur... qu'elle a depuis son enfance...

— Depuis son enfance!... mais quoi donc, Jeanneton?

— Pardi, monsieur, depuis son enfance elle est somnambule... et d'une fière force, allez...

— Ma femme est somnambule!... Ah! mon Dieu, voilà bien autre chose.

— Comment, monsieur, vous ne le saviez pas?

— Et comment veux-tu que je le sache, puisque je n'ai pas encore couché avec elle!

— Ah! c'est juste, monsieur, tenez, voulez-vous la voir?... Venez avec moi... suivez-moi.

Jeanneton guide son maître dans sa chambre, où Eugénie est assise immobile près d'une table.

— Tenez, monsieur, la voilà, dit Jeanneton; voyez-vous, elle a les yeux ouverts...

— C'est, ma foi, vrai.

— Et bien! elle dort, monsieur.

— Tu es sûre qu'elle dort!

— Appelez-la plutôt, vous verrez si elle vous répond.

Dupont appelle deux fois son épouse inutilement.

— Eh ben! monsieur, qu'est-ce que je vous avais dit?

— C'est juste, elle dort...

— Elle est capable de rester deux heures comme ça sans bouger...

— En ce cas, je vais me recoucher, Jeanneton, car je n'aime pas à voir des somnambules.

— Allez, monsieur, moi je suis faite à cela.

— L'épicier regagne sa chambre, et, dès qu'il est parti, Eugénie gronde Jeanneton de ce nouveau mensonge, et jure de ne plus employer de pareilles supercheries.

18

— Alors, madame, vous consentez donc à être sa femme tout à fait?

— Non, Jeanneton; mais je veux agir franchement avec lui, et ne plus employer des moyens qui me forcent à me moquer de mon époux.

— Ma foi, madame, je suis à bout, et le meilleur moyen, le seul moyen qui vous reste à présent, si vous ne voulez pas qu'il vienne vous trouver, c'est de faire mettre des verrous à votre porte.

— Ah! tu as raison, Jeanneton, cela fera connaître à M. Dupont ma dernière résolution; dès demain je fais placer des verrous à toutes mes portes.

— Ça ne le mettra pas, je crois, de trop bonne humeur, mais au moins nous pourrons dormir tranquilles.

Cependant, le lendemain de cette nuit, Dupont va consulter un médecin sur l'état de sa femme, et celui-ci lui dit qu'on n'a pas en même temps des attaques de nerfs et de somnambulisme. Pour le satisfaire, il se rend auprès d'Eugénie, et Dupont attend avec impatience le résultat de cette visite. Le médecin sourit en sortant de chez la jeune femme.

— Comment se porte mon épouse? lui demande aussitôt l'épicier.

— Fort bien, je vous assure, répond le docteur, n'ayez aucune inquiétude.

— Fort bien! se dit Dupont, et Jeanneton me disait encore tout à l'heure qu'elle était fort mal!

L'époux réfléchit, rapproche les circonstances, les événements arrivés depuis quelque temps, et qui l'ont toujours empêché d'approcher de sa femme; il commence à concevoir des soupçons sur la fidélité des histoires que lui conte Jeanneton, et à penser que tout cela se fait d'accord avec Eugénie.

— Elle m'a dit qu'elle ne m'aimait pas; elle m'a même dit qu'elle ne voulait pas... D'après cela, se dit Dupont, je puis bien penser qu'on s'est joué de moi... ce serait un peu fort, par exemple... Mais tous ces retards n'aboutiront à rien, et ma femme verra que je suis son époux. Dès ce soir je vais chez elle, et pour qu'elle ne puisse pas feindre d'avoir peur et d'être surprise, je vais la faire prévenir de mes intentions.

L'épicier appelle aussitôt sa servante:

— Jeanneton, rendez-vous chez mon épouse, et dites-lui que cette nuit je compte aller chez elle... et quelle s'y prépare...

— Comment, monsieur...

— Oui, allez; vous comprenez : cette nuit j'irai la trouver, et j'espère qu'elle n'aura pas d'attaques de nerfs; dites-lui bien cela...

— Mais, monsieur... on ne peut pas répondre...

— Allez, Jeanneton; obéissez et ne répliquez pas.

« J'ai montré du caractère, se dit Dupont quand la servante est partie; il faut cela avec les jeunes femmes; je suis sûr que maintenant elle sera très-soumise ».

La nuit qui doit amener ce miracle est arrivée, Dupont à l'heure ordinaire, se rend chez sa femme; mais quand il veut ouvrir la porte, il sent une résistance qui l'empêche d'y parvenir; il frappe, appelle, pousse la porte, efforts inutiles; il court à l'autre entrée, du côté de la cuisine, mêmes obstacles ; partout les verrous sont mis.

— Ah! pour le coup, c'est trop fort, s'écrie Dupont; elle a fait mettre des verrous!... elle croit que cela se passera comme ça, et que je m'accommoderai de cette manière de vivre! Non pas, non pas; dès demain, puisqu'on m'y contraint, j'emploierai les grands moyens? j'irai chez monsieur le commissaire!

CHAPITRE XXV

LE MARI ET LE COMMISSAIRE

Le nouvel expédient mis en usage par Eugénie, pour empêcher son mari d'entrer dans sa chambre, a fait sortir Dupont de son caractère; il est décidé à employer les voies de droit pour triompher de la rigueur de sa femme. L'épicier a la tête exaspérée; il se promet de montrer de la fermeté; sa belle-mère ne lui donne jamais raison; ce n'est donc plus à elle qu'il veut se plaindre, c'est chez le commissaire de son quartier qu'il se rend le lendemain matin.

L'antichambre de M. le commissaire est encombrée par une foule de gens qui ont des plaintes à porter. On se plaint si souvent!... Les hommes sont rarement contents de leur sort : celui qui obtient tout ce qu'il désire se plaint encore; celui qui n'obtient pas se plaint bien davantage. Se plaindre est le refrain continuel des marchands, des commerçants, des négociants, des libraires surtout... La moitié du monde rit de l'autre, dit-on, mais les trois quarts du genre humain se plaignent des circonstances; chez bien des gens c'est une habitude; et comme, non content de se plaindre, on cherche à passer son humeur sur quelqu'un, de là naissent les disputes, les querelles et les visites à M. le commissaire. Si l'on en établissait qui fussent chargés seulement de recevoir les déclarations des gens contents, satisfaits et disant du bien de leurs voisins, ceux-là seraient fort tranquilles et pourraient se passer d'adjoints.

Dupont, malgré son impatience, est donc forcé de s'asseoir dans un coin de la salle, et d'entendre les plaintes des autres avant de porter la sienne. Ce n'est pas une petite affaire que d'entendre des gens qui, tous, veulent avoir raison.

— Monsieur le commissaire, dit une vieille femme assez mal vêtue, je viens me plaindre d'une voisine qui a un chien qu'elle laisse toujours entrer dans mon appartement, où il fait ses ordures comme chez lui, monsieur le commissaire.

— Il faut le battre quand vous l'y trouverez, madame.

— Mais il mord, monsieur le commissaire; il est très-méchant; d'ailleurs, j'ai peur des chiens, moi, surtout des barbets.

— Fermez votre porte, madame, les chiens n'entreront pas chez vous.

— Que je ferme ma porte!... c'est bien aisé à dire... j'aime à voir le monde, moi!

Et la vieille femme s'en va en jurant qu'elle fera donner congé à sa voisine.

— Monsieur le commissaire, dit un grand gaillard tenant un fouet à la main, je viens me plaindre de monsieur que v'là, qui ne veut me donner que vingt et un sous pour ma course de cabriolet.

Le monsieur dont se plaint le cocher est un homme d'une cinquantaine d'années, bien frisé, bien cravaté, mais dont l'habit et la culotte sont un peu râpés, et qui, toutes les fois qu'il parle, sourit pour montrer ses dents.

— Monsieur, dit-il au commissaire, ce drôle-là...

— Point d'injures, monsieur.

— Je voulais dire ce drôle de cocher que voilà ne vous explique pas bien l'affaire... Je l'ai pris à la barrière du Trône pour aller jusqu'au carré Saint-Martin...

— Oui, et je dis qu'elle est bonne, la course, et vous aviez avec vous une petite mère qui pesait deux cents au moins; mon cheval ne pouvait plus tirer.

— Si votre cheval est une rosse, ce n'est pas ma faute...

— Une rosse!... Cocotte une rosse!... Ah! all'ira plus loin que vous...

— Allons, monsieur, au fait...

— Le fait, monsieur le commissaire, c'est que je croyais que la course de cabriolet n'était que de vingt sous; donc, en lui en donnant vingt et un, c'était encore un sou pour boire, ce qui est bien honnête...

— Oui, c'est du gentil! faites-vous donc rouler depuis la barrière du Trône pour ça; il est généreux, le paroissien?...

— Enfin, monsieur le commissaire, je veux le payer, il me jette mon argent au nez.

— C'est-à-dire que je veux ma course, qui est de vingt-cinq sous au tarif, et qu'on paye trente quand on a de l'inducation.

— Or, ce drôle... ce misérable...

— C'est bien plutôt vous qu'êtes un misérable!...

— Allons, allons, point de personnalités.

— Au lieu de me dire que sa course est de vingt-cinq sous, il me dit des injures, il invective la dame qui était avec moi; alors, monsieur le commissaire, je prends le parti de ne point le payer du tout, ce que j'aurais fait sur-le-champ s'il avait été honnête.

— Tout ça n'est pas vrai, monsieur le commissaire, il n'a jamais voulu me donner pus de vingt et un sous, et encore, pour les faire, il a emprunté dix sous à la particulière qui l'accompagnait; i' n' pouvait pas me payer ma course, et il a trouvé pus court de ne rien me donner. Mais on ne prend pas une voiture quand on n'a que onze sous dans sa poche.

— Taisez-vous, drôle!... impertinent!

Le commissaire met fin aux débats en engageant le monsieur à payer les vingt-cinq sous au cocher, et en ordonnant à celui-ci d'être plus poli à l'avenir. Le monsieur, après avoir fouillé dans toutes ses poches, finit par emprunter quatre sous au commissaire, et se retire, accompagné des ris moqueurs de l'assemblée.

Monsieur le commissaire, dit une jeune fille, on ne veut pas que je mette des pots sur ma fenêtre; ce n'est qu'un petit myrte si gentil, que mon petit cousin m'a donné!... un myrte, ça ne peut tuer personne, monsieur le commissaire...

— Monsieur le commissaire, j'ai des voisins qui dansent toujours, dit une grande femme jaune et sèche, ils font un train d'enfer... à onze heures et demie ils ne sont pas encore couchés... C'est un bruit, un tapage, et ils ont des enfants si insupportables, qu'ils jouent ou chantent continuellement dans l'escalier, où ils marchent à chaque instant sur les pattes de mon Azor.

— Plaignez-vous au propriétaire, madame.

— Eh! monsieur le commissaire, mon propriétaire est un homme fort ridicule!... il aime les enfants!...

— Monsieur le commissaire, mon mari m'a battue, dit en pleurant une jeune femme en tablier et coiffée en mouchoir.

— Avait-il quelque motif de colère?...

— Bah! des motifs? laissez donc!... il dit ça!... parce que son souper n'était pas prêt... parce que je ne savais pas l'heure... parce que j'étais entrée chez not' voisin le doreur... parce qui' me montrait son cadran solaire... et v'la tout, monsieur le commissaire...

— Est-ce que votre mari vous avait défendu d'aller voir le cadran solaire du voisin?...

— Je crois que oui, monsieur le commissaire... mais il fallait ben que j'y allasse... pour me régler, monsieur le commissaire, et celui de mon mari ne va plus; v'la pus de quinze jours que sa

Les musiciens de la sérénade.

grande aiguille ne veut pas bouger... si ben qu'i' m'a cassé les jambes avec un manche à balai... et qu'i' m'a dit qu'i' me ferait encore aut'chose... hi! hi! hi!... et je vous prie de le faire pendre, monsieur le commissaire.

— Monsieur le commissaire, dit d'une voix plaintive un homme déguenillé, s'appuyant sur une béquille, et ayant un emplâtre noir sur un œil, on vient de m'écraser... Sans les secours des passants je restais sur la place!...

— Il me semble que c'est la troisième fois depuis un mois!...

— C'est vrai, monsieur le commissaire; je suis bien malheureux depuis quelque temps, toutes les voitures bourgeoises me passent sur le corps.

— Monsieur le commissaire, dit un jeune homme, j'ai reçu quelque chose... en passant hier au soir dans cette rue-ci. Je donnais le bras à une dame; mon habit et son chapeau ont été arrosés... cela venait du troisième, de chez madame.

— Monsieur, répond la dame accusée, vous criez pour peu de chose, ce n'était que de l'eau.

— De l'eau! madame, et mon habit est tout taché.

— Si votre habit est mauvais teint, ce n'est pas ma faute...

— Monsieur le commissaire, si vous vouliez flairer...

— On flairerait pendant deux heures; je vous dis que c'est de l'eau virginale dont je me sers tous les soirs.

— Monsieur le commissaire, dit d'une voix aigre une petite femme d'une soixantaine d'années, je viens vous demander justice et vengeance...

— Ah! mon Dieu, madame!

— Je suis outragée... Je suis injuriée... je suis attaquée dans ce que j'ai de plus cher... Hier au soir, monsieur le commissaire, un grossier personnage... un manant, un rustre, comme je passais dans la rue Saint-Martin... et fort vite, je vous assure, car je sais que les femmes ne sont pas en sûreté dans les rues de Paris... eh bien! monsieur le commissaire, un audacieux qui marchait derrière moi, s'est avancé... et m'a pincé... vous devinez où, monsieur le commissaire!... Ah! Dieu!... j'ai manqué me trouver mal, je me suis approchée d'une boutique fort éclairée... Alors le traître s'est avancé encore, m'a regardée et s'est sauvé, monsieur le commissaire, mais je le reconnaîtrais entre mille : je viens vous donner son signalement, et je vous prie de faire faire des perquisitions pour qu'il soit arrêté.

— Monsieur le commissaire, on m'a cassé ma marchandise! crie l'un.

— On m'a volé un mouchoir, dit l'autre.

— On m'a brisé ma lanterne!

— On a cassé mes vitres,

— Monsieur m'a appelé voleur!

— C'te gueuse-là m'a appelée coquine!...

— On m'a vendu une poudre pour les dents qui me les fait tomber.

— On m'a volé mon chien!

— On veut me faire payer une chose que je ne dois point.

— Mon portier m'a laissé coucher dans la rue!...

— Mon mari se grise.

— Ma femme couche en ville.

De tous côtés on crie, on parle, on veut être écouté; ce n'est pas sans peine que le commissaire tâche de calmer les uns et de consoler les autres.

Enfin le tour de Dupont est arrivé; il s'avance d'un air mystérieux vers le commissaire et demande à lui parler en secret. La figure, le ton singulier, la voix altérée de l'épicier font présumer au commissaire qu'il s'agit de quelque affaire très-grave, et il s'empresse de passer avec lui dans

Tout en marchant, Adolphe se trouve, sans savoir comment, au bord de la rivière. (Page 140.)

une autre pièce, en donnant l'ordre qu'on ne vienne pas les déranger.

De quoi s'agit-il, monsieur? dit enfin le commissaire à l'épicier.

Celui-ci cherche de quelle manière il pourra expliquer décemment son affaire à la justice, et le dialogue suivant s'établit entre eux :

— DUPONT : Je viens, monsieur le commissaire, pour un cas fort grave... pour un fait qui intéresse le repos des époux...

— LE COMMISSAIRE : Voyons, monsieur, veuillez vous expliquer, je vous prête la plus grande attention.

— DUPONT : Je suis marié, monsieur le commissaire.

— LE COMMISSAIRE : Je vous en félicite, monsieur.

— DUPONT : Vous êtes bien honnête!... il n'y a guère que six semaines, monsieur le commissaire; et vous sentez que je suis près de ma femme...

— LE COMMISSAIRE : Cum ardore et impetu. Je comprends, monsieur...

— DUPONT : Impetu... Oui, monsieur le commissaire... Enfin... j'ai pris une femme... ce n'est

pas pour rester garçon, monsieur le commissaire...

— LE COMMISSAIRE : Au fait, monsieur, s'il vous plaît.

— DUPONT : Le fait, monsieur le commissaire, c'est que, depuis que je suis marié... c'est cependant comme si je ne l'étais pas, c'est absolument la même chose; c'est cassonade ou sucre bis !

— LE COMMISSAIRE : Je ne vous entends pas, monsieur.

— DUPONT : Monsieur le commissaire, ma femme ne veut pas.

— LE COMMISSAIRE : Quoi, monsieur?

— DUPONT : Quoi?... vous savez bien !...

— LE COMMISSAIRE : Allons, monsieur, au but...

— DUPONT : Oui, au but, justement, je ne peux pas y arriver depuis six semaines !...

— LE COMMISSAIRE : Vous moquez-vous de moi, monsieur?

— DUPONT : Non, monsieur le commissaire, c'est ma femme, qui se moque de moi.

— LE COMMISSAIRE : Aurez-vous bientôt fini, monsieur? parlez plus clairement ou retirez-vous.

— DUPONT : Il me semble pourtant que c'est

assez clair!... je suis marié depuis six semaines, monsieur le commissaire... et je n'ai pas encore passé la nuit près de ma femme...

— LE COMMISSAIRE : Et voilà l'affaire grave pour laquelle vous venez me trouver?...

— DUPONT : Ça me paraît assez *conséquent*, à moi!

— LE COMMISSAIRE : Eh! morbleu, monsieur, couchez avec votre femme tant qu'il vous plaira, et ne venez plus me déranger pour cela.

— DUPONT : Que j'y couche tant qu'il me plaira!...ça vous est facile à dire, monsieur le commissaire; mais puisque mon épouse ne le veut pas...

— LE COMMISSAIRE : Elle ne veut pas cohabiter avec vous?...

— DUPONT : Pardon, monsieur le commissaire, comment appelez-vous cela?

— LE COMMISSAIRE : Cohabiter, monsieur.

— DUPONT : Ah! on appelle cela cohabiter, je ne savais pas... Eh bien! c'est cela même, voilà mon cas, monsieur le commissaire; ma femme ne veut pas, à ce qu'il paraît que je cohabite avec elle, et c'est pour cela que je suis venu vous trouver, car ayant pris une épouse pour... cohabiter.

— LE COMMISSAIRE : Ma foi, monsieur, c'est la première fois qu'on vient me consulter pour une circonstance semblable!... et je ne vois pas trop ce que je puis faire pour vous.

— DUPONT : Comment, monsieur, est-ce qu'il n'y a pas de loi?... Est-ce qu'une femme n'est point forcée de...

— LE COMMISSAIRE : Nous avons dans le titre V du Code civil, traitant du mariage, le chapitre VI : *Des droits et des devoirs respectifs des époux*, article 212, où il est dit : *Les époux se doivent mutuellement fidélité, secours, assistance;* article 213 : *Le mari doit protection à sa femme, la femme obéissance à son mari.*

— DUPONT : Obéissance!... Ah! monsieur le commissaire, ma femme aura oublié cet article-là!...

— LE COMMISSAIRE : Enfin l'article 214, où il est dit formellement : *La femme est obligée d'habiter avec le mari et de le suivre partout où il juge à propos de résider...*

— DUPONT : Pour habiter, nous habitons bien le même logement... mais pour me suivre, elle n'en fait rien, monsieur le commissaire, car je sors très-souvent, et elle ne veut pas quitter sa chambre.

— LE COMMISSAIRE : *Le mari est obligé de la recevoir et de lui fournir tout ce qui est nécessaire pour les besoins de la vie, selon ses facultés et son état.*

— DUPONT : Tout cela veut-il dire qu'elle doit cohabiter avec moi?

— LE COMMISSAIRE : Eh! sans doute, monsieur, n'entendez-vous pas? *La femme est obligée d'habiter avec son mari.*

— DUPONT : Bon, bon, j'entends... Alors, monsieur le commissaire, que me conseillez-vous?

— LE COMMISSAIRE : Lisez le Code civil à votre femme, article 214.

— DUPONT : Cela suffit, monsieur le commissaire... je le lui lirai dès aujourd'hui. Mais cependant, si cela n'y faisait rien.

— LE COMMISSAIRE : Alors, monsieur... je ne sais trop comment... Mais ce n'est sans doute qu'un caprice de madame votre épouse... elle peut avoir des motifs... C'est fort singulier, monsieur!... Est-ce une veuve que vous avez épousée?

— DUPONT : Non, monsieur le commissaire, c'est une demoiselle...

— LE COMMISSAIRE : Et elle n'a point de difformités?

— DUPONT : Elle est jolie comme vous et moi, monsieur le commissaire.

— LE COMMISSAIRE : Il ne faut pas se fier aux apparences, monsieur; quelquefois les beautés les plus séduisantes cachent des disgrâces de la nature!

— DUPONT : Ah! mon Dieu, monsieur le commissaire, est-ce que ma femme aurait une disgrâce?...

— LE COMMISSAIRE : Je ne dis pas, monsieur... mais... *Latet anguis in herbâ.*

— DUPONT : Je ne sais pas si elle a *la tête anguis*, monsieur le commissaire, mais elle est furieusement entêtée. Enfin je vais lui lire le Code civil... et si elle ne me cache pas quelque... disgrâce, comme vous disiez fort bien tout à l'heure, je me flatte que... d'ailleurs, vous pourrez lui envoyer une *citation*; n'est-ce pas, monsieur le commissaire?

— LE COMMISSAIRE : Oui, monsieur; mais il faut espérer que nous n'en viendrons pas là. Tôt ou tard une femme se rend à la douceur, à la patience et aux bons procédés...

— DUPONT : Et aux articles 213 et 214, que je vais apprendre par cœur. J'ai l'honneur de vous saluer, monsieur le commissaire.

Dupont sort du cabinet de l'homme de loi, et, avant de rentrer chez lui, s'empresse d'aller acheter le Code civil.

CHAPITRE XXVI

RETOUR D'ADOLPHE — LE JOLI MÉNAGE

Nous avons laissé Adolphe pleurant son père,

dont la mort lui enlève le seul ami qu'il avait au monde, le seul être près duquel il pouvait trouver des consolations, de sages avis, et connaître les doux épanchements de l'amitié, sentiment si beau et que l'on rencontre si peu chez les hommes! Que de gens vivent et meurent sans avoir eu un ami!... L'amitié est aussi rare que l'amour est commun.

Mais un bon père est le premier ami que nous donne la nature; quels regrets ne doit-on pas éprouver en le perdant, surtout lorsqu'une douce intimité en a fait le confident de nos peines et de nos plaisirs :

On remplace un ami, son épouse, une amante,
Mais un vertueux père est un bien précieux
Qu'on ne tient qu'une fois de la bonté des dieux!

Heureux encore d'avoir pu adoucir les derniers moments de l'auteur de ses jours, et lier d'avoir été son gardien, son appui, d'avoir, jusqu'au terme fatal, rempli les devoirs d'un bon fils, Adolphe sent bientôt une douce mélancolie remplacer la douleur amère qui l'accablait, il n'oublie pas son père, il y pense souvent, mais se souvenir a pour lui des charmes, car il peut se dire :

« Jamais mon père n'a eu à se plaindre de son fils. » Il emploie quelques jours à se défaire du modeste mobilier de M. Dalmont. Ayant réalisé son petit héritage, il va saluer la tombe de son père, et reprend le chemin de Paris.

Il y a un peu plus de deux mois qu'il est parti, et il est loin de se douter de tout ce qui s'est passé pendant son absence. Le silence de Jeanneton le surprend; mais il présume que les choses étant encore telles qu'il les a laissées à son départ, la bonne n'a pas cru devoir lui écrire.

Cependant, en approchant de Paris, il est moins tranquille, de nouvelles craintes agitent son cœur. Pourra-t-il revoir son Eugénie? est-elle toujours renfermée aussi sévèrement? trouvera-t-il le moyen de parvenir jusqu'à elle!... Telles sont les questions qu'il s'adresse; et plus son inquiétude augmente, plus il presse sa marche pour arriver à Paris. Il est enfin dans la capitale; son premier soin est de se diriger vers la demeure de son Eugénie, sans savoir encore s'il lui sera possible de l'apercevoir, d'apprendre quelque chose; il sait qu'il verra la maison qu'elle habite; et, pour un amant, c'est déjà beaucoup.

Adolphe entre dans la rue Saint-Martin. Comme son cœur bat en approchant de la boutique de passementerie!... C'est là.. il va la voir peut-être... Depuis deux mois on a dû lui rendre la liberté... il regarde à travers les carreaux... il ne la voit pas... il repasse encore... il s'arrête plus

long-temps... il n'aperçoit que Bidois et madame Moutonnet assis dans les comptoirs.

— Et quoi! se dit Adolphe, toujours la même sévérité!... Pauvre Eugénie... et c'est moi qui suis cause!... Si je pouvais rencontrer Jeanneton! Il faut attendre la nuit!... Toujours attendre!... Et ce soir, serai-je plus heureux?... Il me semble qu'il y a un siècle que je ne l'ai vue, et je suis bien sûr qu'elle éprouve cela comme moi!... Allons questionner ma bonne femme, et savoir si elle a remis la lettre à Jeanneton, ensuite j'irai me chercher une chambre quelque part!... car je ne veux plus loger dans celle... Non, non, je ne veux plus du voisinage de mademoiselle Zélie!... Les hommes sont si faibles!... si!... mais je saurai ne plus l'être!... je dois être fidèle à mon Eugénie!...

Avant de s'éloigner, Adolphe veut encore passer une fois devant la boutique et y jeter un dernier regard. Bidois, qui a reconnu le jeune homme regardant au travers des carreaux, quitte sa plume et son grattoir, et vient, d'un air goguenard, se placer sur le seuil de la porte, où, sans oser regarder Adolphe, il tâche, en se pinçant les lèvres et en prenant une prise de tabac, de donner à sa physionomie une expression maligne et moqueuse.

Les grimaces de Bidois attirent l'attention d'Adolphe; il brûle de le questionner, mais il n'ose... et, après avoir cherché un moment à lire dans les yeux du vieux commis, il s'éloigne rapidement, tandis que Bidois retourne à ses calculs, enchanté de ce qu'il vient de faire.

Adolphe court chez la portière qui s'est chargée de sa lettre pour Jeanneton. Elle fait un cri en apercevant le jeune homme.

— Comment! vous v'là, monsieur?... Ah! vous avez été bien longtemps absent!...

— Je ne pouvais quitter mon père, madame Remy... et il est mort dans mes bras...

— Pauvre cher homme!... Et de quoi est-il mort?...

— Ah! je vous conterai cela plus tard, madame Remy; mais, de grâce, veuillez me dire si vous avez remis à Jeanneton ce billet...

— Vot'lettre? oui, monsieur; oh! j' lui ai donnée à elle-même le soir de vot' départ.

— Ah! je vous remercie; me voilà plus tranquille... Quelles nouvelles dans ce quartier, madame Remy? chez monsieur Moutonnet?...

— Quelles nouvelles? Ah! ma foi, depuis six semaines il n'y a rien eu de nouveau!

— Depuis six semaines! est-ce qu'à cette époque il s'est passé quelque chose d'extraordinaire?

— Mais, le mariage de mamzelle Eugénie, v'là tout!...

— Le mariage d'Eugénie?...

— Oui... le mariage... Mais qu'avez-vous donc monsieur? Comme vous pâlissez!...

— Non, non, ce n'est rien... mais vous vous trompez sans doute, madame Remy, ce ne peut-être d'Eugénie... de la fille de M. Moutonnet que vous voulez parler?...

— Mais si, monsieur, mademoiselle Eugénie Moutonnet. Pardi! je la connais ben! le mariage s'est fait à Saint-Nicolas... Asseyez-vous donc, monsieur, comme vous tremblez!... vous allez vous trouver mal, c'est sûr... buvez un peu d'eau... un peu de vin...

— Non... non, madame... ce n'est rien... je me sens mieux... cela va se passer.

— Pauvre jeune homme! ça me fait peur de le voir comme ça!... C'est un étourdissement... la fatigue peut-être... ces jeunes gens vont si vite... on a chaud, et puis...

— Oui, madame... c'est un étourdissement... mais cela se dissipe... Et quelle est la personne qui a épousé mademoiselle Eugénie?

— M. Dupont, épicier, rue aux Ours... Un gros, court, l'air un peu bête... vous devez l'avoir vu...

— Oui, oui, je le connais... ils sont mariés... depuis six semaines, dites-vous?

— Oui, monsieur; oh! c'est une noce qui a fait assez de bruit: on avait mis des bouquets aux têtes et aux queues des chevaux: vous entendez ben que tout le monde voulait voir ça!... Et puis le marié, M. Dupont, avait une figure si drôle...

Je vous remercie, madame Remy, je n'en veux pas savoir davantage...

— Vous vous en allez, monsieur?... et vot' paquet?...

— Gardez-le encore, si cela ne vous gêne pas...

— Oh! du tout, monsieur; et vous ne voulez rien faire dire à mamzelle Jeanneton? Elle est maintenant en service chez madame Dupont; elle n'a pas quitté sa jeune maîtresse.

— Chez madame Dupont!...

— Oui, monsieur, chez l'épicière.

— Chez... Adieu, madame Remy.

— Vous ne voulez pas que je lui dise rien? Je la vois rarement; mais, pour vous obliger, je...

Non, non, je n'ai plus rien à lui dire; je vous remercie.

Adolphe sort de chez la portière, et s'éloigne de la rue Saint-Martin, sans passer cette fois devant la boutique de madame Moutonnet. Il marche précipitamment, et sans avoir de but, sans savoir où il va; il ne cherche maintenant qu'à s'éloigner de la demeure d'Eugénie, il la fuit avec autant d'empressement qu'il en mettait à s'en rapprocher quelques heures auparavant.

La nuit est venue, Adolphe marche toujours, une seule pensée l'occupe; elle est mariée!... A chaque minute il se redit ces mots, et il a peine encore à se persuader qu'une erreur ne l'abuse point, que ses oreilles ne l'ont point trompé. Cependant les détails que lui a donnés la portière ne peuvent lui laisser aucun doute; et, d'ailleurs, cette union n'était-elle pas projetée, ne devait-elle pas se faire?... Comment espérait-il l'empêcher! Il n'en sait rien lui-même, mais Eugénie lui avait juré de n'être qu'à lui!... Eugénie si aimante, si sincère... a pu oublier Adolphe pour épouser Dupont! Il ne se dit pas: On a pu l'y contraindre, il fallait obéir à ses parents, elle n'avait aucune force pour résister.

Il ne se dit rien de cela; car la jalousie rend injuste; et loin de chercher maintenant des motifs pour excuser Eugénie, il l'accuse, il l'accable de reproches, il ne lui voit que des torts, et ne songe pas aux larmes qu'elle a pu répandre, aux tourments qu'elle a dû éprouver; mais l'amour est égoïste, il veut qu'on lui sacrifie tout, et ne tient aucun compte des pleurs qu'il fait verser.

— Que les femmes sont perfides! se dit Adolphe; épouser ce Dupont qu'elle disait détester!... A peine suis-je éloigné, et elle cède! et elle se marie! elle oublie tout ce qu'elle m'a promis à notre dernière entrevue!... Et alors combien elle paraissait m'aimer!...

Tout en marchant, Adolphe se trouve, sans savoir comment, au bord de la rivière, auprès de Bercy. Ses jambes refusent d'aller plus loin, il s'assied à terre, en descendant au bord de l'eau. Un jeune homme et une femme sont assis un peu plus loin se tenant tendrement enlacés. Le murmure de l'eau, le silence de la nuit, le vent qui souffle, la solitude du lieu, inspirent à Adolphe les plus tristes pensées et ajoutent à ses tourments.

Pour le couple amoureux assis un peu plus loin, le bruit de l'eau est plein de douceur, le silence de la nuit a des charmes, le vent est un zéphyr qui les caresse, et la solitude convient à leur tendresse et rassure leur amour.

Tout ce qui nous environne prend la couleur des sensations de notre âme, et ce qui charme l'homme heureux attriste quelquefois les regards du pauvre. Nos yeux voient les beautés de la nature; mais notre cœur seul les sent, et un cœur souffrant se laisse difficilement charmer.

Les deux amants se donnent un baiser... Adolphe l'entend, il se lève, s'éloigne à grand pas: il ne peut plus supporter le tableau de l'amour heureux.

Adolphe ne sait plus ce qu'il fait; il vient de saisir l'épicier à la gorge. (Page 140.)

Des idées sinistres s'emparent de son esprit ; il conçoit le projet de chercher au fond de l'eau la fin de ses tourments. Il s'arrête morne, pensif, devant cette eau qui coule à ses pieds. Il la regarde d'un œil sec, et déjà son âme s'élance dans l'immensité.

Que ferais-je encore sur la terre? dit-il en souriant à l'idée du trépas. Elle ne m'aime plus... elle est à un autre.. elle ne peut plus être à moi ! J'ai perdu mon père !... je n'ai plus personne qui m'aime !...

Et Adolphe fait un mouvement pour s'élancer dans l'eau... mais des bras l'entourent, le saisissent, le retiennent... Il se sent entraîner loin de là par deux personnes dont l'une ne quitte pas son bras ; tandis que l'autre mouille sa main de larmes.

— Ah ! monsieur, que faites-vous, qu'alliez-vous faire ? lui dit une voix douce et émue ; mou-

rir !... mourir si jeune... vous abandonner au désespoir. Ah ! c'est bien mal ! monsieur ! Est-ce qu'il n'y a pas une Providence ? est-ce qu'il faut jamais en douter !... Ah ! c'est bien mal !... dis-lui, Charles, dis-lui donc que c'est affreux de vouloir se tuer.

— Allons, monsieur, dit l'autre personne, revenez à vous ; chassez ces idées-là... et reprenez courage... Si c'est le besoin, la misère... ah ! nous ferons pour vous tout ce que nous pourrons !... Songez, monsieur, à vos parents, à votre mère...

— Je n'ai plus de parents... je n'ai point d'amis Une seule femme... mais elle ne m'aime plus...

— Eh bien ! monsieur, nous vous aimerons, nous serons vos amis, nous, n'est-ce pas, Charles ? Et vous verrez que vous n'avez pas tout perdu !...

Adolphe regarde les personnes qui lui parlent : c'est un jeune homme de vingt ans, dont le costume annonce un simple artisan : c'est une

19

femme qui en paraît à peine seize, et vêtue en modeste ouvrière. Ce sont eux qui étaient assis non loin d'Adolphe; ils l'ont vu se lever précipitamment; sa démarche, le désordre de sa mise, les mots entrecoupées qui lui échappaient ont fait naître en leur cœur un secret pressentiment; ils ont suivi Adolphe et sont arrivés assez à temps pour l'empêcher d'accomplir son fatal dessein. Les jeunes gens entourent Adolphe, lui serrent les mains, le regardent avec le plus touchant intérêt. Adolphe ému, attendri, sent qu'il peut encore éprouver de doux sentiments; sa poitrine se gonfle, un torrent de larmes [s'échappe enfin de ses yeux, et le jeune couple mêle ses pleurs aux siens.

— Dites, ah! dites-moi, monsieur, que vous ne songez plus à la mort... que vous ne voulez plus mourir, dit la jeune femme à Adolphe, que vous n'aurez plus de ces vilaines pensées-là!

— Non... non, mes amis... mes bons amis!... Vous venez de me faire sentir que mon cœur peut encore éprouver quelques douces sensations sur la terre... Hélas! je ne le croyais plus!... mais les larmes que vous m'avez fait répandre viennent de me soulager...

— Pleurez!... ah! pleurez, cela fait du bien!...

— Venez avec nous, monsieur, vous nous conterez vos peines, cela les adoucira.

— Oh! tu as raison, Charles, il ne faut pas qu'il nous quitte cette nuit; il restera chez nous.. D'ailleurs il nous a appelés ses amis, il verra que nous sommes dignes de l'être.

Le jeune homme et sa compagne prennent chacun un bras d'Adolphe, et on se met en marche. Adolphe se laisse conduire; son cœur plein de reconnaissance pour l'intérêt que lui témoignent ces jeunes gens, se sent déjà disposé à les aimer.

— Nous ne sommes pas bien riches, dit en route la jeune femme à Adolphe. Charles, mon mari, est graveur, et moi je brode; mais nous sommes heureux!...

— Vous êtes mariés, dit Adolphe en les regardant tous deux avec surprise.

— Oui, monsieur, il y a bientôt cinq mois!... Ah! monsieur est peut-être étonné de nous avoir vus, Charles et moi, assis tout seuls au bord de l'eau... mais nous sommes si bien ensemble dans les endroits solitaires... nous aimons tant à nous parler d'amour, que nous ne nous promenons pas où il y a du monde; v'là pourquoi on nous prend encore pour des amants... Mais, quoique mariés, nous le serons toujours, n'est-ce pas, Charles?

— Oui, ma chère Louise; est-ce que l'on peut se lasser d'être heureux!

Adolphe admire l'union de ces jeunes époux,

et soupire en songeant à Eugénie : c'est comme cela qu'il espérait vivre avec elle!...

On arrive rue Saint-Paul, c'est là que demeurent les jeunes gens. Ils font monter Adolphe à un quatrième étage, et il entre dans un petit logement bien simple, mais arrangé avec goût, et où règnent partout l'ordre et la propreté. On le fait asseoir; et pendant que le jeune homme fait du feu dans une cheminée, la jeune femme dresse une table, prépare un souper frugal : en un moment tout cela est terminé, et Adolphe se trouve assis à table entre ses nouveaux amis.

— Eh bien! lui dit Louise en lui prenant la main, ne trouvez-vous pas encore quelques charmes à l'existence?

— Ah! mes amis, dit Adolphe en les regardant avec attendrissement, je sens maintenant combien j'étais coupable; tant que l'honneur nous reste, on ne doit point disposer de sa vie!... C'est une lâcheté de ne point savoir souffrir; je rougis de ma faute!... Et quand vous saurez que c'est pour une femme...

— Ah! monsieur, cela n'est pas raisonnable, dit Charles.

— Quoi! c'est pour une femme... dit Louise! ah! c'est différent... je vous pardonne, alors... quoique cela soit toujours une folie; mais c'est bien d'aimer quelqu'un comme cela... Ah! c'est très-bien!... cependant se tuer... c'est trop fort, car il n'y a plus d'espérance alors, et tenez, en amour, il faut toujours en avoir... Mais contez-nous vos chagrins, vos peines... ne nous cachez rien...

Adolphe fait le récit de ses amours, il n'omet rien depuis la Saint-Eustache jusqu'à son retour de Senlis. Le jeune couple l'écoute avec attention.

— Ah! c'est bien mal, dit Charles, de s'être mariée malgré tout ce qu'elle vous avait promis; oubliez-là, monsieur Adolphe, oubliez-là, il faut suivre son exemple.

— Mais cependant, dit Louise, si on a forcé cette pauvre Eugénie... si sa mère l'a voulu, que vouliez-vous qu'elle fît?... Une jeune fille ne fait pas ses volontés... et puis vous n'étiez pas là!

— Mais, ma chère amie, on aurait dû lui écrire, puisque Jeanneton le savait à Senlis...

— Oui, mais il n'aurait pas quitté son père mourant... n'est-ce pas, monsieur Adolphe?...

— Oh! sans doute! tenez, mes amis, je vais tâcher de l'oublier...

— Vous feriez bien, dit Charles, une femme qui en épouse un autre ne mérite pas nos regrets!... Vous en trouverez mille qui vous consoleront!

— Fi! monsieur Charles, que c'est vilain ce

que vous dites là! dit Louise à son mari; si on
m'avait forcée d'en épouser un autre que toi, tu
te serais donc bien vite consolé...
— Oh! non... mais... enfin tu veux donc qu'il
se chagrine constamment?
— Je veux... je veux... qu'il l'oublie, oui...
mais qu'il l'aime toujours un peu.
— Vous n'avez point de logement pour ce soir,
dit Charles, vous coucherez chez nous... Louise,
ôte un matelas de notre lit, et mets-le dans cette
pièce-ci...
— Oui, tout de suite.
— Mais cela vous gênera, mes amis! dit
Adolphe.
— Nous gêner!... au contraire, cela nous fait
plaisir de vous garder plus longtemps...
— Je coucherai sur une chaise, je ne veux pas
que vous défassiez votre lit...
— Oh! notre lit est toujours assez doux, dit
Louise en souriant.
Et en un instant le lit est préparé. Les jeunes
gens souhaitent le bonsoir à leur nouvel ami, et
l'engagent à prendre du repos. Ils se retirent
dans leur petite chambre à coucher, qui est pour
eux le temple du bonheur, et Adolphe se dit en
soupirant :
— Le joli ménage!...
Le lendemain matin, Adolphe, que la fatigue
d'une longue route et les secousses de la veille
ont enfin endormi, voit à son réveil Louise qui
travaille déjà à côté de son mari.
— Je vais vous quitter, mes bons amis, dit
Adolphe, mais je vous demande la permission de
venir vous voir souvent; le tableau de votre bonheur et votre amitié seront désormais mes plus
douces jouissances.
— Ah! nous l'espérons bien que vous viendrez
nous voir, ce serait beau de nous oublier?...
Qu'allez-vous faire maintenant, dit Charles, avez-
vous besoin d'argent? Je n'en ai guère, mais
cependant je puis encore partager avec vous.
— Je n'en ai pas besoin, mes amis; mon modeste héritage, réuni à ce qui me restait, me fait
encore possesseur de près de six cents francs :
avec cela, vous le voyez, je puis attendre que
j'aie trouvé un emploi, et je vais d'abord louer
un petit logement...
— Ah! tâchez que ce soit près de nous.
— Bah!... dit tout bas Louise, je gage bien
que ce sera près d'Eugénie!...
Adolphe embrasse ses nouveaux amis, leur
promet de les revoir bientôt, et les quitte moins
malheureux que la veille.
— Maintenant, se dit-il, je sais qu'il y a encore
des cœurs qui répondent au mien.

CHAPITRE XXVII

ENTREVUE DEVANT TÉMOINS

Après avoir vu des logements dans le Marais,
où il les trouve trop tristes; dans la Chaussée-
d'Antin, où il les trouve trop chers; et dans le
faubourg Saint-Germain, où il se trouve trop
éloigné de ses jeunes amis, Adolphe revient vers
ce quartier qu'il a juré de fuir; il tourne et retourne dans la rue Saint-Martin, près de la rue
aux Ours, puis il dit :
— Que m'importe qu'elle demeure de ce côté?
J'espère bien ne jamais la rencontrer; mais il
ne faut pas, à cause de cela, m'éloigner d'un
quartier qui m'est commode... où j'ai mes habitudes, où, par quelques connaissances, j'espère
trouver une place. Pourquoi me gêner!... Le
petit hôtel où j'ai logé me convenait, probablement mademoiselle Zélie ne l'habite plus... je me
rappelle maintenant qu'elle devait déménager;
allons nous en assurer, et, si elle n'y est plus re-
prenons ma petite chambre.
Adolphe se rend donc à son dernier logement,
il apprend qu'en effet la jeune danseuse a depuis
longtemps quitté la maison; alors, après avoir
été chercher ses effets chez madame Remy, il
reprend possession de son ancien domicile.
Mais, dans cette petite chambre, l'image d'Eugénie est toujours avec lui; il se rappelle leur
dernière entrevue, il se reporte ensuite au bois
de Romainville, où les plus douces promesses
furent échangées, où il a lu dans les yeux de son
amie le plus tendre amour. Il reste un moment
plongé dans sa rêverie, tout entier à ses souvenirs.
Tout à coup il se lève brusquement, jette loin
de lui la chaise sur laquelle il était assis; puis
prenant son chapeau :
— Oublions tout cela! s'écrie-t-il; n'y pensons
jamais!... Sortons, afin de me distraire, et d'éloigner d'inutiles regrets... Je triompherai de ma
faiblesse... oui, je montrerai de la force, de la
fermeté; je l'oublierai.
Il sort en disant cela; il marche à grands pas,
mais il tourne toujours dans le même cercle; enfin il se trouve dans la rue aux Ours.
— Avant de l'oublier tout à fait, se dit-il, si je
me donnais le plaisir de la voir encore une fois...
seulement pour l'humilier, pour la confondre,
pour qu'elle voie bien dans mes yeux tout le mépris... toute l'indifférence qu'elle m'inspire maintenant... Oui, ce projet est fort bon... elle verra
du moins que je ne m'affecte pas de sa trahison...

elle en aura peut-être quelque dépit, et je serai vengé.

Adolphe, charmé d'avoir un prétexte pour revoir Eugénie, se rend vers la demeure de Dupont, en cherchant à se persuader qu'il y va de son honneur de faire cette démarche, qui doit montrer à celle qu'il aimait, qu'il n'a plus d'amour pour elle.

Dupont venait de rentrer avec un exemplaire du Code civil, et il était assis dans son comptoir, où il apprenait par cœur les art. 212, 213 et 214, afin de pouvoir les citer à sa femme.

Adolphe entre brusquement dans la boutique, il regarde dans le comptoir, il porte ses yeux de tous côtés, et n'aperçoit point Eugénie, il reste immobile au milieu des deux garçons qui lui demandent ce qu'il faut lui servir, et auxquels il ne répond pas.

— Servez donc monsieur, Joseph ! dit l'épicier sans lever les yeux de dessus son livre.

— C'monsieur ne dit pas ce qu'il veut, not'-bourgeois.

La voix de Dupont frappe Adolphe ; il revient à lui, il balbutie quelques mots, et cherche ce qu'il va dire ; l'épicier lève les yeux enfin ; et quoiqu'il n'ait vu Adolphe que le jour de la Saint-Eustache, il le reconnaît.

— Eh !... j'ai le plaisir de connaître monsieur !.. A la fête de M. Moutonnet... au bois de Romainville... Monsieur se souvient-il... j'avais une culotte jaune... nous avons eu une querelle avec les paysans ?...

— Oui... oui, monsieur. je me le rappelle parfaitement, répond Adolphe en s'approchant du comptoir, et je ne vous avais pas oublié ; votre figure m'était toujours présente.

— Ah ! monsieur, vous êtes bien honnête !...

— J'ai appris votre mariage... et... passant devant votre magasin, je venais vous faire mon compliment...

— Ah ! monsieur, je suis bien sensible ! Donnez-vous donc la peine de vous asseoir...

— Oh ! je vous remercie... je ne puis...

— Vous resterez bien un moment... Vous connaissez mon épouse ; c'est mademoiselle Eugénie Moutonnet, fille unique du passementier. A la fête du papa, vous avez plusieurs fois dansé avec elle... Et vous souvenez-vous, en jouant à cache-cache... vous vous étiez perdus tous les deux ?

— Oui, monsieur ; en effet... je me rappelle...

— Ah ! c'est une jolie femme, que mon épouse ? c'est une femme charmante !... mais, comme dit monsieur le commissaire, la tête enguis... pourvu qu'il n'y ait pas quelque disgrâce... Mais chut ! silence !... ne parlons pas de cela !...

— Il y a six semaines que vous êtes marié, monsieur !

— Oui, à peu près... oh ! c'est comme si c'était ce matin !... Prenez garde, ne vous appuyez pas sur ce tonneau, on m'en a déjà enfoncé deux en me donnant une sérénade...

— Votre femme, mademoiselle Eugénie... n'est pas dans votre boutique ?...

— Non, non ; elle ne veut pas y venir ; ah ! les jeunes femmes ont des caprices ! des idées baroques !... la mienne en a de fort singulières ! elle a reçu une éducation si sévère !... mais j'étudie dans ce moment-ci quelques petits articles qui, j'espère, arrangeront tout cela. Ma femme m'adore, monsieur ; eh bien ! croiriez-vous qu'elle ne veut pas en convenir...

— Elle vous adore ?...

— Oui, monsieur, j'en suis persuadé ; quoi qu'elle dise... Prenez garde, vous allez renverser tous mes rouleaux de sirop...

— Je vous félicite, monsieur, de votre bonheur...

— Ah ! monsieur, puisque vous connaissez mon épouse, vous ne serez pas fâché de lui faire aussi votre compliment, car vous n'étiez pas à notre noce ; je ne sais pourquoi madame Moutonnet vous a oublié... Ah ! nous nous y sommes ce qui s'appelle amusés !... je puis dire que c'est une noce qui a été remarquée ! Faites-moi l'honneur de monter avec moi, je vais vous présenter à mon épouse...

— A votre... non, monsieur, non... je ne puis.

— Si fait, si fait, vous ne resterez qu'un instant, le temps de lui dire bonjour ; je suis persuadé qu'elle sera fort aise de vous voir...

Adolphe ne sait ce qu'il doit faire ; il brûle de voir Eugénie... il n'ose suivre Dupont. Pendant qu'il est indécis, l'épicier le prend par la main et le fait monter à l'appartement de sa femme. Adolphe est tremblant, il respire à peine... il n'a pas la force de résister. Eugénie était seule dans sa chambre, Jeanneton venait de sortir. La jeune femme travaillait un moment se livrant à ses pensées, et quelquefois, sans qu'elle s'en aperçut, sa main s'arrêtait, son aiguille restait immobile, et Eugénie, les yeux toujours fixés sur son ouvrage, croyait travailler encore ; son corps était là, mais son esprit était ailleurs. Tout à coup, elle entend monter l'escalier, elle reconnaît la voix de son époux, elle croit qu'il est avec quelque marchand de ses amis, et cependant elle éprouve un trouble, un saisissement qu'elle ne peut définir, car que jamais la présence de son mari ne lui a fait connaître. On approche de sa chambre... d'où vient qu'elle frémit, que son cœur bat avec tant de violence ?

Adolphe vient de porter ses pas du côté du bois de Boulogne. (Page 148.)

— Madame, dit Dupont en entrant, je vous présente...

Eugénie a levé les yeux, elle a reconnu Adolphe; elle pousse un cri déchirant et tombe sur le parquet. Allons! voilà encore une attaque, s'écrie Dupont en frappant du pied d'un air désespéré; cette femme-là passe son temps à se trouver mal!... c'est désolant. Monsieur, depuis que nous sommes mariés, elle n'en fait pas d'autres!... Et Jeanneton, qui n'est pas là!... Que faire!... Je descends chercher des gouttes... de l'eau... de... Ne la quittez pas, monsieur, je vous en prie, ne la quittez pas...

L'épicier descend quatre à quatre l'escalier, et déjà Adolphe est à genoux près d'Eugénie; il soutient sa tête, il presse ses mains, il l'appelle, mais elle ne l'entend pas, elle ne rouvre point les yeux, et ses traits charmants sont couverts d'une pâleur effrayante.

— Ah! malheureux!... qu'ai-je fait! s'écrie Adolphe désespéré! je l'ai tuée... je lui ai donné la mort.

— Voilà des gouttes, voilà de la fleur d'oranger! dit l'épicier, qui accourt suivi d'un de ses garçons.

— Eugénie!... chère Eugénie!... réponds-moi, je t'en supplie! dit Adolphe soutenant toujours la jeune femme, qu'il presse dans ses bras, et repoussant Dupont et Joseph qui lui présentent les petites bouteilles et des morceaux de sucre :

— Barbare!... vous n'avez point eu pitié de sa faiblesse...

— Qu'est-ce que vous dites donc, monsieur?...

— Mon Eugénie!...

— Son Eugénie?... qu'est-ce que cela veut dire, Joseph?...

— Daigne jeter encore les yeux sur ton Adolphe...

— Son Adolphe!... est-ce que ce jeune homme devient fou!...

— Dis-lui que tu l'aimes encore..

— Dis donc, Joseph! il veut que ma femme lui dise qu'elle l'aime... comprends-tu cela?...

— Monsieur, c'est de l'éther qu'il faut lui faire respirer.

— Elle ne m'entend pas! dit Adolphe en repoussant de nouveau les petites bouteilles, qui vont se briser sur le parquet. Elle ne veut plus me voir...

— Monsieur, je trouve bien singulier!...

— Monstre! s'écrie le jeune homme en se relevant et s'avançant furieux sur Dupont, qui recule effrayé; barbare!... c'est vous qui êtes l'auteur de tous nos maux!...

— Monsieur!... Monsieur!... Qu'est-ce que vous avez donc?...

— Vous vous êtes fait un jeu de ses larmes!... de nos tourments...

— Comment, monsieur?... je n'ai rien fait...

— Mais tremblez!... c'est sur vous que retombera toute ma fureur!...

— Ah! mon Dieu! ce jeune homme a le transport... Joseph, viens donc le retenir, il veut m'étrangler.

Adolphe ne sait plus ce qu'il fait; il vient de saisir l'épicier à la gorge, celui-ci crie, et le garçon épouvanté et n'osant s'approcher d'Adolphe prend le parti d'aller chercher du secours. Heureusement Jeanneton arrive dans ce moment; elle voit Eugénie étendue à terre sans connaissance, et Adolphe hors de lui, tenant dans un coin de la chambre le pauvre Dupont, que la frayeur a déjà rendu violet. Le plus pressé est de dégager l'épicier, qui crie : A l'assassin! Jeanneton court à Adolphe, s'empare de lui :

— Que faites-vous, monsieur, lui dit-elle à l'oreille, vous voulez donc perdre ma pauvre Eugénie... Éloignez-vous, éloignez-vous bien vite, ou songez aux suites de tout ceci... Au nom de ma chère maîtresse, partez, monsieur, je vous en supplie!

Jeanneton pousse Adolphe vers la porte; le jeune homme, qui n'a plus la tête à lui, se laisse emmener; il jette un regard sur Eugénie :

— Ne craignez rien, je vous réponds d'elle, lui dit Jeanneton.

Adolphe cède enfin et quitte l'appartement; il descend l'escalier comme un fou, traverse la boutique sans voir autour de lui.

— Prenez garde, prenez garde, crie Joseph aux personnes qui sont en bas, il a le transport, et il est méchant comme un âne!

Tout le monde s'écarte du passage d'Adolphe, qui est bien loin avant que l'on se soit décidé à courir après lui. Dès qu'Adolphe est éloigné, Jeanneton court donner ses soins à Eugénie, et Dupont se jette dans un fauteuil en desserrant sa cravate.

— Tu m'as sauvé, ma chère, dit-il à la bonne, sans toi, j'étais étranglé!... le maudit jeune homme!... je ne sais ce qui lui a pris; il appelait ma femme son Eugénie et moi un barbare! conçois-tu cela, Jeanneton?

— Eh! monsieur, vous voyez bien qu'il est fou!... qu'il ne sait ce qu'il dit...

— C'est ce que je me suis dit tout de suite...

Quelle diable d'idée ai-je eu de le faire monter avec moi! il était bien tranquille en bas, ça lui a pris quand ma femme s'est évanouie... Et comment va-t-elle, Jeanneton!

— Oh! mal... bien mal, monsieur, et cette fois, je crains bien qu'il ne nous faille le médecin.

La vue d'Adolphe a causé à Eugénie une telle révolution que tous les secours de Jeanneton ne peuvent parvenir à lui faire reprendre ses sens ; on fait chercher le médecin, il déclare la jeune femme en danger. En effet, lorsqu'elle rouvre les yeux, une fièvre ardente la dévore, le délire s'est emparé d'elle, la pauvre Eugénie est pendant quinze jours dans le plus grand péril.

Jeanneton ne quitte pas sa maîtresse ; jour et nuit elle est à ses côtés, Dupont, fort affligé de l'état de sa femme, n'épargne rien pour qu'elle ait tous les secours de l'art. M. et madame Moutonnet viennent s'informer de la santé de leur fille, le père pleure sur son état ; madame Moutonnet, toujours froide, toujours sévère, ne laisse rien paraître, mais il faut présumer qu'elle gémit intérieurement ; une mère pourrait-elle voir avec indifférence les souffrances de son enfant.

Enfin la jeunesse, la nature triomphent ; Eugénie est sauvée, mais le médecin déclare que la convalescence sera longue, et exigera les plus grands ménagements.

Dupont, tranquille sur les jours de sa femme et prévoyant, d'après la longueur que doit avoir sa convalescence, qu'il a tout le temps d'apprendre par cœur les articles du Code civil, se décide à entreprendre un voyage utile à son commerce et qu'il a différé jusque-là. C'est dans le midi qu'il doit se rendre, et comme les opérations qu'il va faire peuvent le retenir longtemps absent de chez lui, il place une personne fidèle dans son comptoir. Après avoir recommandé à Jeanneton la santé de sa femme, Dupont monte en diligence, et s'éloigne de Paris.

En sortant de la demeure de Dupont, Adolphe reste quelque temps sans savoir où il est et où il vient ; mais enfin le grand air calme ses sens, il revient à lui et se dirige alors vers la rue habitée par ses nouveaux amis : il sait que c'est près de Charles et de sa femme qu'il trouvera des consolations.

— Ah! mon Dieu! dit Louise en le voyant arriver encore tout en désordre, qu'y a-t-il donc de nouveau?... Qu'avez-vous fait depuis ce matin?... Regarde donc, Charles, comme il a l'air effaré.

Adolphe raconte ce qui vient de lui arriver.

— Ah! mon Dieu! le drôle d'homme que ce M. Dupont, dit Louise; mais est-il bête !... vouloir à toute force vous mener chez sa femme ; et cette pauvre Eugénie qui se trouve mal!... Ah!

ça ne m'étonne pas!... quelle révolution votre vue a dû lui causer !... Ah! tenez, monsieur Adolphe, il ne faut plus faire de ces choses-là. Celle que vous aimiez est mariée, il ne faut plus la voir n'est-ce pas, Charles? vous la feriez mourir, cette pauvre petite femme!... Et auriez-vous été bien avancé si vous aviez étranglé son mari... qui a l'air d'un bon homme au fond? Non, monsieur, non, il ne faut plus recommencer, ça serait très-mal...

— Vous avez raison, Louise, je ne la verrai plus, je la fuirai, je vous le promets; d'ailleurs, je suis bien certain qu'elle ne m'aime plus... elle s'est évanouie, parce que la surprise... l'émotion... un mouvement de repentir peut-être... Dupont m'a dit qu'elle l'adorait !...

— Oui, monsieur, oh! ça m'en a tout l'air effectivement! mais qu'elle l'adore ou non, devez-vous pour cela troubler son repos, chercher à la rendre encore plus malheureuse dans son ménage?... Croyez-vous que ça serait beau, monsieur? Et si elle avait eu un autre mari, un homme jaloux, qui vous eût entendu l'appeler votre Eugénie, et lui, monstre et barbare! pensez-vous qu'il aurait pris cela aussi tranquillement? Et quand même elle aurait été inconstante, est-ce donc une si belle vengeance de chercher à perdre une femme dans l'esprit de son mari... ça serait vilain!... bien vilain!... mais vous me jurez que cela ne vous arrivera plus...

— Oui, Louise, oh! je vous le jure... Mais, avant de l'oublier tout à fait,... je voudrais cependant savoir comment elle est maintenant,... Je l'ai laissée sans connaissance... et quoiqu'elle ne m'aime plus, je sens que je m'intéresse encore à elle.

— Oh! pour ça, c'est trop juste, mais ça me regarde, et je me charge de ce soin... Bientôt vous aurez de ses nouvelles...

— Quoi! vous auriez la bonté...

— La bonté! belle bonté vraiment!... d'aller s'informer de l'état de cette jeune femme! ne v'là-t-il pas une chose bien merveilleuse... D'ailleurs, monsieur, je m'y intéresse aussi, moi, à cette pauvre Eugénie ; et je suis bien aise de savoir... Tu le veux bien, n'est-ce pas, Charles!...

Charles n'a jamais d'autre volonté que celle de sa femme. Louise met à la hâte un petit bonnet, un fichu sur son cou, renoue le cordon de son tablier noir, donne un petit coup d'œil au miroir, un baiser à Charles, et part en disant à Adolphe :

— Attendez-moi ici, je ne serais pas longtemps...

Adolphe reste auprès du jeune graveur, et pendant que celui-ci travaille, il lui parle d'Eugénie, toujours d'Eugénie, qu'il ne verra plus, qu'il évitera avec le plus grand soin, qu'il veut enfin oublier entièrement, et à laquelle il pardonne son inconstance, faisant encore des vœux pour son bonheur et son repos, qu'il jure de ne plus troubler, Charles répond à Adolphe en lui parlant de Louise, de ses qualités, de ses vertus, de son esprit, de ses attraits; du plaisir qu'il goûte dans son heureux ménage. Ils ne s'aperçoivent pas qu'aucun d'eux ne répond à l'autre ; ils causeraient comme cela pendant la journée entière.

Louise revient tout essoufflée. La jeune femme est entrée dans la boutique de l'épicier, et tout en faisant quelques emplettes, elle a appris des nouvelles, ce qui n'était pas difficile, car l'aventure du matin avait mis en mouvement toutes les cuisinières du quartier. On court chez Dupont pour écouter le récit de Joseph, lequel raconte à qui veut l'entendre, et toujours avec quelque circonstance nouvelle, l'arrivée d'un jeune homme qui est devenu fou subitement; ce qui a fait évanouir madame Dupont, et a manqué de causer la mort de son mari.

Enfin Louise sait que la jeune femme est fort mal. Elle se garde bien de dire cela à Adolphe, de crainte qu'il ne fasse quelque nouvelle folie; elle le rassure au contraire, sur l'état d'Eugénie, mais elle se promet bien d'aller en secret s'informer de sa situation.

Adolphe, un peu plus tranquille, retourne chez lui. Il cherche, en se livrant à la lecture, à l'étude, l'oubli d'une passion qui est désormais sans espoir. C'est auprès de Charles et de Louise qu'il va passer une partie de son temps; ses jeunes amis se font un plaisir de le distraire, de le consoler, et lui donnent les preuves de la plus touchante amitié. Louise, qui est retournée en secret plusieurs fois chez Dupont, sait qu'Eugénie est enfin hors de danger, et, tranquille désormais sur le sort de cette jeune femme, elle ne s'occupe plus qu'à consoler son amant.

La triste Eugénie entre en convalescence; la bonne Jeanneton en éprouve la plus douce joie, la santé de sa maîtresse est le prix de ses soins. Cependant, Eugénie, tout en lui témoignant sa reconnaissance, ne paraît conserver qu'à regret une existence qui n'a plus de charmes pour elle.

Ce n'est pas sans beaucoup d'efforts que Jeanneton lui fait suivre exactement le régime ordonné par le médecin. La pauvre servante se désole de voir sa maîtresse plus triste que jamais; elle ne sait que faire pour la ranimer. La vue d'Adolphe a rouvert toutes les blessures d'Eugénie :

— Que pense-t-il de moi? répète-t-elle souvent à Jeanneton; combien il doit m'accuser!

— Elle sera triste tant qu'elle l'aimera, se dit Jeanneton; elle l'oubliera peut-être si elle sait qu'il lui a été infidèle : oui, je crois que c'est le meilleur moyen de la guérir.

Jeanneton se décide à raconter à sa maîtresse ce qu'elle a vu, et comment Adolphe se conduisait loin d'elle.

— Il n'a pas le droit de vous accuser, dit-elle à Eugénie; et il ne mérite vraiment pas que vous vous chagriniez comme cela.

Elle dit enfin tout ce qu'elle sait, tout ce qu'elle a vu. Eugénie tremble et pâlit en l'écoutant; mais bientôt elle se remet, se calme, et répond à sa bonne en souriant :

— Tu t'es trompée, Jeanneton, ce n'était pas lui...

— Comment, ce n'était pas lui...

— Non; tu t'es trompée, te dis-je; Adolphe m'aimait trop pour m'oublier!.. Ah! je connais son cœur!...

— Mais quand je vous dis que je l'ai vu... vu de mes yeux!...

— Tu as cru le voir...

— Cru!... ah! pardi, v'là qu'est fort, par exemple!...

— Tu avais vu cela et tu ne me l'as pas dit plus tôt!...

— Dam'! je craignais alors de vous affliger...

— Bonne Jeanneton, je devine tes motifs; tu as inventé aujourd'hui cette histoire, parce que tu penses que j'en oublierai plus vite Adolphe!

— Comment, j'ai inventé!...

— Va, je te remercie de tout ce que ton amitié t'inspire, mais n'accuse point Adolphe, ne cherche pas à lui donner des torts imaginaires!... je tâcherai de ne plus l'aimer, mais je l'estimerai toujours.

— Allons, se dit Jeanneton, il n'y a pas moyen de lui faire croire la vérité! et à moins qu'elle ne voie de ses deux yeux... Ma fine, je le voudrais maintenant.

L'âme aimante et pure d'Eugénie ne conçoit pas que l'on puisse être infidèle sans cesser d'aimer, et c'est ici le cas de dire comme Dupont : Cela tient à l'éducation sévère qu'elle a reçue.

CHAPITRE XXVIII

MADAME SAINT-CÉRAN

Le printemps est venu de nouveau charmer les yeux et réjouir les sens; tout s'embellit de son retour, tout se ranime, la terre reprend sa parure, les fleurs renaissent, les bois recouvrent leur feuillage, les prairies leur gazon, les oiseaux re-

viennent chanter l'amour, et les amants viennent, sous l'ombrage, faire ce que chantent les oiseaux.

Charles et Louise profitent du retour des beaux jours pour faire souvent des promenades champêtres. Adolphe les accompagne quelquefois; mais quelquefois aussi, regardant les beaux yeux de Louise, et l'ardeur qui brille dans ceux de son mari, il les laisse aller seuls et se dit :

— Il ne faut pas être toujours là... je pourrais les gêner.

Adolphe se rappelle le baiser qu'il a entendu au bord de l'eau.

Et puis, Adolphe n'est pas toujours gai, car, en se promenant seul ou avec ses amis, il voit, malgré son économie, diminuer, chaque jour, sa modeste fortune, et quand il n'aura plus rien, que fera-t-il? Il a trop de fierté pour vouloir accepter de l'argent de Charles, et, d'ailleurs, comment le lui rendrait-il? et emprunter quand on ne peut pas rendre, ce n'est plus emprunter. Adolphe court de côté et d'autre pour trouver de l'occupation, et il n'a encore obtenu que des promesses, mais on ne vit pas de promesses, et chaque jour la position du jeune homme devient plus inquiétante. Louise et son mari cherchent à le distraire, à ranimer son courage; mais Adolphe craint que la vue de sa tristesse ne trouble le bonheur de cet heureux couple, et, par délicatesse, il va les voir moins souvent. Il évite les promenades trop fréquentées, il craint d'y rencontrer Eugénie; d'ailleurs, la solitude convient mieux à ses tristes pensées : elle ne le distrait pas, il est vrai, mais il y a des moments où l'on n'a plus même la force de chercher à se distraire.

Adolphe vient de porter ses pas du côté du bois de Boulogne, et, las de sa route, il s'assied non loin d'un traiteur où les amants vont faire l'amour et les ennemis la paix. Un joli cabriolet passe près de lui, et va s'arrêter devant le restaurateur. Adolphe, peu curieux de voir descendre ceux qu'il contient, se détourne, et, se livrant à ses réflexions, oublie bientôt le présent pour ne songer qu'au passé ou à l'avenir.

Il est depuis près d'une heure plongé dans ses rêveries, lorsqu'un petit coup donné légèrement sur son épaule lui fait vivement tourner la tête. Adolphe aperçoit près de lui un petit jockey de onze à douze ans, vêtu avec élégance, et dont la physionomie fine et spirituelle annonce déjà de la malice et l'habitude de l'intrigue.

— Que me voulez-vous? lui demande Adolphe.

— Chut!... dit le petit jockey en mettant un doigt sur sa bouche, il faut parler bas... Tenez, prenez cela...

— Monsieur, si vous aviez sur-le-champ besoin d'argent. (Page 156.)

En disant ces mots, le petit bonhomme lui présente un billet plié seulement.

— Qu'est-ce que c'est que cela?...

— C'est un billet pour vous...

— Et qui me l'envoie?

— Ma maîtresse.

— Qui est votre maîtresse?

— Madame Saint-Céran.

— Madame Saint-Céran!... Je ne connais personne de ce nom-là.

— Oh! apparemment qu'elle vous connaît, elle; mais je me sauve bien vite, car si monsieur me voyait près de vous, cela dérangerait tout...

— Mais la réponse...

— On ne m'a pas dit d'en rapporter; lisez, lisez...

Le petit jockey s'éloigne en courant, et Adolphe, fort étonné de l'air mystérieux du jeune messager, s'empresse d'ouvrir le billet, en disant :

35e LIV.

— Voyons donc ce que me veut cette dame que je ne connais pas.

Après avoir examiné une écriture assez peu lisible, Adolphe parvient à déchiffrer le billet suivant, qui paraît avoir été tracé à la hâte :

« Monsieur, j'ai des choses fort importantes à vous communiquer; veuillez venir demain chez moi, rue du Helder, n° 12, vous demanderez madame Saint-Céran. Je vous attends entre onze heures et midi. Ne vous trompez pas d'heure. »

— Que peut-on avoir à me dire? Je n'ai jamais entendu parler de cette dame, se dit Adolphe. Ah! c'est sans doute une personne à qui l'on aura parlé de moi pour un emploi... Cette dame a peut-être besoin d'un secrétaire... D'après la tournure du jockey, c'est une personne riche... Mais ce qui m'étonne, c'est que ce billet n'est pas fort bien orthographié... Ah! raison de plus pour prendre un secrétaire. Il y a des gens fort riches qui ont oublié d'apprendre à écrire!... Al-

20

lons, j'irai demain savoir ce que me veut madame Saint-Céran.

Cet événement distrait Adolphe de ses tristes pensées; il rentre chez lui en songeant à l'air mystérieux du petit jockey, et en se disant :

— Si c'est pour un emploi que l'on veut me voir, comment se fait-il que l'on attende que je me promène au bois de Boulogne pour me le dire!... Nous saurons cela demain.

Le lendemain, Adolphe met ce qu'il a de mieux. Il frotte et brosse longtemps son habit, pour tâcher de déguiser son ancienneté, puis s'achemine vers la demeure qu'on lui a indiquée. Il demande à la portière madame Saint-Céran.

— Montez au premier, lui répond-on en souriant; madame est visible.

Adolphe monte au premier, il sonne, le petit jockey vient lui ouvrir, et, d'un air malin, l'introduit dans un salon où Adolphe trouve une femme de chambre qui le prie, en souriant aussi, d'attendre un moment qu'elle ait prévenu sa maîtresse.

— Voilà des gens qui me font des mines bien gracieuses, se dit Adolphe lorsqu'il est seul; c'est d'un augure favorable.

Il regarde autour de lui et admire l'élégance de l'ameublement; tout respire la richesse, partout la recherche, le goût, le luxe ont présidé à l'ornement de cette demeure.

— C'est à coup sûr une dame de distinction, se dit-il.

Mais le maudit billet lui revient à l'esprit et dérange toutes ses idées.

La femme de chambre revient.

— Madame vous attend, dit-elle à Adolphe, voulez-vous me suivre?

On lui fait traverser plusieurs pièces, on ouvre enfin la porte d'un boudoir charmant; la femme de chambre se retire après l'avoir fait entrer, et Adolphe se trouve vis-à-vis d'une dame assise sur une ottomane, dans le négligé le plus galant, mais dont il ne peut encore voir la figure, parce qu'à son arrivée elle a tourné la tête d'un autre côté.

Adolphe reste debout au milieu de la chambre; il attend que cette dame l'invite à s'asseoir. Tout à coup un bruyant éclat de rire se fait entendre, et la dame, se levant brusquement, court dans les bras du jeune homme, qui reste pétrifié en reconnaissant la danseuse des boulevards dans madame Saint-Céran.

— Oui, c'est moi, dit Zélie en riant de la surprise d'Adolphe, j'étais bien sûre que je te surprendrais! que je vous surprendrais, c'est-à-dire, car il faut être sur la cérémonie avec vous...

— Comment c'est vous... vous, que je vois ici!...

— Eh! sans doute, mon bon ami. Qu'est-ce qu'il y a donc de si étonnant?... J'ai fait fortune, voilà tout; dans notre état, c'est assez commun... Mais viens donc t'asseoir près de moi...

Adolphe, tout étourdi de ce qu'il voit, se laisse conduire par Zélie sur l'ottomane, où elle prend place à côté de lui.

— Et c'est à vous cet appartement!

— Sans doute; il ne ressemble pas à la petite chambre que j'habitais, n'est-ce pas?... J'ai trouvé un homme qui m'a donné tout cela et qui me fait mille écus par mois, sans compter les cadeaux... Tu penses bien que je n'ai pas pu le refuser...

— Oh! je le conçois fort bien; cet homme-là assure votre bonheur... vous devez l'aimer beaucoup...

— Moi! je le déteste!...

— Vous le détestez?

— A la mort!

— Comment! un homme qui fait votre fortune?...

— Que veux-tu? l'amour ne se commande pas. Enfin, toi... vous, monsieur, qui ne m'avez jamais aimée, qui avez même eu la bonté de me le dire... qui ne vouliez pas seulement m'ouvrir votre porte!... Car tu m'as fait des choses indignes, en vérité, eh bien! je t'adore... Oui, oh! vous avez beau hausser les épaules, c'est comme cela, monsieur, je suis folle de vous, et il n'y a rien que je ne fasse pour être un moment avec toi.

Adolphe ne peut s'empêcher de rire de la déclaration de Zélie.

— Ah! monsieur rit, dit-elle; c'est bien heureux qu'il ne me reproche pas de l'avoir attiré chez moi!...

— Il est certain que si j'avais su que vous étiez madame Saint-Céran...

— Vous ne seriez pas venu, n'est-ce pas?... Ah! que c'est aimable!... Mais je m'en suis bien doutée, aussi je n'ai eu garde de me nommer. Hier je t'ai aperçu au bois de Boulogne, assis au pied d'un arbre, les yeux levés au ciel!... rêvant sans doute à vos amours!... et, quoique avec mon monsieur, je n'ai pu résister au désir de vous écrire. Nous entrions chez le traiteur, je lui ai dit d'aller faire sa carte en bas, et, pendant qu'il commandait un dîner bien succulent, moi, je suis entrée dans un petit cabinet, j'ai bien vite écrit mon billet pour monsieur, et mon petit coureur, dont je suis sûre, vous l'a porté... et je n'ai presque pas dormi de la nuit, tant j'étais contente en pensant que je verrais monsieur ce matin... Monsieur, qui ne me dit que des sottises, qui me repousse, qui me fait la grimace... Mais c'est égal, c'est peut-être parce que tu es comme cela que je t'aime, que je t'adore, et que je veux que tu m'aimes malgré toi.

Zélie termine son discours par des caresses qu'Adolphe trouve d'abord fort déplacées; mais la vertu d'un jeune homme ne résiste pas longtemps aux séductions d'une jolie femme. D'ailleurs, Eugénie est mariée et Louise recommande sans cesse à Adolphe de se distraire!... et l'on sait bien de quel genre peuvent être les distractions d'un amoureux de vingt ans.

— Mais enfin, dit Adolphe après s'être distrait assez longtemps avec Zélie, cet homme qui t'entretient n'est donc pas aimable!

— Ah! l'horreur!... il m'ennuie à périr! Il est affreux, laid, difforme, épouvantable!

— Et vieux?

— Il a cent ans!

— Ah! mon Dieu!

— C'est un supplice pour moi d'être avec lui
Comme Zélie achevait ces mots, la jeune femme de chambre accourt tout effarée.

— Qu'est-ce donc? dit Zélie.

— Monsieur qui arrive. Jules, qui était aux aguets à la fenêtre vient de le voir descendre de cabriolet... Il monte l'escalier maintenant...

— Ah! mon Dieu! que le diable l'emporte! il ne vient jamais sitôt que cela... Mon ami, il faut te cacher bien vite...

— Me cacher! je préfère m'en aller.

— Impossible... impossible à présent! il pourrait te voir sortir.

— Qu'est-ce que cela me fait à moi, qu'il me voit sortir?...

— Mais, moi, cela me fait beaucoup! entre dans ce cabinet vitré, il n'y va jamais; d'ailleurs j'ôterai la clef...

— Mais je ne me soucie pas...

— Ah! mon bon ami, pour un moment!... Je te promets de le renvoyer tout de suite... Tu ne voudrais pas me causer de désagréments...

— Entrez, monsieur... entrez vite.

Les deux jeunes femmes poussent Adolphe dans le petit cabinet qui tient au boudoir et dont le vitrage est recouvert d'un rideau de soie jaune; on l'y enferme, la femme de chambre se sauve lestement, et Zélie se rassied sur l'ottomane, où elle se donne l'attitude d'une personne souffrante, tandis que sa figure en prend aussi l'expression.

Adolphe prend son parti, et s'assied sur un petit meuble indispensable dans le cabinet de toilette d'une dame; bientôt il sent l'envie de connaître cet homme dont Zélie lui a fait un portrait si repoussant. Il s'approche de la porte vitrée, et

soulevant bien doucement un petit coin du rideau, il voit tout ce qui se passe dans le boudoir.

Zélie se tient la tête comme si elle souffrait beaucoup. La porte s'ouvre; Adolphe ne peut revenir de sa surprise en voyant entrer dans le boudoir un homme de trente ans environ, grand, bien fait, d'une figure charmante, d'une tournure fort élégante, et qui va s'asseoir près de Zélie, qu'il aborde avec le plus aimable sourire. Adolphe se frotte les yeux, il croit se tromper! il écoute : le jeune homme adresse à sa maîtresse les mots les plus tendres, l'accable de prévenances et de petits soins.

— Comment! vous êtes malade, ma chère amie? lui dit-il en lui prenant la main et la serrant dans les siennes.

— Oh! oui... bien malade... je souffre horriblement... je n'ai pas dormi de la nuit.

— Mais hier vous n'y pensiez pas!

— Non, cela m'a pris tout d'un coup... Oh! c'est cruel de souffrir comme cela!...

— C'est une migraine, sans doute?

— Oui.... j'ai mal à la tête... j'ai mal partout.

— Pourquoi avez-vous quitté votre lit?...

— Ah! je m'y ennuyais... je dors fort bien sur cette chaise longue...

— Que je suis contrarié! moi, qui espérais passer la journée avec vous...

— Ah! vous voyez que c'est impossible!...

— J'avais pris une loge aux Variétés...

— Vous irez sans moi...

— Sans vous je m'y ennuierai. Ah! tenez, voilà quelques chiffons que je voulais vous offrir...

— Ah! voyons donc...

Le jeune homme tire de sa poche un petit cachemire charmant et un voile de dentelle, qu'il pose sur les genoux de Zélie.

— Mais ils sont jolis vos chiffons... fort jolis...

— S'ils vous plaisent, je suis trop heureux!

— Mais oui... oui, ils me plaisent beaucoup, et je vous remercie!...

La ci-devant danseuse daigne accompagner ces mots d'un demi-sourire, puis reporte ses mains à son front.

— Vous souffrez toujours, je le vois...

— Horriblement... je n'ai pas la force de parler...

— Je vous laisse, tâchez de reposer un peu... je reviendrai ce soir savoir comment vous allez...

— Oh! il ne faut pas vous donner cette peine!...

Adieu, ma chère amie, ayez bien soin de vous... je vais ordonner à Lucie et à Jules de ne point venir vous déranger, et de ne laisser pénétrer personne jusqu'à vous.

— Ah ! je vous serai bien obligée.

Le jeune homme donne un baiser à Zélie, puis sort en marchant sur la pointe du pied, afin de faire le moins de bruit possible. Bientôt Lucie accourt annoncer qu'il est remonté en voiture, et Zélie va, en riant aux éclats, ouvrir la porte du petit cabinet.

Eh bien ! dit-elle à Adolphe qui la regarde avec

— C'est un billet pour vous de la part de madame Saint-Céran. (Page 149.)

étonnement, tu l'as vu, tu le connais maintenant.

— Oui, et je n'y conçois rien... Quoi ! c'est là cet homme si vieux, si laid, si repoussant, si mal tourné !...

— Mon bon ami, il est tout cela à mes yeux, parce qu'il *paye*. Tiens, crois-moi, si jamais il t'arrive de te ruiner pour une femme, ne compte pas sur son amour.

— Je ne crois pas que cela me serait arrivé, dit Adolphe ; mais je te remercie de l'avertissement.

— Mais toi, Adolphe, toi que j'aime véritablement... tu n'es pas heureux, j'en suis certaine...

— Qui vous fait penser ?...

— Eh ! mon ami ? nous voyons cela d'un coup d'œil, nous autres femmes : et ton habit râpé, ton chapeau de l'année dernière suffiraient pour m'en convaincre, quand la mine que tu me fais maintenant ne me l'aurait pas prouvé ?...

— Où voulez-vous en venir... que vous importe l'état de ma fortune ?

— Mais il m'importe beaucoup, vraiment ; je veux que tu ne manques de rien, que tu sois heureux... Tiens... voilà cent louis en or... Quand tu n'en auras plus, je t'en donnerai d'autres.

Adolphe sent une vive rougeur lui monter au visage ; il repousse la main de Zélie.

— Gardez votre or... je vous remercie de l'intérêt que vous me portez ; mais je ne saurais accepter vos services, la source de vos richesses flétrirait celui qui les partagerait. Un homme peut, sans qu'on le blâme, se ruiner avec vous, mais on se dégraderait en recevant vos présents.

— Eh bien ! eh bien ! il se fâche... il s'en va, dit Zélie en courant après Adolphe, qui se dispose à la quitter. Je n'ai pas dit cela pour vous faire de la peine...

— Je vous pardonne... Adieu...

— Quoi ! déjà ! qui vous presse ?...

— Des affaires indispensables.

— Je te reverrai, au moins... tu me le promets... je ne te laisse pas partir sans cela...

— Oui, nous nous reverrons, quand j'aurai un habit et un chapeau à la mode, alors je ne serai pas exposé à de pareilles humiliations.

Et sans vouloir l'écouter davantage, Adolphe quitte Zélie, et s'éloigne de la demeure de madame Saint-Céran.

CHAPITRE XXIX

UN JEU DE FORTUNE

— Que la fortune est bizarre ! dit Adolphe en s'éloignant de la rue du Helder ; elle prostitue trop souvent ses faveurs !... Pourquoi ses dons ne sont-ils pas toujours la récompense de la vertu, du mérite, des talents ?... Pourquoi voit-on si souvent l'honnête homme dans la misère et l'intrigant dans l'opulence ? la femme vertueuse dans le besoin et la femme galante dans l'abondance ; le talent à pied et la médiocrité en carrosse !... Pourquoi ceux que la naissance ou le hasard a rendus possesseurs de ce qui ferait le bonheur de cent familles, emploient-ils si mal leur superflu, lorsque tant d'honnêtes gens manquent du nécessaire ?... Pourquoi les riches trouvent-ils les moyens d'augmenter sans cesse leur fortune, tandis que l'artisan laborieux gagne à peine de quoi nourrir ses enfants ?... Mille écus par mois à Zélie... quel abus des richesses !... Mais que de femmes en reçoivent davantage pour daigner souffrir quelquefois les caresses d'un homme qu'elles se font un plaisir de tromper !...

Ces dames gagnent avec facilité leur fortune, et un pauvre père de famille, employé à douze cents francs, qui, pour obtenir cette place, a battu pendant plusieurs années le pavé de la capitale en courant solliciter tous les ministères, se rend à huit heures à son bureau, d'où il ne sort pas avant quatre, car il tremble que quelque réforme ne vienne lui ôter son emploi, ce qui le réduirait à la mendicité.

Mademoiselle Zélie habitait une petite chambre sur les toits, elle loge dans un hôtel; elle se laissait battre par un mauvais sujet, elle daigne à peine répondre aux empressements d'un homme qui fait tout pour lui plaire; l'un la volait, l'autre l'accable de présents; mais elle était fidèle au premier, et elle se moque du second, et ce jeune homme lui prodigue des richesses qu'elle offre à un autre!... car il faut convenir au moins qu'elle n'est pas intéressée; mais elle mènera grand train son amant; elle ne se refusera rien; toutes les jouissances du luxe seront épuisées, elle abusera de tous les plaisirs, tandis que d'honnêtes époux n'oseront pas se permettre deux fois dans l'année les quatrièmes loges à l'Opéra. O fortune, tu es aveugle!

Adolphe se dit tout cela en prenant le chemin de la rue Saint-Paul. L'aventure qui vient de lui arriver devait, en effet, donner matière à ses réflexions. Lorsque l'on voit de jeunes époux se lever au point du jour pour travailler, et ne jamais se permettre un plaisir coûteux; lorsque, soi-même, on court depuis longtemps pour obtenir un emploi, fût-il extrêmement modique, on ne peut se défendre d'un certain sentiment de dépit, en voyant la fortune combler une femme de ses faveurs, parce qu'elle a fait de jolies petites mines en dansant un entrechat ou en faisant une pirouette.

— Ah! se dit encore Adolphe, si je savais faire ces pirouettes!... Il y a longtemps que j'aurais trouvé de l'occupation! mais malheureusement je ne suis pas fort sur la danse! Que faire donc pour gagner ma vie!... je ne sais qu'écrire, calculer et parler un peu latin; avec cela je ne ferai jamais fortune!...

Cependant l'aventure du matin a distrait notre jeune homme, et, en le voyant, Louise croit qu'il lui est arrivé quelque chose d'heureux.

— Tiens, mon ami, dit-elle à Charles, regarde comme monsieur Adolphe a l'air satisfait... Il a obtenu une place, j'en suis sûre.

— Vous vous trompez, ma chère Louise, dit Adolphe, au contraire, j'ai moins d'espérance que jamais, et je viens de m'apercevoir de nouveau que c'est à ceux qui le méritent le moins que la fortune accorde ses faveurs.

— Et c'est pour cela que vous paraissez moins triste que de coutume?...

— Que voulez-vous? l'excès du malheur rend quelquefois le courage, je n'en suis pas encore là, puisque je possède des amis tels que vous; mais j'ai pris mon parti, et je vois qu'il ne faut pas rougir d'être misérable. Je ferai tout ce qui se présentera... n'importe en quel genre; pourvu

L'étude du notaire. (Page 154.)

que je puisse conserver l'honneur, ma seule richesse. On m'a offert il y a quelques jours de peser les marchandises dans le magasin de ce gros négociant, votre voisin; j'ai refusé alors, eh bien! je vais accepter...

— Vous, monsieur Adolphe, une place comme celle-là!... toujours avec des rouliers, des charretiers!...

— Je viendrai le soir me délasser auprès de vous des fatigues et des ennuis de la journée, on se fait à tout, et l'on s'habitue à la peine...

— Porter quelquefois des paquets, des fardeaux!...

— Si j'en ai la force, c'est tout ce qu'il faut.

— Vous vous rendrez malade...

— Alors vous prendrez encore soin de moi, vous m'avez déjà conservé l'existence, et je m'habitue à compter sur vous.

— Mais attendez encore.

— Quoi! que je n'aie plus d'autre ressource?... Alors cela me semblerait bien plus pénible : non, j'y suis décidé ; dès demain je vais me présenter.

Adolphe passe la journée avec Charles et sa femme; le tableau de leur amour, de leur bonheur, le raccommode un peu avec la Providence.

— Ah! dit-il, s'ils ne sont pas riches, du moins ils sont heureux!... et plus heureux, à coup sûr, que madame Saint-Géran.

Il quitte ses bons amis et rentre chez lui, bien décidé à aller le lendemain s'offrir pour garçon de magasin.

— Si j'avais été plus sage, se dit-il en se couchant, si je n'avais pas été amoureux, je serais encore dans le magasin de nouveautés!... Mais alors je ne voyais qu'Eugénie; pour elle j'aurais tout quitté!... Ah! maintenant encore!... que dis-je, maintenant, elle est mariée!... elle est riche!... elle est heureuse!... Ah! dois-je regretter de ne pas être son époux!... Qu'aurais-je pu lui offrir?... l'indigence, la misère!... non, je ne pouvais l'épouser! Tout est donc pour le mieux. Cependant Charles et Louise ne sont pas riches, et ils sont heureux; mais ils sont nés dans cette classe laborieuse où le travail est un plaisir. Ils ont chacun un état, mais Eugénie et moi qu'aurions-nous fait?... Ah! pourquoi nous sommes-nous connus? pourquoi suis-je allé à cette fête?... à ce bois de Romainville?... je n'y ai pas retourné depuis... mais demain je suis libre encore, demain j'irai revoir ces lieux où elle m'a dit qu'elle m'aimait, j'irai leur faire mes adieux.

Mais le lendemain, en se préparant à sortir, il ne sait plus s'il doit aller au bois de Romainville. Qu'y trouvera-t-il? des souvenirs qui alimenteront une flamme qu'il doit chercher à éteindre.

— Non, n'y allons pas, dit-il, j'en reviendrais plus malheureux!... Avec Eugénie j'y serais retourné souvent, et toujours avec un nouveau plaisir; mais seul! je n'y trouverais que des regrets et pas une espérance!

Il sort de chez lui pour aller demander la place qu'il est décidé d'accepter, son portier l'arrête en lui présentant une lettre.

— Une lettre pour moi? dit Adolphe; et qui peut m'écrire? Serait-ce [encore une madame Saint-Géran.

Il examine l'écriture, qui lui est inconnue, et rompt enfin le cachet.

Le billet est d'un notaire de Paris qui engage M. Adolphe Dalmont à passer au plus vite à son étude pour une affaire importante qui le concerne.

— Quelle affaire puis-je avoir avec un notaire? se dit le jeune homme; je n'ai point d'argent et je n'en dois à personne. Serait-ce pour une place?... Ah! ne nous flattons pas; je me disais cela aussi en allant chez Zélie!... Cependant

rendons-nous chez le notaire, j'ai toujours le temps de me faire garçon de magasin.

Et Adolphe se dirige vers la demeure qu'on lui a indiquée, bien persuadé qu'il fait encore une course inutile. Il entre dans une étude où une douzaine de jeunes gens le toisent de la tête aux pieds sans quitter leur place. La mise d'Adolphe n'annonce pas un capitaliste; personne ne se dérange pour lui; on se contente de lui montrer du doigt la place du second clerc; mais le second clerc n'y est pas, il vient de partir en cabriolet pour des affaires de l'étude; et comme, en faisant les affaires de l'étude, les jeunes gens font aussi les leurs, il est probable que le second clerc ne rentrera pas de longtemps. On indique alors à Adolphe le cabinet du maître clerc; il s'y rend et ne trouve personne : le maître clerc est allé faire un déjeuner d'huîtres au Rocher de Cancale, avec un client auquel il a fait placer avantageusement des fonds.

— Mais ne pourrais-je parler au notaire lui-même? demande Adolphe aux jeunes gens qui l'entourent.

— Dans ce moment il est en affaire, lui dit-on; il a dans son cabinet un banquier qui vient de déposer son bilan, dans lequel il offre vingt pour cent à ses créanciers. Vous sentez bien que vous ne pouvez pas interrompre cet entretien; mais si vous voulez attendre...

— J'attendrai, dit Adolphe. Et il s'assied dans un coin de l'étude, s'amusant à lire les noms de MM. les notaires de Paris, tandis que les jeunes gens qui l'entourent continuent une conversation que son arrivée n'a pas même interrompue.

« Vous n'êtes pas venu à la soirée d'hier... Le bal était charmant, de jolies femmes... et du punch à flots. Le maître du logis fait bien les choses!... Et un écarté!... un jeu d'enfer!... Durosay a perdu huit cents francs...

— Comment! ce petit Durosay, le second clerc de notre voisin? où diable prend-il cet argent-là?

— On dit qu'il a une Anglaise qui lui en donne...

— Une Anglaise? ah! c'est délicieux! ruiner une Anglaise, c'est national...

— Moi, j'ai gagné deux cents francs à Blanval... Il va bien, Blanval... il va joliment! il ne joue plus que de l'or!

— Il va se faire agent de change.

— Moi, messieurs, j'étais hier d'un certain dîner chez Beauvilliers, avec trois collègues : c'était Derval qui payait; il a eu trois cents francs de gratification pour le marché de cette ferme du Gâtinais. Ah! quel dîner!... nous avons fait sauter les cent écus. D'abord c'était convenu, il fallait tout manger jusqu'au dernier franc.

— Parbleu! ce n'est déjà pas si difficile de manger cent écus à quatre, et vous n'avez pas bu du vin de Constance pour ordinaire?...

— Oh! nous avons bu d'excellent vin! et les huîtres vertes, les truffes, les faisans farcis, les coquilles, les gelées de toute espèce!... Enfin, ce pauvre Derval est tombé sous la table. Nous avons été obligés de le porter dans un fiacre qui l'a ramené chez lui,

— Moi, messieurs, j'ai été plus sage que vous, j'avais un rendez-vous avec la petite du magasin en face, je l'ai menée au spectacle...

— En loge grillée, coquin!...

— Eh non cette petite sotte n'a j'amais voulu y monter, disant que c'était trop haut et qu'elle n'y verrait rien. En vain je lui disais qu'elle y serait plus à son aise, elle n'a pas cédé, il a fallu aller aux premières, en loge ouverte, écouter en silence trois pièces que je savais par cœur, jugez combien je me suis amusé!...

— Ah! ce pauvre Gustave! quelle figure il devait faire!... Et en revenant?...

— En revenant, je comptais prendre une voiture; ne voilà-t-il pas que nous trouvons à la porte un grand nigaud de frère qui se dispose à nous accompagner...

— Ah! c'est jouer de malheur.

— Je les ai fait monter tous les deux dans un fiacre, et, feignant d'être obligé de m'écarter un moment, je me suis sauvé, laissant là le frère et la sœur s'arranger avec le cocher.

— Ah! ah! c'est délicieux! la petite méritait bien cette leçon!...

La conversation des jeune gens est interrompue. Ils entendent ouvrir la porte du cabinet de leur patron et se remettent tous à leur ouvrage. Le notaire reconduit le banquier, et Adolphe, curieux de voir ce personnage, qu'il suppose désolé du dérangement de ses affaires, lève les yeux et aperçoit un jeune élégant, souriant avec grâce, et chez lequel rien n'annonce le chagrin. Mais quelle nouvelle surprise!... Adolphe reconnaît la figure de ce personnage : c'est bien lui!... c'est le monsieur qui fait mille écus par mois à Zélie, qui vient d'offrir vingt pour cent à ses créanciers.

« Et je le plaignais hier d'être trompé! se dit Adolphe. Ma foi, je pardonne maintenant à Zélie, et je commence à trouver quelque ressemblance dans le portrait qu'elle m'en a fait. »

Le notaire va rentrer dans son cabinet, Adolphe s'avance vers lui, tenant à la main la lettre qu'il a reçue le matin.

— Vous m'avez écrit, monsieur, et je viens savoir pour quel motif...

— Votre nom, s'il vous plaît, monsieur?

— Adolphe Dalmont...

— Monsieur Adolphe Dalmont!... Ah! monsieur je vous attendais avec impatience... Donnez-vous la peine de passer avec moi dans mon cabinet.

Le notaire parle à Adolphe du ton le plus poli, le plus affectueux; il s'empresse de le faire asseoir près de son bureau, pendant que tous les jeunes gens de l'étude se disent entre eux :

— C'est Adolphe Dalmont!... Qui l'aurait cru!...

Notre jeune homme, étourdi de ce murmure, et ne sachant à quoi attribuer les égards dont l'accable le notaire, attend avec impatience l'explication de tout cela.

— Vous êtes monsieur Adolphe Dalmont, fils unique d'Adrien Dalmont, de Besançon, et neveu de Georges Dalmont, son frère?

— Oui, monsieur.

— Il doit vous être facile de vous procurer votre acte de naissance et celui de votre père...

— Je les ai déjà, monsieur.

— Votre père vient de mourir à Senlis!

— Oui, monsieur... mais qui vous a dit...

— Ah! monsieur, voilà plusieurs mois que je suis à votre recherche; j'ai écrit à Besançon, on ignorait le lieu qu'habitait votre père; enfin j'apprends qu'il est à Senlis, j'écris... il venait de mourir. Mais je sais qu'il laisse un fils; ce fils est, dit-on, retourné à Paris; je fais faire des recherches, je mets des avis dans les journaux.

— Je ne les lis jamais, monsieur.

— Je désespérais de vous trouver; mais, par un hasard singulier ma femme a une domestique qui a un mari dont l'oncle est commis dans une boutique de passementerie...

— Chez M. Moutonnet?

— Précisément : ce vieux commis, qui est assez bavard, à ce qu'il paraît, a parlé à son neveu des amours de M. Adolphe Dalmont avec une demoiselle Eugénie; le neveu les a contées à sa femme, qui, en déshabillant sa maîtresse, a prononcé votre nom; et voilà, monsieur, comment il est parvenu jusqu'à moi.

— Mais, monsieur, pourquoi me cherchez-vous enfin?

— Je vous demande pardon, c'est par-là en effet que j'aurais dû commencer : c'est pour vous mettre en possession de l'héritage de votre oncle, mort à Batavia, lorsqu'il se disposait à revenir en France, il y a près de dix-huit mois...

— Comment, monsieur... mon oncle Georges...

— Laisse environ onze cent mille francs qu'il avait amassés en plantant de l'indigo.

— Onze cent mille francs!

— Oui, monsieur; il est mort garçon, et vous êtes son unique héritier. Ayant l'intention de revenir en France, il y avait, depuis quelque temps, fait passer une partie de sa fortune, dont vous pourrez bientôt prendre possession. »

Adolphe écoute encore le notaire, qui ne parle plus ; il doute s'il veille : onze cent mille francs !... lorsqu'il était dans la détresse ; lorsqu'il allait solliciter un emploi de garçon de magasin !... Et, la veille il accusait la fortune !... et le voilà riche, riche pour toute sa vie, et en état de faire le bonheur d'autrui !

Il ne respire plus, il suffoque ; il n'y a rien de si difficile à supporter qu'une grande joie ; car il semble que nos organes se prêtent mieux à la peine qu'au plaisir.

— Remettez-vous, monsieur ! dit le notaire à Adolphe en souriant de son étonnement. Onze cent mille francs, c'est une jolie fortune, sans doute, mais enfin vous ne serez pas encore millionnaire... A cinq pour cent, c'est cinquante-cinq mille livres de rente...

— Ah ! monsieur ! c'est bien assez... c'est trop !... c'est !... Je n'avais rien, monsieur, rien, et maintenant je pourrai... Ah ! si je l'avais eue quelques mois plus tôt, cette fortune brillante !... j'aurais pu l'épouser... j'aurais...

— Monsieur, avec cet héritage là, je vous garantis que vous trouverez un bien meilleur parti que lorsque vous n'aviez rien : avec près de soixante mille livres de rente, vous pouvez hardiment prétendre à une femme qui vous en apporte le double, et alors vous serez dans une belle situation !...

— Ah ! monsieur, vous ne me comprenez pas... mais il faut que j'aille...

— Rassembler tous vos titres, tous vos papiers de famille, et, en fort peu de jours, je vous mets en possession de votre héritage ; vous êtes seul héritier, cela ira tout seul...

— Oui, monsieur, oui, je cours.

— Monsieur, si vous aviez sur-le-champ besoin d'argent...

Mais Adolphe n'écoute plus le notaire, qui le reconduit ; il traverse l'étude, au milieu des clercs, qui se sont tous levés, et le saluent avec considération. Adolphe ne voit rien, ne regarde plus autour de lui, il brûle d'être près de ses amis et de leur faire partager son bonheur. Il sort, court au premier fiacre qu'il aperçoit.

— Rue Saint-Paul ! lui crie-t-il. Cent sous si tu m'y conduis en cinq minutes.

— Vous y serez en quatre, not'bourgeois.

Et le cocher fouette ses chevaux, brûle le pavé, crie gare d'une voix formidable, et fait fuir les piétons épouvantés, pour gagner les cent sous qui lui sont promis, et qui, le matin, aux yeux d'Adolphe, étaient suffisants pour vivre une semaine ; mais quand on vient d'hériter de onze cent mille francs, quand on passe subitement de la misère à l'opulence, il est bien permis de ne plus envisager les choses de la même manière, et Adolphe, qui la veille a fait de si belles réflexions sur l'emploi des richesses, paraît déjà disposé à jeter tout par les fenêtres. Les hommes seront toujours ainsi faits : ils crieront, critiqueront, blâmeront, se plaindront ; mais que la fortune change, ils changeront comme elle, et tomberont le lendemain dans le même excès qu'ils ont blâmé la veille.

Le cocher a si bien fouetté ses chevaux qu'il atteint le but en un quart d'heure, ce qui est un peu plus de quatre minutes, mais ce qui n'est pas trop pour aller de la rue Saint-Honoré à celle de Saint-Paul. Adolphe saute hors de la voiture, donne l'écu au cocher, et s'élance dans la maison de ses jeunes amis. Il monte quatre à quatre, la clef est sur la porte de leur logement, il entre comme un fou. Louise et Charles sont en train de déjeuner, assis devant une petite table. Adolphe court embrasser Louise, saute au cou de Charles, puis, les prenant chacun par la main, il les fait danser autour de leur déjeuner. Louise le regarde, regarde son mari ; la surprise, la douleur se peignent dans leurs yeux.

— Ah ! mon Dieu ! dit Louise, ah ! mon Dieu... le v'là de nouveau qui ne sait plus ce qu'il fait ! Il aura encore été chez l'épicier !...

— Adolphe, mon ami, remettez-vous, lui dit Charles.

Adolphe rit, et danse toujours en leur criant : Onze cent mille francs, mes amis, soixante mille livres de rente, pour moi, pour vous, pour nous !... Plus de craintes pour l'avenir !... vous pouvez avoir dix, douze enfants ! je les élève tous !

— Ah ! mon Dieu !... il est pis que jamais, dit Louise ; entends-tu, Charles, il veut que je fasse douze enfants !...

Enfin Adolphe s'aperçoit que plus il fait danser ses amis, plus ils sont tristes. Louise pleure déjà ; Charles le regarde d'un air pénétré ; il devine leur crainte et s'empresse de la faire cesser, en leur expliquant tout. Pendant qu'il parle, les jeunes époux doutent encore, mais il leur montre la lettre du notaire ; dès lors toutes les craintes se dissipent pour faire place à la joie la plus vive, la plus franche, et celle-là est la plus rare. Après s'être de nouveau embrassés et avoir encore sauté un moment dans la chambre, on se calme enfin, et on parvient à parler raisonnablement.

— Mes bons amis, c'est à vous que je dois cette fortune-là, dit Adolphe.

— Bidois, ma femme te demande d'où tu viens. (Page 161.)

— A nous?

— Sans doute : rappelez-vous cette soirée où je voulais me jeter à l'eau; sans vous je n'existerais plus, par conséquent je n'hériterais pas.

— Eh bien?

— Eh bien! il faut que vous ayez votre part de mes richesses.

— Non, monsieur Adolphe, non, nous n'en avons que faire, nous sommes heureux que vous le soyez aussi; que vous nous aimiez toujours, voilà tout ce que nous voulons. Est-ce donc dans l'espoir d'être récompensés que nous vous avons sauvé du désespoir!

— Mon cher Charles, vous ne savez ce que vous dites; vous avez fait le bien pour le seul plaisir d'obliger, car vous m'avez secouru sans me connaître. Voudriez-vous donc m'empêcher de faire un bon emploi de ma fortune!... J'ai soixante mille livres de rente, je vous en donne vingt.

36ᵉ LIV.

— Non, monsieur, je ne les prendrai pas.

— Quinze.

— Non, monsieur.

— Dix.

— Non, monsieur.

— Ah! quel homme!... Eh bien! je vous achète un joli fonds de graveur; j'arrange votre boutique, je la décore, j'y mets tout ce qui peut vous être nécessaire, et je vous avance des fonds pour commencer vos entreprises : cela vous convient-il?

— Mais...

— Si vous me refusez, je pars, je m'éloigne, vous ne me reverrez plus...

— Non, non, nous acceptons, dit Louise, nous acceptons, n'est-ce pas, Charles? Il ne faut pas être fier mal à propos, et surtout avec ses amis... Oui, oui, nous acceptons la boutique.

— Ah! c'est bien heureux!... Eh! mes amis, c'est me rendre service, que m'aider à faire un bon usage de mes richesses. Je commence à sen-

21

tir que c'est plus difficile qu'on ne pense. Car, enfin, si tous les gens honnêtes sont aussi scrupuleux que vous, je conçois qu'il faille jeter son argent au nez des intrigants et des femmes galantes. Mais vous ne m'abandonnerez pas, vous serez toujours mes vrais, mes seuls amis... Autrefois, j'avais encore une personne qui aurait pris part à mon bonheur... Mais, je ne puis plus la voir, elle est riche!... je ne puis rien pour elle!

« C'est donc à vous à m'aider de vos conseils, à me guider, à m'empêcher de faire des folies.

— Oh! vous n'en ferez pas, vous êtes trop sage pour cela!

— Ma chère Louise, il est bien facile d'être sage quand on est, par sa situation, forcé de se priver de tous les plaisirs; mais il y a bien plus de mérite à l'être lorsqu'on possède, au contraire, les moyens de satisfaire toutes ses passions. Enfin je ferai mon possible pour que vous soyez toujours contents de moi. Mais, voyons, que ferai-je de mon argent... onze cent mille francs! c'est vraiment effrayant! J'achèterai une jolie maison à Paris, puis une autre à la campagne, où nous irons passer la belle saison...

— Et travailler? dit Charles; et notre boutique, qui la gardera?...

— Quelqu'un de sûr, de fidèle, sur qui on pourra compter... J'achète donc une terre, mais il faudra un régisseur... un intendant...

— Prenez garde, monsieur Adolphe, ce choix-là sera difficile...

— Ah! il est fait, je l'ai trouvé... Oui, s'il veut accepter... mais il acceptera, je lui donnerai trois fois plus qu'il ne gagne...

— A qui donc?...

— A Bidois... au vieux commis de madame Moutonnet. Il m'a fait bien souvent enrager, mais je lui pardonne; il me parlera d'elle... c'est décidé : je prends Bidois pour intendant.

— Pauvre jeune homme! il l'aime toujours, dit tout bas Louise à son mari. Quelle constance!... Ah! celui-là mérite bien la fortune qui lui arrive.

— D'ailleurs je dois bien cela à Bidois, puisque c'est par son bavardage que le notaire est parvenu à me découvrir. Au moins, j'aurai avec moi quelqu'un qui l'aura connue, qui me comprendra quand je lui en parlerai.

— Mais songez donc que vous voulez l'oublier...

— Oui, mes amis, je le veux souvent, je le veux à chaque instant, mais je ne le puis pas toujours. Et puis, je vous avouerai ma faiblesse; je suis bien aise que madame Moutonnet sache que je suis riche... bien plus riche que ce Dupont... Elle regrettera peut-être de m'avoir si maltraité!...

— Oh! quant à cela, vous avez raison, et ce sera bien fait si elle se repent d'avoir été si méchante.

— Voilà qui est arrangé, convenu, nous aurons une jolie campagne... une boutique, une maison... Je cours rassembler tous les papiers qui me sont nécessaires, et bientôt ces projets charmants seront réalisés. »

Adolphe embrasse ses bons amis, et court à ses affaires. Combien ses pensées sont différentes de celles de la veille!... Mais, depuis la veille, quel changement dans sa position!

Louise et son mari sont aussi étourdis qu'Adolphe de ce coup de fortune; ils ne sont plus en état de travailler pendant le reste de la journée; à dîner ils n'ont plus faim; ils ne peuvent que se regarder et pousser de gros soupirs, car la joie fait aussi soupirer.

Le soir, ils ne peuvent point souper comme à leur ordinaire.

— Nous sommes riches, dit Louise.

— Nous aurons une belle boutique, répond Charles.

— Ah! mon ami!... quel bonheur! quel heureux sort!... quelle félicité!...

Ils se couchent enfin, mais ils ne peuvent dormir; le sommeil fuit les paupières de ces jeunes gens, qui reposaient auparavant si paisiblement!

— Ah! mon Dieu! dit Louise à son mari, est-ce qu'on est comme ça quand on est riche?... Ah! que c'est donc drôle!... être sans cesse agité, ne pouvoir plus travailler, ne plus manger, ne plus dormir; ah! c'est que nous y sommes pas encore habitués.

Mais les jeunes époux sont encore amants, et si le repos les fuit, du moins l'amour leur reste.

— Ah! dit Louise dans les bras de son mari, c'est bien heureux que la fortune ne nous ait pas aussi ôté cela!

CHAPITRE XXX

DANS LEQUEL ON REVOIT BIDOIS

Grâce à la promptitude avec laquelle Adolphe produit tous les papiers qui constatent sa naissance et sa parenté avec Georges Dalmont, il est bientôt en possession de son brillant héritage, et libre d'en faire l'usage qui lui plaira.

Si la fortune ne fait pas le bonheur, il faut convenir au moins qu'elle y contribue beaucoup. Avec la facilité de satisfaire tous ses goûts, toutes ses volontés, comment ne pas éprouver de la distraction à ses chagrins. C'est ce qui arrive à Adolphe : il aime toujours Eugénie, mais il ne se désespère plus de ne point la posséder; il pense souvent à elle, mais il se distrait aussi assez souvent. Charles et Louise espèrent que le temps fera le reste.

Adolphe a acheté une jolie petite maison à Paris; cette maison ne sera que pour lui et ses amis, il ne veut point d'étrangers sous son toit.

Il fait ensuite, par l'entremise de son notaire, l'acquisition d'une terre considérable, à vingt-cinq lieues de Paris : il y a un petit château, des fermes, des bois, des prés, et tout cela doit lui rapporter quarante mille livres de rente.

Adolphe charge Louise de faire meubler et décorer sa maison de Paris. La petite femme n'est point née dans l'opulence, mais elle a du goût, de l'ordre, et c'est tout ce que veut Adolphe; d'ailleurs il n'a pour amis que Charles et sa femme, et c'est toujours à eux qu'il demande conseil. S'il voulait, s'entourer de flatteurs d'intrigants, de parasites, il lui serait bien facile d'avoir une foule d'amis !... mais ceux-là ne le tentent point. Louise n'a pas un moment de repos, il faut qu'elle coure sans cesse chez les tapissiers, les peintres, les miroitiers; c'est elle aussi qui doit choisir et arrêter des domestiques pour Adolphe. Charles fait un peu la moue, parce qu'il ne voit presque plus sa femme de la journée, mais Adolphe rit de sa peine et lui dit :

— Tu la reverras ce soir.

Et Charles répond :

— Ce n'est pas assez, et regrette quelquefois ses journées de travail et d'amour.

Enfin la maison d'Adolphe est meublée, décorée, prête à le recevoir. Avec de l'argent à Paris, on imite les changements à vue de l'Opéra : l'or est la baguette magique qui opère toutes les métamorphoses. Adophe veut que ses amis viennent loger avec lui dans sa maison. Charles n'y consent pas; il craint de ne plus voir sa femme tout à son aise, et Louise pense, comme son mari, qu'ils ne sont pas nés pour faire les seigneurs, et que c'est en continuant de travailler qu'ils se rendront dignes des faveurs de la fortune.

— Ils sont incorrigibles, dit Adolphe, ils veulent toujours travailler !... Et moi, il faudra donc que je sois heureux tout seul dans ma maison? je m'ennuierai à la mort !

— Vous irez visiter votre terre, vos fermes, vos bois...

— Ah ! tu as raison... Mais, avant tout, il faut que je vous voie établis.

Adolphe offre à un graveur le double de ce que vaut son fonds, afin de le décider à le quitter : le marchand accepte, et notre jeune homme fait encore embellir une boutique déjà jolie, en

faisant placer des glaces, des vases, des candélabres.

Puis il conduit les jeunes époux dans leur nouveau domicile en leur disant :

— Vous voilà chez vous.

Charles gronde, il trouve que c'est beaucoup trop beau, trop riche, trop brillant; il est prêt à se fâcher. Louise l'apaise enfin ; une jolie femme s'habitue aisément à voir son image se répéter autour d'elle.

— Mon ami, dit-elle à Charles, il faut cependant bien lui céder un peu et vouloir ce qu'il veut...

— Charles, dit Adolphe, quand vous m'avez supplié de ne point me jeter à l'eau, je vous ai obéi... et cependant il s'agissait de quelque chose de plus important que l'objet qui nous occupe. Quand on a fait pour quelqu'un ce que vous avez fait pour moi, on n'a plus le droit d'en rien refuser; que cette discussion soit la dernière qui s'élève entre nous.

Les deux jeunes gens s'embrassent, tandis que Louise court déjà dans toutes les parties de la boutique et du logement qui en dépend, examiner, fureter, admirer; elle revient enchantée, sautant, dansant, et, les larmes aux yeux, elle va embrasser Adolphe en lui disant d'une voix attendrie :

— Qu'est-ce que nous avons donc fait pour être si heureux !...

Et Adolphe la presse dans ses bras et les laisse prendre possession de leur nouvel établissement.

Adolphe a encore un projet qu'il brûle d'exécuter; mais Bidois consentira-t-il à quitter une maison où il travaille depuis si longtemps? Quand on vieillit, le bonheur est dans les habitudes.

Adolphe envoie un de ses valets prendre des informations sur ce qui se passe chez le passementier.

Le domestique revient annoncer à son maître que madame Moutonnet, voulant se retirer du commerce, a vendu son fonds, qui doit, dans quelques semaines, passer en d'autres mains. Adolphe est enchanté de cette circonstance, qui le favorise, et fait prier le vieux commis de passer chez lui.

A la vue d'un domestique en livrée, qui vient le chercher dans le cabriolet de son maître, Bidois croit rêver : il ne peut se persuader que c'est à lui qu'on en veut.

Le valet a reçu l'ordre de ne point le nommer. Il engage le vieux commis à le suivre, en lui promettant de le ramener en voiture, ce qui abrégera son absence.

— Il faut que ce soit pour quelque commande, se dit Bidois.

Il va prévenir M. Moutonnet, dont la femme est absente, et se décide à monter en cabriolet, ayant encore sa plume derrière son oreille.

Chemin faisant, Bidois veut faire causer le valet.

— Quel est votre maître? lui demande-t-il.

— Un jeune homme qui a cinquante mille livres de rente.

La jeune femme et sa bonne sont dans une loge. (Page 161.)

— C'est donc un jeune homme de qualité... de naissance... Il veut sans doute faire mettre des franges dans toute sa maison.

— Je ne crois pas; on vient de la meubler à neuf.

— Alors, c'est pour un de ses châteaux?...

— En effet, je crois lui avoir entendu parler de sa terre...

— J'en étais sûr! Il fallait donc me laisser prendre des échantillons. Vous verrez que je serai forcé de retourner.

Le cabriolet s'arrête; Bidois descend, et l'élégance de la maison lui donne la plus haute idée du maître qui l'habite; mais il n'en conçoit pas davantage pourquoi on s'est plutôt adressé à lui qu'à madame Moutonnet.

Enfin on l'introduit dans un salon, et le valet lui dit :

— Voici mon maître.

Adolphe est assis dans un fauteuil; il s'amuse de la figure que fait Bidois, debout devant lui, le regardant et ne voulant pas le reconnaître.

— C'est bien moi, Bidois, dit enfin Adolphe.

A sa voix, le vieux commis fait trois pas en arrière.

— C'est moi, Adolphe Dalmont, que vous avez si maltraité il y a quelque temps!...

Bidois se recule encore.

— C'est moi, à qui vous avez fait dernièrement une si drôle de mine, lorsque j'ai passé devant votre boutique en revenant à Paris.

Bidois recule toujours en portant ses regards vers la porte, voulant se ménager une retraite; car il est persuadé qu'Adolphe l'a fait venir pour lui faire payer les tours qu'il lui a joués.

— Rassurez-vous, mon cher Bidois, je suis loin de vous en vouloir, s'empresse d'ajouter Adolphe pour calmer la terreur qu'il lit dans les yeux du vieux garçon; vous avez agi d'après les ordres de madame Moutonnet, cela devait être; vous deviez plutôt, en effet, seconder la vigilance d'une mère que les étourderies d'un amant...

« Mais écoutez-moi : je suis riche maintenant; je possède à vingt-cinq lieues d'ici une assez belle propriété ; des fermes, des terres en dépendent; il me faut un intendant, un régisseur... un homme enfin qui prenne soin de mes intérêts, et je vous offre cette place...

— A moi, monsieur? s'écrie Bidois en saluant Adolphe jusqu'à terre.

— Oui, à vous... Combien gagnez-vous chez madame Moutonnet?

— Huit cents francs, la table et le logement.

— Je vous donne mille écus avec les mêmes avantages, et le droit de vous faire obéir par tous les autres domestiques près desquels vous me remplacerez en mon absence.

— Mille écus!

Bidois salue et reste la tête inclinée vers la terre.

— Oui, mille écus, et ce n'est point trop vous payer, car je connais votre fidélité, votre probité... Je trouverais des régisseurs à quinze cents francs, mais ceux-là me voleraient plus de six mille francs par année; vous voyez bien que je gagne cent pour cent avec vous...

— Ah! monseigneur... je suis confus...

— Point de monseigneur, Bidois; je ne suis toujours qu'Adolphe Dalmont.

— Monsieur, j'aurais l'honneur de vous dire... je ne sais faire que des additions.

— C'est tout ce qu'il me faut, mon ami, j'aime mieux cela que des soustractions. Soyez tranquille, vous vous mettrez facilement au fait de mes affaires; avec vous, je suis certain qu'elles ne seront jamais embrouillées.

« Faites vos arrangements, vos préparatifs;

je ne veux point que vous quittiez brusquement madame Moutonnet... »

— Monseigneur... monsieur Dalmont, Adolphe... je serai libre dans quinze jours... Car le fonds est vendu, et...

— Eh bien donc, à quinze jours; vous viendrez vous établir ici, puis nous partirons ensemble pour aller visiter mes propriétés. Tenez, Bidois, voici notre pot-de-vin.

Adolphe glisse vingt louis dans la main de Bidois, qui ne trouve plus d'expression pour peindre sa reconnaissance, il veut recommencer ses saluts, mais le jeune homme y met fin en descendant l'escalier, et montrant le vieux commis à ses gens rassemblés dans une salle du bas :

— Voilà mon intendant, leur dit-il, vous lui obéirez comme à moi-même.

Les domestiques s'inclinent devant le nouvel intendant.

Bidois ne sait plus où il en est, il sourit, remercie, porte sa plume à sa bouche, ôte et remet son chapeau, se retourne de tous côtés en commençant des phrases qu'il ne finit pas; mais Adolphe termine cette scène en le faisant monter dans le cabriolet qui ramène lestement le nouveau régisseur à son ancienne place.

Madame Moutonnet est rentrée pendant l'absence de son commis, et elle trouve fort extraordinaire qu'il soit sorti sans sa permission. Elle gronde son mari de l'avoir souffert, et M. Moutonnet essuie en silence les reproches de sa femme.

Enfin un cabriolet s'arrête devant la boutique; Bidois en descend et entre dans le magasin d'un air d'assurance, la tête haute, le regard fier, et repoussant la porte avec force derrière lui, ce qui ne lui était jamais arrivé depuis quinze ans qu'il habitait chez madame Moutonnet.

— D'où venez-vous, monsieur Bidois? demanda la passementière d'un ton sévère. Pourquoi sortir dans la journée sans mon autorisation... vous avez été absent plus de vingt-cinq minutes.

Bidois se jette sans répondre sur la banquette du comptoir, et tirant son mouchoir de sa poche, s'essuie le front et prend une prise de tabac.

— Est-ce que vous 'ne m'entendez' pas, monsieur Bidois? répète madame Moutonnet en haussant sa voix, tandis que le mari dit à son commis :

— Bidois, ma femme te demande d'où tu viens.

— D'où je viens!... d'où je viens? répond enfin Bidois, vous le saurez tout à l'heure! laissez-moi donc le temps de respirer !...

— Qu'est-ce à dire?... Que signifie ce ton impertinent?...

— Impertinent! madame... ménagez vos expressions, je vous prie.

— Il ose m'imposer silence !... me répondre, me tenir tête!... Est-ce bien Bidois que j'entends? Voyez donc comme il me regarde, monsieur Moutonnet!...

— Bidois... est-ce que tu viens de déjeuner en

Bidois, régisseur des propriétés d'Adolphe, s'occupe à mettre les pigeons en partie double et les lapins en compte courant. (Page 163.)

ville, mon ami?... Je ne t'ai jamais vu des yeux aussi ouverts...

— Ce polisson-là vient de se griser, cela est certain...

— Polisson!.. moi! me griser!... Madame... Moutonnet, respectez l'intendant, le régisseur... l'homme de confiance de M. Adolphe Dalmont, qui a cent mille livres de rente, des terres, des fermes, des bois, des bestiaux, que je vais gérer... et à qui vous avez refusé votre fille...

— Qu'est-ce qu'il dit?... Comprenez-vous cela, monsieur Moutonnet?

— Mon cœur, il a parlé de gérer des bestiaux.

— Cent mille livres de rente! M. Adolphe Dalmont! un mauvais sujet qui se permettait d'aimer ma fille...

— Un mauvais sujet!... un homme qui me donne mille écus d'appointements!... vous l'aviez bien mal jugé, madame!...

— Mais enfin, Bidois, expliquez-vous.

Bidois raconte son entrevue avec Adolphe, et, selon l'usage, amplifie sur toutce qu'il a vu : la maison est un palais, la terre un château, les revenus immenses, et son maître un seigneur; il termine en montrant le joli pot-de-vin qu'il a reçu.

Madame Moutonnet se fait répéter tout cela trois fois, et chaque fois que Bidois recommence, il augmente encore la fortune d'Adolphe qui devient bientôt le marquis de Carabas.

Madame Moutonnet pousse de grandes exclamations et regarde son mari qui ne sait pas ce qu'il doit dire, et attend, pour le savoir, que sa femme ait parlé.

— Ah! mon Dieu !... entendez-vous, monsieur?... une terre, un château!... des biens immenses!...

— Oui, m'amour...

— Un carrosse, une calèche!... des bois!...

— Des bois, mon cœur!...

— Et vous ne dites rien, monsieur Moutonnet?

— Qu'est-ce qu'il faut que je dise, ma femme?

— Mais, monsieur, il aurait été notre gendre... Ma fille serait duchesse au lieu d'être épicière... et son mari ne serait pas venu, comme cet imbécile de Dupont, nous dire que sa femme ne veut pas.

— Non, m'amour, il ne nous aurait pas dit cela...

- Ah! si j'avais pu prévoir... deviner!... Mais pouvais-je présumer que ce jeune homme hériterait d'une fortune considérable?...

— Non, mon cœur, vous ne pouviez pas le deviner...

— Ah! taisez-vous, monsieur Moutonnet, taisez-vous; vous me faites bouillir avec votre sang-froid!... Il n'y faut plus penser enfin!...

— Eh bien! ma femme, n'y pensons plus.

— Ah! cela vous est facile à dire.... Nous allons nous retirer du commerce avec six mille livres de rente! mais nous aurions été habiter le château de mon gendre!...

— J'y aurais joué au domino tous les soirs...

— J'en mourrai de chagrin, monsieur Moutonnet...

— Vous aurez raison mon cœur.

Pendant que les deux époux se chagrinent, Bidois se réjouit et se hâte de ses vœux le jour de sa prise de possession de la place de régisseur. Enfin ce jour fortuné arrive : Bidois fait porter ses paquets à la maison de son jeune maître, et fait ses adieux à ses anciens chefs. M. Moutonnet pleure en embrassant Bidois; madame Moutonnet lui serre la main avec intention.

— Dites bien à M. Adolphe Dalmont combien je regrette... mais non, Bidois, ne lui dites rien, je crois que cela vaudra mieux...

— Oui, madame, dit le vieux commis, qui s'est fait habiller à neuf des pieds à la tête, avec son pot-de-vin, et ne s'est jamais vu si beau, je ne parlerai pas de vous à monseigneur, je crois que cela lui fera beaucoup plus de plaisir.

Adolphe attend l'arrivée de son intendant pour aller visiter ses domaines. Sa fortune lui permet maintenant de jouir de tous les plaisirs de Paris; mais c'est encore près de Charles et de Louise qu'il préfère passer son temps. Les jeunes amis n'osent point l'appeler leur bienfaiteur, parce que cela fâcherait Adolphe; mais ils ont pour lui ces prévenances, cette douce amitié, cet attachement sincère que l'on cherche souvent en vain dans les personnes que l'on a obligées.

A peine Bidois est-il arrivé, qu'Adolphe le fait monter avec lui en voiture. Le nouvel intendant plein de respect pour son maître, se tient bien roide sur le devant; et Adolphe n'a pas peu de peine à le mettre à son aise et à le décider à s'adosser aux coussins, et à allonger ses jambes qu'il n'ose pas bouger. Bidois ne souffle pas le mot, mais Adolphe parle d'Eugénie, et il parle toujours, ce qui dispense Bidois de répondre, il se contente de sourire, d'approuver et d'incliner la tête. Cependant Adolphe veut absolument savoir comment s'est passé le jour des noces, et cette fois Bidois est forcé de répondre : il dépeint la tristesse de la jeune mariée, sa figure pâle et désolée. Adolphe interrompt souvent Bidois en disant :

— Pauvre petite!... Pauvre Eugénie!... Et je l'accusais!...

— Enfin elle n'a pas dansé le jour de sa noce, dit Bidois, et cependant le bal était magnifique!...

— Elle n'a pas...

— Non, monsieur, elle n'a pas dansé.

Adolphe porte son mouchoir sur ses yeux, et Bidois, qui croit qu'il a dit une bêtise, s'empresse d'ajouter :

— Ah! si fait, pardonnez-moi, elle a dansé la boulangère.

Mais la conversation est finie; Adolphe est tout entier à ses souvenirs, et il ne parle plus pendant le reste de la route, Bidois, inquiet du silence, se dit en lui-même :

— Il ne fallait peut-être pas lui dire qu'elle avait dansé la boulangère.

On arrive enfin, Adolphe est enchanté de son petit château, et il l'a déjà visité depuis le haut jusqu'en bas, que Bidois n'a encore examiné que la basse-cour et le garde-manger. Les paysans viennent saluer le nouveau propriétaire, et Bidois, qui veut à toute force que ce soient des vassaux, leur promet sa protection auprès de son maître; mais la franchise, la rondeur, l'aménité du jeune propriétaire, lui gagnent bientôt tous les cœurs. Adolphe va voir ses fermiers. Pendant qu'il jase avec sa fermière, qu'il caresse ses enfants, Bidois parcourt l'habitation, et se fait rendre un compte exact du produit. Le lendemain Adolphe parcourt ses bois, ses prés, ses vignes, et le nouveau régisseur le suit un carnet à la main, prenant ses notes au crayon. Le soir il va dans le village, entre partout, s'informe de tout; puis il vient faire un rapport à son maître, en lui proposant déjà des économies et des améliorations.

— Mon ami, dit Adolphe à son intendant, ne renvoyez personne, je ne veux pas faire de malheureux. Pénétrez-vous bien de mes intentions. Je vais retourner à Paris, vous resterez ici.

— Oui, monseigneur.

— Encore une fois, plus de monseigneur...

— Oui, monsieur.

— Si les habitants veulent venir dans mon parc, dans mes jardins...

— Je ne les laisserai pas entrer.

— Au contraire, vous le leur permettrez toujours. Si mes fermiers ne payent pas bien exactement...

— Je les poursuivrai.

— Non, vous leur accorderez du temps, des délais. Si quelques braconniers chassent sur mes terres...

— Je les ferai mettre en prison.

— Non, vous vous informerez de leur situation, et si c'est par besoin qu'ils sont coupables, vous leur ferez donner de l'ouvrage afin qu'ils n'aient plus de motifs pour mal faire. Enfin si quelque incendie détruit la chaumière ou la récolte d'un malheureux...

— J'y ferai porter de l'eau.

— Vous y porterez aussi de l'argent pour qu'il puisse réparer sa perte; et si quelques amants honnêtes ne peuvent se marier par défaut de fortune...

— Je leur défendrai de se voir.

— Au contraire vous les marierez, et je me chargerai de la dot. Vous m'avez entendu, Bidois; tâchez de rendre ces bons villageois heureux, afin que, contents de leur semaine, ils puissent le dimanche danser gaiement sur la pelouse... je payerai leur orchestre.

— Cela suffit, monsieur... Faut-il que je danse aussi?

— Oh! quant à cela, vous en êtes entièrement le maître. »

Après avoir donné à son régisseur ses dernières instructions, Adolphe retourne à Paris revoir ses jeunes amis : et Bidois qui se trouve grandi de deux pouces depuis qu'il est intendant

d'un joli château, se remet à parcourir les propriétés qu'il va régir, et commence ses nouvelles fonctions en faisant jeter à l'eau un chien de basse-cour qui a eu l'impertinence de sauter après les mollets de M. le régisseur.

CHAPITRE XXXI

RENCONTRE ET SES SUITES.

Depuis qu'Adolphe est riche, il cherche dans les plaisirs, dans les occupations d'un homme du monde, de la distraction à son premier amour; quelquefois il se persuade que cet amour est totalement guéri, et le lendemain le souvenir d'Eugénie le poursuit plus que jamais. Il a cependant de fréquentes distractions; il rencontre dans le monde des femmes jolies, attrayantes, et qu'il croit aimer; il fait sa cour, on l'écoute favorablement parce qu'il est jeune, beau, riche et généreux; alors, enchanté de sa conquête, il court chez ses jeunes amis et leur dit :

— J'ai enfin oublié tout à fait Eugénie, j'en aime une autre... j'en suis aimé!

— Tant mieux, dit Charles, j'étais bien sûr que cela se terminerait ainsi.

— C'est bien heureux, dit Louise; au moins nous pourrons nous embrasser devant vous, sans que cela vous fasse soupirer.

Mais quelques jours après, Adolphe revient tristement chez les jeunes époux.

— Eh bien! les amours? dit Louise.

— Ah! je m'étais trompé... c'est déjà fini! je croyais aimer; ce n'était qu'un caprice!

— Ah! mon Dieu!... tâchez donc que ce soit tout de bon une autre fois.

Au bout de quelque temps, Adolphe semble enfin fixé : une jeune femme, jolie, bien faite, a répondu à ses tendres aveux. Depuis un mois Adolphe est assidu près d'elle, et il se persuade qu'il en est réellement amoureux. La jeune dame ne doute point du pouvoir de ses charmes et de l'amour d'Adolphe. Depuis un mois on les voit ensemble aux spectacles, aux promenades; ils n'ont pas un moment à eux. Il y a des liaisons qui ne se soutiennent que dans les plaisirs et qui meurent dans la solitude. Cet amour-là est le plus commun; de crainte que celui qu'il éprouve ne résiste pas à de trop fréquents tête-à-tête, Adolphe imagine chaque jour quelque partie nouvelle afin d'aimer plus longtemps. Charles dit à sa femme :

— Je crois que notre cher Adolphe est enfin raisonnable, et qu'il ne pense plus du tout à son Eugénie.

Mais Louise secoue la tête d'un air incrédule : elle lit mieux que son mari dans le cœur d'Adolphe.

Pendant que ces événements se sont passés, Eugénie s'est rétablie entièrement. Dupont est encore absent, et la jeune femme vit tranquille avec Jeanneton ; elle est toujours mélancolique malgré tous les efforts de sa fidèle servante, qui cherche sans cesse à la distraire et lui répète souvent qu'elle a vu M. Adolphe couché chez une femme, le lendemain de son entrevue avec elle. Mais Eugénie écoute Jeanneton en souriant, et celle-ci se damne de ce que sa maîtresse ne la croit point.

— Ah! Jeanneton, lui dit Eugénie, si tu l'avais vu lorsqu'il est venu ici avec mon époux... ah! tu ne l'accuserais plus. Pauvre Adolphe!... mes yeux n'ont pas eu la force de se fixer longtemps sur les siens... mais un seul regard m'a suffi pour voir combien il est changé!... Comme le chagrin, la douleur ont altéré ses traits!...

— Mon Dieu, madame, je ne dis pas que ça ne lui a point fait de peine, mais il s'est consolé ; faites-en autant ! Les hommes ne peuvent pas être toujours constants!... c'est plus fort qu'eux!...

Ah! Jeanneton, Adolphe n'est pas comme les autres hommes!

— Et moi, je vous dis qu'il ne vaut pas mieux.

Eugénie ignore le changement de fortune d'Adolphe; madame Moutonnet l'a caché avec soin à sa fille, craignant d'augmenter encore ses regrets : elle croit qu'Eugénie regrettera un rang et des richesses; elle connaît mal son cœur. Jeanneton engage sa maîtresse à aller à la promenade, au spectacle, à prendre quelques plaisirs pour chasser sa mélancolie; Eugénie refuse, pour elle il n'y a plus de plaisirs que dans les souvenirs.

Enfin les prières de la bonne parviennent un jour à fléchir Eugénie; elle consent à se rendre au spectacle; c'est pour se procurer à Jeanneton un moment de plaisir qu'elle cède à sa demande. La bonne fille saute de joie en se disant :

— C'est toujours un commencement, et si le spectacle amuse madame, nous n'en resterons pas là.

On part. C'est à l'Opéra qu'Eugénie conduit Jeanneton; ce sera pour la servante un spectacle merveilleux, et Eugénie jouira de l'effet qu'il produira sur elle.

La jeune femme et sa bonne occupent une loge découverte. Jeanneton, tout yeux, tout oreilles, ne détourne pas ses regards de la scène, et Eugénie sourit en regardant Jeanneton. Mais, après s'être amusée quelques moments de l'étonnement de sa bonne, Eugénie promène ses re-

gards dans la salle, et ils s'arrêtent bientôt sur une loge dans laquelle est un jeune homme auprès d'une femme mise avec beaucoup d'élégance. Ce jeune homme est Adolphe; cette femme près de laquelle il est assis, est sa dernière conquête, dont il tâche de se croire amoureux. Eugénie ne peut se persuader que c'est Adolphe qu'elle voit, Adolphe mis avec la plus grande recherche, Adolphe souriant tendrement à une autre femme... non, ce n'est pas là, l'Adolphe qu'elle a vu pâle, défait, égaré, entrer dans sa chambre avec M. Dupont. Pauvre Eugénie! elle le voyait toujours ainsi. Ne sachant que penser, que croire, doutant encore du témoignage de ses yeux, Eugénie, tremblante, respirant à peine, pousse le bras de Jeanneton.

— Vois-tu, vois-tu? lui dit-elle.

— Oui, madame... oui... oh! c'est superbe!...

— Le reconnais-tu, Jeanneton?...

— Oui, madame, c'est celui-là qui, tout à l'heure, voulait tuer la princesse...

— Dans cette loge... là-bas...

— Tiens, v'là qu'on danse à c't' heure...

— Comme il la regarde! comme il lui parle!...

— C'est qu'ils tournent comme des toutous!...

— Tu ne m'entends pas, Jeanneton...

— Allons, v'là que ça s'enfonce, à présent.

Il faut que l'acte finisse pour que Jeanneton puisse écouter Eugénie; elle se retourne enfin et s'aperçoit de l'état de sa maîtresse.

— Ah! mon Dieu, madame, qu'avez-vous donc!... Est-ce que vous vous trouvez mal?

— Non... je sens un tremblement, mais cela n'est rien... j'aurai du courage... Ah! c'est bien lui...

— Qui lui?

— Adolphe...

— Où donc cela?...

— Tiens, tu ne vois donc pas cette loge... cette femme!... Elle est jolie, je crois, Jeanneton!...

— Eh! mais oui... c'est lui... Quelle mise!... il a donc fait fortune?...

— Il est peut-être marié... c'est peut-être sa femme qui est avec lui...

— Sa femme!... dam', c'est possible...

— Il a l'air de bien l'aimer...

— Oh! je ne peux pas voir ça de si loin; mais il semble que ce soit un fait exprès!... pour une fois que nous venons au spectacle... rencontrer justement... Tenez, allons-nous-en, madame, cette vue-là vous fait du mal...

— Non, Jeanneton, je veux rester... j'aurai du courage... D'ailleurs... tu t'amuses.

— Ah! madame, est-ce que je puis avoir du plaisir quand je vous vois de la peine!...

— Ah! Jeanneton... tu avais raison, je le sens

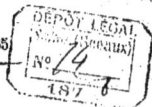

Eugénie n'ôte pas ses yeux de dessus cette loge qui renferme Adolphe et sa maîtresse. (Page 165.)

bien... que j'étais folle de le croire!... Cela me
guérira, ma pauvre Jeanneton!...

— Allons-nous-en, madame.

— Non, te dis-je, je veux rester.

Pendant tout le temps du spectacle, Eugénie
n'ôte pas ses yeux de dessus cette loge qui renferme Adolphe et sa maîtresse. Jeanneton ne
regarde plus que d'un œil triste l'enfer et le para-
dis; l'état d'Eugénie l'inquiète : quelquefois
celle-ci l'engage à regarder le spectacle, mais
bientôt après elle lui fait remarquer Adolphe.

— Vois, Jeanneton, comme il a l'air empressé...
galant...

— Oh! ce n'est pas sa femme, madame!

— Elle est bien, cette femme-là...

— Oui; dam', à la lumière on ne sait pas
trop!...

— Il lui prend la main...

— Oui, madame...

37ᵉ LIV.

— Il la lui presse sans doute!...

— Ça serait bien possible!...

— Elle lui parle en riant... Mais, Jeanneton,
tu ne regardes pas le spectacle!...

— Si fait, si fait, madame.

— Au fait, cette femme-là n'est pas si bien
qu'elle le paraît d'abord... elle a au moins vingt-
huit ans...

— Au moins, oui, madame.

— C'est vieux cela, vingt-huit ans, n'est-ce
pas, Jeanneton?...

— J'crois bien!... c'est même âgé!...

— Il ne me voit pas... il est trop occupé...

— Est-ce que vous voudriez qu'il vous vît!...

— Oh! mon Dieu? non... à quoi bon!...

Cependant, lorsque le spectacle finit, Eugénie
s'arrange de manière à sortir de sa loge en même
temps qu'Adolphe de la sienne, et ils se trouvent
bientôt à côté l'un de l'autre dans le couloir.

22

Une voix chérie a frappé l'oreille d'Adolphe, il se retourne brusquement... c'est elle... c'est Eugénie qu'il voit! Sans penser qu'il est avec une femme, sans songer à ce qu'il fait, il quitte le bras de sa maîtresse et court sur les traces de son amie; mais la foule les sépare; et Eugénie, qui n'a voulu que le voir un moment, et s'assurer qu'elle ne s'est point trompée, entraîne aussitôt Jeanneton; elle disparaît aux regards d'Adolphe, et tandis qu'il pousse les personnes qui l'entourent, et court dans les corridors en l'appelant, elle est déjà en voiture avec Jeanneton. Eugénie garde le silence tout le reste de la soirée; elle paraît réfléchir profondément, et Jeanneton n'ose pas interrompre ses rêveries. Le lendemain, la bonne s'empresse d'aller s'informer comment sa jeune maîtresse a passé la nuit; elle est agréablement surprise en la trouvant plus calme, plus gaie même que de coutume, mais sa surprise redouble lorsqu'elle l'entend lui demander des nouvelles de M. Dupont.

— Doit-il bientôt revenir? lui dit Eugénie.

— Revenir!... Qui, madame?

— Mon mari.

— Vot' mari!...

Jeanneton ouvre de grands yeux; c'est la première fois qu'Eugénie donne ce titre à M. Dupont.

— Ma fine, madame... je ne sais pas trop...

— Où est-il maintenant?

— Où il est?... mais à Marseille... je crois... dam', je n'en suis pas ben sûre.

— Allez en bas, Jeanneton, et informez-vous à Joseph de l'adresse exacte de mon mari.

Jeanneton ne sait plus que penser; elle descend cependant pour exécuter l'ordre de sa maîtresse. Pendant ce temps, Eugénie se met à son secrétaire, et écrit à Dupont le billet suivant :

« J'ai eu des torts envers vous, Monsieur, je ne rougis point d'en faire l'aveu; je vous crois assez bon pour me les pardonner. Désormais vous trouverez en moi une épouse soumise, et je saurai remplir tous les devoirs que ce titre m'impose. »

Eugénie cachète cette lettre, et y met l'adresse de Dupont, que Jeanneton vient de lui donner.

— Va mettre cette lettre à la poste, ma chère Jeanneton, lui dit-elle.

— Cette lettre, pour M. Dupont?...

— Oui, pour mon mari.

— Son mari, toujours son mari, dit Jeanneton en portant la lettre; allons, il se passe en elle quelque chose d'extraordinaire.

CHAPITRE XXXII

LE MARI EN POSTE

Dupont est encore à Marseille, enfoncé dans les olives, les anchois, les sardines et les figues. Il fait beaucoup d'affaires et ne se presse point de revenir à Paris, où il craint de trouver sa femme encore malade. Dupont n'est point très-satisfait de son mariage; les paroles du commissaire lui trottent sans cesse dans la tête, et il se dit :

— Pour qu'une jeune femme se conduise de la sorte avec son mari, il faut bien qu'il y ait quelque cause secrète... et il est fort désagréable d'avoir épousé une femme qui a une disgrâce qu'elle ne veut pas me montrer.

Cette idée poursuit Dupont, et l'empêche de prendre part aux plaisirs qui lui sont offerts. Dans toutes les réunions où le riche marchand est invité, il porte une mine si singulière que chacun lui en fait la guerre. On voit que c'est un nouveau marié, lui répète-t-on partout, il pense sans cesse à sa femme, et s'ennuie de ne point la voir.

— Oui, oui, se dit Dupont, j'y pense en effet, et il y a de quoi, moi qui voulais avoir des enfants pour perpétuer ma race, comment diable en avoir si ma femme a quelque disgrâce qui l'empêche de cohabiter avec moi? C'est bien cruel!... j'ai oublié de dire cela à M. le commissaire; mais, en revenant à Paris, je ferai faire une consultation de médecins.

Dupont vient de terminer ses affaires; il est sur le point de retourner à Paris, lorsqu'on lui remet une lettre de la capitale.

Il l'ouvre, regarde la signature, et voit : « *Eugénie, femme Dupont...* »

— Ma femme!... une lettre de ma femme!... s'écrie l'épicier. Ah! mon Dieu! Qu'est-ce que cela veut dire!... il faut qu'elle soit à l'article de la mort!

Il lit, et son étonnement augmente à chaque mot.

« *Désormais, vous trouverez en moi une épouse soumise...* »

— Serait-il possible!... Est-ce bien ma femme qui m'écrit cela?...

« *Et je saurai remplir tous les devoirs que ce titre m'impose...* »

— Tous les devoirs, cela s'entend... je sais ce qu'elle veut dire... Ce que c'est que l'absence!... Ma femme m'adore depuis qu'elle ne me voit plus!... Pauvre petite femme!... elle m'écrit pour m'avertir qu'elle est prête à remplir ses devoirs... c'est charmant... Et ce commissaire qui voulait me faire croire... Allons, ma femme n'a point de disgrâce, en voilà la preuve... Elle m'attend avec impatience, puisqu'elle m'écrit... enfin je vais être marié complétement...

Dupont est dans l'ivresse; il saute dans sa chambre, court comme un fou dans son appartement, et descend à la hâte chez son hôtesse; il ordonne que l'on fasse sa valise, et court à la poste où il arrive tout essoufflé.

— Eh vite! vite! s'écrie-t-il, il me faut des chevaux, une voiture, des postillons!

— Où va monsieur?

— A Paris.

— Quand monsieur veut-il partir?

— Sur-le-champ, ma femme m'attend. Quelle est la manière la plus prompte de voyager?

— Ma foi, monsieur, c'est d'aller en poste.

— En poste, c'est entendu, je vais en poste.

— Monsieur prend une chaise?

— J'en prendrai deux s'il le faut.

— Combien de chevaux?

— Autant qu'on en pourra mettre.

— Mais on en met deux, trois, quatre même...

— J'en veux cinq; vous les mettrez à la file les uns des autres pour qu'ils courent mieux.

— Cela ne se peut pas, monsieur, vous ne pourriez plus les diriger...

— Eh bien, vous les mettrez de front.

— Impossible, monsieur, on ne pourrait pas les atteler à la chaise.

— Alors vous les mettrez comme vous voudrez; pourvu que j'aille comme le vent, cela m'est égal qu'ils soient devant ou derrière.

— Il faut alors deux postillons.

— Trois postillons, et un coureur en avant. Ma femme m'attend, et je suis pressé.

Dupont court de la poste à son hôtel. Il presse tout le monde, ne se donne pas le temps de faire ses malles, ne prend sur lui que son portefeuille et quelques effets indispensables qu'il met dans un porte-manteau.

— Vous m'enverrez tout le reste à Paris, dit-il à son hôte.

— Il paraît que monsieur a reçu des nouvelles importantes qui nécessitent son retour?

— Je le crois bien, une lettre de mon épouse...

— Ah! mon Dieu! serait-elle malade, monsieur?

— Au contraire, elle se porte bien, et c'est la première fois depuis que nous sommes mariés: vous sentez que je suis bien aise d'en profiter.

L'hôte ne comprend rien à cela, mais Dupont n'a pas le temps de le lui expliquer; la chaise est devant la maison, les chevaux hennissent, les

postillons font claquer leurs fouets, Dupont saute dans la voiture qui part aussitôt.

Ce coureur, ces postillons, ces chevaux, ce train extraordinaire, tout cela fait croire que la chaise de poste renferme quelque personnage important. Partout où elle passe, on dit :

— C'est un prince qui voyage incognito; ou c'est quelque ambassadeur, ou quelque général, enfin c'est un grand personnage.

Et on s'informe aux postillons qui répondent :

— C'est un épicier en gros qui va coucher avec sa femme.

Les curieux restent ébahis, les postillons rient, et la voiture repart, laissant tous ceux qui l'entouraient faire des conjectures et se demander s'ils n'ont point mal entendu.

Dupont paye largement, et on le mène comme un fournisseur, comme un fermier-général, comme un milord, comme un agioteur qui a fait banqueroute dans son pays, et va acheter des terres chez l'étranger. Le coureur, qui précède Dupont, est chargé de donner des ordres dans les auberges pour que rien ne retarde la marche du voyageur. L'arrivée d'un coureur annonce toujours quelque personnage d'importance; c'est une bonne fortune pour les aubergistes, ils mettent tout en l'air dans leur maison pour que l'on puisse satisfaire à tous les désirs de monseigneur. La broche tourne, le feu pétille; toutes les casseroles sont sur les fourneaux, tous les marmitons à leur poste, les servantes se dépêchent pour que le plus bel appartement soit prêt, et vont y dresser le couvert de l'illustre voyageur; car un homme qui a un coureur ne dîne pas à table d'hôte, et, puisqu'il ne couchera pas, on espère au moins que le repas qu'il prendra dédommagera de toutes les peines que l'on se donne. Bientôt le bruit des chevaux, le fouet des postillons, annonce l'arrivée du grand personnage. Tous les gens de l'auberge courent à la porte pour le recevoir. Le maître a son bonnet à la main, les servantes ont rajusté leur coiffure, les valets d'écurie ont quitté les chevaux, les voyageurs qui se trouvent dans l'auberge courent aux fenêtres pour voir celui qui met toute la maison sens dessus dessous, et tous les passants et oisifs de la ville viennent faire foule devant la porte.

— Ah! mon Dieu!... s'écrie l'aubergiste en apercevant la voiture... Cinq chevaux!... trois postillons!... Suzanne, Marie, a-t-on bien frotté la chambre... épousseté partout? Jacques, Pierre... songez au rôti, aux fricassées... au fricandeau... n'épargnez rien, mes enfants, un personnage... comme celui-là a le palais délicat et ne regarde pas à la dépense.

Enfin la voiture entre dans la cour : tous les

yeux se portent sur celui qu'elle renferme... on court l'aider à descendre... Mais au lieu d'un personnage chamarré de rubans, en habit galonné et brodé, et chapeau à plumets, et à la mine imposante et fière, on est un peu surpris de voir un petit homme gros et court, d'une figure commune, coiffé d'une casquette, vêtu d'un habit bleu de ciel, d'une culotte jaune, en guêtres et

en cravate de couleur, et qui, en s'élançant lourdement hors de la voiture, renverse sur un tas de fumier l'hôte qui lui présentait la main.

— C'est égal, dit l'aubergiste en se relevant, il n'en a pas moins cinq chevaux, trois postillons et un coureur; et puisque c'est un homme très-riche, la mise et la tournure n'y font rien.

Et il suit, le bonnet à la main, le voyageur qui

Triste fin de M. Dupont. (Page 171.)

entre tout essoufflé dans la grande salle, où il va se jeter sur une chaise, devant une table couverte d'une toile cirée, où dînent ordinairement les rouliers, promettant à ses postillons de manger très-vite.

— Si monsei... monsieur le... sa grandeur... voulait passer dans l'appartement que je lui ai fait préparer au premier, dit l'aubergiste en saluant Dupont.

— Ce n'est pas la peine, mon cher monsieur, je suis bien ici, répond l'épicier.

— Monsieur le voyageur sera plus dignement, plus convenablement là-haut...

— Puisque je vous dis que je suis bien là.

— Allons, c'est un original, se dit l'aubergiste; je l'avais deviné, mais n'importe, il a un train de prince!...

Et il se rapproche en saluant.

— Monsieur veut sans doute dîner?

— Mais oui, j'ai faim; cette voiture me secoue,

ça donne de l'appétit; je mangerai bien un morceau...

— Le dîner de monsieur le voyageur est préparé...

— Ah! parbleu! il ne faut pas tant de façons : un plat de pommes de terre et un morceau de fromage de Gruyère, avec une demi-bouteille à quinze.

— Comment, monsieur?...

— Je vous demande des pommes de terre et du gruyère... qui soit vieux surtout... car je m'y connais, voyez-vous, et si le vôtre n'est pas bon, je vous en enverrai du fameux.

— Ah! qu'est-ce que c'est que ce gros imbécile? dit l'aubergiste en courant à sa cuisine. Jacques, Pierre, ôtez le rôti, les fricassées, les coulis... ce malôtru qui arrive avec cinq chevaux ne veut que du fromage et des pommes de terre! Qui diable se serait douté de cela!... Voyager en seigneur, et dîner en cuistre!... Je gagerais bien que ce n'est pas grand'chose que cet homme-là !..., le naturel perce toujours.

Sans faire attention à la mauvaise humeur de son hôte, Dupont achève son modeste dîner, se bourrant de pommes de terre et de fromage ; puis, après avoir fait remplir d'eau-de-vie une petite bouteille d'osier, il remonte dans sa chaise de poste, en jetant deux sous pour boire aux ser-vantes. C'est cependant le même homme qui paye généreusement les postillons : pour arriver près de sa femme, il ne regarde pas à la dépense, il agit en seigneur ; mais, pour tout le reste, il redevient Dupont l'épicier. L'aubergiste a raison : le naturel perce toujours.

Les postillons, qui sont bien payés, dînent mieux que celui qu'ils conduisent ; ils veulent

Adolphe et Eugénie se retrouvent.

contenter cet homme singulier ; les chevaux couvrent leurs freins d'écume, et Dupont trouve encore qu'il ne va pas assez vite. Cependant, à moitié chemin de Marseille à Paris, la chaise de poste, qui n'a jamais été tirée par cinq chevaux, se brise en éclats au milieu de la route. Personne n'est blessé, mais Dupont est désolé : cet événement peut retarder de beaucoup son arrivée. La voiture est tellement maltraitée, que les postillons avouent qu'il faudra au moins trois jours pour la remettre en état.

— Trois jours ! trois jours ! dit Dupont : dans trois jours je prétends avoir fait un enfant à ma femme. Eh ! mais, quelle idée lumineuse ! qu'ai-je besoin d'aller en voiture ? on va plus vite à cheval, puisque mon coureur était toujours devant moi. C'est décidé, je vais à cheval ; à franc étrier, en coureur.

Dupont n'a jamais monté à cheval de sa vie, mais il est persuadé qu'il s'y tiendra comme un dragon. Il paye ses postillons, qui veulent en vain le faire renoncer à son projet. Dupont est entêté ; il ne veut point d'ailleurs attendre une autre voiture. Il achète le cheval, les bottes et le fouet de son coureur, et, vêtu moitié en bourgeois, moitié en postillon, il monte sur sa bête et se dirige vers Paris.

Dupont n'a pas fait un quart de lieue qu'il s'aperçoit que l'exercice du cheval est moins facile qu'il ne l'avait cru. Sans cesse près de tourner sur sa selle, il fait des sauts qui le renvoient de la croupe à la crinière de son coursier. Plus il cherche à se coller sur son cheval, plus il est secoué et moins il attrape l'équilibre, et ses pieds sortent à chaque instant des étriers, beaucoup trop longs pour lui. Cependant il ne perd pas courage, il se retient à la queue, à la selle ou à la crinière de l'animal ; mais ce qui le désespère, c'est que, sans cesse forcé de s'attacher à quelque chose, il ne peut faire usage de son fouet. Pour

faire avancer son coursier, il sue sang et eau, es-
sayant de lui donner des coups de talons; mais
les petites jambes de l'épicier ne peuvent atteindre sous le ventre du cheval.

Après avoir fait une lieue, il perd une de ses
bottes fortes; une lieue plus loin il perd l'autre.

— C'est égal, dit-il, j'irai aussi bien en souliers;
j'irai mieux même, car ces grosses bottes m'em-
barrassaient et il faudra bien que je finisse par
attraper l'équilibre.

Dupont voyage ainsi une demi-journée, au bout
de laquelle il s'aperçoit que sa culotte est déchirée : il va toujours.

— C'est une culotte de sacrifiée, dit-il, mais
on ne doit pas regarder à cela dans une circonstance pareille.

Bientôt il sent de vives douleurs et porte la
main à l'endroit :

— Diable! diable! dit-il, ce maudit galop vous
écorche quand on n'y est pas fait; j'aurai le derrière en compote, et ce sera désagréable pour
cohabiter avec ma femme... Enfin, pourvu que
cela ne se gagne pas... Je me ferai mettre un
cataplasme à la première auberge.

Ce n'est pas sans peine que Dupont atteint cette
auberge, où il espère se reposer un peu. Son
cheval, qui n'est plus ni fouettée, ni piqué, ne
va plus qu'au petit pas ; et Dupont, tout en cherchant à le faire retrotter, se dit :

— Il paraît que je m'accoutume au cheval, car
il ne me secoue plus autant.

L'arrivée du postillon, en habit bleu de ciel,
en souliers à boucles, et tenant une de ses mains
sur sa blessure, produit dans l'auberge un effet
bien différent de celui que faisait la chaise de
poste à cinq chevaux.

Les servantes regardent Dupont en riant ; l'hôtel
ne se dérange point; les valets le laissent descendre tout seul de cheval, se moquant entre eux de
sa tournure grotesque. Enfin, notre voyageur
entre clopin clopant dans l'auberge, où il demande une chambre, parce qu'il sent bien qu'il
ne peut pas se faire mettre un cataplasme devant
tous les voyageurs.

— Surtout qu'on ait bien soin de mon cheval,
dit-il, ce coquin-là ne veut plus galoper; il faut
que je lui fasse prendre quelque chose qui lui mette
le feu sous le ventre : faites-lui une rôtie au vin
avec du poivre, du sel et du sucre... Ah! je te
ferai bien galoper, moi. Mettez-y aussi des truffes;
je n'aurai plus besoin de fouet et d'éperons.

— Des truffes à son cheval! se disent les gens
de l'auberge; cet homme-là est probablement
étranger, et peut-être que dans son pays les
truffes sont fort communes. Mais ici le dîner de
son cheval lui coûtera un peu cher.

Dupont suit une jeune servante qui le conduit
dans une chambre et lui demande ce qu'il faut
lui servir.

— Un cataplasme de graine de lin, répond
Dupont.

Et la fille descend, en riant, dire à son maître.

— Cet homme-là est ben drôle, il fait manger des
truffes à son cheval, et dîne avec de la *graine de
lin*.

Cependant la servante s'aperçoit de son erreur
quand elle porte à Dupont ce qu'il a demandé.
Le voyageur lui présente la partie blessée, en la
priant de vouloir bien y appliquer le remède.

— Mais, monsieur, je n'avons jamais soigné de
ça, dit la fille en reculant.

— Allons, pour mettre un cataplasme, ne vas-
tu pas faire des façons?

— D'am, écoutez donc, s'il fallait comme ça
s'amuser aux inconvénients de chaque voyageur.

— Ah! tu appelles cela un inconvénient? Va
toujours, ma chère amie, je te donnerai la pièce.

Ce mot lève tous les scrupules ; la servante ap-
plique le remède pendant que Dupont lui répète :

— Arrange bien mon *inconvénient*, je vais coucher avec ma femme, et je ne voudrais pas qu'elle
me trouvât endommagé...

— Quoi que vous dites donc, monsieur?

— Je te dis que je vais cohabiter avec mon
épouse, et que c'est pour cela que je voyage à
francs étrier et ventre à terre.

— Ah ben! en v'là d'une bonne! je couche
tous les soirs avec not' homme, mais il ne s'est
jamais écorché pour ça.

Dupont se fait servir à dîner. Pendant qu'il
prend son repas, la servante va conter partout
qu'ils ont un voyageur qui court la poste pour
aller coucher avec son épouse. Toutes les femmes
de l'endroit sont curieuses de voir un homme
aussi extraordinaire, qu'elles veulent donner pour
exemple à leurs maris, et la foule s'amasse pour
voir sortir Dupont.

Notre voyageur s'est reposé ; il se sent mieux,
le cataplasme a calmé ses souffrances ; et il se
dispose à se mettre en route. Son cheval bat le
pavé et paraît partager l'ardeur de son cavalier.

— Bon! bon! dit Dupont, la rôtie a fait son effet,
et je n'aurai pas de peine maintenant à le mettre
au galop.

Il paye l'aubergiste : le repas de son coursier
lui coûte un peu cher, mais il espère arriver à
Paris le lendemain, et il ne murmure point. Il
monte à cheval devant la foule assemblée pour
le voir, et disparaître bientôt à ses regards. Le
cheval semble animé d'une ardeur nouvelle; le
repas échauffant qu'on lui a fait faire dispense
en effet Dupont de fouet et d'éperons : l'animal a

sur-le-champ pris le grand galop, et Dupont est enchanté ; il se tient le mieux possible et s'écrie :

— J'espère enfin que j'arriverai !

Mais bientôt le mouvement du cheval fait descendre le cataplasme sous la jarretière du cavalier Le cuisson devient si vive, que Dupont jure et crie comme un possédé à chaque bond qu'il fait. Il veut arrêter son cheval, il tire la bride à droite, à gauche ; mais plus il se donne de mouvement, plus l'animal l'emporte. Étourdi par les cris de son cavalier, il ne connaît plus de frein ; il se débarrasse de son mors blanchi d'écume ; il ne galope plus, il vole, il s'élance avec une rapidité effrayante, tout le monde s'écarte de son passage. En vain Dupont crie :

— Arrêtez ! arrêtez !

Les paysans fuient avec épouvante. Le malheureux cavalier est couché à plat ventre sur son coursier dont il a lâché les brides ; il se tient au cou, à la crinière, à tout ce qu'il peut attraper ; il s'abandonne à sa destinée, et sa destinée conduit le cheval vers une carrière nouvellement ouverte dans laquelle il se précipite. Lorsqu'on accourt pour en retirer le cheval et le cavalier, on les trouve morts.

CHAPITRE XXXIII

LE RÉGISSEUR. — ENCORE LE BOIS DE ROMAINVILLE.
CONCLUSION

Eugénie attend son mari, non pas avec impatience, mais du moins sans crainte et résignée désormais à son sort. Elle a défendu à Jeanneton de lui reparler d'Adolphe et de la rencontre de l'Opéra ; et celle-ci se dit :

— Grâce au ciel, ma chère Eugénie est guérie de son amour.

Cependant le temps se passe et Dupont ne revient pas ; on ne reçoit plus aucune lettre de lui ; les garçons s'inquiètent et Eugénie s'étonne ; car, d'après ce qu'elle lui a écrit, elle s'attendait à le revoir bientôt. Un matin, Jeanneton lui apporte une lettre, et Eugénie dit :

— Ce sont sans doute des nouvelles de mon mari.

Mais la lettre est cachetée de noir ; la jeune femme frémit involontairement, elle ouvre enfin...

La lettre est du maire de l'endroit près duquel Dupont a péri, et où il a été transporté. Les papiers trouvés sur lui l'ont fait aisément connaître. Après avoir fait enterrer le défunt, le maire a écrit à sa veuve pour lui annoncer la mort de son époux, sur laquelle il lui donne tous les détails qu'il a pu se procurer. Eugénie est telle-

ment saisie qu'elle n'a pas la force de parler elle passe la lettre à Jeanneton :

— Tiens... lis... lui dit-elle.

— Ah ! mon Dieu ! le pauvre homme ! s'écrie la servante ; et elle pleure, car son cœur est sensible ; elle plaint la triste fin de Dupont. Eugénie pleure aussi et sent qu'elle a eu des torts avec son époux. Cette nouvelle est bientôt répandue ; on plaint Dupont, on le regrette parce qu'il était bête sans être méchant, ce qui vaut encore mieux que d'être méchant sans être bête.

— Mais aussi, dit Jeanneton, pourquoi s'avise-t-il de vouloir revenir à cheval ? Enfin on ne peut pas fuir son sort. Vous voilà veuve, madame, mais, ma fine, c'est bien comme si vous étiez encore demoiselle... et il y a bien des demoiselles qui ne sont pas... veuves comme vous

M. et madame Moutonnet viennent consoler leur fille. Le papa Moutonnet donne des larmes au pauvre Dupont ; mais Jeanneton remarque avec surprise que madame Moutonnet ne paraît pas très-affectée de la mort de son gendre. Les vieux époux ont quitté leur boutique et se sont retirés au Marais. Comme Eugénie est décidée à vendre le fonds d'épiceries, Jeanneton croit que madame Moutonnet va engager sa fille à venir loger avec elle ; mais la maman n'en fait rien : elle approuve les projets de sa fille, et la laisse entièrement libre de suivre ses volontés, et cela étonne encore Jeanneton.

Eugénie se défait aisément de la boutique de son mari, et prend un appartement modeste et retiré pour elle et sa bonne. Plus l'époque de la mort de Dupont devient ancienne, plus Jeanneton éprouve l'envie de parler d'Adolphe ; mais Eugénie garde un profond silence sur ce sujet, et la pauvre Jeanneton n'ose commencer la première, quoiqu'elle brûle de savoir si Eugénie l'aime encore.

Depuis l'aventure de l'Opéra, Adolphe a rompu avec sa maîtresse ; la jeune dame a été très-piquée de sa conduite : lui quitter le bras pour courir après une autre, voilà de ces crimes qu'une femme ne pardonne pas. Adolphe n'a même pas cherché à s'excuser, la vue d'Eugénie a rallumé tous ses feux ; il sent bien alors qu'il n'aime pas, qu'il n'a jamais aimé sa nouvelle conquête, et il ne se soucie plus de feindre un attachement qui a déjà cessé de lui offrir des charmes. Il va conter à ses amis ce qui lui est arrivé à l'Opéra.

— C'est bien malheureux ! dit Charles. Comment ! vous n'aimez plus cette femme que vous adoriez hier ?

— Non, mon ami.

— Je me doutais bien, dit Louise que cela ne durait pas longtemps.

— Il faut bien vite en aimer une autre.

— Non, Charles, non.., c'est fini, je ne veux plus aimer personne... que vous, mes amis.

— Et puis Eugénie, dit tout bas Louise à son mari.

Adolphe veut chercher dans les pays étrangers des distractions plus utiles que celles qu'il trouve dans les sociétés de Paris. Il se décide à parcourir l'Angleterre, l'Italie, les Alpes. Il envoie à Bidois ses ordres pour le temps de son absence qui peut-être longue; et, après avoir embrassé Charles et Louise, il part de Paris le jour même où Eugénie devient veuve.

L'été touche à sa fin, la saison est peu favorable aux voyages; mais quand on est riche on ne connaît point de difficultés. Adolphe n'a pas cinq chevaux et trois postillons à sa chaise, mais il a tout ce qu'il faut pour parcourir commodément le continent. Il admire les Alpes, parcourt l'Italie et va passer l'hiver en Angleterre. Mais quoique les distractions que lui ont procurées ses voyages lui laissent d'utiles et d'agréables souvenirs, il sent que quelque chose le rappelle en France, et revient à Paris après neuf mois d'absence.

Son premier soin est d'aller embrasser ses jeunes amis. Charles et Louise sont toujours heureux, car ils s'aiment toujours tendrement, et leur établissement a prospéré. Louise est enceinte, elle embrasse Adolphe en sautant de joie, et lui dit :

— Vous savez bien que vous m'avez engagée à en faire une douzaine... Voilà le commencement, et vous serez le parrain.

— Oui, dit Charles! il ne nous reste plus qu'à chercher une marraine...

— Ah! dit tout bas Louise, quel dommage que...

Les jeunes époux ignorent la mort de Dupont. Adolphe est curieux de savoir comment Bidois a dirigé ses biens pendant son absence, et il part pour sa terre. En entrant dans la cour de son château, il s'aperçoit que ses valets ont une petite livrée, que ses chiens de chasse sont muselés, que ses appartements sont numérotés, qu'il y a un comptoir dans sa salle à manger et un bureau avec un grand-livre dans le salon; il trouve son portier tenant un barème à la main sa femme de charge qui fait des additions, son jardinier qui apprend à faire les chiffres, son cuisinier qui étudie la multiplication et son garçon d'écurie qui compte sur ses doigts; enfin le petit garçon de la portière, qui n'a que cinq ans, accourt à lui en s'écriant :

— Monseigneur, deux fois deux font quatre, et deux fois quatre font huit.

— C'est bien, très-bien, mon petit, dit Adolphe en caressant l'enfant; je m'aperçois que Bidois a fait fleurir l'arithmétique dans mes domaines; mais où donc est-il?

— M. le régisseur est dans le village... Mais si monseigneur veut qu'on aille le chercher...

— Non, je suis bien aise de parcourir aussi le village; j'y vais moi-même.

Et Adolphe sort de chez lui en se disant : Bidois a mis dans sa tête de me faire appeler monseigneur; ces bonnes gens ne diront plus autrement.

Il a déjà parcouru une partie du village sans rencontrer son régisseur lorsqu'en passant sur une pelouse qui conduit aux champs, il entend la voix de Bidois se démenant avec les gardes-chasse, auxquels il veut absolument faire entendre qu'il faut parquer les lièvres et les chevreuils, afin qu'il puisse savoir au juste et mettre sur son grand-livre la quantité de gibier appartenant à monseigneur.

L'arrivée d'Adolphe met fin à la discussion. Le régisseur s'avance d'un air respectueux vers son maître, et le jeune homme a peine à reconnaître Bidois qui a changé son chapeau rond pour un à trois cornes, son habit pour une veste de chasse, et sa canne pour un vieux fusil, sur lequel il s'appuie en marchant au lieu de le tenir sur son épaule; jusqu'à la plume, mise autrefois derrière l'oreille, qui est remplacée par un crayon avec lequel M. le régisseur prend ses notes.

— Eh mais! Bidois, est-ce que vous êtes devenu chasseur? dit Adolphe en souriant de la tournure du vieil intendant.

— Monseigneur, je fais tout... tout absolument; je veux prendre moi-même connaissance du gibier; et, quoique je ne sache pas chasser j'ai toujours un fusil pour le tenir en respect.

— Tout s'est-il bien passé pendant mon absence?

— Oui, monseigneur; vos fermiers payent fort exactement... et mon livre de compte est tenu parfaitement...

— J'en suis persuadé; mais ces bonnes gens sont-ils heureux, sont-ils contents?.

— Oui, monseigneur. Oh!... ils sont très-heureux... et quand ils sauront calculer, ils seront encore bien plus gais !...

— Ils dansent souvent, j'espère?

— Tous les dimanches et aux quatre grandes fêtes, ce qui fait cinquante-six fois dans l'année, sans compter les extraordinaires, mais si monseigneur voulait rentrer au château, je lui ferais voir mon brouillard, mon grand-livre et ma caisse...

Adolphe revient avec son régisseur avec lequel il est bien aise de causer, non pas de ses revenus,

— Monseigneur, dit l'intendant on devait tirer trente coups de fusil. (Page 176.)

mais d'une personne dont il n'a pas eu de nouvelles depuis longtemps et dont il brûle de parler. Mais Bidois n'a dans la tète que ses grands-livres et ses comptes, et il supplie Adolphe de jeter un coup d'œil dessus.

— Tenez, monseigneur, examinez comme tout cela est en ordre. Tous vos gens ont un compte ouvert. Vos chevaux ont un compte particulier. Vous n'avez pas un pouce de terrain qui ne soit évalué ; J'ai fait mettre le poulailler en partie double, et les lapins en compte courant. Quand aux gratifications que nous accordons aux villageois pour incendies, inondations ou orages, je passe cela par frais de commerce.

— C'est bien, Bidois, c'est fort bien ; mais je veux savoir...

— Toutes les bêtes à cornes sont enregistrées... Voici l'entrée et la sortie... J'ai aussi une colonne particulière pour le potager...

— C'est bien ; mais...

— Quant au poisson, je crois qu'il nous sera un peu difficile d'en savoir au juste le compte, à moins de faire dessécher l'étang, et c'est une idée que je voulais soumettre à monseigneur.

— Laissez en paix le poisson, et répondez-moi...

— Vous voyez comme tout cela marche... Il n'y a que ce lourdaud de portier qui ne peut pas comprendre le calcul décimal, mais je veille à cela; je fais une guerre à mort aux sous et aux deniers, dont ces paysans sont encore coiffés; je ne vous demande, que quelques années, monseigneur, et dans vos domaines on ne parlera plus qu'en francs et centimes,

— J'espère que vous avez fini, Bidois, et que vous m'écouterez enfin; je vous demande des nouvelles de Paris... de personnes qui m'intéressent...

— Ah! mon Dieu!... j'oubliais... en effet, monseigneur! j'ai reçu une lettre de madame Moutonnet...

— Une lettre de madame Moutonnet!...

— Oui, monseigneur il y déjà six ou sept mois; elle vous fait bien des compliments, monseigneur.

— A moi?

— Certainement, monseigneur, et elle m'apprend une nouvelle... ah quelle nouvelle!... comme elle va vous étonner!...

— Cela concernerait-il sa fille?

— Oui, vraiment; je le crois bien... cette pauvre petite femme!

— Vous me faites trembler, Bidois... Que lui est-il arrivé?

— Elle est veuve!...

— Eugénie est veuve!... Il se pourrait!...

— Oui, monseigneur... parce que son mari est mort...

— Dupont est mort!... Est-il possible! et où? quand? comment?

— Sur la route de Paris, en revenant de Marseille... à cheval dans une carrière... l'animal a pris le mors aux dents... Et ce Dupont, monter à cheval!... On assure qu'il ne savait pas se tenir sur un âne. Si cet homme-là avait su calculer les dangers.!. Enfin, il y a déjà neuf mois et plus...

— Il y a neuf mois, dites-vous, neuf mois qu'elle est veuve!... Malheureux! et vous ne me l'avez pas écrit!...

— Monseigneur, je ne le sais que depuis sept, vous étiez en voyage et j'ignorais votre adresse et votre numéro...

— Et où est-elle, maintenant?...

— Votre adresse, monseigneur!... Eugénie! bourreau! Eugénie!...

— A Paris, sans doute, monseigneur...

— Elle ne demeure pas avec sa mère?

— Non, monseigneur.

— Des chevaux, Bidois...

— Monseigneur part?...

— Sur-le-champ...

— Monseigneur n'a rien pris encore, et...

— Des chevaux, vous dis-je...

— Quelle voiture?...

— La première venue...

Bidois se met à une fenêtre de la cour, et crie au palefrenier :

— Attelez les numéros un et deux à la berline de monseigneur; vous donnerez l'avoine aux numéros trois et quatre.

Adolphe descend lui-même pour presser ses gens que les ordres de Bidois embrouillent toujours; en peu de temps les chevaux sont mis, et le cocher qui voit l'impatience de son maître, le conduit au grand galop à Paris. Adolphe court chez Louise et son mari. Il entre dans leur boutique en riant, en sautant, et les jeunes gens, qui commencent à s'accoutumer à ses accès de folie, attendent cependant avec impatience qu'il leur en explique la cause.

— Mes amis, elle est veuve s'écrie-t-il enfin, elle est veuve!... Eugénie est libre!

— Se pourrait-il!... Êtes-vous bien sûr?...

— Oui, oui... elle est veuve depuis neuf mois!... et j'avais quitté la France... je m'éloignais d'elle quand j'aurais pu la voir... lui exprimer!...

— Non, monsieur, vous n'auriez pu la voir tout de suite; je suis sûre que madame Eugénie n'y aurait pas consenti... Songez donc aux convenances, aux bienséances.

— Oui, oui, tu as raison, cela vaut mieux comme cela, au fait... car ce pauvre Dupont!... c'était un bon homme... Mais n'en parlons plus, mes amis; après neuf mois, je puis bien, je crois, voir sa veuve...

— Oh! oui, monsieur... Charles, v'là notre marraine toute trouvée... n'est-ce pas, monsieur Adolphe?...

— Mais, Louise, si elle allait ne plus m'aimer...

— Allons, voilà autre chose à présent.

— Elle m'a vue à l'Opéra avec cette femme... que je détestais...

— Eh! mon Dieu! n'étiez-vous pas garçon?... et un jeune homme...

— Mais elle peut croire que je ne l'aime plus.

— Vous lui prouverez le contraire...

— Mais il faut que je la voie enfin, et je ne sais pas son adresse...

— Oh! quant à cela, je vous le dirai bientôt.

Louise met un chapeau et court rue aux Ours, chez celui qui a remplacé Dupont : là elle apprend l'adresse de la jeune femme et revient la dire à Adolphe, qui se rend immédiatement à la demeure d'Eugénie.

— Madame Dupont n'est pas à Paris, lui dit le portier; depuis le commencement de la belle saison elle est allée demeurer à la campagne.

— A la campagne!... Mais où? de quel côté?..

—Ma foi, monsieur, je crois que c'est du côté de Belleville... de Saint-Gervais... de Romainville...

— De Romainville!... Ah! oui, oui, ce doit être là!...

Adolphe prend un cabriolet, et se fait conduire à Romainville, et son cœur bat avec force, car il se dit :

— Elle m'aime toujours, puisqu'elle est allée demeurer là.

— Eugénie a passé dans la retraite les premiers mois qui ont suivi la mort de son époux. Elle ne voit que ses parents; et madame Moutonnet approuve la vie sédentaire de sa fille. Cependant au bout de quelques mois, elle lui dit avec une sorte d'affectation :

— Vous voilà veuve... libre... jeune... mais je ne prétends plus contrarier vos inclinations.

— Madame Moutonnet grille de parler d'Adolphe, mais elle se tait, elle sent que cela compromettrait sa dignité; cependant elle a eu soin d'informer Jeanneton du changement de fortune du jeune homme.

Jeanneton n'a pu longtemps garder le silence avec Eugénie. Elle a prononcé devant elle le nom d'Adolphe, et Eugénie lui a répondu en soupirant :

— Il ne m'aime plus, Jeanneton !

— Bah! madame, il ne faut pas croire... parce que nous l'avons vu avec une dame. Écoutez donc, vous étiez mariée, et un jeune homme...

— Je n'ai rien à lui reprocher ; mais je suis sûre qu'il ne m'aime plus...

Mais Jeanneton apprend la nouvelle fortune d'Adolphe, et, voyant que le temps s'envole sans qu'il cherche à revoir Eugénie, elle commence à craindre aussi que son cœur n'ait changé; elle n'ose plus que rarement en parler à sa maîtresse qui lui impose silence en répétant :

— Il ne m'aime plus!

Au retour du printemps Eugénie dirige souvent ses pas vers le bois de Romainville. Accompagnée de Jeanneton, elle va revoir les lieux qui lui rappellent l'amour d'Adolphe. C'est surtout sous le bosquet d'arbres où il lui en a fait l'aveu qu'elle aime à s'asseoir. Elle ne se plaît que là, elle voudrait y revenir chaque jour.

- Pardi, madame, lui dit Jeanneton, puisque ce pays vous plaît tant, louez-y un logement, et nous y passerons la belle saison.

Eugénie applaudit à ce projet, et dès le lendemain elle loue un appartement à Romainville, et va s'y établir avec Jeanneton. Tous les matins elle se lève dès le point du jour, et ne craignant point alors les rencontres dangereuses pour une jeune femme, elle va seule se promener dans le bois, parcourant tous les sentiers où elle a passé avec Adolphe, et se reposant dans son endroit favori. Dans la journée, elle y retourne avec Jeanneton, elle y porte un livre ou son ouvrage, et, sous cet ombrage, n'éprouve jamais d'ennui. Mais quand sa bonne veut lui reparler d'Adolphe :

' — Tais-toi, lui dit-elle, ne me ramène pas au présent; laisse-moi toute entière à mes souvenirs; ici, je rêve à lui, je crois q' il m'aime encore; mais quand tu me réveilles, je pense qu'il ne m'aime plus.

Mais un jour, en se dirigeant vers son endroit favori, Eugénie, qui est un peu en avant de Jeanneton, entend remuer le feuillage qui entoure son bosquet d'arbres. Elle s'approche et aperçoit un jeune homme assis à la place qu'elle occupe habituellement ; elle le reconnaît, et s'arrête... tremblante... n'osant respirer, et les yeux attachés sur lui... Adolphe considère avec amour cet ce qui l'environne; il grave un nom sur l'écorce de l'arbre au pied duquel il est assis... c'est le nom d'Eugénie...

— Jeanneton, c'est lui! il m'aime toujours!... s'écrie-t-elle.

Et elle est déjà dans les bras d'Adolphe. Deux cœurs qui s'entendent n'ont pas besoin de s'expliquer : déjà le passé n'est plus qu'un songe : Adolphe et Eugénie se retrouvent ce qu'ils étaient le jour où ils s'avouèrent leur amour.

Jeanneton, est accourue aux cris d'Eugénie; elle pousse aussi un cri de joie en voyant Adolphe, et court l'embrasser en disant :

— Je savais bien qu'il reviendrait.

Adolphe voudrait déjà ne plus quitter Eugénie, et ce n'est pas sans peine qu'on lui fait entendre qu'il faut donner une année à la mémoire de Dupont. Mais il peut du moins la voir tous les jours, lui exprimer tous les jours sa tendresse, et se livrer au bonheur que rien ne doit plus troubler.

Souvent Jeanneton voit les transports de joie d'Adolphe.

— Ah! dit-elle alors, vous seriez encore ben pu content si vous saviez que...

Mais Eugénie court en rougissant mettre son doigt sur la bouche de Jeanneton, et la bonne n'en dit pas davantage.

—L'année est écoulée : et rien ne s'oppose plus à l'union des amants. Adolphe est allé présenter ses devoirs à monsieur et à madame Moutonnet; On lui a fait l'accueil le plus flatteur. Adolphe sait à quoi attribuer ce changement, mais il se garde bien de le laisser paraître; il est trop heureux d'ailleurs pour conserver aucun ressentiment.

C'est à la terre du jeune homme que doit se faire le mariage. M. et madame Mouton-

net s'y rendent dans une calèche de leur gendre;
madame Moutonnet veut qu'on la laisse découverte, quoiqu'il pleuve un peu le jour de leur départ; et elle recommande au cocher de passer par
la rue Saint-Martin, quoique ce ne soit pas son
chemin; mais peut-on résister au désir d'être vue
dans la calèche de son gendre par ses anciennes
connaissances? M. Moutonnet a ordre de laisser
tomber son chapeau dans la rue, en passnt devant
la boutique des Bernard, afin que la voiture s'y
arrête un moment.

Charles et Louise partagent le bonheur d'Adolphe. Ils ont obtenu bien vite toute l'affection
d'Eugénie; il n'a fallu, pour les lui faire aimer,
que lui dire ce qu'ils ont fait pour Adolphe.
C'est avec eux et Jeanneton qu'Eugénie et Adolphe se rendent au château.

Bidois a été prévenu de ce qui va s'y passer, et,
pour ce jour-là, il a fait suspendre les leçons d'a-
rithmétique. Il ordonne une fête, des jeux, des
danses; il prépare une réception à son seigneur.
Les paysans ont des fusils, les valets des arque-
buses, les jeunes filles des couronnes. Les hommes
savent le nombre de coups qu'ils doivent tirer, et
les femmes le compte de révérences qu'elles doivent faire.

Ce grand jour est arrivé. Tout le monde est reçu
au bruit des coups de fusil, des cris, des chants
des villageois. M. Moutonnet a peur d'être blessé;
mais sa femme trouve ce tapage-là extrêmement
distingué, et ordonne à son mari d'en être enchanté.

Adolphe remercie Bidois de sa réception.

— Monseigneur, dit l'intendant, on devait tirer
trente coups de fusil, il n'y en a que quatre qui
ont raté, ce n'est pas ma faute; mais on les fera
partir ce soir, parce qu'il faut que je retrouve
ma balance.

M. et madame Moutonnet sont dans l'admiration de la propriété d'Adolphe; Eugénie ne voit
que son amour. Enfin Adolphe conduit Eugénie
à l'autel, et cette fois elle y marche sans trembler,
et Jeanneton est témoin du bonheur de sa chère
maîtresse, et M. Moutonnet pleure encore en
voyant marier sa fille, et madame Moutonnet ne
pleure pas plus que la première fois, et Louise dit
à son mari:

— Ils s'aimeront et seront heureux comme nous.

Et le lendemain de ses noces, Adolphe sait ce
que voulait lui dire Jeanneton, et la joie, le
bonheur, l'amour brillent encore davantage dans
ses yeux, ce qui ne se voit pas ce jour-là chez tous
les maris qui, au lieu de trouver une demoiselle
dans une veuve, trouvent quelquefois une veuve
dans une demoiselle; et Bidois salue l'épouse de
son jeune maître en lui disant:

— Madame, le mariage a produit la première
multiplication.

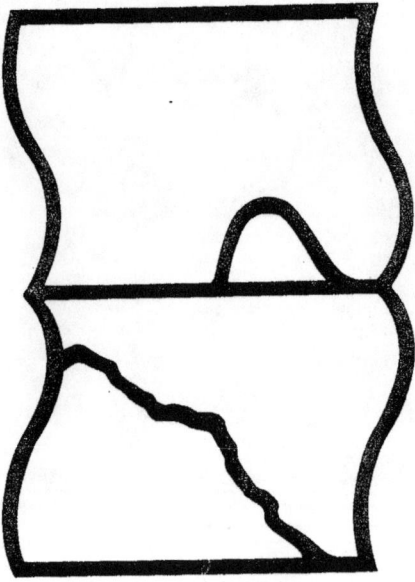

Texte détérioré — reliure défectueuse

NF Z 43-120-11

www.ingramcontent.com/pod-product-compliance
Lightning Source LLC
Chambersburg PA
CBHW072042090426
42733CB00032B/2062